지 오
감정평가이론 ①

지오 편저

2차 | 기본서 제7판

8년 연속
★ 전체 수석 ★
합격자 배출

박문각 감정평가사

브랜드만족
1위
박문각

머리말

PREFACE | GUIDE | CONTENTS

지난 10년간 학원가에서 강의를 하면서 많은 수험생들이 고민을 상담할 정도로 어려워했던 과목이 감정평가이론이었습니다. 왜냐하면 실무와 법규에 비하여 공부한 만큼 실제로 점수를 획득하기가 쉽지 않고, 다른 과목에 비하여 시험범위도 명확하지 않으며, 시중에는 너무나 다양하고 많은 기본서와 서브교재들이 존재하기에 특정 한 권의 책만을 가지고 공부한다는 것이 수험생들에게 불안감을 주었기 때문입니다.

따라서 필자는 감정평가사 2차 시험 때까지 이 교재 하나만을 가지고 감정평가이론을 충분히 대비할 수 있도록 누구나 쉽게 이해하고, 효율적으로 암기할 수 있고, 감정평가 및 부동산학에 대하여 체계적인 학습을 가능하게 해주는 교재를 쓰게 되었습니다.

이 책은 다음과 같은 주요 특징을 가지고 있습니다.

❶ 최대한이 아닌 최소한에 초점을 두었습니다.

시중에 많은 서브교재들이 지나치게 많은 논점을 전부 다루려고 하다 보니 수험생들에게 공부에 대한 부담감만 높이는 부작용으로 주객이 전도되어 기본에 집중하지 못하는 경우가 많았습니다. 반드시 알아야 하는 내용만을 중심으로 시간 대비 효율적인 공부를 할 수 있도록 최소한의 내용만을 담으려고 하였습니다. 즉, 본 교재에서 제시하는 내용만 100% 이해하고 정리한다면 학습능률을 최대화시킬 수 있고, 감정평가이론 시험에도 충분히 대비할 수 있습니다.

❷ 각 장별로 학습의 이유와 공부 방향을 제시하였습니다.

각 장별 시작에 앞서서 개관을 통하여 학습의 이유와 공부 방향에 대하여 제시하였습니다. 대다수의 수험생들이 부동산의 개념, 부동산가격, 부동산시장 등 각 장에 대한 학습의 이유와 공부 방향에 대해서는 무시한 채, 단순히 책을 암기하는 문제점을 가지고 있습니다. 따라서 이를 벗어나 감정평가이론의 전체적인 체계를 이해하고 논리적인 사고를 할 수 있도록 방향을 제시하였습니다.

❸ 전체적인 체계와 목차를 논리적으로 구성하였습니다.

감정평가와 부동산에 대한 전체적인 체계를 이해하여야만 논리적인 사고를 할 수 있습니다. 따라서 본서는 이러한 점을 고려하여 부동산의 기초부터 감정평가의 기초까지, 그 누구라도 체계를 쉽게 잡을 수 있도록 논리적인 목차로 구성하였습니다.

❹ 감정평가이론 종합문제를 수록하였습니다.

본서가 수험생들에게 감정평가이론을 체계적이고 효율적으로 학습하는 데 도움이 되었으면 합니다.

감정평가사 지오

GUIDE | PREFACE | CONTENTS

📖 감정평가사란?

감정평가란 토지 등의 경제적 가치를 판정하여 그 결과를 가액으로 표시하는 것을 말한다. 감정평가사(Certified Appraiser)는 부동산·동산을 포함하여 토지, 건물 등의 유무형의 재산에 대한 경제적 가치를 판정하여 그 결과를 가액으로 표시하는 전문직업인으로 국토교통부에서 주관, 산업인력관리공단에서 시행하는 감정평가사시험에 합격한 사람으로 일정기간의 수습과정을 거친 후 공인되는 직업이다.

📖 시험과목 및 시험시간

가. 시험과목(감정평가 및 감정평가사에 관한 법률 시행령 제9조)

시험구분	시험과목
제1차 시험	❶ 「민법」 중 총칙, 물권에 관한 규정 ❷ 경제학원론 ❸ 부동산학원론 ❹ 감정평가관계법규(「국토의 계획 및 이용에 관한 법률」, 「건축법」, 「공간정보의 구축 및 관리 등에 관한 법률」 중 지적에 관한 규정, 「국유재산법」, 「도시 및 주거환경정비법」, 「부동산등기법」, 「감정평가 및 감정평가사에 관한 법률」, 「부동산 가격공시에 관한 법률」 및 「동산·채권 등의 담보에 관한 법률」) ❺ 회계학 ❻ 영어(영어시험성적 제출로 대체)
제2차 시험	❶ 감정평가실무 ❷ 감정평가이론 ❸ 감정평가 및 보상법규(「감정평가 및 감정평가사에 관한 법률」, 「공익사업을 위한 토지 등의 취득 및 보상에 관한 법률」, 「부동산 가격공시에 관한 법률」)

나. 과목별 시험시간

시험구분	교시	시험과목	입실완료	시험시간	시험방법
제1차 시험	1교시	❶ 민법(총칙, 물권) ❷ 경제학원론 ❸ 부동산학원론	09:00	09:30~11:30(120분)	객관식 5지 택일형
	2교시	❹ 감정평가관계법규 ❺ 회계학	11:50	12:00~13:20(80분)	

안내
GUIDE | PREFACE | CONTENTS

제2차 시험	1교시	❶ 감정평가실무	09:00	09:30~11:10(100분)	과목별 4문항 (주관식)
	중식시간 11:10 ~ 12:10(60분)				
	2교시	❷ 감정평가이론	12:10	12:30~14:10(100분)	
	휴식시간 14:10 ~ 14:30(20분)				
	3교시	❸ 감정평가 및 보상법규	14:30	14:40~16:20(100분)	

※ 시험과 관련하여 법률·회계처리기준 등을 적용하여 정답을 구하여야 하는 문제는 시험시행일 현재 시행 중인 법률·회계처리기준 등을 적용하여 그 정답을 구하여야 함

※ 회계학 과목의 경우 한국채택국제회계기준(K-IFRS)만 적용하여 출제

다. 출제영역 : 큐넷 감정평가사 홈페이지(www.Q-net.or.kr/site/value) 자료실 게재

응시자격 및 결격사유

가. 응시자격 : 없음

※ 단, 최종 합격자 발표일 기준, 감정평가 및 감정평가사에 관한 법률 제12조의 결격사유에 해당하는 사람 또는 같은 법 제16조 제1항에 따른 처분을 받은 날부터 5년이 지나지 아니한 사람은 시험에 응시할 수 없음

나. 결격사유(감정평가 및 감정평가사에 관한 법률 제12조, 2023.8.10. 시행)
다음 각 호의 어느 하나에 해당하는 사람
1. 파산선고를 받은 사람으로서 복권되지 아니한 사람
2. 금고 이상의 실형을 선고받고 그 집행이 종료(집행이 종료된 것으로 보는 경우를 포함한다)되거나 그 집행이 면제된 날부터 3년이 지나지 아니한 사람
3. 금고 이상의 형의 집행유예를 받고 그 유예기간이 만료된 날부터 1년이 지나지 아니한 사람
4. 금고 이상의 형의 선고유예를 받고 그 선고유예기간 중에 있는 사람
5. 제13조에 따라 감정평가사 자격이 취소된 후 3년이 지나지 아니한 사람. 다만, 제6호에 해당하는 사람은 제외한다.
6. 제39조 제1항 제11호 및 제12호에 따라 자격이 취소된 후 5년이 지나지 아니한 사람

합격자 결정

가. 합격자 결정(감정평가 및 감정평가사에 관한 법률 시행령 제10조)
- 제1차 시험
    영어 과목을 제외한 나머지 시험과목에서 과목당 100점을 만점으로 하여 모든 과목 40점 이상이고, 전 과목 평균 60점 이상인 사람
- 제2차 시험
    - 과목당 100점을 만점으로 하여 모든 과목 40점 이상, 전 과목 평균 60점 이상을 득점한 사람
    - 최소합격인원에 미달하는 경우 최소합격인원의 범위에서 모든 과목 40점 이상을 득점한 사람 중에서 전 과목 평균점수가 높은 순으로 합격자를 결정
    ※ 동점자로 인하여 최소합격인원을 초과하는 경우에는 동점자 모두를 합격자로 결정. 이 경우 동점자의 점수는 소수점 이하 둘째 자리까지만 계산하며, 반올림은 하지 아니함

나. 제2차 시험 최소합격인원 결정(감정평가 및 감정평가사에 관한 법률 시행령 제10조)

공인어학성적

가. 제1차 시험 영어 과목은 영어시험성적으로 대체
- 기준점수(감정평가 및 감정평가사에 관한 법률 시행령 별표 2)

시험명	토플		토익	텝스	지텔프	플렉스	토셀	아이엘츠
	PBT	IBT						
일반응시자	530	71	700	340	65 (level-2)	625	640 (Advanced)	4.5 (Overall Band Score)
청각장애인	352	–	350	204	43 (level-2)	375	145 (Advanced)	–

- 제1차 시험의 과목 중 영어 과목은 제1차 시험 응시원서 접수마감일부터 역산(逆算)하여 <u>5년이 되는 해의 1월 1일 이후에 실시된 다른 시험기관의 시험(이하 "영어시험"이라 한다)에서 취득한 성적(제1차 시험의 시험일 전까지 발표되는 성적으로서 제11조에 따른 공고에서 정하는 방법에 따라 확인된 성적으로 한정한다)</u>으로 시험을 대체한다.

※ 이하 생략(공고문 참조)

차례

PART 01 감정평가이론의 이해

Chapter 01 부동산에 대한 이해
제1절 부동산의 개념 ··· 10
제2절 부동산의 분류 ··· 17
제3절 부동산의 특성 ··· 25
제4절 기타 논점 ··· 34

Chapter 02 가치 및 가격에 대한 이해
제1절 가치 및 가격의 개념 ·· 36
제2절 부동산가치(가격)의 특징 및 기능 ····················· 44
제3절 가치다원론 ·· 46
제4절 시장가치 ··· 57
제5절 시장가치 외의 가치 ··· 70
제6절 가치이론과 가치추계이론 ································ 74
제7절 가격발생요인 ·· 79
제8절 가치형성요인 ·· 83
제9절 가격형성과정 ·· 90
제10절 가격형성과정에서의 법칙성 ··························· 92

Chapter 03 가격제원칙에 대한 이해
제1절 가격제원칙 일반론 ·· 95
제2절 가격제원칙의 내용 ·· 98
제3절 최유효이용 ··· 106

Chapter 04 지대이론 및 지가이론에 대한 이해
제1절 지대이론 ·· 130
제2절 지대논쟁 ·· 137
제3절 지가이론 ·· 142
제4절 도시성장구조이론 ·· 147

Chapter 05 부동산시장에 대한 이해
제1절 부동산시장의 의의 ······································· 152
제2절 부동산시장의 분류 ······································· 153
제3절 부동산시장의 특성 ······································· 155
제4절 부동산시장의 기능 ······································· 157
제5절 부동산시장의 한계 및 정부의 개입 ··············· 159
제6절 부동산에 대한 수요 ······································ 160
제7절 부동산에 대한 공급 ······································ 163
제8절 부동산시장의 효율성 ···································· 165
제9절 부동산시장과 효율적 시장의 비교 ················ 168

Chapter 06 부동산시장의 분석에 대한 이해
제1절 부동산경기변동 ·· 170
제2절 일반분석 ·· 181
제3절 지역분석 ·· 183
제4절 지역분석의 대상지역 ···································· 187
제5절 개별분석 ·· 197
제6절 지역분석과 개별분석의 관계 ························ 201
제7절 부동산분석의 체계 ······································· 203
제8절 부동산평가에서의 시장분석 ························· 208
제9절 부동산시장과 금융시장과의 관계 ················· 214

Chapter 07 감정평가에 대한 이해

제1절 감정평가의 개념 및 감정평가제도 ·················· 224
제2절 감정평가의 필요성 ·· 229
제3절 감정평가의 기능 ·· 231
제4절 감정평가의 사회성, 공공성 ······························ 233
제5절 감정평가법인등의 직업윤리 ····························· 235
제6절 감정평가의 업무영역 ··· 240
제7절 감정평가의 분류 ·· 246

Chapter 08 감정평가의 절차

제1절 의의 ··· 256
제2절 감정평가절차의 필요성 ····································· 257
제3절 감정평가절차 ··· 258

Chapter 09 감정평가서

제1절 의의 ··· 269
제2절 감정평가서의 작성 및 기재사항 ······················ 270
제3절 감정평가서의 법률적 성격 및 감정평가사의 책임 ··· 273

Chapter 10 감정평가의 방식

제1절 의의 ··· 274
제2절 감정평가 3방식 ·· 275
제3절 3방식 병용에 대한 논의 ···································· 280
제4절 시산가액 조정에 대한 논의 ····························· 285

PART 02 기타의 감정평가이론

Chapter 01 정의

제1절 정의 ··· 294

Chapter 02 시장가치기준 원칙

제1절 시장가치기준 원칙과 예외 ······························· 307
제2절 시장가치기준 원칙 ·· 308
제3절 시장가치 외의 가치로 평가하는 경우 ············· 309
제4절 시장가치 외의 가치로 감정평가하는 경우의 검토사항 ··· 310
제5절 시장가치 외의 가치 기준 감정평가와 조건부 감정평가의 구별 ··· 311

Chapter 03 현황기준 원칙

제1절 현황기준 원칙 ··· 312
제2절 감정평가조건의 부가요건 및 검토사항 ··········· 314
제3절 감정평가조건의 표시 ·· 317

Chapter 04 개별물건기준 원칙

제1절 개별감정평가 원칙과 예외 ······························· 318
제2절 개별감정평가 원칙의 근거 ······························· 318
제3절 개별감정평가 원칙의 예외 ······························· 319

Chapter 05 시산가액 조정

제1절 시산가액 조정의 이론적 근거 ·························· 321
제2절 적정한 방법의 적용(특정 평가대상물건에 대한 평가방법의 접근논리) ··· 321
제3절 합리성 검토(검토방법 및 기준에 대한 구체적 내용 미흡) ··· 322
제4절 시산가액 조정 ··· 323

Chapter 06   부동산가격공시제도

제1절   부동산가격공시제도 현황 ········· 327
제2절   공시지가제도 ······························ 330
제3절   주택가격공시제도 ······················ 334
제4절   비주거용 부동산가격공시제도 ··· 338

PART 03   감정평가이론 종합문제

Chapter 01   부동산에 대한 이해

제1절   부동산의 개념 ···························· 342
제2절   부동산의 분류 ···························· 348
제3절   부동산의 특성 ···························· 353

Chapter 02   가치 및 가격에 대한 이해

제1절   가치 및 가격의 개념 ·················· 360
제2절   부동산가치의 특징 및 기능 ······· 364
제3절   가치다원론 ································· 367
제4절   시장가치 ···································· 372
제5절   시장가치 외의 가치 ·················· 378
제6절   가치이론과 가치추계이론 ········· 380
제7절   가격발생요인 ····························· 382
제8절   가치형성요인 ····························· 387
제9절   가격형성과정 ····························· 392
제10절   가격형성과정에서의 법칙성 ···· 395

Chapter 03   가격제원칙에 대한 이해

제1절   가격제원칙 일반론 ···················· 396
제2절   가격제원칙의 내용 ···················· 399
제3절   최유효이용 ································· 404

Chapter 04   지대이론 및 지가이론에 대한 이해

제1절   지대이론 ···································· 411
제2절   지가이론 ···································· 413
제3절   도시성장구조이론 ···················· 414

Chapter 05   부동산시장에 대한 이해

제1절   부동산시장의 의의 등 ··············· 416
제2절   부동산시장의 구성요소(수요와 공급) ··· 418
제3절   부동산시장의 효율성 ··············· 420

Chapter 06   부동산시장의 분석에 대한 이해

제1절   부동산경기변동 ························ 422
제2절   일반분석, 지역분석, 개별분석 ··· 426
제3절   시장분석 ···································· 429

Chapter 07   감정평가에 대한 이해

제1절   감정평가의 개념 등 ·················· 431
제2절   감정평가의 업무영역 등 ··········· 437

Chapter 08   감정평가의 절차 ··············· 446

부록

감정평가에 관한 규칙 ································ 452
참고문헌 ··· 462

PART 01

감정평가이론의 이해

Chapter 01 부동산에 대한 이해
Chapter 02 가치 및 가격에 대한 이해
Chapter 03 가격제원칙에 대한 이해
Chapter 04 지대이론 및 지가이론에 대한 이해
Chapter 05 부동산시장에 대한 이해
Chapter 06 부동산시장의 분석에 대한 이해
Chapter 07 감정평가에 대한 이해
Chapter 08 감정평가의 절차
Chapter 09 감정평가서
Chapter 10 감정평가의 방식

Chapter 01 부동산에 대한 이해

감정평가는 토지 등의 경제적 가치를 판정하여 그 결과를 가액으로 표시하는 것을 말하는데, 이러한 감정평가를 이해하기 위해서는 먼저 감정평가의 대상이 되는 토지 등에 대한 이해가 선행되어야 한다. 여기서 토지 등이란 토지로 대표되는 부동산 외에 동산을 의미하며 심지어는 살아 있는 생물체까지도 경제적 가치가 존재하는 한 그 대상이 될 수 있다. 그러나 감정평가법인등의 가장 중요하고 일반적인 업무는 부동산의 가치를 평가하는 것이므로 그 범위를 부동산으로 한정하여 살펴보고자 한다.

제1절 부동산의 개념

> **Tip**
> 물리적, 경제적, 법률적, 사회적 개념 및 부동산의 복합개념에 대한 각각의 세부적인 내용들을 잘 살펴보아야 한다. 너무나 기본적인 내용이고 직접적으로 문제로 출제되지 않는다고 생각해서 소홀히 공부해서는 절대 안 된다. 이러한 기본 개념들이 나중에 학습할 핵심적인 내용들의 근본이 된다는 점을 명심하기 바란다.

미리보기

1. 개설
2. 부동산의 물리적(자연적) 개념
   1) 자연
   2) 환경
   3) 공간
   4) 위치
3. 부동산의 경제적 개념
   1) 생산요소
   2) 자본
   3) 소비재
   4) 상품
   5) 자산
   6) 투자자산
4. 부동산의 법률적(행정적) 개념
   1) **좁은 의미의 부동산**
      (1) 개념
      (2) 정착물의 독립성
      (3) 정착물과 동산의 구별
      (4) 정착물과 동산의 구별기준
   2) **넓은 의미의 부동산**
      (1) 개념
      (2) 준부동산의 종류
5. 부동산의 사회적 개념
   1) **국가 성립의 기반**
   2) **사회재, 공공재**
   3) **사적 재화**

6. 부동산의 복합개념
   1) 물리적 측면
   2) 경제적 측면
   3) 법률적 측면
   4) 사회적 측면
7. 부동산 개념의 4대 측면

1. 개설

부동산은 토지와 그 정착물로 구분되는데, 정착물은 토지에 대해 종속되는 속성이 있기 때문에 부동산이라고 하면 일반적으로 토지를 일컫는다. 그리고 부동산 또는 토지라는 용어는 사용되는 상황이나 사람의 관점에 따라 그 개념을 달리한다.

2. 부동산의 물리적(자연적) 개념

1) 자연

토지는 인간이 받은 천혜의 선물로서 자연물 그 자체이다. 사람은 자연물인 토지의 형질을 바꾸거나 조절할 수도 있으나 토지의 대부분은 아직도 사람의 손이 미치지 않는 곳이 많다. 따라서 토지는 자연물 그 자체이기 때문에 인류에게 항구적으로 제공되는 자원이지만 절대 총량은 고정되어 있다. 그리고 이러한 토지는 부동산학의 관점에서 본다면 자연물이기 때문에 자연의 의미로 쓰일 때 가장 넓은 의미로 정의된다.

2) 환경

토지는 환경으로 규정할 수 있다. 앞에서 살펴본 바와 같이 토지를 자연물로 볼 때 토지는 자연환경으로 정의할 수도 있다. 토지는 자연의 한 부분으로 여러 가지 자연적인 상황에 놓이는데 이를 자연환경이라 하고, 사람의 노력이나 힘에 의해 토지의 특성이 바뀔 수도 있는데 이를 인공환경이라 한다. 이러한 환경적 영향은 인간생활에 많은 제한과 제약을 가하게 된다.

3) 공간

토지는 공간으로 지표, 공중, 지중을 포함하는 3차원의 공간(입체공간)을 의미한다. 인간이 토지를 소유하고 이용하는 것은 단지 지표공간만을 대상으로 하지 않고 공중공간, 지중공간으로 범위를 확대한다. 이에 따라 일반적으로 인구밀도가 높은 대도시에서는 토지활용의 고도화 측면에서 고층화와 지하화 현상이 뚜렷하고 공간이용 기법(TDR) 및 평가기술(입체이용률의 평가, 구분소유권의 평가, 구분지상권의 평가, 고압선 등 통과 토지의 평가 등), 입체공간에 대한 법률관계(구분소유권, 공중권, 조망권, 한계심도 등) 등이 발전하고 있다.

4) 위치

토지는 위치가 핵심적인 요소이다. 과거에는 비옥도가 중시되었으나 산업화, 도시화에 따라 점차 위치의 중요성이 부각되었다. 주거지라면 쾌적성이 좋은 곳, 상업지는 매상고와 수익성이 좋은 곳, 공업지는 생산비와 수송비가 절약되는 곳이 좋은 토지로 인식된다. 여기서 쾌적성과 수익성 등을 합쳐 유용성이라고 한다.

토지는 그 용도에 따라 위치의 중요성이 다르며, 위치라는 개념은 토지의 개별성 때문에 발생하는 특정 장소의 시장성·지형·지세·여타 자원 등을 포함한다. 따라서 특정 위치는 특정한 지대나 가격을 발생시키며, 지대이론을 설명하는 근거가 된다.

토지의 위치는 절대적 위치와 상대적 위치로 구분될 수 있는데, 절대적 위치는 물리적 측면에서의 위치로서 불변인 반면, 상대적 위치는 시간, 주변상황에 따라 달라지는 가변적 개념이다.

3. 부동산의 경제적 개념

1) 생산요소

토지는 노동, 자본과 함께 3대 생산요소 중 하나이다. 토지는 인간생활에 필요한 재화를 생산하는 데 사용되는 생산의 기본요소로서 중요한 기능을 수행하고 있다. 즉, 토지는 재화의 생산에 필요한 부지를 제공할 뿐만 아니라, 광물, 에너지자원, 건축자재 그 밖의 다양한 원료를 제공한다.

2) 자본

토지는 자본의 일종으로 인식되기도 한다. 일반적으로 토지는 인간이 만든 것이 아니라는 이유로 자본재로 간주되지 않으나 경제학에서는 종종 토지를 자본에 포함시켜 경제이론을 구성한다. 즉, 투자자의 입장에서는 토지도 자본재처럼 구매의 대상이 되고 임대해야만 하는 재화이다. 이는 경제적인 관점에서 볼 때 토지와 자본을 명백하게 구별하기가 어려우며, 부동산인 토양·삼림·광물 등은 자본재와 그 특성이 유사하기 때문이다. 따라서 토지는 사회 전체적인 측면에서는 자본이 아닐지 모르지만 개인적인 측면에서는 분명 자본의 성격을 가지고 있다.

3) 소비재

토지는 생산재이면서 동시에 소비재이다. 아파트와 같은 주택용지, 사무용 빌딩과 같은 업무용 토지, 관광휴양지 및 놀이터와 같은 위락용 토지 등은 모두 간접적으로 생산요소로서의 역할을 할지도 모르지만 보다 직접적으로는 최종 소비재로서의 역할을 한다. 특히, 토지는 내구성에 기반한 내구소비재로서의 성격을 지니고 있다.

4) 상품

토지는 시장에서 교환이 이루어지고 가격이 형성되는 상품이다. 토지 그 자체는 고정성에 의해 움직이지 않는 상품이지만 '추상적인 권리'가 인정되고 그것이 법으로 보호됨으로써 유통되는 것이다. 이는 토지와 화폐를 교환하고자 하는 것이나, 실제는 토지소유권과 화폐의 교환이라는 형태로 이루어지게 된다.

5) 자산

토지는 다른 재화에 비하여 일반적으로 경제적 가치가 크기 때문에 자산으로서의 성격이 강하다. 그래서 부동산은 경제활동에 필수불가결한 요소인 동시에 구매력을 장래에 확보하기 위한 자산으로서의 기능을 하게 된다.

자본주의 체제 내에서 누구든지 부동산을 소유하고 자유롭게 사용, 처분하여 수익을 얻을 수 있어 자산의 역할을 잘 수행하지만 특히 일본과 우리나라에서는 부동산을 중심으로 경제체제가 구축되어 있어서 부동산이 차지하는 비중이 다른 어떤 자산보다도 크다.

6) 투자자산

토지는 다른 재화와 더불어 투자대상이 된다. 투자자산은 실물자산과 금융자산으로 대별할 수 있는데, 실물자산의 대표적인 것이 부동산이다. 이러한 투자자산 간에는 상호 관련성하에 대체·경쟁관계 속에서 수익과 위험의 수준 및 선호도에 따라 자금의 이동이 이루어진다.

과거부터 부동산이 자산가치의 중요한 증식수단으로 사용되면서 개인, 기업은 투자자산으로 부동산에 많은 관심을 가지고 있다. 그러나 금융자산과 비교하면 유동성이 낮게 되는 등 많은 위험을 내포하고 있다.

4. 부동산의 법률적(행정적) 개념

1) 좁은 의미의 부동산

(1) 개념

민법 제99조에서 부동산은 토지 및 그 정착물을 의미한다. 토지와 정착물은 서로 다른 별개의 부동산으로서 정착물은 건물, 수목, 다리 등과 같이 계속해서 토지에 부착되어 있어야 하고, 사회·경제적인 측면에서도 그 가치가 인정되는 물건을 말한다. 여기서 정착물의 대표적인 예가 바로 건물이다.

(2) 정착물의 독립성

① 정착물이라고 하여 언제나 토지와 독립된 부동산만 취급되는 것은 아니다. 건물과 같은 전형적인 정착물은 독립된 부동산이고, 담장, 포장 등과 같은 비전형적인 정착물도 토지의 일부로 간주된다. 이에 대한 판단은 일차적으로 관련 법률과 등기부등본과 같

은 공부서류를 가지고 판단할 수 있을 것이며, 그 외에는 사회통념에 의한 판단이 이루어져야 할 것이다.

② 정착물의 독립성 유무를 구별하는 실익은 감정평가 시에 감정평가원칙의 적용과 관련 있다. 즉, 독립성이 있으면 개별평가, 독립성이 없으면 일괄평가의 대상이다.

(3) 정착물과 동산의 구별

① 정착물과 동산의 구별에 유의해야 한다. 정착물은 원래는 분리된 동산이었으나 토지와 건물에 항구적으로 설치되거나 부착됨에 따라 부동산의 일부가 된 물건을 의미한다. 예를 들어, 교실의 칠판은 원래 분리된 동산이나 건물에 부착됨으로 정착물로 취급된다. 그런데 실제로 정착물과 동산을 구별하기 쉽지 않다.

② 정착물과 동산을 구별해야 하는 실익은 정착물이 부동산의 일부로 간주되면 매수자에게 소유권이 넘어가고, 동산이면 매도자에게 그대로 남게 된다. 이처럼 거래관계에서도 중요한 의미를 가지게 되지만, 감정평가활동을 함에 있어 정착물 여부에 따라 평가대상 여부가 결정되고 향후 법적분쟁 발생 시 중요한 판단기준이 된다.

(4) 정착물과 동산의 구별기준

구체적인 정착물과 동산의 구별기준은 다음과 같이 4가지가 있다.

① 물건이 부동산에 부착되어 있는 상태(부착된 물건이 물리적으로 건물에 아무런 손상을 주지 않고 제거되면 동산, 그렇지 않다면 정착물이다) : 예를 들면 벽에 걸려있는 그림은 동산으로 간주되지만 인터폰이나 수도꼭지는 정착물로 간주된다.

② 물건의 성격(부착된 물건이 건물의 특정 위치나 용도에 맞게 특별히 고안되었거나 구축되었으면 정착물이다) : 예를 들면 특정 건물에 맞도록 특별히 고안된 창문이나 에어컨 세트 등이 이 범주에 속한다.

③ 물건을 설치한 사람이 누구인가(일반적으로 소유자가 설치 시 정착물, 임차인이 설치 시 동산이다) : 예를 들면 임차인이 설치한 선반이나 진열대는 비록 그것이 건물에 부착되어 있더라도 정착물이 아니다.

④ 해당 물건을 설치한 당사자의 의도(그 물건을 설치한 사람이 어떤 의도로 물건을 설치했느냐 하는 것도 구별기준이 된다) : 예를 들면 임대용 오피스텔의 가스레인지는 물리적으로 건물에 손상을 주지 않고 제거가 가능하지만 소유자가 임대를 원활히 하기 위해 설치한 것이면 정착물이다.

2) 넓은 의미의 부동산

(1) 개념

앞서 설명한 좁은 의미의 부동산과 준부동산(의제부동산이라고도 한다)을 합한 개념이다.

여기서 준부동산이란 특정의 동산이나 동산과 일체로 된 부동산 집단을 말한다. 특히 준부동산은 법제도상의 개념이기 때문에 나라·시대·사람 등에 따라 차이가 있을 수 있다.

(2) 준부동산의 종류

① **자동차**(자동차등록원부에 등록된 것), **건설기계**(건설기계등록원부에 등록된 것), **항공기**(항공기등록원부에 등록된 것)
② **선박**(20톤 이상의 선박으로 「선박법」 및 「선박등기법」에 따라 등기된 선박)
③ **입목**(「입목에 관한 법률」에 따라 소유권 보존등기를 할 수 있는 것)
④ **공장재단과 광업재단**(「공장 및 광업재단 저당법」에 따라 소유권 보존등기와 저당권 설정등기를 할 수 있고 예외적으로 임차권도 설정할 수 있다)
⑤ **어업권**(「수산업법」에 따라 면허 또는 허가를 받아 어업을 경영할 수 있는 권리)

5. 부동산의 사회적 개념

1) 국가 성립의 기반

토지는 국가 성립의 기반이다. 토지가 있어야 국가가 성립되고 국민이 그 위에서 살아갈 수 있다. 역사적으로 수많은 나라들이 인접 국가와 영토분쟁을 멈추지 않은 것도 이런 연유 때문이라 볼 수 있다.

2) 사회재, 공공재

부동산은 사회재, 공공재의 성격을 지닌다. 사회재란 사회구성원 모두가 부동산에 의지하고 살아가기 때문에 공평하게 배분되어야 하는 재화임을 말하고, 공공재라는 것은 인위적으로 재생산이 불가능하기 때문에 전체 이익을 위해 합리적으로 배분되어야 하는 재화를 말한다. 따라서 시장실패를 경험하게 되면 부동산을 상품보다는 공공재로 취급하여 공공성이나 공익성을 강조하게 된다. 예를 들어 우리나라의 경우 토지공개념을 도입한 경험을 되새기면 쉽게 이해할 수 있다.

3) 사적 재화

부동산은 사적 재화로서 사람의 의지에 따라 소유하고 관리할 수 있는 재화이다. 부동산을 소유하는 것은 심리적 만족을 가져오기도 하고, 사회적 신분을 나타내기도 하며, 재산의 증식수단으로 이용되기도 한다. 그래서 대부분의 사람은 능력이 허용되는 범위 안에서 부동산을 소유하고자 하는 성향을 보이게 된다.

6. 부동산의 복합개념

부동산을 둘러싼 제반환경에는 많은 요인들이 있고 이런 것들이 부동산활동과 현상, 부동산문제에 직·간접적인 영향을 미친다. 부동산의 복합개념이란 모든 요인을 복합적으로 고려한 후 이해하여야만 부동산활동을 제대로 해나갈 수 있고, 부동산현상을 정확히 이해하며, 부동산문제를 해결할 수 있는 것이다. 이렇게 부동산을 다각적인 측면에서 이해하고 사고하는 방식을 부동산의 복합개념이라고 부른다. 이러한 복합개념은 감정평가활동에서뿐만 아니라 부동산학 전반의 이론형성과 전개에 있어 그 밑바탕을 이루고 있는 것이므로 반드시 제대로 이해를 하고 넘어가야 할 개념이다.

1) 물리적 측면

유형적 측면의 개념으로, 예를 들면 토지의 경우 지질, 지형, 지반, 토양, 고저, 평야, 산악, 기상, 하천 등과 건물의 경우 측량, 설계, 시공, 설비, 자재 등이 관련된 것으로 자연지리학, 공학, 건축학 등과 관련이 있다. 이러한 유형적 측면 때문에 부동산활동에 있어 임장활동이 필요한 이유이기도 하다.

2) 경제적 측면

무형적 측면의 개념으로 경제, 경영적 사고에 입각한 것이다. 예를 들면 수요와 공급, 부동산 가치, 임대료수준, 건축비용, 부동산경기, 시장성, 마케팅, 비용과 편익 등 경제학 및 경영학과 관련된 내용들이 주류를 이룬다.

3) 법률적 측면

무형적 측면의 개념으로 제도적인 측면에 입각한 것으로 「민법」에서 규정하는 소유권 등의 권리관계, 「부동산등기법」상 등기관계, 「국토의 계획 및 이용에 관한 법률」상 용도지역제, 「건축법」상 건축허가제 등 각종 법률이 규정하는 내용들이다.

4) 사회적 측면

무형적 측면의 개념으로 사회, 문화적인 측면에서 파악하는 관점이다. 예를 들면 부동산의 사회성, 공공성, 토지공개념, 공평배분, 주거선호도, 주거문화, 거래관행, 임대차관행, 건축양식, 투자심리 등으로 주로 사회학, 심리학 등과 관련된 내용들이다.

7. 부동산 개념의 4대 측면

앞서 부동산의 개념에 대한 물리적, 경제적, 법률적, 사회적 4대 측면은 부동산 결정을 행함에 있어 '상호 유기적'으로 다양하게 활용된다는 점에 유의해야 한다. 예컨대, 부동산에 대한 매각결정, 매입결정, 교환결정, 임대결정, 중개결정, 이용결정, 개발결정, 입지선정결정, 정책결정, 가격결정 등 실로 수많은 부동산 결정에 있어 분석 및 판단의 최종적 작용은 부동산에 관한 4대 측면들의 상호 영향력을 다양한 분석도구로 분석하여 하나의 통일적인 행동으로 전개해 나가는 과정이라 할 수 있다.

제2절 부동산의 분류

> **Tip**
> 일반적 분류, 법적 분류, 성격에 따른 분류, 종별과 유형에 따른 분류로 구분하여 설명하는데, 특히 종별과 유형은 가치 및 가격에 대한 이해와 연계하여 이해해야 하는 개념으로서 다소 어려운 내용이므로 잘 살펴보아야 한다.

미리보기

1. 일반적 분류
2. 법적 분류
    1) 「공간정보의 구축 및 관리 등에 관한 법률」에 따른 분류
    2) 「국토의 계획 및 이용에 관한 법률」에 따른 분류
        (1) 용도지역
        (2) 용도지구
        (3) 용도구역
    3) 「산림자원의 조성 및 관리에 관한 법률 및 산지관리법」에 따른 분류
    4) 「건축법」에 따른 분류
    5) 기타
3. 성격에 따른 분류
    1) 시장성에 따른 분류
    2) 수익성에 따른 분류
4. 부동산의 종별과 유형
    1) 개설
    2) 부동산의 종별과 유형의 개념과 분류목적
        (1) 부동산의 종별
            ① 종별의 의의
            ② 지역종별
            ③ 토지종별
            ④ 종별의 판단
        (2) 부동산의 유형
            ① 유형의 의의
            ② 택지
            ③ 건물 및 그 부지(복합부동산)
        (3) 분류목적
    3) 감정평가활동에서 활용
        (1) 가격제원칙
        (2) 지역, 개별분석
            ① 종별과 지역분석
            ② 유형과 개별분석
        (3) 감정평가 3방식 적용과 시산가액 조정
            ① 감정평가 3방식 적용
            ② 시산가액 조정
        (4) 부동산투자, 위험분석
    4) 소결

1. 일반적 분류

부동산은 여러 기준에 따라 다양하게 분류가 가능하다. 그러나 가장 일반적인 기준은 대상부동산이 어느 지역에 위치하고 어떤 목적으로 이용되느냐에 따라 분류하는 것이다. 지역에 따라서는 도시부동산과 농촌부동산으로 구분할 수 있고, 이용목적(용도)에 따라서는 주거용, 상업용, 공업용, 농업용, 임업용 부동산 등으로 분류할 수 있다.

2. 법적 분류

1) 「공간정보의 구축 및 관리 등에 관한 법률」에 따른 분류

「공간정보의 구축 및 관리 등에 관한 법률」에서는 토지를 주된 용도 기준으로 한 지목에 따라 28개로 분류한다. 특히 감정평가 시에 실제 이용상황과 지목이 일치하지 않는 경우가 있기 때문에 부동산활동에 있어 유의해야 한다. 이것이 부동산활동에 있어 임장활동이 필요한 이유이고 특히 평가활동이나 중개활동에 있어서는 실제 이용상황을 중시하여 다루게 된다는 점을 기억하여야 할 것이다.

2) 「국토의 계획 및 이용에 관한 법률」에 따른 분류

(1) 용도지역

용도지역은 토지의 이용실태 및 특성, 장래의 토지이용 방향을 고려하여 결정되는데 도시지역, 관리지역, 농림지역, 자연환경보전지역으로 구분되며 다시 몇 개의 용도지역으로 세분된다. 감정평가활동에 있어 용도지역은 토지이용의 실질적인 내용과 범위를 규정하게 되고 공시지가기준법 적용 시 비교표준지 선정의 제1원칙으로 작용하기에 그 중요성이 매우 크다.

(2) 용도지구

용도지구는 용도지역의 제한을 강화하거나 완화하여 용도지역의 기능을 보완하기 위해 도시관리계획으로 결정하는 지역이다. 여기서 용도지구에는 경관지구, 고도지구, 방화지구, 방재지구, 보호지구, 취락지구, 개발진흥지구, 특정용도제한지구, 복합용도지구 등이 있다.

(3) 용도구역

용도지역, 지구와 관계없이 독자적으로 도시의 과밀화 및 확산으로 인한 피해를 예방하기 위한 목적 등에서 지정된다. 용도구역을 구체적으로 살펴보면 개발제한구역, 도시자연공원구역, 시가화조정구역, 수산자원보호구역 등이 있다. 여기서 개발제한구역은 그 제한의 강도가 매우 크기 때문에 평가실무에 있어서는 용도지역과 함께 비교표준지 선정에 있어 큰 역할을 수행하게 된다.

3) 「산림자원의 조성 및 관리에 관한 법률 및 산지관리법」에 따른 분류

「산림자원의 조성 및 관리에 관한 법률」에서는 산지를 소유자에 따라 국유림, 공유림, 사유림으로 구분하고, 「산지관리법」에서는 효율적인 보전과 개발을 촉진하기 위하여 보전산지와 준보전산지로 구분한다.

4) 「건축법」에 따른 분류

「건축법」에서는 건물의 용도를 기준으로 하여 단독주택, 공동주택, 제1종 근린생활시설, 제2종 근린생활시설, 문화 및 집회시설, 종교시설, 판매시설, 운수시설, 의료시설, 교육연구시설, 노유자(노인 및 어린이)시설, 수련시설, 운동시설, 업무시설, 숙박시설, 위락(慰樂)시설, 공장시설, 창고시설, 위험물 저장 및 처리시설, 자동차 관련 시설, 동물 및 식물 관련 시설, 자원순환 관련 시설, 교정(矯正)시설, 국방·군사시설, 방송통신시설, 발전시설, 묘지 관련 시설, 관광휴게시설, 그 밖에 대통령령으로 정하는 시설 등 총 29개로 구분하고 있다.

5) 기타

이외에도 「도로법」, 「하천법」, 「국유재산법」 등 수많은 법령에서 토지와 건물에 대한 분류를 하고 있다. 이러한 내용들은 평가활동을 비롯한 부동산활동을 직접 수행하는 과정에서 관련 법령들을 직접 확인하고 적용해야 한다는 점을 명심해야 한다.

3. 성격에 따른 분류

부동산은 성격에 따라 시장성 및 수익성의 여부로 분류할 수 있는데, 이는 감정평가활동(감정평가방식의 선택 및 적용)과 밀접한 관련을 맺고 있다.

1) 시장성에 따른 분류

시장성이라는 개념은 일반적으로 판매가능성, 임대가능성을 의미한다. 따라서 시장성 있는 부동산과 시장성 없는 부동산(또는 시장성이 낮은 부동산)으로 구분할 수 있다. 부동산의 시장성은 법률적 규제에 따라 매매나 임대의 대상이 되지 않는 경우, 부동산의 성격 또는 부동산경기나 지역적 상황 등에 의해 거래가 되지 않거나 거래가 거의 없는 경우 제한된다. 따라서 부동산의 시장성 여부 및 그 여부를 판단하는 것이 중요한바 이는 시장성에 따라 부동산의 가치가 크게 영향을 받기 때문이다.

2) 수익성에 따른 분류

부동산이 금전적 수익을 창출하느냐 못하느냐에 따라서 수익성 부동산과 비수익성 부동산으로 구분이 가능하다. 여기서 수익은 운영과 처분에 따른 수익 중에서 운영에 따라 발생하는 운영수익으로 이해하는 것이 타당할 것이다.

수익성 부동산은 투자성 부동산, 비투자성 부동산으로 구분되기도 하고 임대용 부동산과 기업용 부동산으로 구분되기도 한다. 후자는 수익의 발생유형에 따른 구분인데, 부동산이 창출하는 수익은 임대에 의한 수익과 기업경영에 의한 수익으로 나누어 볼 수 있기 때문이다.

한편 비수익성 부동산은 주거용 부동산과 서비스용 부동산으로 구분할 수 있다. 전자는 소유자의 주거목적으로 사용되는 것을 말하며, 후자는 정부기관이나 일반대중의 이용에 제공되는 것을 말한다.

4. 부동산의 종별과 유형★ 기출 17회

1) 개설

부동산의 종별과 유형은 일본의「부동산감정평가기준」에서 규정하고 있는 부동산의 분류인데 종별과 유형을 합하여 종류라고 명명하기도 한다. 이러한 종별과 유형은 부동산의 경제적 가치를 본질적으로 결정하기 때문에 그 개념을 이해하고 분류목적을 명확히 파악하는 것이 중요하다. 즉, 부동산의 종별과 유형에 따라 감정평가 시 가치형성요인의 분석내용과 유의사항이 달라지고, 최종적으로는 감정평가의 결과가 달라지기 때문이다. 따라서 종별과 유형의 개념을 정확하게 분류, 정리하여야 감정평가의 정확성을 높일 수 있다.

> **Check Point!**
>
> ▶ 일본의「부동산감정평가기준」
>
> **종별과 유형**
> 부동산을 감정평가할 때는 부동산의 지역성, 유형적 이용 및 권리관계의 태양(態樣)에 따라 분석해야 하며, 그 지역특성 등에 근거하여 부동산의 종류에 따라 검토해야 한다.
> 부동산의 종류란 부동산의 종별 및 유형 두 가지 면에서 성립하는 복합적인 부동산의 개념을 나타낸 것이다. 이 부동산의 종별 및 유형이 부동산의 경제적 가치를 본질적으로 결정하기 때문에 이 양 측면을 분석해야 비로소 부동산감정평가의 정확도[精度]를 높일 수 있다.
>
> **해설** 부동산감정평가에서 특히 중요한 지역은 용도관점에서 구분되는 지역(용도적 지역)이며, 부동산은 타부동산과 함께 이 용도적 지역, 특히 용도적으로 동질성을 갖는 일정지역을 구성하여 여기에 속함으로써 그 유용성이 발휘된다. 부동산의 종별은 이 용도적 지역을 전제로 판정된다. 이와는 달리 부동산 유형은 부동산의 이용형태 및 권리형태에 착안하여 구분한 것으로 우리가 어떤 형태로 부동산의 유용성을 향유하고 있는가를 전제로 판정되는 것이다. 부동산을 평가할 때, 대상부동산이 그 종별과 유형에 따라 어디에 분류될 수 있는가를 살피고, 종별과 유형의 양면에서 부동산의 종류를 정하고 그에 기초하여 분석해야 하며, 이를 통해 정확도가 한층 높아진다.

2) 부동산의 종별과 유형의 개념과 분류목적

(1) 부동산의 종별

① 종별의 의의

부동산의 용도적 관점에 따른 부동산의 분류로서 지역종별과 토지종별로 구별된다.

② **지역종별**

기본적으로 지역적 관점에서 지역(용도적 지역으로서 법상 용도지역과는 다르다. 이러한 용도적 지역은 우리나라 평가실무에서 활용되고 있는 용도지대와 유사한 의미를 지니고 있다)의 종별을 먼저 판단한다. 이러한 지역종별은 택지지역, 농지지역, 임지지역으로 분류되고, 택지지역은 다시 주택지역, 상업지역, 공업지역으로, 농지지역은 전지지역, 답지지역으로 세분된다. 한편 지역종별 대분류 상호 간에 전환되어가는 지역을 예정지(후보지)지역이라 하고, 소분류 상호 간에 전환되어가는 지역을 이행지지역이라 한다.

③ **토지종별**

토지종별은 해당 토지가 속하고 있는 지역의 종별에 따라 분류되는 용도구분으로 택지, 농지, 임지, 예정지, 이행지로 구분되고, 택지는 다시 주거지, 상업지, 공업지로, 농지는 전지, 답지로 각각 세분된다.

④ **종별의 판단**

종별은 단순히 도시관리계획상 지정된 용도지역, 공부상 지목, 현실의 이용상황에 따라 결정하는 것이 아니라 그 토지가 속하는 용도적 지역의 종별에 따라 판단하여야 한다. 그리고 평가주체는 용도적 지역의 판정을 자연적, 사회적, 경제적, 행정적 관점에서 가장 합리적인 경우를 상정하여 판정하여야 한다.

(2) 부동산의 유형

① **유형의 의의**

부동산이용의 행태(물리적 ⓔ 나지, 건부지) 및 권리관계의 태양(법률적 ⓔ 지상권설정 유무)에 따라 구분되는 부동산의 분류이다. 이러한 부동산이용 및 권리관계에 따라 부동산의 효용이 달라지므로 부동산의 가치판단을 함에 있어 부동산의 유형에 대한 분석이 중요하다. 한편 부동산의 유형은 택지와 건물 및 그 부지로 구분된다.

② **택지(토지만의 단독부동산)**

나지(토지상에 정착물이 없고 사용・수익을 제한하는 사권의 제한이 없는 토지), 건부지(건물의 부지로 이용되고 있는 토지로서 건물과 토지의 소유자가 동일하고 소유자가 직접 사용하며 사용・수익을 제한하는 사권의 제한이 없는 토지), 지상권 및 임차권이 설정된 토지, 구분소유권이 설정된 토지 등으로 나뉜다.

③ **건물 및 그 부지(토지 및 건물로 이루어진 복합부동산)**

자용의 건물 및 그 부지(건물, 부지 소유자가 동일인인 경우), 대가 및 그 부지(건물, 부지 소유자가 동일인이지만 건물이 임대차에 제공되고 있는 경우), 지상권 및 임차권이 설정된 건물 및 그 부지, 구분소유건물 및 그 부지로 나뉜다.

(3) 분류목적(부동산의 종류와 경제적 가치)

종별과 유형은 부동산의 경제적 가치의 본질을 결정한다. 왜냐하면, 경제적 가치의 본질은 장래 기대되는 편익의 현재가치인데 편익은 부동산의 이용에 따른 효용에서 발생하는 것으로 효용은 근본적으로 부동산의 종별과 유형에 따라 결정되기 때문이다. 예를 들어 택지는 주거용, 상업용, 공업용 토지로 각각 쾌적성, 수익성, 비용성이라는 효용에 따라 그 용도에 상응하는 가치가 형성된다. 그러나 부동산의 종별에 따라서는 가치의 대체적 수준 및 범위만 결정될 뿐임에 유의해야 한다. 즉, 부동산의 구체적 가치는 유형적인 측면에 따라 결정된다. 예를 들면, 자용건물 및 부지는 직접 소유자가 이용하는 것이 가능하므로 완전소유권 가치를 누릴 수 있고, 대가 및 그 부지는 토지이용이 제약되므로 임대권의 가치만 갖는다.

3) 감정평가활동에서 활용

(1) 가격제원칙

종별은 지역적 관점에 따른 분류이므로 외부적 측면의 가격제원칙과, 유형은 개별부동산 관점에 따른 분류이므로 내부적 측면의 가격제원칙과 밀접한 관련성을 가진다. 따라서 종별은 용도적 측면에서의 판단이므로 부동산의 유용성을 최고로 발휘하기 위해서는 인근지역에 적합해야 한다는 적합의 원칙과 지역 내의 용도적 경쟁과 대체에 따르는 대체·경쟁의 원칙과 관련이 있다. 반면, 유형은 부동산의 유용성을 최고로 발휘하기 위해서는 구성요소 간의 내부결합에 균형이 있어야 한다는 균형의 원칙, 최유효이용의 원칙과 관련이 있다.

(2) 지역, 개별분석

① 종별과 지역분석

종별은 지역분석 절차에서 인근지역을 구분할 때 고려되는 중요한 요소 중의 하나이다. 즉, 인근지역은 용도적·기능적 측면에서 동질성이 인정되는 지역으로 종별의 구분에 따라 인근지역의 범위가 결정된다. 그리고 이러한 지역의 범위에 따라 그 용도적 지역에 상응하는 표준적인 이용과 가치의 대체적인 수준 및 범위도 파악할 수 있게 된다.

② 유형과 개별분석

유형은 개별분석 절차에서 중요한 고려요소가 된다. 즉, 물리적인 측면에서 토지이용행태가 무엇인지, 법률적인 측면에서 부동산활동에 제약을 가하는 요인은 어떤 것이 있는지 파악함으로 최유효이용과 개별적, 구체적 가격을 판단할 수 있다. 그러나 구체적인 가격의 확정은 지역분석과 개별분석을 거친 후 감정평가방법의 적용에 따라 이루어진다. 예를 들어 자용의 건물 및 그 부지의 경우에는 최유효이용을 전제로 한 3방식을 적용하여 평가할 수 있고 대가 및 그 부지의 경우에는 계약에 따른 제한된 상태에서의 3방식을 적용하여 평가할 수 있다.

(3) 감정평가 3방식 적용과 시산가액 조정

① 감정평가 3방식 적용

비교방식의 경우 자료수집의 범위확정, 시점수정 및 지역요인 비교 시 종별에 유의하여야 하고 사정보정, 개별요인 비교 시 유형에 유의하여야 한다. 원가방식의 경우 간접법에 의한 재조달원가 산정 시 종별에 의거해 자료수집의 범위를 확정하고 감가수정 시 경제적 감가는 종별, 물리적·기능적 감가는 유형에 따른다. 수익방식의 경우 순수익은 종별에 의거해 자료수집의 범위를 확정하고 지역요인을 비교하며, 유형에 의거해 개별요인을 비교한다. 그리고 환원방법은 유형을 중시하여 선택하고, 자본환원율은 종별에 유의하여 시장환원율을 적용해야 한다.

② 시산가액 조정

대상과 동일한 종류에 해당하는 사례 자료가 수집되었는가, 종별과 유형에 따른 가치형성요인의 분석은 적정한가, 종별과 유형에 의거하여 적정한 평가방법을 선택하였는가 등에 유의하여 시산가액을 조정한다.

(4) 부동산투자, 위험분석

어떠한 부동산투자에서나 그 효율을 측정하는 것은 어렵지만 부동산의 종별과 유형에 유의하여 투자환경에 따라 최적의 투자분석기법을 선택적으로 활용할 것이 요구된다.

4) 소결

감정평가 시 부동산을 세분화할수록 자료수집과 가치형성요인 분석의 초점이 좁혀지므로 평가의 능률화를 도모할 수 있고 평가결과의 신뢰성이 향상될 수 있다. 그러나 이러한 종별과 유형의 분류는 일본의 분류체계로서 우리나라는 아직 이와 같은 독자적인 분류체계가 없다. 따라서 우리나라도 우리의 부동산시장 현실에 부합하는 분류체계의 확립을 검토할 필요가 있다.

> **감정평가 시 유의하여야 할 사항**
>
> **1. 예정지, 이행지의 감정평가 시 유의사항**
> 예정지와 이행지는 그 이용이 전환되고 있으므로 전환의 정도가 높은 경우에는 전환 후의 지역종별 또는 토지종별을 전제로 감정평가하고, 전환의 정도가 낮은 경우에는 전환 전의 지역종별, 토지종별을 전제로 평가하여야 한다.
>
> **2. 종별과 유형의 판단 시 유의사항**
> ① 종별의 판단 시 현실의 토지이용상황, 등기부상 지목, 도시관리계획상 지정된 용도지역 등에 좌우 되는 것이 아니라 평가주체가 사회적, 경제적, 행정적 관점에서 합리적으로 판단해야 한다.
> ② 유형의 판단 시 권리관계는 표면상 잘 드러나지 않는 경우가 많으므로 임장활동을 통해 물적, 법적 사실관계를 파악해야 한다.
>
> **3. 가치형성요인 분석 시 유의사항**
> ① 종별에 따른 가치형성요인의 분석 시 토지의 현실 이용방법(=토지종별)과 종별(=지역종별)이 일치 하지 않는 경우 그 토지가 속한 지역종별에 따라 가치형성요인 분석이 되어야 함에 유의해야 한다.
> ② 유형에 따른 가치형성요인 분석 시 부지의 최유효이용이 건물에 의해 제약당하고 있는 경우에는 건물의 용도를 전환하거나 건물의 구조를 개조하거나 또는 건물을 철거하는 것이 타당할 수 있음 에 유의해야 한다.

제3절 부동산의 특성

> **Tip**
> 독자적인 내용으로서도 중요하지만 부동산학 및 감정평가이론 전반에 걸쳐 미치는 영향이 지대하므로 자연적 특성, 인문적 특성, 기타 특성 할 것 없이 하나하나의 내용과 그 의미를 음미하면서 공부하여야 한다.

미리보기

1. 개설
2. 토지의 특성
   1) 자연적 특성과 인문적 특성
   2) **자연적 특성**
      (1) (지리적 위치의) 고정성
         ① 의의
         ② 파생현상
      (2) 부증성(비생산성)
         ① 의의
         ② 파생현상
      (3) 영속성
         ① 의의
         ② 파생현상
      (4) 개별성(비동질성)
         ① 의의
         ② 파생현상
   3) **인문적 특성**
      (1) 용도의 다양성
         ① 의의
         ② 파생현상
      (2) 병합, 분할의 가능성
         ① 의의
         ② 파생현상
      (3) 사회적, 경제적, 행정적 위치의 가변성
         ① 의의
         ② 파생현상
   4) **기타 특성**
      (1) 인접성
         ① 의의
         ② 파생현상
      (2) 지역성
      (3) 경제적 특성
      (4) 수규제성(제도적 특성으로 분류)
3. 건물의 특성
   1) **동질성(비개별성)**
   2) **생산가능성(비부증성)**
   3) **이동가능성(비고정성)**
   4) **종속성 및 영향성**
   5) **비영속성**
4. 부동산의 특성으로 인한 감정평가의 필요성

---

1. 개설

부동산시장은 일반재화시장에서는 볼 수 없는 다양한 부동산현상들이 나타나고, 복잡하고 어려운 부동산문제가 발생하며, 시장의 불완전성으로 인해 시장기능이 제대로 발휘되지 못하는 시장실패가 자주 일어난다. 이는 일반재화와 다른 부동산의 여러 가지 특성 때문이다. 이러한 부동산의 특성은 부동산학 및 감정평가이론의 모든 분야에 있어 그 기본 바탕을 구성하고 있는 중요한 요소로서 반드시 제대로 이해하여야 한다.

2. 토지의 특성 기출 1회 · 9회

1) 자연적 특성과 인문적 특성

토지의 특성은 크게 자연적 특성과 인문적 특성으로 구분이 가능하다. 자연적 특성은 부동산 고유의 본원적 특성으로 고정적이고 경직적인 특징이 있는 반면, 인문적 특성은 부동산과 인간과의 관계에서 나타나는 특성으로 가변적이고 신축적인 특징이 있으며 자연적 특성에 의한 제약과 한계를 완화시켜 준다.

2) 자연적 특성*

(1) (지리적 위치의) 고정성

① 의의

고정성이란 토지는 물리적인 측면에서 그 지리적 위치가 고정되어 있다는 특성으로 토지의 가장 본질적인 특성이다. 이러한 고정성은 모든 부동산문제를 발생시키는 가장 중요한 원인이 된다. 부동산의 위치가 고정되어 있음으로써 주변에서 일어나는 다양한 환경조건들이 부동산의 가치에 영향을 주게 된다. 이를 외부효과라고 한다.

② 파생현상

㉠ 부동산과 동산의 구별기준이 되고, 부동산권리의 공시방법이 동산과 다르게 적용되는 원인이 된다.
㉡ 부동산활동, 현상을 국지화시킨다.
㉢ 지역마다 지역특성이 다르게 나타나기 때문에 지역분석이 필요하게 된다.
㉣ 부동산활동을 임장활동(현장 확인 활동) 및 정보활동으로 만든다.
㉤ 부동산가치는 위치가격의 성격을 가진다.
㉥ 부동산시장을 실물에 기초한 권리 형태로 매매가 이루어지는 추상적 시장으로 만든다.
㉦ 부동산이 지역적으로 세분되어 부분시장이 형성된다.
㉧ 부동산 이용활동 시 인근지역의 환경에 적합하게 이용해야 하며 그렇지 못할 경우 경제적 감가가 발생한다.

(2) 부증성(비생산성)

① 의의

토지는 노동이나 자본을 추가적으로 투입하더라도 그 절대량은 늘어나지 않는다는 것이다. 예를 들어, 수면매립이나 택지조성 등을 통해 가용토지의 양을 늘릴 수는 있으나 이는 토지의 물리적 증가가 아닌 토지이용의 전환을 통한 유용성의 증가라는 측면에서 파악해야 한다.

② 파생현상
　㉠ 토지희소성의 근원이 된다.
　㉡ 부동산시장에서 지가상승의 원인이 된다.
　㉢ 공급제한으로 인해 공급자 경쟁보다는 수요자 경쟁이 일어나게 된다.
　㉣ 부동산 이용활동에서 최유효이용을 강제하는 원인이 된다.
　㉤ 물리적 공급곡선이 수직이 되므로 수요·공급에 의한 가격의 성립은 수요요인에 크게 영향을 받는다.
　㉥ 토지의 생산비 법칙이 적용되지 않아 원칙적으로 원가법에 의한 평가가 곤란하다.

(3) 영속성

① 의의

영속성이란 토지는 물리적인 측면에서 볼 때 시간의 경과나 이용 등에 의해 마모되거나 소멸되지 않는다는 특성을 말하는데 불변성이라고도 한다.

② 파생현상
　㉠ 부동산활동에 있어 장기적인 고려가 필요하다.
　㉡ 토지의 가치보전력을 우수하게 하여 부동산시장에서 투기 및 투자심리를 유발한다.
　㉢ 소유와 이용의 분리가 가능하여 부동산가격은 협의의 가격과 임대료로 구분된다.
　㉣ 토지에 감가상각이 적용되지 않아 원칙적으로 원가법을 적용할 수 없다.
　㉤ 토지의 수익을 영속적으로 만들며, 수익환원법으로 평가할 수 있는 근거가 된다.

(4) 개별성(비동질성)★

① 의의

지구상에 물리적으로 동일한 복수의 토지는 존재하지 않는다는 특성이다. 이는 고정성에서 연유된 특성으로 물리적으로는 비대체적이나 이용 측면에서는 대체가 가능하다는 점에 유의해야 한다.

② 파생현상
　㉠ 부동산을 일반화시킬 수 없기에 부동산학의 원리나 이론 도출이 어렵다.
　㉡ 부동산활동, 현상을 개별화시키며 표본추출 및 부동산 간의 비교를 어렵게 한다.
　㉢ 토지의 수익이나 가격이 개별로 형성되어 일물일가의 법칙이 적용되지 않게 된다.
　㉣ 개개의 부동산을 구별하고 수익이나 가격을 개별적·구체적으로 파악해야 하므로 개별분석의 원인이 된다.

3) 인문적 특성

(1) 용도의 다양성

① 의의

토지는 여러 가지 용도로 이용될 수 있다는 특성이 있다. 토지는 주거용지, 상업용지, 공업용지, 임업용지 등으로 쓰일 수 있으며, 같은 용도에 쓰이는 경우라도 그 규모와 세부적인 이용방법이 항상 동일하지는 않다. 용도의 다양성은 자연적 특성인 고정성, 부증성과 개별성에 따른 공급의 제한을 완화시키는 역할을 하고, 최유효이용의 근거가 된다.

② 파생현상

㉠ 용도전환을 통해 부동산시장에서 고정성, 부증성에 따른 공급제한을 완화해서 경제적 공급을 가능하게 한다.
㉡ 토지이용의 우선순위에 대한 중요성이 요구되고 최유효이용의 바탕이 된다.
㉢ 가치다원론의 근거가 된다.
㉣ 적지론의 근거가 된다.

(2) 병합, 분할의 가능성

① 의의

토지는 이용목적에 따라 인위적으로 병합하거나 분할할 수 있는 특성이 있다. 물리적 측면(토지 면적의 분할 등), 권리적 측면(소유권과 소유권 외의 권리로 분할 등), 기간의 측면(전체 기간의 대가인 가격과 사용·수익기간 동안의 대가인 임대료로 분할 등)에서 구분할 수 있다.

② 파생현상

㉠ 용도의 다양성을 지원하는 기능을 한다.
㉡ 한정가격의 근거가 된다.
㉢ 합병증가/감가, 분할증가/감가를 발생하게 한다.
㉣ 기여의 원칙, 수익배분의 원칙과 관련 있다.

(3) 사회적, 경제적, 행정적 위치의 가변성

① 의의

인문적 환경의 영향에 의해 토지의 사회적, 경제적, 행정적 위치가 시간의 흐름에 따라 변화한다는 특성이다. 즉, 인문적인 측면에서 토지는 결코 부동, 불변이 아니라는 것으로 이러한 가변성이 부동산가격에 큰 영향을 미치게 된다.

⊙ **사회적 위치의 가변성** : 주거환경의 악화, 슬럼화 등으로 사회적 환경의 악화 또는 개선 등 외부환경이 변화하는 것과 인구 증감 등을 통해 부동산수요의 기반이 변화하는 것이다.
ⓒ **경제적 위치의 가변성** : 도로, 철도, 지하철 등의 이전, 확장으로 시가지의 변화, 발전, 쇠퇴 등이 있고, 경제성장, 소득증대, 경기변동 등으로 인한 부동산의 유용성 및 수요의 변화가 있다.
ⓒ **행정적 위치의 가변성** : 정부의 정책, 행정 등의 변화로 부동산활동이나 가치가 영향을 받게 됨으로 부동산의 위치가 변화하는 것이다. 그린벨트의 지정, 토지거래허가구역의 지정, 도시계획의 변경 등이 있다. 특히 우리나라의 경우에는 이러한 정부의 정책적 개입이 토지의 유용성, 수요와 공급, 거래 및 이용형태에 커다란 영향을 미치고 부동산 호황 또는 부동산 경기침체의 직접적인 원인이 되기도 한다.

② **파생현상**
⊙ 부동산활동에 있어 장기적인 배려(고려)가 필요하고, 예측, 변동의 원칙의 근거가 된다.
ⓒ 감정평가에 있어 기준시점의 확정과 시점수정의 필요성이 제기된다.
ⓒ 부동산시장에서 파생수요가 형성된다.

4) 기타 특성

(1) 인접성

① **의의**
토지는 지표의 일부로서 인접 토지와 긴밀한 공간관계에 있다. 따라서 물리적으로 보는 토지는 반드시 다른 토지와 연결되어 있다는 특성을 인접성 또는 연결성이라 하며, 특정 토지의 개발과 사용은 인근 토지에 커다란 영향을 주기 때문에 외부효과(외부경제 또는 외부불경제)와 밀접한 관계가 있다.

② **파생현상**
⊙ 각각의 부동산은 인접 토지와의 협동적 이용을 필연화시킨다.
ⓒ 소유와 관련하여 경계문제를 불러일으킨다.
ⓒ 가격형성에 있어 인접 토지의 영향을 받으며 지역분석을 필연화시킨다.

(2) 지역성

부동산은 그 부동산이 속해 있는 지역의 구성분자로서 그 지역과 상호 의존, 보완관계에 있고 그 지역 내 타 부동산과 협동, 대체, 경쟁 등의 상호관계를 통하여 사회적, 경제적, 행정적 위치를 점하게 되는데 이를 부동산의 지역성이라 한다. 이러한 지역성은 고정성과 인접성으로 나타나는 특성으로 지역성으로 인하여 다른 지역과 구분되는 지역특성을 형성하고 지역분석의 필요성을 야기한다.

(3) 경제적 특성

인문적 특성 중 경제적 측면을 강조할 때 제기되는 특성이다. 이러한 경제적 특성은 토지자원 가용화, 기존 토지의 집약적 이용 등을 통해 고정적이고 경직적인 부동산활동을 보다 완화시킬 수 있다.

> **Check Point!**
>
> ● **부동산의 경제적 특성***
>
> **1. 희소성**
> 인간의 욕구에 비해 이용 가능한 토지의 양이 부족한 상태를 말한다. 이러한 희소성은 토지의 자연적 특성인 고정성, 부증성 등으로 인한 토지공급의 비탄력성에 기인한다. 희소성의 문제는 공급 측면에서는 가용토지의 신규개발, 기존토지의 집약적 이용(고도이용)으로, 수요 측면에서는 유효수요의 조정, 인구억제 및 분산정책으로 해결할 수 있다.
>
> **2. improvements의 토지효용가변성***
> improvements에 의해 토지의 효용이 변할 수 있다는 특성이다. 여기서 improvements란 토지에 정착, 부착되어 토지의 효용을 변경시키는 구조물 등을 의미한다. 이러한 improvements는 토지상의 부가물(improvements on land : 토지와는 별개로 취급되는 부가물로 건물, 구축물 등이 있으며 토지와 독립적으로 평가함), 토지에의 부가물(improvements to land : 가치가 토지에 화체되어 별도가치가 없는 부가물로 도로, 상하수도 등이 있으며 독립된 평가대상이 되지 못하고 토지에 포함되어 평가함)로 구분할 수 있다.
>
> **3. 투자의 고정성**
> (1) 개념
> 영속성으로 인해 한번 결정된 토지이용형태는 본래 상태로 전환시키기까지 많은 시간과 비용이 소요되고 투하자본을 회수하는 데도 많은 기간이 필요하다는 특성이다.
> (2) 원인 및 내용
> ① 원인
> 투자에 대한 제도적 제한 및 투자규모의 대규모성 그리고 부동산 정보의 불투명성 등이 부동산 투자를 고정화시키는 원인이 된다.
> ② 내용
> 투자의 고정성은 투하자본 회수의 장기성과 토지이용규제 등에 대한 능동적인 대처 곤란의 문제를 야기한다.
> (3) 투자의 고정성 완화
> ① 부동산 증권화(투자규모의 대규모성 완화)
> 부동산 증권화는 부동산 관련 채권이나 증권을 발행하여 자금을 조달하는 방식으로 부동산시장이 자본시장과 유기적으로 통합하게 된다. 따라서 소액투자가 가능해지고 부동산 관련 정보가 축척, 공개되어 합리적인 투자 및 지분취득, 처분이 수월하게 되어 투자의 고정성이 완화된다.

② 부동산조세의 개편(제도적 제한 완화)
부동산조세는 보유 시 세금인 재산세는 낮고 거래 시 세금인 등록세, 양도세는 높은 양상을 보이는 바 보유세금을 높이고 거래세금을 낮춤으로써 부동산의 수익성(양도차익)을 높이고 투자의 고정성을 완화하여야 한다.
③ 기타
부동산시장의 개방으로 외국의 자본과 기술이 유입되어 건전한 투자 층이 확대되고 정보공개의 객관화가 요구되고 있다. 또한 수익환원법에 의한 평가 등이 강조되고 투자재로서의 의미가 확대되는 등 제반환경이 고정성을 완화하고 있다.

4. 위치의 선호성

(1) 개념
사람들이 일정한 위치나 장소의 토지를 선호하는 특성이다. 따라서 부동산 매매활동 시 용도를 중심으로 살펴보면 주거지는 쾌적성, 상업지는 수익성, 공업지는 비용성에 중점을 두고 결정된다.

(2) 위치성에 영향을 주는 요인
토지의 위치성은 특정 토지에 대한 개인이나 집단의 상호 선택과 선호의 결과로서 나타난다. 또한 인구성장 정도, 공공시설의 유용성, 생활양식의 변화, 정부정책 등은 위치성에 많은 영향을 미친다.

(3) 접근성의 중요성
부동산의 위치성에 가장 중요한 영향을 미치는 것은 접근성이다. 접근성이란 대상부동산이 위치하는 장소에서 다른 장소에 도달하는 데 소요되는 시간, 경비, 노력 등으로 측정되는 상대적 비용을 말한다. 접근성에 따라 부동산가치는 크게 영향을 받는다.

5. 고가성 및 등귀성

고가성은 부동산이 다른 재화에 비해 가격이 비싸다는 특성이다. 이는 시장참여자 수를 제한시키고 부동산수요의 강도를 약화시키게 되며, 부동산금융이 부동산에 큰 영향을 끼치게 하는 원인이 된다 (LTV, DTI). 또한 부동산수요는 일회성 구매가 되는 경우가 많기에 매입 시 신중하게 고민한다. 한편 등귀성은 수요자의 투기 심리로 인해 부동산가격이 오를 때 순식간에 많이 오르는 특성이다.

6. 내구성

부동산은 경제적 수명이 길다는 특성을 가지고 있다. 영속성은 토지의 관점이고 내구성은 토지, 건물을 포함하여 경제적 관점에서 효용의 지속성에 초점을 맞춘 것이다. 부동산은 오랜 기간 동안에 걸쳐 서비스와 수익을 창출하게 되는데 이는 부동산 구매활동 시 할부구매가 수요자의 합리적인 소비행위에 더 적합하다는 것을 의미한다. 경제학에서 합리적인 소비행위는 효용과 그에 대한 교환이 동시에 일대일의 대응 관계로 이루어질 때 성립하기 때문이다. 따라서 부동산을 구입하는 수요자는 부동산의 이용에 따라 얻게 되는 효용에 해당하는 만큼의 대가를 매 기간마다 지불할 수 있도록 부동산금융을 활용하는 것이 보다 합리적인 소비행위가 된다.

(4) **수규제성**(제도적 특성으로 분류)

어느 사회를 막론하고 부동산의 이용과 거래에 대해 많은 규제가 가해진다는 특성이다. 부동산은 정부정책, 법률 외에도 사회규범, 사회제도, 협회나 조직의 규정 등에 영향을 받는다.

> **Check Point!**
>
> ● 토지의 시장재로서의 특성
> 1. 완전경쟁시장과 토지시장
>   (1) 완전경쟁시장의 의의
>   어떠한 생산자나 소비자도 시장의 가격에 아무런 영향력도 행사할 수 없는 시장이다.
>   (2) 완전경쟁시장의 성립조건
>   ① 다수의 수요자와 공급자가 존재할 것
>   ② 시장의 모든 제품은 동질적이고 완전 대체관계에 있을 것
>   ③ 진입과 퇴거가 자유로운 시장일 것
>   ④ 모든 경제주체가 완전한 정보를 보유하고 있어서 비대칭성이 발생되지 않아야 할 것
>   (3) 토지시장의 경우
>   토지시장은 공급 독점이 심한 경우가 많으며 모든 토지는 상품가치가 차별되어 있고, 토지시장으로의 진입과 퇴거는 매우 기민하지 못한 경우가 많으며 정보의 비대칭성도 흔하다.
> 2. 시장실패와 토지시장
>   (1) 시장실패의 의의
>   시장이 효율적인 자원배분을 가져다주지 못하고 자원배분의 비효율이 발생하는 경우의 시장을 실패시장, 즉 시장실패라고 한다.
>   (2) 시장실패의 요인
>   불완전경쟁은 자원배분을 비효율적으로 만들 가능성이 크며 공공재는 소비에서 비경합성과 비배제성이 있다. 또한 외부성은 사적비용으로 감당하기 어려운 영향력이 무차별적 또는 차별적으로 시장에 작용하는 경우이다. 불확실성은 합리적인 시장행동의 장애요인으로 작용한다.
>   (3) 토지시장의 경우
>   대부분의 토지시장은 공급자 독점의 사례가 빈번한 시장이며, 인접성으로 공공재의 성격을 내포하고 있고, 환경가치로 표현되므로 외부효과에 의해 많은 영향을 받으며 가치의 불안정적·불균형적 변동의 속성을 지니고 있어 부동산시장은 불확실성이 매우 높은 편이다.

3. 건물의 특성

1) 동질성(비개별성)

건물은 인위적 구조물이기에 일정한 설계에 따라 동일규모, 성능을 가진 건물을 건축할 수 있다.

2) 생산가능성(비부증성)

건물은 노동, 자본 등의 투입으로 신축, 개축, 증축하여 규모를 증가시킬 수 있다.

3) 이동가능성(비고정성)

아파트, 빌딩 같은 건물은 일반적으로 이동하기 곤란하나 최근 이동이 용이한 모빌하우스 등의 등장과 이축기술의 발달로 이동이 가능하다.

4) 종속성 및 영향성

종속성이란 건물은 정착된 토지에 따라 많은 제약을 받는다는 것이다(예 지반이 약한 경우 고층건물 건축 불가, 용도지역에 따라 건축이 가능한 건물 결정). 한편 영향성이란 건물이 토지의 효용이나 가치에 영향을 끼친다는 것이다.

5) 비영속성

건물은 인위적인 구조물이기에 시간의 경과나 이용에 따라 마모·소멸한다는 것이다.

4. 부동산의 특성으로 인한 감정평가의 필요성

1) 부동산은 그 자체가 갖는 고유한 특성이 있어 공정하고 객관성이 있는 부동산가격을 파악하기 위해 부동산의 특성, 가치형성요인 등을 정확히 조사·판단할 수 있는 전문가의 감정평가활동이 필요하다.

2) 공정한 감정평가를 도모함으로써 국민의 재산권을 보호하고 국가경제 발전에 기여한다.

3) 토지의 자연적 특성상 합리적인 가격형성을 저해하는 요인이 많아 적정가격의 형성이 어렵다.

4) 부동산의 가격형성과정의 복잡성 및 저해요인의 다양성으로 전문적 지식이 요구되기 때문이다.

제4절 기타 논점 기출 29회

> **미리보기**
> 1. 접근성에 따라 이루어지는 부동산의 가치변화
>   1) 접근성의 의의
>   2) 접근대상에 따른 부동산의 가치변화
>   3) 접근정도 및 실거리에 따른 부동산의 가치변화
>   4) 용도에 따른 부동산의 가치변화
> 2. (부동산활동에 따라 달라질 수 있는) 위치의 범위
>   1) 위치의 범위
>   2) 획지
>   3) 지역
>   4) 권역

1. 접근성에 따라 이루어지는 부동산의 가치변화*

1) 접근성의 의의

대상부동산이 위치하는 장소에서 다른 장소에 도달하는 데 소요되는 시간, 경비, 노력 등으로 측정되는 상대적 비용이다.

2) 접근대상에 따른 부동산의 가치변화

부동산의 가치는 무엇과 접근되어 있느냐에 따라서 그 높낮음이 결정된다. 즉, 접근대상에 따라 증가 혹은 감가요인으로 작용하기도 하며 증가, 감가요인이 동시에 작용하기도 한다. 예를 들어 주거용 부동산이 공원, 편의점 등과 접근성이 좋으면 가치가 상승하지만 폐기물처리장 등과 접근성이 좋으면 가치가 하락한다.

3) 접근정도 및 실거리에 따른 부동산의 가치변화

대상물이 인간생활을 위해 필요한 경우라 하더라도 그 접근성이 지나치면 오히려 불리한 경우가 많다. 또한 보통 거리가 가까우면 접근성도 좋으나 반드시 접근성의 판단이 거리와 비례함수관계에 있는 것은 아니다. 예를 들어 주차문제, 일방통행문제 등으로 거리가 가까워도 접근성이 나빠지는 경우가 있다.

4) 용도에 따른 부동산의 가치변화

부동산의 용도에 따라 접근성의 중요성과 평가기준이 달라진다. 예를 들어 흡인력이 강하거나 독점력이 강한 시설은 접근성이 크게 중시되지는 않으나, 소매상은 그 반대로 접근성이 중시된다.

2. (부동산활동에 따라 달라질 수 있는) 위치의 범위

1) 위치의 범위
위치는 좁게 또는 넓게 판단하여 정할 수 있는데, 특히 획지, 지역, 권역의 표현이 사용되기도 한다. 즉, 부동산활동에 따라 위치의 범위는 다양하게 달라질 수 있다.

2) 획지
어떤 부동산의 위치를 가리킬 때에 보통 획지를 지칭하는 경우가 많다. 즉, 하나의 이용단위로 파악되는 위치적 개념으로서 좁은 의미의 위치이다.

3) 지역
어떤 획지가 속해 있는 인근지역을 가리키는 개념이라고 할 수 있는바, 넓은 의미의 위치로 표현되기도 한다. 이러한 지역은 동질성의 지역, 가격수준이 비슷한 부동산들이 모여 있는 지역 또는 어떤 물리적인 내용(예 하천, 둑, 산, 도로 등)에 의해 구분된 지역으로 사용되기도 한다.

4) 권역
권역이 반드시 지역보다 물리적으로 큰 것을 가리키는 것은 아니지만 아주 넓은 개념으로 위치를 가리킬 때 쓰인다. 일일생활권, 수도권, 남부권, 동부권 등의 권역은 더 넓은 위치를 가리키며, 때로는 국가들의 지역적 구분을 가리키기도 한다.

Chapter 02 가치 및 가격에 대한 이해

감정평가는 토지 등의 경제적 가치를 판정하는 것으로 궁극적인 목적은 결국 정확한 가치의 평가에 있다. 정확한 가치의 평가를 위해서는 가치가 도대체 무엇인지에 대한 이해가 필수적이다. 이 부분은 감정평가에 있어 가장 중요한 부분 중 하나로 다양한 개념이 등장하고 많은 논의들이 이루어지는 곳이다. 그러나 대부분의 개념과 내용들이 추상적이고 복잡하여 이해하기 어려울 것으로 생각된다. 이는 이후의 내용들을 학습한 후 다시 반복하여 학습하면 충분히 이해할 수 있을 것이다.

제1절 가치 및 가격의 개념

> **Tip**
> 일반적 의미에서의 가치와 가격은 무엇이고, 감정평가에 있어서의 가치와 가격은 어떻게 정의되는지를 파악하고 있어야 한다.

미리보기

1. 서
2. 일반적 의미에서 가치와 가격
3. 감정평가에 있어서의 가치와 가격
   1) 개설
   2) 가치의 개념
      (1) 개설
      (2) 아담 스미스의 가치
      (3) 피셔의 가치
   3) 가격의 개념
   4) 가치와 가격의 동일성 여부에 대한 논의
      (1) 동일하다고 보는 견해
      (2) 동일하지 않다고 보는 견해
         ① 개념상의 차이
         ② 가치는 현재의 값
         ③ 가치는 여러 개
         ④ 가격과 가치의 불일치
      (3) 검토
4. 결

1. 서

감정평가는 토지 등의 경제적 가치를 판정하는 것이 그 본질이므로 경제적 가치가 무엇인지에 대한 이해가 선행되어야 한다. 경제적 가치를 정확하게 이해하기 위해 먼저 가치와 가격에 대한 일반적 의미를 고찰하고, 이를 바탕으로 감정평가활동에 있어서의 가치와 가격에 대한 개념 파악과 가치와 가격의 동일성 여부에 대하여 살펴보고자 한다. 특히 이는 개정 「감정평가에 관한 규칙」에서 기존에 가치기준으로 규정한 정상가격이라는 개념에서 시장가치라는 개념으로 변경한 취지의 관점에서도 중요하다.

2. 일반적 의미에서 가치와 가격

가치란 일반적으로 좋은 것, 값어치·유용·값을 뜻하는 것으로 인간의 욕구나 관심을 충족시키는 것, 충족시키는 성질, 충족시킨다고 생각되는 것이나 성질을 말한다. 따라서 욕구나 관심이 경제적이냐, 사회적이냐, 종교적이냐 등에 따라 다양한 가치의 개념이 존재하게 된다.

가격은 교환을 전제로 성립된 의미로 일상생활적 의미는 상품 1단위를 구입할 때 지불하는 화폐수량을 의미(절대가격)하고, 넓은 의미에서는 상품 간의 교환비율(상대가격)을 뜻한다. 한편 가격이란 물건이 가지고 있는 가치를 돈으로 나타낸 것을 말하기도 한다.

3. 감정평가에 있어서의 가치와 가격

1) 개설

경제학에서 가치와 가격은 관념상의 차이일 뿐 특별한 상황이 아닌 한 가치와 가격은 결국에는 같아진다는 관점을 가진다. 이러한 시각에서 경제학에서는 가치와 가격을 명확하게 구분하지 않고 기본적으로 가격을 중심으로 하여 이론을 전개해 나간다.

부동산도 일반경제활동의 대상이 되고 시장거래의 중요한 요소를 차지하고 있기 때문에 부동산의 가치와 가격 또한 기본적으로 경제학의 틀에서 이해할 수 있다. 그러나 부동산, 특히 토지는 일반재화와는 근본적으로 다른 특성을 지니고 있어 특별하게 취급되는 경우가 많다. 이에 부동산학, 특히 감정평가분야에서는 가치와 가격에 대한 개념 논의가 중요한 이슈가 되기도 한다.

2) 가치의 개념

(1) 개설

감정평가에서 사용되는 가치는 특히 경제적 가치에 주안점을 두고 있다. 이는 감정평가라는 분야가 경제학에서 파생되어 나온 것이라는 것을 이해하면 그 의미를 쉽게 알 수 있을 것이다.

(2) 아담 스미스의 가치

아담 스미스(Adam Smith)는 가치란 어떤 재화나 용역이 다른 재화나 용역을 교환의 대상으로 지배하는 힘이라고 정의한다(교환가치). 즉, 가치란 재화와 재화 간의 단순한 교환비율일 뿐이라는 것이다.

(3) 피셔의 가치

어빙 피셔(Irving Fisher)는 "가치란 장래 기대되는 편익을 현재가치로 환원한 값"으로 정의했다. 이 정의는 아담 스미스의 정의보다는 비교적 새로운 것으로, 특히 부동산과 같은 내구재에 대한 가치의 정의로 적합하다. 따라서 부동산학에서는 피셔의 정의를 일반적으로 사용하고 있다. 가치에 대한 피셔의 정의는 화폐가 교환의 매개물로 사용되는 곳에서는 보다 쉽게 적용될 수 있다는 장점이 있다. 즉, 화폐는 가치측정의 유용한 수단이 된다. 그리고 여기서 장래 기대되는 편익(benefit)은 단순히 금전적인 것만이 아니라, 비금전적인 것도 포함한다는 사실에 주목해야 한다. 이는 부동산의 경우 소득을 창출하는 것도 있지만, 소득을 창출하지 않는 것도 있기 때문이다. 대부분의 재화나 용역은 특정한 목적을 위해서 구매된다. 주택과 같은 부동산은 아무런 소득을 창출하지 않지만, 소유자들에게 유용한 효용을 제공하기 때문에 구매되고 있는 것이다.

3) 가격의 개념

감정평가에서 사용되는 가격은 경제학에서 사용하고 있는 가격의 개념과 크게 다르지 않다. 즉, 가격은 교환거래에서 매수자와 매도자가 상호 합의한 거래금액(판매가격, 교환가격)을 의미한다. 여기서 가격은 교환을 전제로 하여 성립된 개념으로서 매수자와 매도자 사이에 거래가 종결되면 그 금액이 바로 가격이 된다는 것을 알 수 있다. 다시 말하면 가격은 교환의 결과로 나타난 값이라 할 수 있다. 이때 가격은 가치와는 달리 시장성에 따른 객관적인 것을 의미하게 되며 대표적으로 실거래가격이 이에 해당한다고 볼 수 있다.

> **Check Point!**
>
> ● **실거래가제도***
>
> **1. 의의**
> 부동산매매계약을 체결한 날로부터 법으로 정해진 30일 이내에 실거래가를 신고해야 하는 제도이다. 참고로 2018년 9.13대책 이후 기존 60일에서 30일로 단축되었다. 이는 60일 이내라는 긴 기간은 실거래정보가 시장상황을 적시에 반영하기 어렵다는 한계 때문이다.
>
> **2. 도입 시기**
> 「부동산 거래신고 등에 관한 법률」에 따라 2006년 1월부터 시행되었다. 이 제도의 도입으로 서울 강남, 송파, 강동, 용산, 경기도 과천, 분당 등 6개 지역의 전용 18평 초과 아파트에 한해서 실시하던 주택거래신고제가 사실상 전국의 모든 토지, 건물로 확대되었다.
>
> **3. 내용**
> (1) 신고의무
> 토지, 건물 등 부동산매매계약 시 공인중개사 또는 거래당사자가 실거래가 계약 내용을 부동산이 소재한 시·군·구에 신고해야 한다.

(2) 공개대상
① 매매 실거래가 공개는 2006년 1월부터 부동산거래신고 및 주택거래신고를 한 주택(아파트, 연립·다세대, 단독·다가구), 오피스텔, 토지, 상업·업무용 부동산 및 2007년 6월 29일 이후 체결된 아파트 분양·입주권을 대상으로 하고 있다.
② 전월세 실거래가 공개는 2011년 1월부터 읍·면·동 주민센터 및 일부 공개가능한 대법원 등 기소의 주택(아파트, 연립·다세대, 단독·다가구, 오피스텔) 확정일자 자료를 대상으로 하고 있다(2021년 6월부터 신고의무).
※ 비주거용부동산은 신고의무 없음

4) 가치와 가격의 동일성 여부에 대한 논의

(1) 동일하다고 보는 견해

경제학자들과 같이 가치와 가격은 관념상의 차이일 뿐 가치와 가격의 구별은 의미가 없는 것으로 본다. 이들은 가격은 가치의 화폐적 표현에 불과한 것으로 이해한다. 이는 시장의 자동조절기능에 의하여 장기적인 측면에서 가치와 가격은 결국 같아진다는 전형적인 시장주의적 시각이라 할 수 있다.

(2) 동일하지 않다고 보는 견해

부동산과 같은 내구재는 현재시장에서 가격이 장래 기대되는 편익의 가치를 정확히 반영하고 있다고 보기 어렵다는 점을 근거로 삼아 가격과 가치를 동일하지 않다고 본다.

① 개념상의 차이

가격은 특정부동산에 대한 교환의 대가로서 시장에서 매수자와 매도자 간에 실제 지불된 금액을 말하며, 가치란 장래 기대되는 편익을 현재가치로 환원한 값으로, 부동산은 내구재로서 영속성이 있기 때문에 부동산의 경우에는 개념적으로 가격과 가치가 차이가 나고, 가격보다 가치가 타당한 개념이다.

② 가치는 현재의 값

가격은 시장에서 실제 지불된 금액으로 과거의 값이지만, 가치는 현재의 입장에서 장래 기대되는 편익까지 고려한 현재의 값이다. 따라서 가격은 과거의 값이기 때문에 쉽게 알 수 있는 반면, 가치는 장래 편익을 예측하고 산정해야 하기 때문에 전문가가 아니면 판단하기 어렵다.

③ 가치는 여러 개

주어진 시점에서 해당 부동산의 가격은 하나밖에 없지만 가치는 무수히 많다. 가격은 실제 지불된 과거의 값이기 때문에 특정 시점에서 하나밖에 없지만 가치는 현재의 값으로 보는 관점에 따라 무수하게 많이 있을 수 있다.

④ 가격과 가치의 불일치

가치란 가격±오차란 것이다. 부동산시장은 일반재화시장과는 달리 여러 가지 불완전한 요소로 인하여 가격이 부동산의 가치를 정확히 반영한다고 보기는 어렵다. 그리고 거래에 있어 시장참가자들의 비정상적인 측면이 개입될 여지가 많아 가격은 가치와 괴리될 가능성이 크다.

(3) 검토

가격이란 주관적인 가치판단에 대한 시장의 객관적인 표시로 정상적인 상황에서는 가치와 가격이 거의 일치한다고 볼 수 있다. 그러나 정보의 비대칭성, 거래상황, 개별적 동기, 사정, 시장의 급변 등으로 부동산시장이 불완전하게 되면 가치와 가격은 괴리현상이 심해진다. 특히, 우리나라에서는 부동산시장의 불안과 불완전함이 주기적으로 반복되는 경향이 있다는 것을 고려할 때 가치와 가격의 괴리현상이 일반적인 것이 아닌가 생각이 된다.

4. 결

가치와 가격의 동일성 여부에 대한 상반된 견해를 살펴보았다. 이와 관련하여 다음과 같이 2가지 견해로 요약할 수 있다.

첫 번째는 감정평가라고 하는 분야도 넓게는 경제학의 한 분야이고, 평가행위 자체가 전문가에 의한 활동으로서 정확한 가치판정을 전제로 가격은 단지 그러한 가치를 화폐적으로 표현한 것에 불과한 것으로 이해하여 굳이 가치와 가격을 구별할 필요가 없다는 견해이다.

두 번째는 가치와 가격은 명백하게 구별되어야 한다는 견해이다. 이는 부동산의 특성이 일반재화와는 근본적으로 다르다는 시각에 입각하여 부동산의 특별함을 강조하기 위한 것으로 이해된다. 그리고 부동산시장의 불완전함으로 인하여 부동산의 거래가격이 왜곡될 가능성이 상존해 있다는 견해이다.

결국 가치와 가격의 동일성에 대한 상반된 입장은 시장의 상황과 바라보는 관점에 따른 차이에서 기인한 것으로 부동산의 가치와 가격의 본질과 메커니즘을 정확히 이해하기 위해서는 두 가지 견해 모두 검토하고 수용하는 과정이 필요할 것이다.

현재 감정평가업계에서는 가치와 가격을 명확하게 구별하지 않고 혼용하고 있다. 이러한 일반적인 관행에 따라 본서에서도 가치와 가격이라는 용어를 함께 사용하고자 한다. 이렇게 가치와 가격을 혼용하는 이유는 경우에 따라 가치라는 용어가 더 적절한 표현이 되기도 하고 또 다른 경우에는 가격이라는 용어가 더 익숙하기 때문이다.

● 경응수 감정평가론

1. 경제적 가치와 감정평가
일반적으로 감정평가를 통해서 알고자 하는 가치는 '경제적 가치'에 해당하는데 이러한 '경제적 가치'의 개념을 보다 구체화하기 위하여 다음에서는 이를 경제학에서의 개념과 회계학에서의 개념으로 나누어 고찰하여 본다.

2. 경제학에서의 가치 개념
경제학은 '가치의 경제학'이라고 불리는 것처럼 가치문제를 중점적으로 다루는 학문이다. 경제학에서 가치란 모든 가치를 지닌 것, 효용이 있는 것, 인간의 욕망을 충족시킬 수 있는 대상이 되는 것을 가리킨다. 이 욕망을 충족시키기 위해 선택하는 과정에서 다루는 자원배분의 문제는 모든 가치와 관련되어 있다고 할 수 있다. 경제학에서의 가치이론은 '객관적 가치이론(가격설)'과 '주관적 가치이론(한계효용설)'의 두 가지로 대별된다. 경제학 기초 교과서에서도 사용가치(즉, 효용)는 측정할 수가 없다고 하여 '선택이론'을 설명하고 있다. 사실 사용가치를 측정한다는 것은 불가능하므로 근대 경제학에서는 이 가치이론을 추구하지 않고 단지 가격을 다룰 뿐이다.

3. 회계학에서의 가치 개념* 기출 29회
회계학은 경제현상을 다루는 학문으로서 경제적 가치를 갖는 것을 주로 다룬다. 회계학에서 이 경제적 가치는 화폐액으로 표시되는 것이 보통이다. 회계학에서의 가치란 '자산의 어떤 속성 또는 회계요소가 되는 것'으로 파악하고 있다. 이렇게 볼 때 가치는 자산, 부채, 자본의 계정금액을 표현하는 수단으로 회계에서 사용되었다는 것을 알 수 있다. 회계상 가치는 기본적으로 현행 가치의 개념을 나타내는 것이 아니라 특정의 양적 표현방법을 표시하는 것으로서 원가에 의해 결정되는 것을 가리킨다.

많은 회계이론에 관한 문헌들이 가치평가의 개념을 설명할 때 사용가치(value in use)와 교환가치(value in exchange)에 대해 언급하면서 가치평가를 할 때 미래의 순현가금액을 자본화한 현가에 의해 평가하는 방법을 사용가치에 의한 평가방법이라 하고 이것을 경제학적 평가방법이라고 설명한다. 그리고 자산의 가치는 그 자산의 미래 순현금유입액의 현가로 측정하는 것이 가치의 본질에 부합하는 측정이라 하며 가치는 사용가치에서 나온다고 설명하기도 한다.

그러면서도 이 사용가치는 객관적 측정이 곤란하므로 경제학의 가치개념을 회계에 적용할 수 없다고 결론짓는다. 또 심지어 자산은 사용가치가 있으므로 현행 시장가치로 평가할 필요가 없으며 역사적 원가로 평가해야 한다고 주장하기도 한다. 그러나 이와 같은 설명은 많은 오류를 내포하고 있고 사용가치의 개념을 잘못 파악하고 있는 경우가 많다.

▶ **부동산가격의 본질*** 기출 21회

내구재의 성질을 가지는 부동산과 관련한 가격의 본질은 피셔의 가치정의에 따라 장래 기대되는 편익의 현재가치로 판단할 수 있다. 또한, 부동산은 법, 제도적인 보호 아래 소유권을 갖게 되고 일정기간 배타적으로 이용할 수 있기 때문에 가치가 생기는 것이며 그것을 이용함으로써 얻게 되는 편익이 바로 가치의 원천이 되는 것이다. 예를 들어 주거용 부동산의 경우에는 거주에 따른 쾌적함과 편리함이 계속해서 발생하게 되고, 상업용 부동산의 경우에는 임대료가 계속해서 발생하게 되는데 그러한 편익을 현재시점으로 환산해보면 결국 그것이 현재가치가 되는 것이다. 이렇듯 부동산가격의 본질은 소유권에 기반한 장래의 편익이 근본이 되고 그것을 현재가치로 환산한 것이다.

▶ **가격, 가치, 가액의 비교(「감정평가 실무기준」)**

1. **가격**

    가격은 교환거래에서 매수자와 매도자가 상호 합의한 거래금액이다. 거래가 종결되면 금액은 가격이 되고, 가격은 교환이라는 절차를 함축적으로 내포하며 단독으로 사용되는 경우가 많다.

2. **가치**

    가치는 장래 기대되는 편익을 현재가치로 환원한 값이다. 가치는 접근방법에 따라 기대되는 편익이 달라질 수 있기 때문에 다양한 형태를 갖는다. value는 market value, fair value, investment value 등 그 의미를 명확히 해주는 용어와 함께 사용되는 것이 일반적이다. 즉, 하나의 물건에 대해서 다양한 형태의 가치로 표현될 수 있다.

3. **가액**

    가액이란 정상적인 거래에서 거래자산에 화폐로 지불될 수 있는 금액을 표시한 것으로 사물이 지니고 있는 가치를 의미하거나 매매의 목적으로 주고받는 대가를 의미한다. 세법에서는 주로 과세표준의 의미로 사용되고, 세법에 따라 공급가액, 과세가액 등으로 다양하게 표현된다.

    감정평가는 교환거래를 상정할 경우 결과로 나타낼 수 있는 값을 찾아내는 과정으로 볼 수 있다. 따라서 감정평가는 대상물건의 총액을 추정하여 그 결과 지불할 가액으로 표시하는 과정이다. 감정평가에서는 국제기준과 우리의 실무관행을 따라 가격이라는 표현 대신 가액이란 용어를 사용한다.

● 가격, 가치, 원가의 비교

1. 가격
특정한 매수자와 매도자가 특정한 조건하에서 지불하고 수용하기로 합의한 거래금액이다.

2. 가치
일정한 시간에 매도자와 매수자가 합의한 부동산, 상품 또는 용역의 화폐적 가치, 부동산의 소유권에 기인하여 발생된 미래 편익의 현재가치이다. 가치는 시장가치, 사용가치, 투자가치, 평가가치 등 특정한 종류의 가치라는 용어를 사용해야 한다.

3. 원가
개량물 또는 구조물을 축조하기 위한 현금지출의 총액으로 교환가격이 아닌 생산에 사용되는 개념이다.

4. 가치와 원가
가치는 종종 원가와 혼용 또는 혼동되는 개념으로 사용되기도 하는데 여기서는 그 의미를 구분하여 특징적인 면을 살펴본다. 가치는 재화와 상품용역 등이 지닌 고유의 특성을 화폐단위로 표시한 것으로 이것은 특정한 시간과 장소를 기준으로 정할 수 있는 것이다. 이와 같이 가치는 한정된 시간과 장소라는 영역을 가지고 있는 약간은 추상적인 개념일 수 있다.

감정평가에서 사용되는 부동산의 가치는 '일정시점에 매수자와 매도자가 합의에 이른 시장가격'이며, 이 가격은 결국 부동산 소유권에 기인한 미래 편익의 가치를 현재의 가치로 계산한 것이다.

따라서 부동산의 가치는 그 부동산의 원래 가지고 있던 원가와는 구분되는 개념으로 원가와 가치는 일치할 수도 있으나 대부분의 경우에 일치하지 않는 것이다.

원가는 특정한 물건이나 재화의 생산에 소요되는 비용의 현재가치이며 직접비용과 간접비용 및 기업자 이윤 등으로 구성된다. 부동산에서의 원가 개념은 보통 재조달원가를 의미하며 이것은 동일한 조건하에 재생산이 가능하지 않은 부동산의 특성이 있으므로, 대치원가를 보통 재조달원가와 같은 내용의 원가 개념으로 사용한다.

5. 가격과 원가
부동산의 가격을 시장가격 기준으로 파악하는 경우에는 흔히, 원가, 즉 재생산 또는 재조달 비용에 해당하는 원가와의 괴리를 경험하게 된다. 일반적인 재화의 생산원가는 시장가격 결정의 기준이 되기도 하고 또 경제적인 생산요소의 투입량에 의해서 결정되는 것이 일반적이다. 그러나 부동산의 생산원가는 생산요소의 투입량이 기본원가를 구성하는 것이 사실이나, 위치적 특성으로 인하여 동질성과 유사성이 확보되는 비교사례들이 흔히 존재하지 않으므로 비록 생산요소의 투입이 동일하다 해도 생산원가가 동일한 경우를 쉽게 확인하기 어려우며, 개별적 성향이 강하게 표현되므로 생산원가 개념으로 부동산의 가격을 파악하기는 어렵다.

제2절 부동산가치(가격)의 특징 및 기능

> **Tip**
> 부동산가격의 특징이 부동산의 특성에 기인하게 되는바 그 연결고리가 어떻게 되는지를 파악하는 것이 관건이다.

미리보기

1. 부동산가치(가격)의 특징
   1) 개설
   2) 교환의 대가인 가격과 용익의 대가인 임대료로 표시
   3) 소유권·기타 권리·이익의 가격
   4) 장기적 고려하에 형성된 가격
   5) (단기적으로) 수요요인에 의한 가격 형성
   6) 개별적으로 가격 형성

2. 부동산가치(가격)의 기능
   1) 개설
   2) 가격의 정보제공기능 및 파라미터(parameter)적 기능
   3) 부동산 자원 및 다른 자원배분기능
   4) 잠재가격(shadow price)으로의 기능

1. 부동산가치(가격)의 특징★ 기출 21회

1) 개설

부동산가치(가격)의 특징이란 일반재화의 가격과 구분되는 부동산가치(가격)의 특징을 말하는 것으로, 이러한 특징은 부동산의 자연적·인문적 특성에서 유발된다.

2) 교환의 대가인 가격과 용익의 대가인 임대료로 표시

일반재화는 일반적으로 비내구재로 존속기간이 단기이므로 임대차 대상이 되지 않지만, 부동산은 내구재로 영속성, 고가성, 병합·분할의 가능성으로 인해 시간적, 금액적 차원에서 분할하여 임대차의 대상이 될 수 있다. 따라서 부동산은 교환의 대가인 가격과 용익의 대가인 임대료로 구분되며 둘은 원본과 과실의 관계에 있다.

3) 소유권·기타 권리·이익의 가격

일반재화는 그 자체가 거래됨으로써 순환하는 데 반해 부동산은 지리적 위치의 고정성으로 인해 그 자체가 순환하지 못하고 권리의 형태로 순환한다. 따라서 부동산가격은 부동산에 기반한 소유권·기타 권리·이익의 가격이며, 두 개 이상의 권리·이익이 동일부동산에 존재하는 경우에는 병합·분할의 가능성에 따라 각각의 권리·이익마다 가격이 형성될 수 있다.

4) 장기적 고려하에 형성된 가격

일반재화는 비내구재로 존속기간이 단기이므로 가격 또한 단기적인 측면에서 형성되지만, 부동산은 영속성과 사회적·경제적·행정적 위치의 가변성 때문에 가격이 과거, 현재, 미래라는 시계열적 측면의 장기적인 고려하에 형성된다.

5) (단기적으로) 수요요인에 의한 가격 형성

일반재화는 필요에 따라 공급이 가능하므로 시장에서 수요·공급의 상호작용에 따라 가격이 결정되나, 부동산은 고정성, 부증성, 개별성으로 인해 공급에 한계와 제약이 많으므로 단기적으로는 주로 수요요인에 의해 가격이 결정된다.

6) 개별적으로 가격 형성

일반재화는 인위적인 생산물로 동질적인 상품이 되어 일물일가법칙이 적용되지만, 부동산은 개별성으로 일물일가의 법칙이 적용되지 않고 개별적인 가격이 형성된다. 특히 시장참여자의 개별적 동기나 특수한 사정이 개입되어 가격이 형성되는 경우가 많다.

2. 부동산가치(가격)의 기능

1) 개설

일반재화의 경우 시장에서의 수요와 공급에 의해 균형가격이 성립하고 생산과 소비활동의 지표로서 기능을 수행한다. 부동산시장 또한 부동산의 제반 특성으로 인하여 불완전하고 비효율적이긴 하지만 일반재화시장과 같은 기본적인 시장기능을 수행한다. 다만, 불완전한 시장을 시정, 지원함으로 제대로 된 기능을 수행할 수 있도록 정부의 개입이 필요하며 감정평가제도는 그러한 개입수단의 하나라 할 수 있다.

2) 가격의 정보제공기능 및 파라미터(parameter)적 기능

일반재화와 마찬가지로 부동산가격은 다양한 부동산활동 주체에게 정보를 제공하고, 수요자와 공급자의 행동을 결정하는 데 중요한 매개변수가 되어 수요와 공급이 서로 같아지도록 유도하는 기능을 한다.

3) 부동산 자원 및 다른 자원배분기능

부동산가격은 부동산 자원 자체를 배분하게 만들고 건물의 건축, 유지, 수선 등과 관련하여 다른 자원의 부동산에 대한 배분도 촉진시킬 수 있다. 예를 들면 주거용 부동산이 활황으로 가격이 상승하는 경우에는 공업용 부동산 등 타 용도의 부동산이 주거용 부동산으로 용도변경되게 되고, 그 과정에서 새로운 건축과 유지, 수선 등이 이루어짐에 따라 건축자재와 같은 다른 자원들도 주거용 부동산으로 재배분되는 것이다.

4) 잠재가격(shadow price)으로의 기능

잠재가격이란 그 재화의 기회비용을 올바르게 반영하는 가격을 말하는바, 일반적으로 부동산의 매수, 매도가격은 현실적인 제약으로 인해 부동산의 기회비용을 제대로 반영하기 어렵다. 반면, 전문가에 의하여 평가된 감정평가액은 기회비용을 반영한 잠재가격으로서의 기능을 수행할 수 있다. 여기서 부동산의 기회비용이란 부동산을 취득하여 처분까지 소요되는 비용, 잠재적으로 이용 가능한 용도 등을 말한다.

제3절 가치다원론 기출 13회·17회·21회·27회·29회

> **Tip**
> 다양한 감정평가활동을 가능하게 하는 이론적 밑바탕이 되는 중요한 논의가 된다. 다원적 개념의 이론적 근거 뿐만 아니라 다양한 가치의 종류에 대하여 정확한 개념을 이해하고 서로 대비되는 개념들에 대해서도 파악할 수 있어야 한다.

미리보기

1. 의의
2. 가치다원론의 근거
   1) 의뢰인의 의뢰목적에 부응
   2) 가치형성요인의 다양성
   3) 감정평가의 정확성과 안정성
   4) 감정평가의 기능 및 업무영역 확대
3. 가치다원론에 대한 견해
   1) 우리나라의 입장
      (1) 「감정평가에 관한 규칙」 제5조
      (2) 「부동산공시법」 제8조(표준지공시지가의 적용)
   2) 외국의 입장
      (1) 미국
      (2) 일본
   3) 검토
4. 가치의 종류
   1) 개설
   2) 가치의 여러 개념을 명확히 파악하기 위한 기본적 가치
      (1) 주관적 가치와 객관적 가치
         ① 주관적 가치
         ② 객관적 가치
      (2) 당위가치와 존재가치
         ① 당위가치(sollen wert)
         ② 존재가치(sein wert)
      (3) 교환가치와 사용가치
         ① 교환가치
            ㉠ 개념
            ㉡ 특성
         ② 사용가치
            ㉠ 개념
            ㉡ 특성
            ㉢ 구체적인 사례
         ③ 교환가치와 사용가치의 평가상 활용
            ㉠ 전제조건에 따른 활용
            ㉡ 평가대상에 따른 활용
            ㉢ 수익방식에서 활용
   3) 시장성을 기준으로 한 분류
   4) 평가목적에 따른 분류
      (1) 과세가치
      (2) 보상가치
      (3) 담보가치
      (4) 경매가치
      (5) 처분가치(청산가치)
      (6) 해체처분가치
      (7) 장부가치(= 회계상 가치)
      (8) 계속기업가치
      (9) 공정가치(fair value)
      (10) 투자가치
      (11) 공익가치
   5) 가치의 기준시점에 따른 분류
      (1) 현재가치
      (2) 소급가치
      (3) 추정가치

1. 의의

자본주의 시장경제체제하에서는 부동산의 사용목적에 따라 유용한 평가가치가 존재하기 때문에 가치다원론이 제기되고 있다. 이러한 관점에서 우리나라 「감정평가에 관한 규칙」 제5조에서는 시장가치와 시장가치 외의 가치를 규정하고 있어 가치다원론의 입장을 취한다. 한편 가치에 대한 개념은 그것이 어떤 상황에서 어떠한 용도로 사용되느냐 그리고 어떤 관점으로 바라보느냐에 따라 달라진다. 이처럼 가치가 사용되는 상황이나 용도, 바라보는 관점에 따라 개념이 다양하다고 보는 것을 가치의 다원적 개념 또는 가치다원론이라고 한다.

2. 가치다원론의 근거*

1) 의뢰인의 의뢰목적에 부응

평가의뢰인의 의뢰목적에 부응하여 그에 맞는 적절한 정보를 제공함으로써 의뢰인의 욕구를 충족시킬 수 있다. 더 나아가 그러한 유용한 정보는 제대로 된 의사결정에 기여하므로 궁극적으로 사회발전에 이바지하게 된다. 한편, 의뢰목적에 부응하기 위한 다양한 이론과 기법의 적용을 통해 평가업계의 발전에도 기여할 수 있다.

의뢰인은 여러 가지 다양한 목적에 따른 결과의 산출을 요구하는데 평가사가 단지 하나의 정형화된 가격만을 제시하는 것은 의뢰인의 목적에 위배되는 결과를 초래함으로써 감정평가의 기능 자체를 무의미하게 할 수 있다.

2) 가치형성요인의 다양성

부동산은 가치형성요인이 복잡하고 다양하여 한 가지 가치만 형성되는 것이 아니다. 정상적인 시장가치가 형성되다가도 개발의 기대감이 과도하게 반영되면 투기가격이 형성되고 개별적인 상황에 따라 한정가격이 성립되기도 한다. 이에 부동산가치는 정형화된 하나의 가치만으로는 설명하기 어려운 부분이 많다.

3) 감정평가의 정확성과 안정성

부동산가치의 다원성을 이해함으로 평가의 정확성을 기하고, 평가목적에 따른 가치 개념을 정립하고 유형화함으로 평가의 안정성을 제고할 수 있다. 다시 말하면, 한 가지 정형화된 가치만으로 평가할 경우보다 다양한 개념 접근을 통해 개별적이고 구체적인 상황을 반영함으로써 보다 타당성이 높고, 정확한 평가가 가능하게 되고 이는 결국 평가의 안정성을 높이게 되는 것이다.

4) 감정평가의 기능 및 업무영역 확대

부동산가치를 일원화의 개념으로 접근하면 감정평가의 기능은 한 가지 용도로만 적용할 수밖에 없다. 이는 감정평가의 기능과 업무영역을 과도하게 축소시킨다. 그러나 사회가 발전함에 따라 현실세계에서 발생하는 복잡, 다양한 문제들 속에서 감정평가의 기능 및 업무영역의 확대가 요구되는 상황을 고려할 때 다원적 개념의 접근이 당연하다 할 것이다.

3. 가치다원론에 대한 견해*

1) 우리나라의 입장

(1) 「감정평가에 관한 규칙」 제5조

'시장가치기준 원칙'을 규정하면서 일정한 요건을 충족한 경우 '시장가치 외의 가치'라는 개념을 규정하여 가치다원론을 인정한다. 최근 평가업무가 다양해지고 전문화되어 감정평가사의 업무분야도 점점 세분화됨에 따라 시장가치 외의 가치 개념의 중요성이 부각되고 있다. 따라서 감정평가법인등이 다양한 시장가치 외의 가치 개념을 인식함으로써 의뢰인의 요구를 비교적 정확한 기준하에 담아낼 수 있으므로 평가업무의 정밀도도 높일 수 있을 것이며, 평가업무의 다양성이 높아질수록 새로운 틈새시장을 개척하는 시장의 확대효과도 기대할 수 있다.

(2) 「부동산공시법」 제8조(표준지공시지가의 적용)

국가, 지방자치단체, 공공기관 그 밖에 대통령령으로 정하는 공공단체가 다음의 목적을 위하여 지가를 산정하는 경우에는 그 토지와 유사한 이용가치를 지닌다고 인정되는 하나 또는 둘 이상의 표준지공시지가를 기준으로 토지가격비준표를 사용하여 지가를 직접 산정하거나 감정평가법인등에게 감정평가를 의뢰하여 산정할 수 있다. 다만, 필요하다고 인정하는 때에는 산정된 지가를 제2호 각 목의 목적에 따라 가감(加減) 조정하여 적용할 수 있다(각 목 : 공공용지의 매수 및 토지의 수용·사용에 대한 보상, 국유지·공유지의 취득 또는 처분, 그 밖에 대통령령으로 정하는 지가의 산정). 따라서 가치다원론을 인정하고 있는 것으로 이해할 수 있다.

2) 외국의 입장

(1) 미국

미국감정평가사협회(AI)에서는 기준가치인 시장가치를 기준으로 보험가치, 과세가치, 사용가치 등 다원적 가치를 정립하고 있다. 또한 미국의 USPAP에서는 시장가치 이외의 가치로 감정평가할 경우에는 비시장가치에 대한 정의와 그 정의의 출처를 명시하도록 규정하고 있다. 이처럼 미국도 가치의 다원적 개념을 인정하고 있다.

(2) 일본

일본은 가격의 종류들 중 정상가격을 원칙으로 하고 특정가격, 한정가격, 특수가격을 예외로 분류한다. 이 중에서 정상가격을 시장가치로 규정하고 있으며, 특정가격, 한정가격, 특수가격을 비시장가치로 분류하고 있다. 이처럼 일본도 가치의 다원적 개념을 인정하고 있다.

3) 검토

부동산가치가 복잡, 다양하게 형성된다는 것을 고려할 때 가치다원론을 인정하는 것은 당연하다고 보인다. 이는 궁극적으로 감정평가이론 및 실무의 발전도 가능하게 한다. 그러나 우리나라의 경우 「감정평가에 관한 규칙」에서 시장가치의 정의를 규정하고 있으나 시장가치 외의 가치에 대한 명확한 정의나 구분이 없다. 감정평가업무가 다양화되고 있지만, 기준가치의 다양성에 따른 개별·구체적인 연구가 미흡하므로 개선이 필요하다.

4. 가치의 종류

1) 개설

주어진 시점에서 대상부동산을 어떠한 용도로 사용하느냐에 따라 가치의 종류는 달라진다. 따라서 평가사들은 혼동을 피하기 위해서 가치라는 용어를 홀로 사용하지 않고 그 앞에 의미를 보다 명확히 할 수 있는 수식어를 붙여서 사용해야 한다. 다만, 단순히 가치라고 하면 시장가치를 의미하며 대부분의 평가과정에서는 시장가치의 추계가 가장 일반적인 목적이 된다.

2) 가치의 여러 개념을 명확히 파악하기 위한 기본적 가치

(1) 주관적 가치와 객관적 가치

① 주관적 가치

주관적 가치란 개인의 주관적 판단에 따라 평가되는 가치를 말하는 것으로서 주관적이라는 말은 개인적, 심리적, 가변적이라는 개념이 포함되어 있다. 이러한 주관적 가치는 제반 자료를 통해 증빙되거나 파악할 수 없는 개개인의 이념이 내포되어 있는 개념이다.

② 객관적 가치

객관적 가치는 사람의 주관적 의사와는 관계없이 결정되는 가치를 말하는 것으로 객관적이라는 말은 집단적, 과학적, 고정적이라는 개념과 일맥상통한다고 할 수 있다. 이러한 객관적 가치는 제반 자료를 통해 검증될 수 있고 공감할 수 있는 공통된 사항을 내포하고 있다는 특성을 가지고 있다.

(2) 당위가치와 존재가치(❻ 적정가격의 성격, 적정가격과 시장가치의 동일성 여부 관련 논의에서 활용가능)

① 당위가치(sollen wert)

당위성을 내포한 이상적, 규범적 가치로서 시장균형이 성립할 때 나타나는 '있어야 할 상태'의 가치이다. 이는 어떤 현상은 원인이 있어야 발생한다는 당위적 사고에 기반한 것으로 부동산의 고유한 내재가치를 인정하는 개념이다. 당위가치는 어떤 현상은 그 원인이 있어야 생긴다는 사고에 입각하므로 당위적 현상을 파악할 수 있다는 장점이 있지만, 주관 개입의 우려가 있고, 시간과 비용이 많이 들며, 자료수집도 어렵다는 단점도 있다.

② 존재가치(sein wert)

현실의 시장상황을 반영하는 가치로서 객관적으로 확인이 가능한 '있는 그대로의 가치'이다. 이는 시장참여자들의 집단적인 가치판단의 결과를 중시한다. 존재가치는 구하는 데 시간과 비용이 절약되는 방법이기는 하나 당위성이 반영되지 않는 경우가 많아 가치형성요인과 그 요인을 반영하는 현실 사이에 시간적 괴리가 있을 수 있으며 가치발생요인과 그 요인을 반영하는 현실 사이에 내용상 괴리도 나타나는 것이 일반적이다. 여기서 시간적·내용적 괴리현상은 가치형성요인이 시장의 효율성에 의해 즉각 반영되지 못하기 때문에 발생하는 것이다.

구분	존재가치	당위가치
의의	sein(있는 그대로의 상태)의 가치	sollen(있어야 할 상태)의 가치
접근방법	직접접근	간접접근
장점	• 시간과 비용이 절약된다.	• 인과법칙에 의한 당위적 현상 파악이 가능하다. • 자원을 합리적으로 배분한다.
단점	• 원인인 가치형성요인과 결과인 가격 사이에 시간상·내용상의 괴리가 생길 수 있다. • 자원을 비합리적으로 배분할 가능성이 있다.	• 주관 개입의 우려가 있다. • 가치를 구하는 데 시간과 비용이 많이 소요된다. • 자료수집이 어렵다.

(3) 교환가치와 사용가치

① 교환가치

㉠ 개념

시장에서 매매를 전제로 일반적인 이용방법을 기준으로 한 가치로서 객관적인 가치이다. 감정평가에 있어 기본적인 가치의 개념은 최유효이용을 전제로 한 교환가치로서의 시장가치라고 할 수 있다.

㉡ 특성

시장에서 매매를 전제로 한 가치개념이므로 존재가치이다. 또한 시장에서 시장참여자의 선택결과로 이용과 가치를 결정하는바 시장에서 형성되는 가치이다.

② 사용가치
　㉠ 개념
　　경제재의 생산성에 근거한 개념으로서 대상부동산이 특정한 용도로 사용된다는 것을 전제로 하여 파악되는 가치를 말한다.
　㉡ 특성
　　사용가치는 특정 개인이나 기업에 기여하는 가치로서 주관적 가치라고 할 수 있다.
　㉢ 구체적인 사례
　　ⓐ 병합·분할토지 등의 경우와 같이 시장을 한정한 경우
　　ⓑ 특수부동산 평가로서 오래된 공장을 평가하는 경우
　　ⓒ 법정평가 등 시장에서 매매를 전제로 평가하지 않는 경우

③ 교환가치와 사용가치의 평가상 활용
　㉠ 전제조건에 따른 활용
　　부동산의 평가는 최유효이용을 전제로 한 교환가치를 구함이 원칙이지만 평가목적, 조건 등에 따라 특수부동산, 병합·분할토지, 법정평가 등의 경우에는 사용가치를 구하는 경우도 있다.
　㉡ 평가대상에 따른 활용
　　특정한 물건을 생산하도록 설계된 공장건물은 다른 용도로 전환 시에 교환가치는 없을 수 있으나 사용가치는 지니게 되므로 사용가치로 평가할 수 있다.
　㉢ 수익방식에서 활용
　　수익방식에서 대상의 현행 계약임대료를 환원한 가치는 임대권의 가치로서 사용가치이나, 지역시장의 유사부동산으로부터 검증된 시장임대료를 환원하면 소유권의 가치로서 교환가치이다.

3) 시장성을 기준으로 한 분류

시장성을 기준으로 ① 시장이 제한되지 않는 부동산에 대해 형성되는 가치를 '시장가치'라 하고, ② 시장이 제한되거나 시장성 없는 부동산에 파악되는 가치를 '비시장가치'라 한다.

4) 평가목적에 따른 분류

(1) 과세가치*

과세가치란 국가나 지방자치단체에서 취득세나 재산세 등의 각종 세금을 부과하는 데 사용되는 기준으로 활용되는 가치로서 관련법규에 의해 구체적인 기준과 절차에 따라 산정된다. 우리나라의 경우 「부동산공시법」에 따른 표준지공시지가가 대표적이라고 할 수 있다.

(2) 보상가치*

보상가치는 공공의 필요에 따른 적법한 행정상의 공권력 행사로 인하여 재산에 가하여진 특별한 희생에 대하여 공평부담의 견지에서 행정주체가 행하는 보상의 기준이 되는 가치로서 관련법규에 평가기준과 방법이 규정되어 있다. 이러한 보상가치는 해당 사업으로 인한 개발이익의 배제 문제와 정당한 보상을 어떻게 실현할 것인가 하는 문제와 관련하여 첨예한 이해관계가 대립되는 측면이 내재되어 있다.

(3) 담보가치*

은행 등 금융기관에서 해당 물건을 담보로 대출을 실행하기 위해 사용되는 가치이다. 실무적으로 담보가치는 시장가치를 기준으로 하는 것이 원칙이지만 담보가 갖는 고유한 특성과 대상물건의 성격상 시장가치로 평가하는 것이 적정하지 않거나 담보물건으로서의 안정성 등을 고려하여 평가해 줄 것을 요청받을 경우 및 특수한 조건이 수반되는 경우 목적, 성격이나 조건 등에 맞는 시장가치 이외의 가치로 평가할 수도 있다.

구분	담보가치	시장가치
정의	시장가치에 시간경과에 따른 가격변동 리스크가 반영된 가액	통상적인 시장에서 성립될 가능성이 가장 높다고 인정되는 가액
평가중심	미래 회수시점의 가치에 중점	현시점의 가치에 중점
객관성	주관적 가치(채권회수 관점)	객관적 가치(보편적인 관점)
시장성	채권회수를 위하여 법적조치 시 처분될 수 있는 가액(단기의 마케팅 기간)	시장에서 수요와 공급의 균형에 의하여 성립되는 가액(적정한 마케팅 기간)

(4) 경매가치

법원에서 경매절차를 진행하기 위한 최저입찰가격의 기준으로 사용되는 가치이다. 법원은 당사자에게 손해가 생기지 않도록 하기 위하여 경매부동산에 대하여 상당한 값이라고 인정하여 정한 최저경매가격 미만으로는 경락을 허가하지 않는다. 실무적으로 경매가치를 평가할 때도 시장가치를 기준으로 하는 것이 원칙이지만 경매의 특성과 경매물건의 성격상 시장가치가 형성되지 않거나 법원으로부터 특수한 조건으로 평가해 줄 것을 요청받는 경우에는 시장가치 이외의 가치로 평가할 수도 있다.

(5) 처분가치(청산가치)

청산을 목적으로 일정한 처분계획에 따라 대상물건이 시장에서 매각되었을 때 그 물건의 매매로부터 합리적으로 획득할 수 있을 것으로 인정되는 가치이다. 기업활동에 사용되던 물건들이 각각 매각되는 경우로서 처분가치 평가는 일반적으로 폐업 후에 이루어진다. 이러한 처분가치는 시장가치와 유사하나 처분시점이 현재가 아니라 일정기간이 경과된 미래라는 점, 출품기간이 평가시점부터 개시된다는 점, 가격이 평가시점 현재 현금이나 현금등가물 형태로 지불되지 않는다는 점에서 차이가 있다.

(6) 해체처분가치

토지 이외의 평가대상물건을 해체한 후 구성요소로서 처분하는 경우 대상물건이 시장에서 충분한 기간 동안 공개된 후, 대상물건에 정통한 당사자가 신중하고 강요됨 없이 독립된 거래관계에서 교환될 것으로 인정되는 기준시점 현재의 가치이다. 토지 이외의 물건에 대해 특별한 수리나 개량을 하지 않고 계속적으로 사용하기보다는 오히려 그것의 구성요소를 처분하는 경우의 가치를 의미한다.

(7) 장부가치(= 회계상 가치)

대상부동산의 최초 취득가격에서 감가상각분을 제외한 나머지로서 현존하는 장부상의 잔존가치이다. 주로 회계, 세무 목적으로 사용되는 경우가 많다.

(8) 계속기업가치*

유형·무형의 기업자산을 개별적으로 판단하지 않고 총체적인 관점에서 계속기업이 가질 수 있는 가치이다. 여기서 계속기업이란 가까운 미래에 청산되지 않는 것이 확실하고 미래 수명이 무기한적인 회사이다. 이때 계속기업가치는 2가지로 구성된다. 하나는 동산, 부동산과 같이 유형자산의 가치로 측정되며, 다른 하나는 상호, 명성, 상표권, 특허권과 같은 무형자산의 가치로 측정된다. 이 중 무형자산의 가치는 기업이 계속기업으로 존속할 경우에는 가치를 지니지만 청산될 경우에는 대부분 아무런 가치를 지니지 못하게 된다.

(9) 공정가치(fair value)*

한국채택국제회계기준에 따라 자산 및 부채의 가치를 추정하기 위한 기본적 가치기준으로 합리적인 판단력과 거래의사가 있는 독립된 당사자 사이의 거래에서 자산이 교환되거나 부채가 결제될 수 있는 금액을 말한다. 기업체 지분취득을 위한 가치산정에서 사용되고, 재무보고 목적평가에서도 활용된다. 회계기준의 공정가치 개념은 평가분야의 시장가치와 유사한 개념이나 시장가치보다 광범위한 개념이라 할 수 있다. 예를 들어 특정당사자 사이의 특수한 증분가치는 당사자 간에는 공정한 가격일 수는 있으나 일반시장에서 형성되는 가격과는 다를 수 있다. 시장가치는 이러한 결합(병합)가격의 요소는 고려하지 않는다.

> **Check Point!**

> ● 「감정평가 실무기준」
> ① 재무보고평가는 공정가치를 기준으로 감정평가한다.
> ② 공정가치는 한국채택국제회계기준에 따라 자산 및 부채의 가치를 추정하기 위한 기본적 가치기준으로 합리적인 판단력과 거래의사가 있는 독립된 당사자 사이의 거래에서 자산이 교환되거나 부채가 결제될 수 있는 금액을 말한다.
>
> ● 공정가치와 시장가치의 비교* 기출 27회 · 29회
>
> **1. 개설(규정의 취지)**
> 재무보고평가는 기업 등의 자산이나 시설에 대하여 외감법의 회계처리기준에 따라 공정가치의 추정을 위한 것으로서, 일반적인 감정평가가 시장가치를 기준으로 감정평가하는 것과는 달리, 공정가치를 기준으로 감정평가하는 것을 원칙으로 하고 있다.
>
> **2. 양자의 비교**
> (1) 공통점
>   ① 시장증거에 근거한 가치
>   공정가치는 시장증거에 근거하였는지 여부를 밝히도록 하고 있다. 시장가치도 시장분석을 통해 시장증거를 수집, 분석하여 가치가 도출된 것으로 양자 모두 시장증거에 기초한다.
>   ② 존재가치(sein)의 성격
>   존재가치(sein)란 현실의 시장상황을 반영하는 가치이고, 당위가치(sollen)란 현상보다 원인을 중시하는 가격개념이다. 양 가치 개념은 모두 시장증거에 기초하고 이상적·당위적 시장상황을 전제하거나 규범적 가치판단이 개입되지 않는다는 점에서 존재가치의 성격을 지닌다.
>   ③ 가치3면성의 반영
>   양 가치 개념은 모두 시장성, 비용성, 수익성을 종합·고려하여 결정되는 점이 동일하다. 따라서 구체적으로 감정평가 3방식이 적용되고, 도출된 시산가액을 적절히 조정하여 가치결론을 내린다.
>   ④ 가치의 기능
>   부동산시장은 불완전시장이므로 시장가치와 공정가치는 균형가격의 역할을 대신하여 자원분배와 수급조정기능을 수행한다.
> (2) 차이점
>   ① 시장가치 외의 가치 여부
>   기업회계 관련 공정가치 평가가 항상 시장가치 외의 가치가 되는 것은 아니다. 그러나 공정가치에 시너지효과가 반영되거나 부도기업의 청산가치를 구하는 경우처럼 특정한 조건이 수반되는 경우에는 시장가치 외의 가치의 성격을 갖는 경우가 있다.
>   ② 시장의 전제 여부
>   기업자산의 특수성으로 인하여 공정가치가 반드시 시장을 전제로 형성되는 가치는 아닐 수 있다.
>   ③ 적용분야
>   시장가치는 일반적으로 부동산의 평가 시에 적용되는 가치 개념이나, 공정가치는 기업자산을 재무보고 목적으로 평가할 때 적용되는 가치 개념이다.

(10) 투자가치*

대상부동산이 특정한 투자자에게 부여하는 주관적 가치이다. 시장가치가 시장에서의 객관적인 가치인데 반해, 투자가치는 투자자가 대상부동산에 갖는 주관적 가치이다. 투자가치는 투자에 소요되는 비용과 창출되는 편익을 분석함으로써 추계된다.

투자자는 시장가치와 투자가치를 비교하여 투자결정을 한다. 평가사는 투자자를 대신하여 대상부동산의 투자가치를 추계하기도 한다. 새로운 부동산 개발사업을 구상하고 있는 투자자는 개발사업이 완성되었을 때 시장에서 팔릴 수 있는 시장가치보다 비용편익분석으로 측정되는 투자가치가 오히려 작다고 하면 투자하기를 주저할 것이다.

> **Check Point!**
>
> ▶ **투자가치와 시장가치의 비교*** 기출 17회
>
> 1. **가치의 성격**
>   시장가치가 대상부동산에 대해 시장이 부여하는 객관적 가치라면, 투자가치는 투자자가 대상물건에 대하여 갖게 되는 주관적 가치이다.
>
> 2. **가치의 전제**
>   시장가치는 최유효이용을 전제로 파악되어야 하며, 투자가치는 특정 투자자가 요구하는 이용을 우선적인 전제로 파악되어야 한다.
>
> 3. **금융조건과 세금조건**
>   시장가치는 특정한 금융조건이 결부되지 않은 전형적인 저당대부와 세율을 고려하지만, 투자가치는 특정 투자자의 세금신분, 요구수익률, 대상부동산의 저당대부 등을 고려한다.
>
> 4. **추계방법**
>   시장가치는 전통적인 감정평가 3방식에 의해 추계되지만, 투자가치는 주로 직접환원법과 할인현금흐름분석법을 적용하는 수익방식으로 추계된다.
>
> 5. **활용**
>   시장가치는 일반거래활동 등을 포함한 모든 부동산활동의 기준이 되며 과세가치, 보험가치, 저당가치 등의 추계를 위한 기초가 된다. 투자가치는 일반적으로 투자안의 경제성 분석에 주로 이용된다.

(11) 공익가치

어떤 부동산이 최유효이용의 사적 목적의 경제적 이용에 있는 것이 아니라 보존, 보전 같은 공익목적의 비경제적 이용에 있을 때 대상부동산이 가지는 가치이다. 예를 들면 역사적 유적지, 국립공원에 인접한 사유지, 자연경관이 수려한 해변, 희귀동·식물이 서식하는 산악 등과 같은 부동산이 그 대상이 된다.

5) 가치의 기준시점에 따른 분류

(1) 현재가치

현재의 일정시점을 기준시점으로 하여 파악되는 가치이다. 일반적으로 평가는 현재시점(엄밀히 말해 가격조사완료일)을 기준으로 한다(「감정평가에 관한 규칙」 제9조 제2항).

(2) 소급가치

과거의 일정시점을 기준시점으로 하여 파악되는 가치이다. 평가사는 소급평가 시 기준시점 이후의 자료를 알지 못하는 것으로 가정하고 평가서를 작성하여야 하며 참고문헌이 있을 경우 자료의 출처를 명확히 밝혀야 한다. 또한 감정평가서에는 기준시점과 평가시점을 명기해야 한다.

(3) 추정가치

미래의 일정시점을 기준시점으로 하여 파악되는 가치이다. 추정가치는 미래시점에서 발생할 것으로 지지되는 시장증거를 기초로 판단하여야 한다. 그리고 평가시점 이후의 예측불가능한 시장상황의 변화에 대한 책임이 없음을 감정평가서에 명기하고 가치추정에 있어서 참고문헌이 있을 경우 자료의 출처를 밝혀야 한다. 또한 감정평가서에는 기준시점과 평가시점을 명기해야 한다.

제4절 시장가치 기출 27회·29회

> **Tip**
> 시장가치는 평가이론에서 가장 중요한 개념 중의 하나라고 할 수 있다. 왜냐하면 역사적으로 감정평가에서 사용하고 있는 수많은 이론과 기법들은 시장가치를 기준으로 전개되어 왔기 때문이다. 다른 종류의 가치는 이러한 시장가치에서 사용되는 이론과 기법이 그대로 원용되어 사용된다. 즉, 여러 종류의 가치는 시장가치의 산정을 전제로 하거나 그것을 기준으로 하여 평가되는 경우가 많다.
> 한편 시장가치의 개념은 실무적인 측면에서도 중요한 의미가 있다. 평가에서 사용되는 자료와 그것의 가치증거로서의 선택 여부는 시장가치의 정의에 의해 영향을 받기 때문이다.

미리보기

1. 의의
2. 시장가치에 대한 논란(영미 중심)
   1) **측정기준의 문제**
   2) **평가대상의 문제**
   3) **균형가치(당위가치)와 존재가치의 문제**
   4) **시장가치 정의 자체에 관한 문제**
3. 시장가치
   1) 각국의 정의
      (1) 국제평가기준(IVS)의 시장가치
      (2) 미국감정평가협회(AI)
      (3) 일본「부동산감정평가기준」의 정상가격
      (4) 우리나라의「감정평가에 관한 규칙」과 「감정평가 실무기준」의 시장가치
   2) 시장가치의 주요 개념요소
      (1) 통상적인 시장
      (2) 충분한 기간 동안 거래를 위하여 공개된 후
      (3) 대상물건의 내용에 정통한 당사자 사이
      (4) 신중하고 자발적인 거래가 있을 경우
      (5) 성립될 가능성이 가장 높다고 인정되는
   3) **시장가치의 문제점 및 개선방안**
4. 적정가격
   1) 의의
   2) 적정가격의 변천과정
      (1) 통상적인 시장
      (2) 정상적인 거래
      (3) 성립될 가능성이 가장 높다고 인정되는 가격
   3) 적정가격의 성격
      (1) 법정가격
      (2) 정책가격
      (3) 당위가치
   4) 「부동산공시법」상 적정가격과「토지보상법」상 적정가격의 동일성 여부
      (1) 문제의 소재
      (2) 「토지보상법」상 적정가격
      (3) 소결
5. 시장가치와 적정가격의 동일성 여부
   1) **문제의 소재**
   2) **같다는 견해**
   3) **다르다는 견해**
   4) **검토**
6. (구)「감정평가에 관한 규칙」상 정상가격과 현행「감정평가에 관한 규칙」상 시장가치
   1) 각 용어의 개념
      (1) 종전 정상가격의 개념
      (2) 현재 시장가치의 개념
   2) **정상가격과 시장가치의 차이**

1. 의의

대상물건이 통상적인 시장에서 충분한 기간 동안 거래를 위하여 공개된 후 그 대상물건의 내용에 정통한 당사자 사이에 신중하고 자발적인 거래가 있을 경우 성립될 가능성이 가장 높다고 인정되는 대상물건의 가액이다(「감정평가에 관한 규칙」 제2조 제1호).

> **Check Point!**
>
> ● 시장가치 개정취지(감정평가 실무기준 해설서)
> 우리나라는 감정평가액의 성격을 「부동산공시법」에서는 적정가격으로, 종전 「감정평가에 관한 규칙」에서는 정상가격으로 규정하여 적정가격과 정상가격이 같은 개념인지 논란이 있었다. 그러나 개정된 「감정평가에 관한 규칙」 제5조에서는 시장가치기준 원칙을 규정하여 감정평가액의 성격을 시장가치로 명확히 규정하였다.
> 이는 가격과 가치를 명확히 구분함으로써 감정평가의 본질에 부합하도록 하고 외국의 감정평가 관련 기준이나 회계, 금융, 컨설팅 등 타 분야에서도 market value라는 용어를 사용하고 있어 국제표준에 맞게 개정할 필요성이 생김에 따라 시장가치로 변경한 것이다.

2. 시장가치에 대한 논란(영미 중심)

시장가치는 자본주의 시장경제의 발전과 평가이론의 발달, 그리고 사회적 변화를 거쳐 많은 논쟁의 결과로 정립되어 왔다. 그에 따라 시장가치 개념 또한 여러 차례 변화되었다. 그 변화의 과정 중에서 논란이 되어 왔던 몇 가지 주요 쟁점을 살펴봄으로써 시장가치의 개념에 대한 보다 명확한 이해가 가능할 것이다.

1) 측정기준의 문제

(1) 논쟁의 내용

무엇을 기준으로 시장가치를 측정할 것인가 하는 것이다. 거래사례비교법에서 대상부동산의 가치를 측정할 때 비교거래사례의 분석에서 거래금액 전부를 현금으로 지불한 경우와 일부는 담보대출 등의 방법으로 지불한 경우 '무엇을 기준으로 하는가'의 문제이다.

(2) 결론

측정기준과 관련하여 현금등가분석으로 처리해야 한다는 것이 현재의 정설이다. 현금등가분석이란 거래조건이나 금융조건의 차이를 거래시점을 기준으로 현금가치로 환산하는 것을 말한다. 부동산은 고가성이라는 특성으로 인하여 오늘날 담보대출이 일반화된 상태에서 현금등가분석을 통해 비교매매사례를 현금등가로 조정하여 시장가치를 평가해야 한다. 한편, 경우에 따라서는 가장 전형적인 금융조건이 결부된 상태에서의 시장가치를 평가할 수도 있다.

2) 평가대상의 문제

(1) 논쟁의 내용

대상부동산의 무엇을 평가대상으로 하는가의 문제이다. 즉, 대상부동산의 물리적 실체 그 자체를 평가의 대상으로 삼느냐, 결부된 권익을 대상으로 삼느냐의 문제이다.

(2) 결론

시장가치는 부동산의 물리적 실체 그 자체를 대상으로 하는 것도 아니고, 부동산에 결부된 특정한 권익만을 대상으로 하는 것도 아니다. 부동산의 물리적 실체에 기반하고 있는 특정 권익의 양면을 모두 고려하여 시장가치를 산정해야 한다.

3) 균형가치(당위가치)와 존재가치의 문제

(1) 논쟁의 내용

현재 시장에서 형성되고 있는 가격이 과연 대상부동산의 진정한 가치를 반영하고 있느냐의 문제이다. 부동산시장은 불완전한 요소를 많이 가지고 있기에 현재 형성되는 현재의 가치(존재가치)가 만약 시장이 균형을 이룬다고 했을 경우의 가치인 균형가치(당위가치)와 과연 일치할 것인가 하는 문제이다.

(2) 결론

평가사는 이상적인 상황에서 성립되는 가치를 산정하는 것이 아니라 현실적인 상황에서 성립되는 가치를 산정해야 한다. 즉, 시장가치는 존재가치이지 당위가치가 아니다. 평가사는 객관적인 시장자료를 바탕으로 한 객관적인 현재의 시장가치를 산정해야 한다. 그러나 우리나라는 정책적, 행정적 목적에 따라 당위가치에 가깝게 규정되고 있고 평가의 현실에서도 이러한 한계와 제약이 뒤따른다.

4) 시장가치 정의 자체에 관한 문제 ★기출 30회

(1) 논쟁의 내용

시장가치의 개념은 ① 매도자와 매수자가 ~기꺼이 주고받는 가격, ② ~화폐액으로 표시한 최고가격, ③ ~가능성이 가장 많은 가격으로 변해왔다.

(2) 결론

시장가치 정의 자체와 관련하여 Ratcliff는 시장가치를 '성립될 가능성이 가장 많은 가격'이라고 정의하는데 이는 컴퓨터를 이용한 계량적 기법으로 시장가치를 결정하는 데 잘 부합하고, 시장가치를 객관화시킨다는 장점이 있다. 현재 시장가치를 '성립될 가능성이 가장 많은 가격'으로 정의하는 것에 반론을 제기하는 사람은 없다.

◈ 최고가격과 성립될 가능성이 가장 많은 가격(안정근 부동산평가이론)

1. 최고가격
시장가치는 ① 매도자와 매수자가 ~기꺼이 주고받는 가격, ② ~화폐액으로 표시한 최고가격, ③ ~가능성이 가장 많은 가격으로 변해왔다. 시장가치는 사전적 의미로서는 매도자와 매수자가 기꺼이 거래를 하려 하는 가격, 어떤 부동산이 공개시장에서 팔릴 수 있는 가격으로 정의되고 있다.

한때 AI에서도 시장가치와 시장가격을 구별하지 않은 적도 있었다. 그러나 시장가치란 ~하는 가격이라는 ①번이나 사전식의 정의는 AI에 의해 공식적으로 채택된 적은 없다. 시장가치에 대한 AI의 공식적인 정의는 1962년에 처음으로 시작되었다. 그때부터 그동안 문구가 다소 변하고 있지만, 시장가치란 ~을 화폐액으로 표시한 최고가격이라는 정의를 고수했다. 여기에 대해 학자들은 시장가치가 어떻게 유사매매사례의 최고가격이 될 수 있느냐면서 많은 이의를 제기하였다.

2. 성립될 가능성이 가장 많은 가격
성립될 가능성이 가장 많은 가격이라는 개념을 처음으로 제창하여 시장가치 논쟁에 불을 지핀 사람은 Ratcliff였다. Ratcliff는 그의 저술에서 다음과 같이 언급하고 있다.

부동산평가란 불확실성하에서 행해지는 경제분석이다. 따라서 이것은 확률적 측면에서만 표현될 수 있다. 어떠한 평가사들도 성립될 가능성이 가장 많은 매매가격을 단 하나의 정확한 수치로 예측할 수 없다. 기껏해야 그들은 단지 일정한 범위로 표시할 수 있을 뿐이다.

Ratcliff의 이 같은 정의는 단순하지만 상당한 설득력을 지니고 있다. Ratcliff의 정의는 컴퓨터를 이용하는 계량적 평가기법으로 부동산의 시장가치를 결정하는 데에 잘 부합되고 있다. 이것은 시장가치에 관한 어떤 정의보다도 시장가치를 객관화시킬 수 있다는 장점을 가지고 있다.

AI는 Ratcliff의 정의에 대해 처음에는 압력에 의한 매매가격도 시장가치를 시사하는 것으로 간주될 수 있다는 점에서 일단 반대 입장을 취했다. 그러나 많은 학자들은 비교매매사례의 선정과정에서 압력이 개입된 매매사례는 제거되기 때문에 Ratcliff의 정의는 현실성이 있다는 반론을 제기하기도 했다.

AI는 최고가격에 대한 학자들의 비판에 동의하면서 이 같은 혼란은 highest price에 대한 잘못된 해석으로부터 비롯된 것이라고 설명하고 있다. 부동산시장은 경쟁시장이다. 부동산시장이 경쟁시장이 되기 위해서는 경쟁할 수 있을 정도의 충분한 매도자와 매수자가 있어야 한다. 경쟁시장에서는 최고의 입찰가격을 제시하는 사람에게 대상부동산이 낙찰된다.

충분한 정보와 지식을 가지고 있는 전형적인 가능매수자는 대상부동산의 시장가치에 적합한 가격을 제시하지 무조건 높은 가격을 제시하지는 않는다. 따라서 전형적인 매수자들이 제시하는 가격은 대상부동산에 성립될 가능성이 가장 많은 가격이라는 것이다. AI에서 말하는 최고가격이라는 개념은 가능성이 가장 높은 가격이라는 의미이지 유사매매사례 중에서 가장 높은 가격을 의미하는 것이 아니라는 것이다.

highest price를 이런 식으로 해석할 경우 AI의 정의는 Ratcliff의 그것과 별다른 차이가 없게 된다. 이에 따라 AI는 학자들의 견해와 Ratcliff의 정의를 종합하여 현재에 이르기까지 시장가치란 ~ 성립될 가능성이 가장 많은 가격이라고 정의하게 된다.

부동산의 가치란 장래 기대되는 편익을 현재가치로 환원한 값이다. 성립될 가능성이 가장 많은 가격이 시장가치의 중요한 개념으로 자리잡게 된 것도 바로 여기에 연유한다. 즉, 미래란 불확실한 것이고 평가가치도 결국은 불확실한 미래사건에 대한 추계치이므로 이것은 바로 통계학적 확률개념에 해당된다는 것이다.

3. 시장가치

1) 각국의 정의

(1) 국제평가기준(IVS)의 시장가치

대상물건의 적절한 마케팅 후에 거래에 강제성이 없는 상태에서 거래사례에 정통하고, 사려 깊게 행동하는 거래의사를 가진 거래당사자 간에 적절한 가격시점에서 자산이나 부채에 대해 정상적인 거래를 할 경우 거래될 수 있는 추정가액이다.

(2) 미국감정평가협회(AI)

공정한 거래가 이루어질 수 있는 모든 조건이 충족된 경쟁시장과 매물이 합리적인 기간 동안 시장에 방매되어 자신의 이익을 위해 사려 깊게 행동하는 거래당사자가 충분한 정보와 지식을 갖게 되고 거래에 어떠한 강박조건이 존재하지 않는 상황하에서 특정일을 기준으로 평가대상인 부동산의 특정권리에 대해서 거래될 가능성이 가장 높은 가격을 현금, 현금등가기준 또는 기타 면밀한 조건 등으로 명시하여 나타낸 가격이다.

(3) 일본의 「부동산감정평가기준」의 정상가격

시장성을 갖는 부동산이 현실의 사회, 경제 정세하에서 합리적이라 판단되는 조건을 만족하는 시장에서 형성될 수 있는 시장가치를 표시하는 적정한 가격이다.

(4) 우리나라의 「감정평가에 관한 규칙」과 「감정평가 실무기준」의 시장가치

대상물건이 통상적인 시장에서 충분한 기간 동안 거래를 위하여 공개된 후 그 대상물건의 내용에 정통한 당사자 사이에 신중하고 자발적인 거래가 있을 경우 성립될 가능성이 가장 높다고 인정되는 대상물건의 가액이다.

2) 시장가치의 주요 개념요소*

(1) 통상적인 시장

부동산시장의 속성은 시장참여자별로 정보비용의 차이가 발생하는 점, 모든 시장의 정보가 가격에 바로 반영되는 효율적 시장(efficiency market)으로 보기 어려운 점에 비추어 보면, 현실적으로 불완전경쟁시장의 성격을 가진다고 보아야 할 것이다. 여기서 전제가 되는 통상적 부동산거래시장은 일반재화가 거래된 시장과는 특성이 다르나, '시장가치'의 제반 조건을 만족하는 상정된 시장이지만 현실에 존재하지 아니하는 시장이 아니고 통상적인 부동산 거래가 이루어질 수 있는 시장을 지칭한다.

(2) 충분한 기간 동안 거래를 위하여 공개된 후

기준시점 이전 대상부동산을 시장에 출품하되, 충분하고 합리적인 기간 동안 매도자의 적정 마케팅 활동이 수반되어야 한다는 개념으로 정리할 수 있다.

(3) 대상물건의 내용에 정통한 당사자 사이

거래에 참가하는 시장참여자에 대한 조건에 대해서 미국 AI 기준은 다수의 매도자와 매수자가 시장통제나 거래를 강제하는 수단이 없고, 수요와 공급이 자유롭게 작동하는 공개시장에 다수의 매수자와 매도자가 존재하고, 매수자나 매도자 쌍방이 시장의 사정에 충분히 정통하고 자기의 이익을 위해 사려 깊게 거래 활동을 한다고 보고 있다.

(4) 신중하고 자발적인 거래가 있을 경우

자발적인 거래의사를 필요조건으로 함으로써 징발이나 기타 강제적인 수단에 의한 거래에서 발생하는 경우의 가격을 배제하고 있다.

(5) 성립될 가능성이 가장 높다고 인정되는

미국 AI의 most probable price에서 most probable은 거래가능가격의 평균을 의미하는 것이 아니고, 거래가능가격 중에서 가장 일어날 수 있는 빈도수가 높은 거래가능가격을 의미한다고 보면 '가장 성립될 가능성이 높은'이란 문구의 타당성은 있으나, 일본 기준은 '형성될 수 있는'이라고 정의하고 있고, IVS, RICS 등은 이러한 확률 개념을 고려하지 않고 있다. 특히 USPAP은 전술한 바와 같이 평가자의 의견으로 보는 시각을 갖고 있다. 그러나 평가가격은 probable이란 개념을 무시하고 이야기를 전개하는 것이 무리가 있는바 '성립될 가능성이 높다'는 기준을 선택하고 있다.

> **Check Point!**
>
> ● 성립될 가능성이 가장 많은 가격*
>
> 성립될 가능성이 가장 많은 가격이 무엇인지가 문제가 된다. 이와 관련하여 통계학에서 사용하는 중심경향을 통해 의미를 파악할 수 있다.
> 중심경향이란 확률분포에 있어서 사상들이 분포의 중앙에 모이게 되는 현상을 말하는데 중심경향을 나타내는 지표에는 산술평균, 중위치, 최빈치가 있다.
> 세 가지 중심경향치 중에서 감정평가분야에서 성립될 가능성이 가장 많은 가격의 개념으로 일반적으로 사용되는 것은 최빈치이다.
> ① 산술평균은 모든 관측치의 값을 합한 후 그 값을 표본의 수로 나누어 계산한 값이다. 가장 일반적이고 계산하기 쉽다는 장점이 있지만, 극단적인 값이 있으면 측정치가 왜곡될 수 있는 단점이 있다.
> ② 중위치는 데이터를 가장 낮은 수에서 가장 높은 수로 배열했을 때 그 중간에 위치한 값을 말한다. 데이터의 극단적인 값에 영향을 받지 않는 장점이 있지만 데이터의 순서정보만 활용되고 구체적인 값은 무시되기에 정보의 손실이 발생하는 단점이 있다.
> ③ 최빈치는 모든 데이터에서 가장 빈번하게 발생하는 관측치를 말한다. 극단적인 값에 영향을 받지 않고, 분포경향을 쉽게 파악하는 장점이 있지만 자료를 어떻게 묶느냐에 따라 값의 변화가 커서 중심경향치 중에서 가장 안정성이 낮다는 단점이 있다.

3) 시장가치의 문제점 및 개선방안

개정된 시장가치에서는 금융조건에 대해서 아무런 언급을 하지 않고 있기에 저당대부가 일반화되어 있는 현실 부동산시장에 대한 고려가 없다. 또한 우리나라의 시장가치는 AI, IVS와 상당히 유사한 개념체계를 갖고 있음에도 상세한 조건규정이 상대적으로 미흡한 바 감정평가가치의 자의적인 해석 및 적용 여지를 없애고 감정평가 결과에 대한 일반인들의 신뢰도를 높이기 위해서는 명확하고 상세한 규정이 필요하다.

4. 적정가격*

1) 의의

토지, 주택 및 비주거용 부동산에 대하여 통상적인 시장에서 정상적인 거래가 이루어지는 경우 성립될 가능성이 가장 높다고 인정되는 가격을 말한다(「부동산공시법」 제2조 제5호).

2) 적정가격의 변천과정

(1) 통상적인 시장

즉, 평가대상권익에 대한 공개경쟁시장이 존재해야 하며, 대상부동산은 합리적인 시간 동안 이 같은 시장에 노출되어 있어야 한다는 것이다. 바꾸어 말하면, 대상부동산에 관한 정보가 거래당사자들에게 충분히 살포될 수 있는 시간적 여유가 있어야 한다는 것이다. 그래야만 적정가격이 형성될 수 있다는 것이다.

개정된 개념의 통상적인 시장이란 거래당사자들의 진입과 탈퇴가 제한받지 않는 공개된 경쟁시장을 의미한다고 볼 수 있다. 대상부동산이 제한된 시간만 노출되고 거래당사자가 상대적으로 제한되는 경매, 공매시장 등은 통상적인 시장이 될 수 없다.

(2) 정상적인 거래

즉, 자유로운 거래가 정상적인 거래로 바뀌었다는 것이다. 자유로운 거래란 자발적인 매도자와 매수자가 기꺼이 행하고자 하는 거래를 말한다. 한편 정상적인 거래는 거래조건 외에 다른 조건이 부과된 거래를 의미한다. 미국평가협회의 9가지 조건 중에서 자유로운 거래는 ④번과 ⑤번만을 요구하고 있으나, 정상적인 거래란 이외에도 ③번과 ⑥번의 조건이 추가된 거래이다. 또한 자유로운 거래에서는 공개된 경쟁시장이 반드시 요구되는 것은 아니었다. 즉, 경매시장이라고 하더라도 매도자가 자발적으로 경매에 응하였고, 매수자가 아무런 강제성이 없는 상태에서 거래에 임했다면 이것도 자유로운 거래라 할 수 있다. 그러나 정상적인 거래란 공개경쟁시장의 존재를 필수조건으로 한다고 볼 수 있다.

(3) 성립될 가능성이 가장 높다고 인정되는 가격

즉, 과거의 합리적으로 성립한다고 인정되던 가격이 성립될 가능성이 가장 높다고 인정되는 가격으로 변경되었다는 것이다. 전자의 표현은 감정평가사의 주관적 가치라는 의미를 풍기지만 후자는 시장에서의 객관적 가치라는 의미를 풍기고 있다. 과거에 한때 합리적으로 성립된다고 인정되던 가격의 개념을 두고 학자들 간에 논란이 된 적이 있었다. 즉, 적정가격의 개념이 당위가치냐 또는 존재가치냐 하는 것이 그것이다. 과거의 개념에 의하면 합리성 여부는 결국 전문가인 감정평가사의 견해에 의존할 수밖에 없으므로, 적정가격은 당위가치이며 주관적 가치라는 해석을 가능하게 하는 여지가 있었던 것도 사실이다. 하지만 개정된 개념에 의하면, 적정가격이란 정상적인 시장에서 성립될 가능성이 가장 높다고 인정되는 가격을 의미하므로 객관적인 존재가치를 의미한다는 것이 보다 명백해졌다.

> **Check Point!**
>
> ● 개정된 적정가격의 문제점
> 개정된 적정가격의 개념도 금융조건에 대해서는 아무런 언급을 하지 않고 있기에 저당대부가 일반화되어 있는 현실 부동산시장에 대한 고려가 없다. 이는 부동산평가, 거래 시에 우리나라 관행이 아직까지 금융조건을 심각하게 고려하지 않는다는 것을 방증하는 것이기도 하다. 하지만 향후, 저당대부가 일반화되고 소득접근법이 중요한 평가방식으로 자리 잡으면 적정가격의 개념도 변화할 것으로 전망된다.

> **Check Point!**
>
> ● 과거와 현재의 적정가격 개념의 비교
>
> | 개념과 조건 | 과거 | 현재 |
> | --- | --- | --- |
> | 개념 | 합리적으로 성립한다고 인정되는 가격 | 성립될 가능성이 가장 높다고 인정되는 가격 |
> | 시장조건 | 언급 없음 | 통상적인 시장 |
> | 거래조건 | 자유로운 거래 | 정상적인 거래 |
> | 금융조건 | 언급 없음 | 언급 없음 |

> **Check Point!**
>
> ● 시장가치 - 미국감정평가협회(AI)
> 미국평가협회는 시장가치가 형성되기 위한 조건으로 9가지를 들고 있다.
> ① 매매완료는 특정일 현재로 발생한다.
> ② 평가되는 부동산의 권리에 대해 공개된 경쟁시장이 존재한다.
> ③ 매수인과 매도인은 각각 현명하고 신중하게 행동한다.

④ 가격은 부당한 자극에 영향을 받지 않는다.
⑤ 매수인과 매도인은 전형적으로 동기부여되어 있다.
⑥ 양측 모두 각자의 최고이익을 위해 행동한다.
⑦ 마케팅 노력은 충분히 하였고 공개된 시장에 합리적인 기간 동안 방매되었다.
⑧ 지불방식은 미국화폐로 현금지불이거나 이에 상응하는 금융조건이다.
⑨ 가격은 특별 융자, 창조적 금융방식 또는 거래 관련자에 의해 양여된 매매에 영향을 받지 않고 매매된 부동산에 대한 정상적인 고려를 나타낸다.
▶ ②, ⑦ : 시장조건
▶ ①, ③, ④, ⑤, ⑥ : 거래조건
▶ ⑧, ⑨ : 금융조건
물론 위에서 열거된 항목들이 특정한 조건에만 해당하는 것은 아니다. 예를 들어 항목 ⑦은 시장조건과 거래조건 양쪽 모두에 해당된다고 볼 수 있다.

3) 적정가격의 성격

(1) 법정가격

「부동산공시법」상 적정가격인 표준지공시지가는 법률 규정에 따라 조사·평가하여야 하기 때문에 법정가격의 성격을 갖는다.

(2) 정책가격

적정가격은 공익사업, 과세 등의 다양한 행정목적에 이용되고 있는 가격으로서 부동산의 사회성·공공성을 실현하기 위한 정책가격의 성격을 갖는다.

(3) 당위가치

적정가격은 공익사업, 과세 등의 행정목적에 이용되는 가격으로서 손실보상과 과세라는 상반된 이해관계를 조절하고 공동선을 실현하기 위한 정책적 가격인바 당위가치의 성격을 갖는다.

4) 「부동산공시법」상 적정가격과 「토지보상법」상 적정가격의 동일성 여부

(1) 문제의 소재

「토지보상법」 제70조 제1항에서 표준지공시지가를 기준한 적정가격으로 취득하는 토지의 보상액을 구하도록 규정하여, 「토지보상법」상 적정가격(=보상평가액)과 「부동산공시법」상 적정가격의 동일성 여부가 문제된다.

(2) 「토지보상법」상 적정가격* 기출 19회

① 「헌법」상 정당보상

「헌법」제23조 제3항은 "공공필요에 의한 재산권의 수용·사용 또는 제한 및 그에 대한 보상은 법률로써 하되, 정당한 보상을 지급하여야 한다."고 규정하고 있고 이때 정당한 보상이란 판례에 따르면 완전보상으로서 재산권의 객관적인 가치를 완전하게 보상하는 것을 의미한다.

② 존재가치

「토지보상법」상 적정가격은 완전보상을 실현하기 위해 재산권의 객관적 가치를 보상해야 한다. 따라서 현실의 거래가격을 반영하는 존재가치 개념의 성격을 가진다.

③ 공시기준일 이후 개발이익의 반영

보상금액은 해당 공익사업으로 인한 개발이익만을 배제하고 협의 당시 또는 재결 당시의 가격을 기준으로 하여야 한다. 따라서 「토지보상법」제70조 제3항 내지 제5항에 의하여 연도별 적용공시지가를 소급적용하는 경우에는 표준지공시지가에 반영되어 있지 아니한 적용공시지가의 공시기준일부터 보상 시까지 다른 공익사업으로 인한 개발이익이 반영된다.

(3) 소결

양 법상 적정가격을 규정하고 있으나 「부동산공시법」상 적정가격은 행정목적의 법정가격, 정책가격, 당위가치이다. 반면, 「토지보상법」상 적정가격은 헌법상 정당보상을 전제로 한 가격 개념으로서 현실의 지가변동 및 해당 사업이 아닌 다른 공익사업에 의한 개발이익이 반영되는 존재가치 개념으로서 보아야 할 것이다. 따라서 양 법상 적정가격의 명칭은 동일하나 그 성격 면에서 차이가 있다.

5. 시장가치와 적정가격의 동일성 여부* 기출 6회

1) 문제의 소재

「감정평가에 관한 규칙」제5조에서는 '시장가치기준' 원칙 평가를 규정하고 있으나, 「부동산공시법」제1조에서는 '적정가격'으로 평가할 것을 규정하고 있다. 따라서 서로 다른 용어의 사용으로 양자의 개념에 대한 동일성 여부 논의가 있다.

2) 같다는 견해

① 적정가격을 외국의 시장가치의 조건과 비교해 볼 때 몇 가지 개념요소가 결여되어 있으나 시장가치 개념과 유사하다고 볼 수는 있다.

② 「감정평가에 관한 규칙」은 「부동산공시법」의 하위법령으로서 동일한 가치전제, 즉 시장가치를 기초로 하고 있음은 명백하다. 그동안의 법적 관행상 행정목적에 따라 다르게 부르고 있을 뿐 그 어떤 조항에도 각기 다른 평가방법이나 가치전제를 규정하고 있지 않기 때문이다.

③ 적정가격으로 고시된 공시지가가 가격선도기능 및 거래지표의 기능을 한다면 시장가치 개념과 다를 이유가 없다.

3) 다르다는 견해

① 적정가격 개념은 시장성을 강조한 개념으로 개정되었으나, 적정가격은 시장가치의 조건인 당사자의 정통성이 충족되지 못한다.

② 적정가격의 정상적인 거래가 의미하는 것이 시장가치의 조건을 충족한다고 보기 어려우며 이는 투기적인 거래나 비정상적인 거래를 배제한다는 의미로 이해하여야 할 것이다.

③ 시장가치는 현실적·객관적 가치이며, 적정가격은 가치지향적·정책적 가격이다.

4) 검토

우리나라의 적정가격은 과거 「지가공시 및 감정평가에 관한 법률」에서 2005년에 「부동산 가격공시 및 감정평가에 관한 법률」로 개정되면서 시장성을 더 강조하는 내용으로 개정되었다. 그럼에도 불구하고 적정가격은 내용이 추상적이고 애매하여 뜻하는 바를 알기 어렵고, 특히 시장가치의 개념요소 중 "당사자의 정통성"에 관한 조건을 충족하지 못하고 있다. 즉, 시장가치는 시장에서 행동하는 주체인 수요자와 공급자의 행태에 초점을 두고 있는 반면, 적정가격은 그것보다는 "시장에서 거래가 없더라도 거래가 이루어지는 경우"를 상정하는 뜻을 내포하기에 시장가치와 상이하다.

> **Check Point!**
>
> ▶ 경응수 평가론
> 적정가격은 공시지가적용 평가 시 부동산시장의 불완전성으로 인한 시장가치와의 괴리를 보정하기 위하여 규정한 당위가격이지만 통상적 시장에서 거래될 가능성이 가장 높은 가격을 기초로 결정되는 시장가치라는 점에서는 동일한바 '시장가치'로 통일할 필요가 있다.

6. (구) 「감정평가에 관한 규칙」상 정상가격과 현행 「감정평가에 관한 규칙」상 시장가치★ 기출 23회

1) 각 용어의 개념

(1) 종전 정상가격의 개념

정상가격이라 함은 평가대상 토지 등이 통상적인 시장에서 충분한 기간 거래된 후에, 그 대상물건의 내용에 정통한 거래당사자 간에 통상 성립한다고 인정되는 적정가격을 말한다.

(2) 현재 시장가치의 개념

시장가치란 토지 등이 통상적인 시장에서 충분한 기간 거래를 위하여 공개된 후 그 대상물건의 내용에 정통한 당사자 사이에 신중하고 자발적인 거래가 있을 경우 성립될 가능성이 가장 높다고 인정되는 대상물건의 가액이라 한다.

2) 정상가격과 시장가치의 차이

(1) 과거 「감정평가에 관한 규칙」에서는 정상가격이라 함은 통상 성립한다고 인정되는 적정가격이라는 표현을 사용했다. 따라서 정상가격은 적정가격과 동일한 개념이 아닌 마치 적정가격 중에서 그 개념이 보다 한정되는 특수한 상황하에서의 적정가격인 것처럼 보인다. 이에 따라 일부에서는 정상가격과 적정가격의 개념이 서로 다르다는 주장을 펴기도 했었다. 그러나 개정된 「감정평가에 관한 규칙」에서는 정상가격이라는 표현을 시장가치로 변경함으로써 정상가격이 바로 시장가치를 의미한다는 것을 명확히 했다.

(2) 이 같은 관계는 「감정평가에 관한 규칙」의 시장가치 용어해설에서 보다 명확해진다. 개정된 「감정평가에 관한 규칙」에서는 통상 성립한다고 인정되는 적정가격을 성립될 가능성이 가장 높다고 인정되는 대상물건의 가액이라고 변경했다. 즉, 적정가격이 바로 부동산평가에서 말하는 일반적인 시장가치의 개념, 즉 성립될 가능성이 가장 높은 가격에 해당된다는 것이다. 따라서 「부동산공시법」의 적정가격의 개념과 시장가치의 개념이 동일하다는 것은 재론의 여지가 없다. ※안정근 교수는 적정가격과 시장가치를 동일하게 본다.

(3) 개정된 「감정평가에 관한 규칙」에서는 통상적인 시장에서 충분한 기간 거래를 위하여 공개된 후라는 표현을 사용하여 시장조건의 하나인 시장노출시간을 구체화하고 있다. 과거에 사용했던 충분한 기간 거래된 후라는 표현은 그 의미가 불분명하였으나 이것이 거래를 위하여 충분한 기간 동안 시장에 노출된 후를 의미한다는 것이 분명해졌다.

(4) 과거에는 대상물건의 내용에 정통한 거래당사자 간이라는 표현밖에 없었으나 개정된 「감정평가에 관한 규칙」은 여기에 신중하고 자발적인 거래라는 표현을 부과하여 거래조건도

보다 구체화하고 있다. 이것이 의미하는 바는 ① 거래당사자들은 각자 대상물건에 대해 충분한 지식을 가지고, ② 자신들의 최선의 이익을 고려하여 사려 깊게 행동하고 있으며, ③ 전형적으로 동기화되어 기꺼이 사고 팔려고 하며, ④ 매매가격은 어떠한 부당한 자극에 의해 영향을 받지 아니했다는 것이다.

> **Check Point!**
>
> ● 시장가치의 성격
>
> 1. Sein 가격이라는 견해
>   (1) Sein 가격의 뜻
>   현실의 시장상황을 반영하는 가격으로서, 객관적으로 확인이 가능한 가격을 말하며, 원인보다 현상을 중시하는 개념으로 시장참여자의 집단적인 가치판단을 중시하는 개념이다.
>   (2) Sein 가격의 주장 논거
>   ① 시장가치는 불확실한 인위적인 요소가 개입되는 것보다, 시장의 흐름에 따른 자연발생적인 가격이 더 중요하다.
>   ② 시장가치는 현실 부동산시장을 전제로 하여, 시장참여자들의 집단적 가치판단에 초점을 맞추어야 한다.
>   ③ 시장가치는 불확실한 부동산시장하에서 최빈거래가능가격이라는 확률적 개념을 중시하는 추세에 부합한다.
>   ④ 부동산시장에서 완전경쟁시장은 현실성이 없으며, 부동산의 고유한 내재가치는 현실성 없는 추상적·가상적인 것이다.
>
> 2. Sollen 가격이라는 견해
>   (1) Sollen 가격의 뜻
>   당위성을 내포한 이상적·규범적 가격으로서, 시장이 균형을 회복했을 때 성립할 것으로 생각되는 가격을 말한다. 이는 어떤 현상은 원인이 있어야 생긴다는 당위적 사고로서 부동산의 고유한 내재가치를 존중하는 개념이다.
>   (2) Sollen 가격의 주장 논거
>   ① 부동산시장의 특성상 Sein 가격은 개별적 사정 등 불합리한 요소를 내포할 가능성이 많다.
>   ② 감정평가에 의한 가격이 가격선도기능이 있다면 당위성을 내포하여야 한다.
>   ③ 부동산의 고유한 내재가치를 무시할 수 없다.
>   ④ 부동산시장이 불안정한 상황에서는 Sein 가격보다 Sollen 가격이 더 낫다.
>
> 3. 검토
>   시장가치는 가격의 3면성에 의해 평가되고, 시산가액의 조정과정을 거쳐 평가목적에 맞추어 합리성을 갖춘, 이상적·규범적 가격이 되어야 한다는 점에서는 Sollen 가격 개념이 타당성을 지닌다고도 할 수 있다.
>   그러나 부동산가격은 현실의 다양한 시장상황과 밀접한 관련하에 형성될 수밖에 없고, 현실시장을 반영하여야 한다는 점과 최근 부동산시장이 안정성을 찾아가고 있고 부동산가격의 거품이 제거되고 있는 현실상황에서 보면, Sein 가격이라는 견해가 더 타당성을 지닌다고 생각된다.

제5절 시장가치 외의 가치 ★기출 30회

> **Tip**
> 일본 기준의 특정가격, 특수가격, 한정가격의 개념과 적용되는 상황, 미국에서의 비시장가치들의 파악을 통하여 우리나라에서의 시장가치 외의 가치에는 어떠한 가치들이 있는지 이해하여야 한다.

미리보기

1. 개설
2. 시장가치 외의 가치의 개념
3. 시장가치 외의 가치가 요구되는 이유
   1) 시장가치주의 한계
   2) 감정평가수요의 다양화
   3) 감정평가활동의 안전성 증대
4. 시장가치 외의 가치로 평가하는 경우
   1) 법령에 다른 규정이 있는 경우
   2) 감정평가의뢰인이 요청하는 경우
   3) 평가목적이나 대상물건의 특성에 비추어 사회통념상 필요하다고 인정되는 경우
5. 우리나라 「감정평가에 관한 규칙」상의 문제점
   1) **구체성 결여**
   2) **적용의 문제**
6. 시장가치 외의 가치로 감정평가하는 경우의 검토사항
7. 합리성 및 적법성이 결여된 경우의 감정평가 거부 또는 수임 철회

1. 개설

(구)「감정평가에 관한 규칙」에서는 감정평가법인등이 구할 수 있는 비시장가치를 특정가격으로 한정하고 있다. 그러나 현행「감정평가에 관한 규칙」에서는 이 같은 용어를 삭제하여, 평가사는 명칭 여하에 상관없이 사용가치, 투자가치, 계속기업가치, 보험가치, 보상가치, 청산가치 등 다양한 종류의 비시장가치를 추계할 수 있게 되었다.

2. 시장가치 외의 가치의 개념

「감정평가에 관한 규칙」 제5조에서는 대상물건에 대한 감정평가액은 시장가치를 기준으로 결정함을 원칙으로 하고 있으며 예외적인 경우에 한해 시장가치 외의 가치를 기준으로 결정하도록 하였다. 시장가치 외의 가치는 시장가치에 대비하는 개념으로서 부동산가격의 개념을 다원적으로 확장하기 위해 분리시킨 개념이다.

> ● 국제감정평가기준상의 비시장가치
>
> 비시장가치 감정평가기준은 시장가치 이외의 가치기준을 확인, 설명, 구분하고 그 감정평가에 적용하는 기준이다. 이 기준의 범위를 벗어나지만 시장가치 이외의 가치기준의 예로는 공정가치와 같이 한정된 당사자 간에만 합리적인 의미를 갖는 가치, 그리고 투자가치와 같이 자산의 소유로 인하여 누리는 편익의 가치 또 과세목적으로 규정한 가치기준과 같이 법정 또는 계약에 의한 가치기준을 들 수 있다. 시장가치 외의 기준에서는 시장가치기준과는 다른 상정조건이 적용되어야 하고, 이러한 상정조건이 명확히 확인되지 않으면 그 감정평가에 대한 오해를 초래할 수 있다. 감정평가사와 감정평가의뢰인은 시장가치와 비시장가치의 기준의 차이와 그러한 가치기준의 차이가 감정평가의 적부에 미친 영향을 명확히 이해하는 것이 중요하다.

3. 시장가치 외의 가치가 요구되는 이유

1) 시장가치주의의 한계

시장가치로 평가해도 현실거래에서 유용하지 못할 경우가 있다. 예컨대, 병합토지의 경우 한정가격의 성격으로 합필을 통한 가치 상승분이 커서 높은 가격대를 형성하는데 이를 외면하고 시장가치로 제시한다면 현실 부동산시장에서 채용되기 어려운 바 시장가치 외의 가치 개념이 요구된다.

2) 감정평가수요의 다양화

국내외 경제여건 변동 및 사회의 발달, 부동산시장의 확장으로 감정평가의 수요가 다양화되면서 여러 가치 개념에 대한 요청이 있고, 이에 평가사는 부동산평가활동의 정확성을 높이기 위해 시장가치 외의 가치 개념이 요구된다.

3) 감정평가활동의 안전성 증대

부동산가치 개념을 평가목적에 따라 유형화함으로써 부동산평가활동의 안전성을 증대할 수 있다는 점에서 시장가치 이외의 가치 개념이 필요하다. 예컨대, 의뢰목적이 담보인지 보상인지에 따라 가격 인식을 달리 적용하여야 하므로 시장가치 외의 가치 개념이 요구된다.

4. 시장가치 외의 가치로 평가하는 경우

1) 법령에 다른 규정이 있는 경우

「토지보상법」에 의한 적정가격, 「부동산공시법」에 의한 적정가격, 재무보고 목적의 평가에서의 공정가치 등이다. 이러한 법정평가의 경우 「토지보상법」, 「부동산공시법」, 「국유재산법」, 「도정법」 등 관련법에 근거해서 평가해야 한다.

2) 감정평가의뢰인이 요청하는 경우

감정평가의 원칙은 현황평가라는 전제하에서 시장가치를 기준으로 평가하나 평가수요의 다양화로 조건부 감정평가의 필요성이 점차 커지면서 시장가치 이외의 가치로 평가하는 것을 요청받게 된다. 대표적으로 법원의 조건부감정평가에 의한 가치, 한정가격, 투자가치 등이다.

3) 평가목적이나 대상물건의 특성에 비추어 사회통념상 필요하다고 인정되는 경우

폐쇄시장에 해당하여 시장가치로 평가하는 것이 불합리하거나 불가능하게 되어 시장가치 이외의 가치로 평가하는 경우이다. 예를 들어 교회, 사찰, 학교 등 시장성 없는 재화에 대한 특수가격, 환경가치 등에 대한 평가이다.

> **Check Point!**
>
> ● 경응수 감정평가론의 시장가치 외의 가치
>
> 종전의 특정가격의 개념과 유사하다. "대상물건의 특성상 시장가치기준으로 결정하기 곤란한 경우"라 함은 사찰, 교회, 공공청사 용지 등과 같이 일반거래의 대상이 아닌 경우이다. 특수한 조건이 수반되는 경우라 함은 실현 가능하여야 하며 합법적이고 합리적이어야 한다.
>
> | 구분 | 시장가치 | 시장가치 외의 가치 |
> | --- | --- | --- |
> | 구비요건 | - | ① 법령
② 의뢰인이 요청
③ 목적이나 대상물건의 특성에 필요하다고 인정 |
> | 적용범위 | ① 매매
② 담보감정평가
③ 세금
④ 환지처분 | ① 재무보고 목적평가, 기업합병 시 평가, 기타 기업회계관련 감정평가
② 공공·공익에 제공된 물건의 감정평가
③ 공매·경매·청산 등의 감정평가
④ 손실보상에 관련된 감정평가
⑤ 기타 특수조건의 감정평가 |

5. 우리나라 「감정평가에 관한 규칙」상의 문제점

1) 구체성 결여

시장가치 외의 가치에 대한 명칭, 성격, 특징 등에 대한 구체성이 현행 「감정평가에 관한 규칙」에는 결여되어 있다. 즉, 「감정평가에 관한 규칙」에서는 시장가치의 예외로서 시장가치 외의 가치를 제한적으로 인정하고 있으나 가치의 다원론을 인정하는 이론적, 실무적 관점에서 볼 때 미국이나 일본과 같이 시장가치 외의 가치개념을 보다 세분화하여 상세하게 규정화할 필요가 있을 것이다.

2) 적용의 문제

(1) 감정평가실무의 형식적인 측면에서 기준가치란에 반드시 가치라는 용어만을 사용해야 하는지가 문제가 된다. 왜냐하면 「부동산공시법」 제1조 및 「토지보상법」 제70조 등에서 적정가격이라는 용어가 사용되고 있기 때문이다. 따라서 보상평가 시 기준가치는 시장가치인가? 아니면 적정가격인가? 또한 기준가치란에 적정가격을 기입하면 「감정평가에 관한 규칙」에 위반하는가? 라는 문제가 여전히 남아 있는 것이다.

(2) 감정평가실무의 실질적인 측면에서 감정평가행위 및 그 결과물의 기준이 되는 가치란 경제적 가치를 판정하는 과정에서 기준이 되는 것인지, 아니면 경제적 가치를 판정하여 그 결과를 나타내는 가액의 기준이 되는지가 분명하지 않다. 예를 들어 담보평가를 하는 경우 대상 물건의 경제적 가치는 시장 증거를 활용한 시장가치를 기준으로 결정하되, 평가목적이 담보인바 안정성과 환가성을 고려하여 가액을 결정하는 경우를 생각해보자. 이때, 감정평가사가 대상물건에 대한 시장 증거를 종합한 결과 경제적 가치를 1억원으로 판단하되, 안정성과 환가성을 고려하여 대상물건의 가액을 9천만원으로 결정한 경우, 기준가치란에는 시장가치로 표시해야 하는지 아니면 시장가치 외의 가치로 표시해야 하는지가 문제가 되는 것이다.

6. 시장가치 외의 가치로 감정평가하는 경우의 검토사항

시장가치 외의 가치를 가치기준으로 삼은 경우에는 가치의 성격과 특징을 검토해야 한다. 예를 들면 공정가치는 시장에서 시장성과 교환거래를 전제로 하나, 특수당사자 간의 한정된 시장에서 형성되는 가치라는 특징을 갖는다. 그리고 투자가치의 경우 시장성은 있으나 통상 교환거래를 전제하지 않는다는 특징이 있으며, 특수가치의 경우 통상 시장성이 없는 것으로 현재의 용도와 이용상태를 전제로 경제적 가치를 판단하는 특징이 있다. 이와 같이 시장가치 외의 가치를 기준으로 감정평가할 때에는 가치의 성격과 특징뿐만 아니라 사회적으로도 합리성이 충족되어야 하고, 아울러 감정평가관계법규에도 위배되지 않아야 한다.

7. 합리성 및 적법성이 결여된 경우의 감정평가 거부 또는 수임 철회

시장가치 외의 가치를 가치기준으로 채택한 경우, 각각의 가치에 대한 개념과 특성에 부합하되 기본 측정의 가정(상정조건)에 대한 언급이 필요하며, 감정평가법인등은 이러한 가정이 감정평가의 합리성 및 적법성에 위배되어 가치해석에 오해를 가져올 여지가 있다면 의뢰를 거부하거나 수임을 철회할 수 있다.

제6절 가치이론과 가치추계이론

> **Tip**
> 감정평가의 핵심적인 기능은 부동산가치를 평가하는 일이므로 가치추계이론은 경제학의 가치이론을 중심으로 발전해 왔다. 오늘날의 일반적인 평가방식인 원가방식, 비교방식, 수익방식은 경제학자들의 가치이론을 반영한 것이다. 즉, 가치이론은 가치추계이론의 발전에 큰 공헌을 하였다.

미리보기

1. 가치이론의 발달사
    1) 고전학파
        (1) 생산비가치설(아담 스미스)
        (2) 가격발생요인
        (3) 가정된 효용
        (4) 생산비와 시장가격과의 관계
    2) 한계효용학파
        (1) 한계효용가치설
        (2) 가격발생요인
        (3) 기여된 효용
        (4) 효용(가치), 시장가격과 생산비와의 관계
    3) 신고전학파
        (1) 마샬의 통합
        (2) 단기에서의 가치
        (3) 장기에서의 가치

2. 가치이론과 가치추계이론의 관계
    1) 개설
    2) 고전학파와 원가방식
    3) 한계효용학파와 수익방식
    4) 신고전학파와 비교방식
    5) 소결

1. 가치이론의 발달사

1) 고전학파

(1) 생산비가치설(아담 스미스)

아담 스미스(A. Smith)를 비롯한 대부분 고전학파 경제학자들은 재화의 가치는 재화의 생산에 투입된 생산요소의 대가로 보고, 가치는 생산비에 의해 결정된다고 보았다.

(2) 가격발생요인

재화가 가치를 가지기 위해서 희소성과 더불어 효용이 중요한 가격발생요인이라고 인식하였다. 즉, 효용이 곧 비용이라는 전제하에 생산비가치설을 주장하여 공급과 비용 측면을 강조하였다. 고전학파 경제학자들은 어떤 재화가 시장에서 존재한다는 사실 자체가 효용을 가지고 있다는 것을 의미하는 것이라고 생각하였다. 만약 어떤 재화가 효용이 없다면, 생산자는 그런 재화를 생산하지 않기 때문이라는 것이다.

(3) 가정된 효용

생산비가치설이 정당성을 가지기 위해서는 투입된 비용만큼 효용이 증가되어야 하는 가정이 충족되어야 한다. 고전학파 경제학자들은 어떤 재화가 시장에서 존재한다는 것 자체가 효용을 가지고 있다는 것을 의미하는 것이라고 생각했다. 따라서 고전학파 경제학자들은 재화의 효용과 생산비가 일대일로 대응되고 그만큼 가치를 지닌다고 가정한다.

(4) 생산비와 시장가격과의 관계

시장의 수요·공급에 의해 시장가격이 결정되는데 만약 시장가격이 재화의 생산비에 미치지 못하면 공급이 감소되고 시장가격이 상승한다. 또한 시장가격이 생산비를 초과하면 공급이 증가하고 시장가격은 하락한다. 결국 시장가격과 생산비가 일치하는 선에서 균형을 이루게 된다. 이는 시장가격이 생산비에 의해 결정된다는 것이다.

2) 한계효용학파

(1) 한계효용가치설

한번 사용된 비용은 영원히 사라진 것이라 하여 생산비가치설을 부정하고, 그 재화의 한계효용에 의해 재화의 가치가 결정된다는 한계효용가치설을 주장하였다. 재화의 가치란 그 재화가 창출하는 효용이 소비자 복리를 증진시키는 기여도에서 차지하는 중요성이라 하여 한계효용이 곧 재화의 가치라고 주장하였다.

(2) 가격발생요인

효용과 희소성에 유효수요를 추가하여 가격발생요인으로 보았다. 즉, 가치란 효용에 바탕을 둔 수요에 의해 좌우되고 수요는 가격에 의해 측정된다고 하여 수요와 가격 측면을 중시하였다.

(3) 기여된 효용

추가로 제공되는 한계효용이 대상부동산가치에 기여하는 정도에 따라 가치가 결정되며, 구체적인 크기는 수요에 의해 결정되며 이것이 가격으로 나타난다고 본다.

(4) 효용(가치), 시장가격과 생산비와의 관계

재화의 효용(가치)은 단기적으로 수요에 의해 결정된다. 장기적인 관점에서 볼 때 수요의 증가는 시장가격의 상승을 가져오고, 시장가격의 상승에 따라 시장가격과 생산비가 일치하는 수준까지 공급량이 늘어날 것이다. 또한 생산비와 가치 사이에는 상관관계는 있지만 생산비가 가치를 결정하는 인과관계는 아니라고 보았다. 즉, 수요와 공급의 변화에 따라 단지 생산비와 가치가 같아지는 경향이 있을 따름이라고 보았다.

3) 신고전학파* 기출 5회

고전학파는 공급과 비용 측면을 강조하는 반면, 한계효용학파는 수요와 가격 측면을 강조하였다. 신고전학파는 공급과 비용 측면의 고전학파이론과 수요와 가격 측면의 한계효용학파이론을 결합하였다.

(1) 마샬의 통합

마샬(A. Marshall)은 수요와 공급 둘 다 가치를 결정하는 데 중요하다고 주장하고, 단기와 장기라는 시간의 개념을 도입하여 두 학파의 견해를 통합하였다. 시간개념을 바탕으로 단기에서는 수요의 힘이 가치에 영향을 미치고, 장기에서는 공급의 힘(생산비)이 가치에 영향을 미친다고 주장하였다.

(2) 단기에서의 가치

공급이 증가되지 않는 단기에서 재화의 가치는 시장에서 사람들이 기꺼이 지불하려는 가격에 의해 결정된다. 즉, 그 재화에 대한 욕구, 효용에 기반을 둔 수요에 의해 영향을 받게 된다. 따라서 공급이 상대적으로 고정되어 있는 단기에는 수요가 가치를 결정하는 주요 요인으로 작용하게 된다.

(3) 장기에서의 가치

공급이 늘어나게 되는 장기에는 생산비가 가치에 미치는 영향이 커진다. 즉, 재화의 가치는 단기적으로 수요의 함수이지만 장기적으로는 공급의 함수가 된다. 부동산의 시장가격이 생산비에도 미치지 못한다면 장기적으로 공급이 감소하게 된다. 공급의 감소는 시장가격을 상승시키고 시장가격이 상승하면 다시 공급이 증가하는 현상이 발생하게 된다. 이러한 과정을 거쳐서 결국 시장가격과 생산비가 일치하는 선에서 균형을 이루게 된다.

2. 가치이론과 가치추계이론의 관계

1) 개설

가치이론과 가치추계이론은 매우 밀접한 관련을 갖고 있다. 가치의 본질이 무엇인지, 재화가 가치를 가지는 이유는 무엇인지에 관한 이론인 가치이론은 가치를 평가하는 원리와 방법에 관한 가치추계이론의 이론적 기초가 된다. 즉, 가치추계이론은 가치이론을 기반으로 전개된다. 가치가 무엇에 의해 결정되는지에 대한 이론적 근거가 달라지게 되면 가치를 평가하는 원리나 방법도 달라질 수밖에 없는 것이다.

가치추계이론은 전통적으로 비교방식, 원가방식, 수익방식의 3방식이 사용되고 있다. 이러한 3방식은 고전학파, 한계효용학파, 신고전학파의 가치이론에 근거하고 있다.

2) 고전학파와 원가방식

고전학파 경제학자들은 재화의 가치는 생산비에 의하여 결정된다고 주장했는데, 이러한 고전학파의 가치이론을 따르게 되면 재화의 가치는 원가방식을 적용하여 평가해야 한다.

3) 한계효용학파와 수익방식

재화의 가치는 투입된 생산비가 아니라 추가로 제공되는 한계효용에 의해 결정된다는 한계효용학파의 가치이론을 따를 경우에는 수익방식으로 가치를 평가해야 한다. 한편 한계효용학파는 한계효용의 구체적인 크기는 수요에 의해 결정되며 그것은 가격에 의하여 측정된다고 주장함으로써 비교방식의 이론적 근거도 제공하였다.

4) 신고전학파와 비교방식

신고전학파는 고전학파와 한계효용학파의 이론을 수요와 공급의 균형이론으로 결합하여 비교방식에 대한 보다 확고한 이론적 근거를 제공했다. 또한 신고전학파의 대표적인 학자인 피셔는 가치는 장래 기대되는 편익을 현재가치로 환원한 값이라고 주장하여 수익방식의 토대를 마련하였다.

5) 소결

한계효용학파와 신고전학파의 경우 비교방식과 수익방식 모두의 이론적 기초를 제공한 것으로도 볼 수 있다. 그러나 본질적인 측면에 착안할 때 한계효용학파는 수익방식, 신고전학파는 비교방식의 이론적 기초를 제공한 것으로 보는 것이 일반적인 시각이다.

학파	가치이론	가치추계이론
고전학파	생산비가 가치를 결정	원가방식
한계효용학파	한계효용이 가치를 결정	수익방식
신고전학파	수요와 공급의 상호작용에 따라 가치가 결정	비교방식

> **◎ 안정근 부동산평가이론**
>
> **가치이론과 가치추계이론과의 관계**
>
> 가치이론은 가치추계이론과 밀접한 관계를 가지고 있다. 경제학자들은 재화가 가치를 가지는 이유는 무엇이며, 가치의 본질을 구성하고 있는 것은 무엇이냐에 많은 관심을 가져 왔다. 이런 것을 통틀어 가치이론이라고 한다. 경제학자들의 전통적인 관심은 가치이론에 있었지, 가치추계이론에 있었던 것은 아니었다. 그러나 초기의 가치추계이론의 발달과정에 경제학자들의 기여가 컸다는 사실은 부인할 수 없다.
>
> 가치추계이론이란 문자 그대로 대상부동산의 가치를 추계하는 원리나 방법을 의미한다. 부동산학의 주된 관심은 가치추계이론에 있다. 미국의 경우 대공황기를 기점으로 부동산평가가 하나의 독립된 학문분야로 정립되는 과정에서 학자들은 가치이론으로부터 가치추계이론의 체계를 세우는 일에 많은 관심을 기울였다. 가치추계이론은 가치이론을 바탕으로 하고 있다. 가치가 무엇에 의해 결정되느냐 하는 이론적 근거가 달라짐에 따라 그것을 실제적으로 추계하는 가치추계이론의 본질이 달라진다.
>
> | 학파 | 가치이론 | 가치추계이론 |
> |---|---|---|
> | 고전학파 | 생산비가 가치 결정 | • 건물비용, 감가상각, 토지가치 추계
• 비용접근법 |
> | 한계효용학파 | 한계효용이 가치 결정 | • 시장가격을 비교·수정
• 시장접근법 |
> | 신고전학파 | 장래 기대되는 편익이 가치 결정 | • 미래소득과 자본환원율 추계
• 소득접근법 |

제7절 가격발생요인 기출 6회·8회·29회

> **Tip**
> 가치의 결정에 대해 재화 자체의 내재적인 것이 아니라 시장참가자들이 재화에 가치를 부여했기에 재화 고유의 가치가 결정된다는 것이라고 고전학파, 한계효용학파, 신고전학파의 논쟁을 통해 알 수 있다. 그렇다면 시장참가자들이 어떤 물건에 대하여 기꺼이 대가를 지불하고 거기에 합당하는 가치가 생기기 위해 어떤 요소가 필요한 것인가에 대한 의문이 생길 수 있다. 이는 곧 가격발생요인이 무엇인가에 관한 물음으로 현재 일반적으로 인정되고 있는 가격발생요인으로는 효용, 상대적 희소성, 유효수요가 있는데 이를 부동산가격발생 3요인이라고 한다. 여기에 법률적인 측면에서 이전성을 추가하여 설명하기로 한다.

미리보기

1. 효용(유용성, utility)
   1) 의의
   2) 효용의 형태
      (1) 쾌적성
      (2) 수익성
      (3) 생산성
   3) 일반재화와의 비교
2. 상대적 희소성(scarcity)
   1) 의의
   2) 상대적 희소성의 원인
   3) 상대적 희소성 해소방안
   4) 일반재화와의 비교
3. 유효수요(effective purchasing power)
   1) 의의
   2) 일반재화와의 비교
4. 이전성(transferability)
   1) 의의
   2) 이전성에 대한 비판
5. 가격발생요인 간의 상호관련성

1. 효용(유용성, utility)

1) 의의

인간의 욕구나 필요를 만족시킬 수 있는 재화의 능력으로 수요 측면에 영향을 미치는 가격발생요인이다. 부동산의 효용은 용도의 차이에 따라 주거지는 쾌적성, 편리성, 즉 도심으로의 통근가능성 등으로, 공업지는 비용절감과 입지선정에서 오는 생산성으로, 상업지와 농업지는 수익성 등으로 표현된다.

2) 효용의 형태

(1) 쾌적성

주로 주거용 부동산에 해당되는 것으로 주택을 소유하고 생활함으로써 느끼는 정신적인 만족도를 의미한다. 이러한 쾌적성은 양호한 환경, 경관, 편의시설의 접근성 등에 따른 외적 쾌적성과 시공의 우수성, 내부시설 및 장식의 적합성 등이라는 내적 쾌적성으로 구분할 수 있다.

Chapter 02 가치 및 가격에 대한 이해 79

(2) 수익성

주로 상업용 부동산에 해당되는 것으로 수익을 창출하는 능력을 말하며, 최유효이용 여부를 판정하는 가장 핵심적인 요소가 된다. 따라서 이러한 수익성은 상업용 부동산의 경우에는 주로 매상고에 따라 측정할 수 있다.

(3) 생산성

주로 공업용 부동산에 해당되는 것으로 생산을 위해 투입된 생산요소와 생산된 생산량의 비율을 말한다. 공장의 경우 공장에서 생산되는 생산물의 양과 생산비의 절감 등으로 나타난다.

3) 일반재화와의 비교

일반재화는 비내구재로서 하나의 용도로만 제작되기에 소멸적, 단일적 효용을 가지지만, 부동산은 영속성과 용도의 다양성으로 인해 영속적, 다용도적 효용을 가진다. 그리고 일반재화는 향유적 효용(취득해서 소비함)을 가지지만 부동산을 투자자산으로 인식할 경우 보유적 효용(취득해서 보유함)을 가진다.

2. 상대적 희소성(scarcity) ★기출 8회

1) 의의

희소성이란 인간의 욕구에 비해 그 수나 양이 부족한 상태를 말하는 것으로 '상대적'이라는 의미는 부동산의 물리적 측면이 아닌 상대적 측면(지역적, 용도적 측면 등)에서 부족하다는 의미와 수요에 비하여 공급이 상대적으로 부족하다는 의미로 해석할 수 있다.

2) 상대적 희소성의 원인

토지의 경우 자연적 특성인 부증성으로 인해 물리적으로 절대총량은 한정되어 있고, 고정성 및 개별성 등으로 인하여 토지공급은 비탄력적이다. 이에 반해 산업화, 도시화, 핵가족화, 인구증가, 소득수준 향상(사회적 요인) 등으로 수요는 일반적으로 증가하는 경향이 있기에 희소성이 발생하고 심화된다. 또한 용도지역, 용적률 규제와 같은 행정적 요인 등으로 공급이 줄어드는 효과가 발생함으로 희소성이 높아진다.

3) 상대적 희소성 해소방안

공급 측면에서는 가용토지의 신규개발(예 새만금)이나 기존토지의 집약적, 입체적 이용 등을 통한 효율성 제고와 용도지역 및 용적률과 같은 규제의 완화와 같이 행정적 측면의 조정을 통해서 개선할 수 있으며, 수요 측면에서는 유효수요의 조정, 인구 억제 및 분산시책 등을 통해 해결할 수 있다.

4) 일반재화와의 비교

일반재화는 이동이 가능하고 물리적 생산이 가능하므로 절대적인 양의 측면에서 절대적 희소성이 문제되지만, 부동산은 공급 측면에서 볼 때 지역적, 용도적 측면에서 희소성 문제가 발생하는 상대적 희소성이 문제가 된다.

3. 유효수요(effective purchasing power)

1) 의의

유효수요는 실질적인 구매능력을 의미하는 것으로 구매 의사(willing to buy)와 지불능력(ability to pay)을 갖춘 수요를 말한다. 유효수요는 부동산가치에 큰 영향을 미치고 영향의 정도는 시기와 지역, 부동산가격의 절대적인 수준 등에 따라 변화한다. 2008년 서브프라임사태 이후 미국의 주택가격 폭락은 효용, 희소성이 떨어져서라기보다는 유효수요가 크게 줄었기 때문이다. 그러나 세계적으로 경기가 안 좋아도 지역적으로는 상승하기도 하는데, 우리나라의 경우 2011년 5월 기준으로 부산 등의 일부지역은 지역경제 활성화로 인한 유효수요의 증대로 오히려 부동산가격이 상승했다. 그리고 저가의 부동산은 상대적으로 유효수요가 가치에 미치는 영향이 적지만 고가의 부동산은 수요층이 적기에 가치에 영향을 미치는 정도가 훨씬 크다.

2) 일반재화와의 비교

일반재화의 경우 금액의 규모가 상대적으로 적기에 살 의사만 있으면 언제든지 구매할 수 있다. 그러나 부동산은 고가성으로 인해 충분한 지불능력이 없으면 시장에서 수요가 이루어지지 않는다. 따라서 시장참여자의 수가 제한되고 부동산금융의 역할이 중요시된다.

4. 이전성(transferability)

1) 의의

부동산이 가치를 가지기 위해서는 부동산의 소유권을 비롯한 제반 권리가 수요자에게 자유롭게 이전될 수 있어야 한다는 것을 말한다. 효용, 상대적 희소성, 유효수요를 경제적 측면의 가격발생요인이라고 한다면, 이전성은 법률적 측면의 가격발생요인이다.

2) 이전성에 대한 비판

무주부동산이나 공공용 부동산의 경우에는 소유권을 이전할 수 없음에도 불구하고 일정한 가치를 지니고 있다고 하면서 이전성은 단지 효용의 사적, 공적 제한의 한 형태에 불과한 것이라고 본다.

5. 가격발생요인 간의 상호관련성

시장의 수요와 공급이 상호 영향을 주듯이 이 세 가지 요인들도 주어진 상황에서 상호 영향을 미치고 있다. 예를 들어 희소성이라는 가격발생요인은 재화의 수요와 공급 둘 다에 영향을 미치고 있다. 재화가 희소하기 때문에 무한정으로 공급될 수 없으며, 또한 희소하기 때문에 기꺼이 대가를 지불하려는 수요가 생기는 것이다. 무제한으로 공급되는 재화에 대해서는 아무도 기꺼이 대가를 지불하려 하지 않는다.

세 가지 요인 중 어느 한 요인의 변동은 필연적으로 가격에 반영된다. 예를 들어, 다른 요인들이 일정할 경우 토양이 비옥해져서 농지의 효용이 늘어났다거나, 인구가 증가하여 토지의 희소성이 상대적으로 커졌다면, 토지의 가치는 그만큼 증대될 것이다.

한편 평가사는 대상부동산의 시장가치를 추계하는 데 있어서, 법적·경제적·사회적·환경적 요인들이 이 같은 가격발생요인에 대해 어떠한 영향을 미칠 것인지를 정확하게 판단해야 한다.

제8절 가치형성요인

> **Tip**
> 부동산의 가치형성요인은 굉장히 다양하고 지속적으로 변화하기 때문에 과거에 작용하였던 가치형성요인뿐만 아니라 최근 들어 새롭게 부각된 가치형성요인들까지 생각해보아야 한다. 즉, 과거의 요인들을 바탕으로 현재 부동산시장에 영향을 주고 있는 요인들과 앞으로 영향을 줄 수 있는 가치형성요인들을 평소에 정리해두는 것이 핵심이다.

미리보기

1. 의의
2. 특징
   1) 상호관련성
   2) 유동성
3. 일반적 요인
   1) 의의
   2) 일반적 요인의 중요성
   3) 일반적 요인의 지역지향성
   4) 내용적 분류
      (1) 자연적 요인
      (2) 사회적 요인
      (3) 경제적 요인
      (4) 행정적 요인
4. 지역적 요인
   1) 의의
   2) 지역적 요인의 중요성
   3) 내용적 분류
5. 개별적 요인
   1) 의의
   2) 내용적 분류
      (1) 토지의 개별적 요인
      (2) 건물의 개별적 요인
      (3) 토지와 건물의 복합적 측면에서 개별적 요인
6. 가격발생요인과 가치형성요인 간의 관계

1. 의의

대상물건의 경제적 가치에 영향을 미치는 일반요인, 지역요인, 개별요인 등을 말한다(「감정평가에 관한 규칙」 제2조 제4호). 부동산의 가격발생요인은 자연적, 사회적, 경제적, 행정적인 제 요인에 의해 영향을 받아 끊임없이 변화하게 되는데 이처럼 가격발생요인에 영향을 미쳐서 부동산의 가치를 변화시키는 요인을 가치형성요인이라고 한다. 지리적 범위에 따라 일반적 요인, 지역적 요인, 개별적 요인으로 구분할 수 있고, 내용적 측면에 따라 자연적, 사회적, 경제적, 행정적 요인으로 구분이 가능하다.

2. 특징

1) 상호관련성

가치형성요인은 독립하여 개별적으로 작용하는 것이 아니라 각 요인들 간의 유기적인 관련성 하에서 부동산의 가치에 영향을 미치게 된다.

2) 유동성

가치형성요인은 고정적인 것이 아니라 사회변화, 경기상태의 변화 등에 의해 항상 변동하는 특징을 가지고 있다. 따라서 시계열적인 측면에서 동태적으로 파악하고 분석할 필요가 있다.

3. 일반적 요인

1) 의의

대상물건이 속한 전체 사회에서 대상물건의 이용과 가격수준 형성에 전반적으로 영향을 미치는 일반적 요인이다(「감정평가 실무기준」). 이는 부동산이 입지하고 있는 한 나라 전체에 걸쳐 작용하는 요인으로 크게 자연적 요인, 사회적 요인, 경제적 요인, 행정적 요인으로 구분할 수 있다.

2) 일반적 요인의 중요성

감정평가에서 일반적 요인은 추상적이고 형식적으로 취급되는 경향이 있었으나 세계는 점차 하나로 통합되어 가고 있기 때문에 세계 속에서 한국의 가치형성요인은 어떠한 것이 있으며, 다른 나라와의 관계에서 어떤 위치에 있는지를 파악하는 것은 매우 중요하다. 특히, 소규모 개방경제라는 구조 속에서 국가 간의 인적, 물적 교류와 자금이동이 활발한 현실을 생각하면 중요성이 더욱 강조된다.

그리고 일반적 요인은 가치형성요인을 분석할 때 최우선적으로 고려되어야 하며, 동시에 일반적 요인의 지역지향성에 기초하여 일반적 요인이 지역마다 다르게 작용하기 때문에 지역분석에서도 중요하게 고려되어야 한다. 또한 감정평가기법을 이용할 때에도 사례수집 및 선택, 시산가액의 조정 시에 그 배경이 되는 일반적 요인과의 관련성을 충분히 파악하고 분석하여 시산가액 조정의 타당성을 검토하는 데 유용하게 활용해야 한다.

3) 일반적 요인의 지역지향성

일반적 요인은 전국적으로 동일한 영향을 미치는 것이 아니라 용도적 지역에 따른 지역의 구분에 따라 동일지역에는 동질적인 영향을 주고, 다른 지역에는 다른 영향을 미치는데, 이처럼 구분된 지역에 따라 지역마다 각각의 영향력의 정도가 상이하게 나타나는 것을 지역지향성이라고 한다. 일반적 요인이 지역지향성을 갖게 되는 이유는 부동산의 지역성이라는 특성하에 지역마다 차별화된 지역특성을 나타내기 때문이다.

> ● 일본의 「부동산감정평가기준」
> **일반요인**
> 우리의 생활과 활동에 도움을 받기 위해 부동산을 어떻게 구성하고, 어떻게 이용하고 있는가 하는 점, 즉 부동산의 상태가 그 경제적 가치를 발현하기 때문에 부동산의 가격형성요인을 고려하는 경우, 일반경제사회의 부동산상태와 부동산가격의 일반적인 수준에 영향을 주는 요인을 다루어야 한다.
> 일반요인은 부동산의 상태 및 부동산가격수준에 영향을 주는 자연, 사회, 경제 및 행정요인으로 대별되나, 이러한 요인의 작용은 반드시 전국 일률적이 아니고 또 모든 종류의 부동산에 동질·균등하게 작용하는 것도 아니다. 부동산은 각종 지역을 구성하고, 이에 속하는 것이 보통이나, 일반요인은 이 같은 부동산이 구성하는 지역(도시와 농촌이라는 단위이기도 하고, 주택지역과 상업지역과 같은 각종 관점에서 분별되는 지역)별로 각기 다른 영향을 주고 또 동종의 지역에는 동질적인 영향을 주는 지역적 지향성 또는 편향성을 띠고 있다.
> 일반요인의 취급은 아무래도 추상적·형식적이고, 경시되는 경향이 강하나 지역분석에서 지역에 속하는 부동산의 표준적 이용현상과 그 장래의 동향분석, 판정 혹은 개별분석에서 대상부동산의 최유효이용의 판정 시 그 기초로서 일반요인의 파악 및 분석 없이는 적정한 판단을 기대할 수 없다. 또 감정평가수법의 적용에서도 예로, 거래사례비교법의 시점수정률의 결정, 수익환원법의 환원율과 할인율의 결정 시, 일반요인의 고찰이 필요하다. 더욱이, 최종적으로 감정평가액을 결정하기 위한 작업인 시산가격 또는 시산임대료의 조정 시, 이제까지 한 작업의 각 단계에 따라 적절하게 분석되었는지 여부, 그 분석내용의 적부가 타당하게 판단되었는지 여부 등 이러한 경우에도 일반요인을 분석해야 한다. 이같이 일반요인의 분석은 감정평가에서 중요한 의의를 갖고 있는 점을 이해해야 한다.

4) 내용적 분류

(1) 자연적 요인* 기출 21회

부동산의 상태 및 가격수준 형성에 영향을 미치는 제반 자연적 특성과 환경이다. 자연적 특성은 자연적 자질과 자연자원으로 구분할 수 있는데, 자연적 자질은 물리적 지표 및 형태, 지세, 지질, 일조, 강수, 바람, 기후 등이고 자연자원은 광물자원, 에너지자원 등이다. 한편 자연환경적 요인은 자연환경은 물론 인공환경까지 포함하여 교통체계, 철도, 공항, 가용수로 등을 의미한다.

(2) 사회적 요인* 기출 21회

부동산의 상태 및 가격수준 형성에 영향을 미치는 일련의 사회적 환경 및 현상이다. 인구상태, 가족의 구성, 가구분리의 상태, 교육수준, 사회보장수준, 정보화수준, 건축양식, 생활양식 등이 있다. 이러한 사회적 요인 중 가장 중요한 요인은 해당 지역의 인구적 특성이다. 구체적으로 살펴보면 전체 인구규모, 인구성장, 연령별·성별·직업별·소득별 인구의 구조적 특성, 가구수, 가구당 인구수, 가구형성률, 가구해체율 등이 있다.

평가사는 이러한 인구 변화 추세 등을 분석하고 해석함으로써 시장에서 요구하는 현재와 미래의 수요를 파악할 수 있어야 한다. 최근 1, 2인 가구 증가에 따른 소형주택의 수요증가에 따라 도시형 생활주택 등이 각광받고 있다.

(3) 경제적 요인★ 기출 27회

부동산의 상태 및 가격수준에 영향을 미치는 일련의 경제적 상황이다. 저축, 투자, 소비수준, 고용상태, 물가와 임대료, 기술수준 및 산업구조, 세부담 정도, 재정 및 금융상태, 국제화 정도, 국제수지 등의 상태가 있다.

(4) 행정적 요인★ 기출 17회·26회

부동산의 상태 및 가격수준 형성에 영향을 미치는 공법적 규제 및 기타의 행정적 조치이다. 토지제도, 토지이용계획 및 규제, 건축물에 대한 규제, 토지정책, 부동산세제 등이 있다. 정부정책, 법적 규제는 다른 어떤 요인보다도 부동산의 가치에 큰 영향을 미치고 있다. 특히 우리나라의 경우 국민경제에서 부동산이 차지하는 비중이 크기 때문에 역대 정부들은 부동산가격 상승에 대응하기 위한 규제강화와 경기활성을 위한 규제완화정책을 반복적으로 시행해 오고 있다.

> **Check Point!**
>
> ### ● 안정근 부동산평가이론
> **가치형성요인**
>
> 부동산의 가치에 영향을 주는 힘을 가치영향요인 또는 가치형성요인이라고도 한다. 가치형성요인과 가치발생요인을 혼동해서는 안 된다. 가치발생요인이란 부동산이 하나의 재화로서 가치를 지니기 위해서 필수적으로 지녀야 할 요소로서 효용, 희소성, 유효수요를 말한다. 따라서 가치를 지니고 있는 부동산은 모두 이 4가지 요인을 공통적으로 가지고 있다. 한편 가치형성요인이란 평가대상이 되는 개별부동산의 가치를 추계하는 데에 고려해야 될 사회적, 경제적, 행정적, 환경적 요인을 말한다.
>
> 1. **사회적 요인**
>
>   부동산의 가치에 영향을 미치는 가장 중요한 사회적 요인은 지역이나 지역사회 주민들의 인구적 특성이다. 평가사는 주민들의 연령별·성별·소득별·직업별 인구의 구조적 특성을 분석함으로써, 주민들이 요구하는 부동산 서비스에 대한 현재와 미래의 수요를 파악할 수 있다. 따라서 평가사는 인구 추세를 분석하고 해석할 수 있는 기법과 지식을 필수적으로 갖추고 있어야 한다. 전체 인구 규모, 특성별 인구, 인구 성장, 가구수, 가구당 인구수, 가구형성률, 가구해체율 등은 부동산의 가치에 영향을 미치는 중요한 요인들이다.
>
> 2. **경제적 요인**
>
>   경제적 요인 또한 부동산의 가치에 크게 영향을 미치고 있다. 평가사는 부동산의 현재와 미래의 시장 수요와 공급상황을 파악하고 있어야 한다. 평가사는 먼저 현재의 수요와 공급상황을 파악하고, 이것이 예견되는 미래의 수요와 공급을 충족할 수 있는지를 분석한다.

수요 측면에서는 지역사회의 경제기반, 고용과 임금수준, 산업의 성장속도, 물가수준, 금융비용, 금융의 유용성 등을 고찰한다. 한편 공급 측면에서는 가용부동산의 재고량, 건축 중인 부동산, 계획 중인 개발사업, 공실률과 점유율, 기존 부동산의 가격과 임대료수준, 건축비용 등을 분석한다.

시장지역의 이 같은 경제적 특성은 대상부동산을 평가하는 데 고려되어야 할 중요한 요소들이다. 그러나 이 같은 경제적 힘이 시장지역의 모든 부동산에 같은 정도로 영향을 미치는 것은 아니다. 따라서 평가사는 거시적 측면에서 미시적 측면으로 관점을 옮겨가면서 지역, 지역사회, 근린의 경제적 특성들을 분석한다. 이렇게 분석의 초점을 점점 작은 공간단위로 옮겨가는 것은 경제적 요인을 분석할 때뿐만 아니라 나머지 다른 요인들을 분석할 때에도 마찬가지이다.

3. 행정적 요인

정부의 각종 활동은 부동산의 가치에 많은 영향을 주고 있다. 정부의 정책이나 법적 규제 등은 다른 어떠한 요인보다도 부동산의 가치에 중요한 영향을 끼친다. 실제로 행정적 요인은 특정 시간대와 특정 지역의 부동산에 대해서는, 시장의 수요와 공급의 힘을 무색하게 할 정도로 강력한 영향력을 미치고 있다. 정부가 제공하는 편익시설과 서비스는 지역의 토지이용형태나 부동산가치를 결정하는 중요한 요인이 된다.

다음에 제시하는 몇 가지 행정적 요인은 대상부동산의 가치를 추계하는 데 있어 평가사가 고려해야 할 중요한 사항들이다. 평가사는 이 같은 요인들이 대상부동산의 가치에 어떠한 영향을 미치는지를 파악하고 있어야 한다.

- 중앙정부나 지방정부의 재정정책
- 공공서비스의 질 : 각종 편익시설, 교통망, 소방, 경찰, 쓰레기수거 등
- 토지이용을 장려하거나 규제하는 각종 법규 : 지역지구제, 토지이용규제, 건축법규, 환경규제, 위생법규 등
- 부동산의 가치에 영향을 주는 기타 법규 : 임대료규제법, 소유권이전의 제한, 재산세법, 부동산금융에 관한 법, 부동산투기억제법 등

4. 자연적 요인

환경은 자연환경과 인공환경으로 나눌 수 있다. 자연환경과 인공환경은 모두 부동산의 가치에 영향을 미친다. 평가사는 자연환경과 인공환경의 힘이 대상부동산의 가치에 어떠한 영향을 미치는가를 분석한다. 분석대상이 되는 자연환경으로는 강설·강우·기온·습도·지형·토양·하천·호수·해양 등이 있으며, 인공환경으로는 교통체계·철도·공항·가용수로·대상부동산 주변의 토지상황 등이 있다.

부동산의 위치는 환경적 요인이 가치에 미치는 영향력을 분석하는 데 있어 가장 중요한 요소로 인식되고 있다. 위치와 환경과의 관계는 시간과 거리로 측정된다. 특히 도시지역에서는 특정한 장소나 시설과의 상대적 접근성은 대상부동산의 가치를 결정짓는 중요한 요인이 된다. 대중교통수단·학교·상점·공공서비스·공원·위락시설·문화시설·의료시설 등과의 상대적 접근성은 주거용 부동산의 가치에, 노동력 공급원·제품시장·원료공급처 및 원료산지 등과의 상대적 접근성은 공업용 부동산의 가치에 많은 영향을 미치고 있다.

4. 지역적 요인

1) 의의

대상물건이 속한 지역의 가격수준 형성에 영향을 미치는 자연적, 사회적, 경제적, 행정적 요인이다(「감정평가 실무기준」). 이는 일반적 요인의 상호 결합에 의해 가치형성요인이 지역적 차원으로 축소된 상태를 말한다. 따라서 일반적 요인은 전국에 공통적으로 영향을 미치지만 지역적 요인은 각 지역마다 다른 영향을 미친다.

2) 지역적 요인의 중요성

일반적 요인의 지역지향성으로 인해 지역마다 미치는 요인 정도가 상이하다. 즉, 일반적 요인과 같은 광역적 개념보다 대상부동산이 속해 있는 지역의 가치형성요인이 대상부동산의 가치에 보다 직접적인 영향을 미친다.

3) 내용적 분류

지역적 요인 또한 일반적 요인과 똑같이 가치형성요인의 공간적 범위가 지역단위로 축소된 자연적 요인, 사회적 요인, 경제적 요인, 행정적 요인이 있다.

5. 개별적 요인

1) 의의

대상물건의 구체적 가격에 영향을 미치는 대상물건의 고유한 개별적 요인이다(「감정평가 실무기준」). 이는 개별성으로 인해 개별부동산 차원의 최유효이용과 구체적 가격이 형성되게 하는 요인이다.

2) 내용적 분류

개별적 요인 역시 자연적 요인, 사회적 요인, 경제적 요인, 행정적 요인으로 구분할 수 있다. 그런데 일반적으로 지역적 차원에서는 사회적, 경제적, 행정적 요인이 대체로 비슷하다. 반면, 자연적 요인은 지세, 지형, 면적, 형상, 접근성 등 부동산의 개별성에 따라 차별화되는 부분이 많다. 따라서 개별적 요인은 일반적으로 자연적 요인 중심으로 파악한다. 이하는 부동산의 구성부분에 따른 개별적 요인 분류이다.

(1) 토지의 개별적 요인

위치, 면적, 지세, 지반, 너비, 깊이, 일조, 통풍, 건습, 고저, 각지, 접면가로와의 관계, 접면가로의 구조, 계통, 공공시설과의 접근성, 상업시설과의 접근성, 변전소 등 위험시설 등이 있다.

(2) **건물의 개별적 요인**

설계, 설비의 양부, 시공의 질과 양, 구조, 면적, 높이, 환경과의 적합성, 공·사법상 규제 등이 있다.

(3) **토지와 건물의 복합적 측면에서 개별적 요인**

건물의 배치상태, 건물과 부지의 균형의 정도, 건물의 용도와 부지의 용도와 적합성 여부 등이 있다.

6. 가격발생요인과 가치형성요인 간의 관계

부동산의 가치형성요인은 가격발생요인인 효용, 상대적 희소성, 유효수요에 영향을 미쳐 수요와 공급에 작용하며, 가치형성요인과 가격발생요인의 상호작용 속에서 부동산가격은 창조, 유지, 수정, 파괴되고 이 과정에서 가격제원칙이 작용한다.

제9절 가격형성과정 기출 2회·22회

> **Tip**
> 부동산가격의 형성과정은 전통적인 물음으로서 일반적 형성과정에 대한 설명도 중요하지만 용도별 부동산의 가격형성과정 등 향후에는 보다 구체적인 부동산을 주고 그 상황에 맞게 이론적 내용을 설명할 수 있도록 물을 것이다.

미리보기

1. 의의
2. 가격수준의 형성
   1) 지역성
   2) 지역적 요인
   3) 가격수준의 형성
3. 개별적, 구체적 가격의 형성
   1) 개별성
   2) 개별적 요인
   3) 개별적, 구체적 가격의 형성

1. 의의

부동산의 가격은 효용, 상대적 희소성, 유효수요라는 가격발생요인에 의해 발생되고, 자연적 요인, 사회적 요인, 경제적 요인, 행정적 요인의 영향을 받아 형성된다. 그리고 그 과정 속에서 부동산의 지역성에 따라 지역적 요인의 영향을 받아 그 지역의 가격수준이 형성되고, 개별성에 따라 개별적 요인의 영향을 받아 구체적인 가격으로 개별화, 구체화되는 것을 가격형성과정이라 한다.

2. 가격수준의 형성

1) 지역성

부동산은 지역성으로 인해 지역특성을 갖게 되고 이로 인해 지역마다 일정한 가격수준을 갖게 된다. 여기서 지역성이란 부동산은 자연적, 인문적 특성을 공유하는 다른 부동산과 함께 하나의 지역을 구성하고 그 지역 및 지역 내 타부동산과 의존, 보완, 협동, 대체, 경쟁의 관계를 통하여 사회적, 경제적, 행정적 위치가 결정된다는 특성을 말한다.

2) 지역적 요인

가치형성요인은 지역성이라는 기반 위에 지역적 차원에서 파악되어야 한다. 즉, 지역적 요인이란 광역적인 일반적 요인이 지역차원으로 축소되어 파악되는 가치형성요인으로, 해당 지역 내 부동산의 (이용)상태 및 가격수준에 직접적인 영향을 주게 된다.

3) 가격수준의 형성

부동산의 지역성에 의한 일반적 요인의 지역지향성으로 인하여 일반적 요인이 지역적 차원으로 축소되어 파악하게 되는 지역적 요인의 영향을 받아 해당 지역은 그 지역의 특성을 지니게 되고 그 결과 해당 지역의 가격수준과 표준적 이용이 형성된다.

3. 개별적, 구체적 가격의 형성

1) 개별성

부동산의 개별성이란 이 세상에 동일한 특성을 가진 복수의 부동산은 없다는 특성으로 이러한 개별성은 부동산의 가치형성요인을 개별화시키고 부동산의 수익과 가치 또한 개별화시킨다.

2) 개별적 요인

부동산은 개별성을 지니고 있기 때문에 가치형성요인은 개별부동산 차원에서 파악되어야 한다. 즉, 개별적 요인이란 해당 부동산 차원에서 파악되는 가치형성요인으로서 부동산의 개별적 특성을 반영하여 가격을 개별화, 구체화시키는 요인을 말한다.

3) 개별적, 구체적 가격의 형성

부동산은 해당 부동산이 속해 있는 지역의 표준적 이용과 가격수준의 영향 아래 개개 부동산의 개별적 요인에 따라 구체적인 이용상태가 형성되고 개별적, 구체적 가격이 형성된다.

제10절 가격형성과정에서의 법칙성

> **미리보기**
>
> 1. 의의
> 2. 부동산가격의 특별현상
>   1) 부동산가격의 불연속성과 지가단계설
>   (1) 연속성과 불연속성
>   (2) 지가단계설
>   ① 시간적 차원
>   ② 공간적 차원
>   ③ 가공적(내용적) 차원
>   2) 가격 상한선의 법칙
>   (1) 의의
>   (2) 경기와의 관계 및 평가 시 활용
>   3) 부동산가격의 하방경직성
>   4) 지가의 파급효과와 역급현상
>   (1) 지가의 파급효과
>   ① 의의
>   ② 파급의 형태 및 정도
>   (2) 지가의 역급효과
>   ① 의의
>   ② 내용
>   5) 입지잉여와 피드백원리
>   (1) 입지잉여
>   (2) 피드백원리
>   (3) 입지잉여와 피드백원리의 관계

1. 의의

부동산가격이 형성되는 과정을 살펴볼 때 나타나는 기본적이고 일반적으로 나타나는 법칙성을 부동산 가격제원칙이라고 한다. 또한 가격형성과정에서 나타나는 예외적이고 특별한 현상을 부동산가격의 특별현상이라고 부르는데, 이들은 일련의 규칙을 갖고 있기에 가격형성과정의 법칙성이라고 한다. 이하에서는 부동산가격의 특별현상에 대하여 설명하고자 한다.

2. 부동산가격의 특별현상

1) 부동산가격의 불연속성과 지가단계설

(1) 연속성과 불연속성

일반적으로 부동산가격은 시간흐름 속에서 완만하게 변화되지만(부동산가격의 연속성), 신도시개발, 보금자리주택개발사업과 같은 개발계획으로 인해 부동산가격이 상승하는 경우에는 가격수준이 단절되는 현상을 보인다(부동산가격의 불연속성).

(2) 지가단계설

부동산을 시간, 공간, 가공적 차원에서 고찰하여 부동산의 연속성과 불연속성의 현상을 체계적으로 정리한 것이다.

① 시간적 차원

일반적으로 지가가 시간의 흐름에 따라 일정하게 변화하다가 특정한 시기에 특별한 동기에 따라 급격하게 상승하거나 급격하게 하락하는 것을 말한다.

② 공간적 차원

부동산가격은 위치가격으로 도심에서 멀어질수록 지가가 점점 낮아지는 현상을 보인다. 도시토지지가이론 중 토페카 연구 등에 의해 실증적으로 입증되고 있다.

③ 가공적(내용적) 차원

지가의 변동을 야기하는 원인에 주안점을 두는 것으로 개발계획, 용도지역 변화와 같은 외부요인에 의해 지가가 급격히 상승하는 경우를 말한다.

2) 가격 상한선의 법칙

(1) 의의

지역경제기반의 한계, 수요 측면에서 구매력의 한계, 부동산 자체 수익성의 한계 등을 원인으로 부동산가격이 무한히 상승하지 않고 일정수준의 가격수준까지 상승한다는 것이다.

(2) 경기와의 관계 및 평가 시 활용

일반적으로 경기가 활황인 경우 가격상승이 이루어져 구매력과 큰 차이가 발생하는 등 가격 상한선의 법칙은 경기순환과 일정한 관련이 있다. 이에 따라 감정평가 시 예측과 변동의 원칙에 따라 동태적 분석을 통하여 경기순환의 국면과 구매력 변동의 추이를 분석하여 가격과의 상관관계를 검토해야 한다.

3) 부동산가격의 하방경직성

수요, 공급 상황으로 볼 때 하락해야 할 부동산의 가격이 가격담합, 상호 의존성, 심리적인 요인 등으로 인해 하락하지 않는 것이다. 특히 우리나라의 경우 부동산이 전체 자산에서 차지하는 비중이 크기에 소유자들의 자산가치 보호를 위한 무의식적인 가격담합이 이루어진다.

4) 지가의 파급효과와 역급현상

(1) 지가의 파급효과

① 의의

어떤 지역의 지가가 상승하는 경우 그 주변지역에까지 영향을 미쳐서 지가가 상승하는 효과이다. 이는 부동산의 인접성 및 지역성이라는 특성에 기인한다.

② 파급의 형태 및 정도

도시중심부에서 외곽의 한계지로, 상업지에서 주거지로의 파급 등으로 구분하여 볼 수 있고 인근지역의 개발이 진행되면서 다른 인접지역으로 파급되는 지역 간, 도시 간 파급현상도 종종 나타나게 된다. 한편 지가의 파급현상은 토지이용전환의 가능성이 크고, 거래와 투자활동이 활발히 진행되는 경우에 파급의 정도가 커지고 범위 또한 넓어진다.

(2) 지가의 역급효과

① 의의

도심에서 멀리 떨어진 토지의 가치가 상승함에 따라 도심 근거리의 지가도 함께 상승하는 현상으로 U-turn현상이라고도 한다.

② 내용

지가의 파급효과와는 반대로 도심에서 멀리 떨어진 지역의 지가가 오르면 도심 근거리에 위치하고 있는 토지는 주변지역에서 오른 지가와 상대적 비교를 통해 오르게 되는 것이다.

5) 입지잉여와 피드백원리

(1) 입지잉여

입지잉여는 부동산의 입지조건이 양호한 경우에 발생하는 특별한 이익이다. 이러한 부동산은 이용주체 간 대체·경쟁과정에서 최유효이용으로 이용할 수 있는 자에게 할당되고 그 결과로 부동산가격은 높게 형성된다.

(2) 피드백원리

토지이용도와 부동산가격 간에 상호 영향을 주고 받게 되는 원리이다. 예를 들어, 지가수준이 높은 곳에서는 토지이용이 집약화되고, 집약적인 토지이용은 지가를 상승시키기도 한다.

(3) 입지잉여와 피드백원리의 관계

입지잉여가 높을수록 지가는 높게 형성되며, 토지의 이용은 집약적으로 이루어진다. 즉, 지가수준이 높은 토지는 집약적으로 이용할 수 있는 이용주체에게 최종적으로 할당되게 된다.

Chapter 03 가격제원칙에 대한 이해

감정평가는 가격형성과정을 추적하고 분석하여 가치를 결정하는 것을 본질로 하기 때문에 부동산의 가격형성과정에서 도출되는 일정한 법칙성인 가격제원칙은 매우 중요한 의미를 갖게 된다. 이러한 가격제원칙은 실제 평가활동에 있어서는 평가의 원리 내지 평가의 지침으로 활용되므로 실질적인 유용성 또한 매우 높다.

제1절 가격제원칙 일반론 기출 24회

> **미리보기**
> 1. 의의
> 2. 가격제원칙의 분류
>   1) 토대가 되는 원칙
>   2) 내부 측면의 원칙
>   3) 외부 측면의 원칙
> 3. 가격제원칙의 특징
>   1) 부동산의 특성 반영
>   2) 상호 유기적 관련성
>   3) 최유효이용의 원칙을 기준

1. 의의

부동산가격은 효용, 상대적 희소성, 유효수요에 의하여 발생하고 이에 영향을 주는 부동산 가치형성요인의 상호작용으로 형성된다. 이러한 형성과정을 고찰할 때 일정한 법칙성이 존재하게 된다. 이를 부동산 가격제원칙이라고 한다. 즉, 부동산의 가격이 어떻게 형성되고 유지되는가에 관한 법칙성을 추출하여 부동산평가활동의 지침으로 삼으려는 하나의 행위기준이다.

2. 가격제원칙의 분류*

가격제원칙은 최유효이용의 원칙을 비롯해 총 13가지가 있는데, 이들은 상호 유기적인 관련성을 가지고 하나의 체계를 이룬다. 이러한 체계의 중심에는 최유효이용의 원칙이 있고 다른 원칙들은 최유효이용의 원칙을 지원하는 형식으로 구성되어 있다. 즉, 최유효이용의 원칙을 기준으로 토대가 되는 원칙, 내부 측면의 원칙, 외부 측면의 원칙으로 구분할 수 있다. 여기서 최유효이용의 원칙이란 부동산의 가격은 최유효이용을 전제로 하여 형성된다는 원칙으로 감정평가에 있어 가장 기본적이고 핵심적인 가격원칙이라고 할 수 있다.

1) 토대가 되는 원칙

부동산의 영속성과 사회적·경제적·행정적 위치의 가변성으로 인해 부동산의 가격은 장기적인 배려하에 형성되고, 항상 변화의 과정을 거친다. 따라서 예측과 변동의 원칙을 기반으로 최유효이용과 부동산가격이 결정된다는 측면에서 예측과 변동의 원칙을 최유효이용원칙의 토대가 되는 원칙이라고 하는 것이다.

2) 내부 측면의 원칙

부동산의 최유효이용 여부 및 그에 따른 부동산가격에 대한 내부적인 판단기준이 되는 원칙이다. 기여, 수익배분, 균형, 수익체증, 체감의 원칙으로 구성되어 있다. 즉, 내부 측면에서 최유효이용이 되고, 그에 적합한 가격이 형성되기 위해서는 각 구성부분의 기여가 합리적으로 반영되어야 하고, 귀속되는 잔여수익이 최대가 되어야 하며, 구성요소 간의 균형이 이루어져야 한다. 그리고 부동산에 대한 수익은 한계수익점(한계수입=한계비용)에서 최대가 되는 바 수익체증과 체감여부가 최유효이용 및 그에 따른 부동산가격의 판정에 있어 중요한 기준이 된다는 것이다.

3) 외부 측면의 원칙

부동산의 최유효이용 여부 및 그에 따른 부동산가격에 대한 외부적인 판단기준이 되는 원칙이다. 적합의 원칙, 외부성의 원칙, 수요·공급의 원칙, 경쟁의 원칙, 대체의 원칙, 기회비용의 원칙으로 구성되어 있다. 즉, 외부적인 측면에서 최유효이용이 되고, 그에 따른 적합한 가격이 형성되기 위해서는 부동산의 용도가 주위환경에 적합해야 하고, 그에 따른 용도 및 가격은 외부적인 요인의 영향을 받아 수요와 공급의 상호작용으로 결정된다는 것이다. 그리고 최유효이용 및 그에 따른 가격은 수요자와 공급자들 간의 경쟁의 결과로써 대체관계에 있는 다른 부동산의 영향과 기회비용 등이 반영되어 결정된다는 것이다.

3. 가격제원칙의 특징

1) 부동산의 특성 반영

부동산의 자연적, 인문적 특성으로 인해 부동산의 가격형성과정은 일반재화와 다르고 이러한 가격형성과정상의 법칙성을 추출한 것이 가격제원칙이므로 가격제원칙은 부동산의 자연적, 인문적 특성을 반영하고 있다.

2) 상호 유기적 관련성

부동산가치형성요인 간에 상호 유기적인 관련성이 존재하므로, 이를 반영한 가격제원칙 사이에도 상호 유기적으로 밀접한 관련이 있다.

3) 최유효이용의 원칙을 기준

부동산가격은 최유효이용을 전제로 형성되는 최유효이용의 원칙을 기준으로 나머지는 최유효이용의 원칙을 지원하는 형태로 구성되어 하나의 체계를 형성하고 있다.

제2절 가격제원칙의 내용 기출 2회·5회·8회·12회·16회·25회

> **미리보기**
>
> 1. 토대가 되는 원칙
>   1) 예측의 원칙
>   (1) 의의
>   (2) 감정평가와의 관련성
>   2) 변동의 원칙
>   (1) 의의
>   (2) 감정평가와의 관련성
> 2. 내부 측면의 원칙
>   1) 기여의 원칙
>   (1) 의의
>   (2) 감정평가와의 관련성
>   2) 수익배분의 원칙
>   (1) 의의
>   (2) 감정평가와의 관련성
>   3) 균형의 원칙
>   (1) 의의
>   (2) 감정평가와의 관련성
>   4) 수익체증, 체감의 원칙
>   (1) 의의
>   (2) 감정평가와의 관련성
> 3. 외부 측면의 원칙
>   1) 외부성의 원칙
>   (1) 의의
>   (2) 감정평가와의 관련성
>   2) 적합의 원칙
>   (1) 의의
>   (2) 감정평가와의 관련성
>   3) 대체의 원칙
>   (1) 의의
>   (2) 감정평가와의 관련성
>   4) 수요·공급의 원칙
>   (1) 의의
>   (2) 감정평가와의 관련성
>   5) 기회비용의 원칙
>   (1) 의의
>   (2) 감정평가와의 관련성
>   6) 경쟁의 원칙
>   (1) 의의
>   (2) 사전적 독점
> 4. 부동산 가격제원칙의 상호작용성

1. 토대가 되는 원칙

1) 예측의 원칙(principle of anticipation)*

(1) 의의

예측의 원칙이란 부동산의 가치가 과거와 현재의 이용상태에 의해 결정되는 것이 아니라 앞으로 어떻게 이용될 것인가에 대한 예측(예상)을 근거로 결정된다는 원칙을 말한다. 현재 일정한 소득을 창출하고 있는 토지보다도, 아무런 소득을 창출하지 않는 토지의 가격이 오히려 더 높은 것을 주변에서 흔히 목격할 수 있다. 이 같은 현상이 발생하는 이유는, 비록 해당 토지가 현재는 아무런 소득을 발생시키고 있지 않지만, 미래의 어느 시기에서는 현재 소득을 창출하고 있는 토지보다 훨씬 더 많은 소득을 창출할 것이라는 예상을 반영하고 있기 때문이다.

(2) 감정평가와의 관련성

비교방식에 있어서 거래사례가격의 검증, 지역요인 및 개별요인의 비교에서 장래 기대되는 동향을 판단하여 반영해야 한다는 데 관련이 있다. 수익방식에 있어서 순수익의 산정과 환원율의 결정에 있어 예측을 바탕으로 해야 한다는 데 관련이 있다. 원가방식에 있어서 감가수정을 행함에 있어 예측을 바탕으로 경제적 내용연수를 판단해야 한다는 데 관련이 있다.

2) 변동의 원칙(principle of change)

(1) 의의

변동의 원칙이란 부동산의 가치는 끊임없이 변하는 시장상황에 의해 영향을 받아 변동한다는 원칙을 말한다. 시장상황이나 주변지역의 변화는 불가피한 것이고 항상 있어 온 것이지만, 그 변화과정은 점진적이기 때문에 특별한 주의를 기울이지 않으면 구별하기가 쉽지 않다. 그러나 변화과정은 때때로 매우 급격할 수도 있다. 시장이 활발하여 거래가 빈번할 경우에는, 매일 매일을 기준으로 그 변화 정도를 인식할 수도 있다. 이러한 급격한 변화는 시장내부적 상황뿐만이 아니라, 시장외부적 상황에 의해서도 초래된다. 예를 들어 세제의 변화, 개발계획의 시행, 환경규제의 강화 등과 같은 정부정책은 부동산시장을 급격하게 변화시키는 요인이 된다.

(2) 감정평가와의 관련성

가치형성요인분석 시 동태적으로 파악, 지역분석의 대상지역 확정(대상부동산은 속하고 있는 지역은 확대, 축소 또는 집중, 확산 등의 변화를 겪게 되므로 대상지역의 범위확정에 유의), 기준시점의 확정(평가된 가치는 감정평가서에 명시된 특정시점에서만 타당성이 있으므로 기준시점을 명확하게 밝혀야 하며, 이러한 기준시점은 부동산의 가치형성요인의 변화에 따른 감정평가사의 책임 범위와 한계를 명확히 해주는 역할도 수행), 시점수정에 대한 이론적 근거가 된다는 데 관련이 있다.

2. 내부 측면의 원칙

1) 기여의 원칙(principle of contribution)

(1) 의의

기여의 원칙이란 부동산의 가치는 부동산을 구성하고 있는 각 구성요소가 전체에 기여하는 공헌도의 영향을 받아 결정된다는 원칙으로 부동산의 전체 가치는 여러 가지 구성요소들이 가치형성에 기여한 정도를 전부 합한 것이다. 예를 들어 대지면적, 건물면적, 방수, 도심과의 거리, 쾌적성, 편익시설, 지형, 획지모양 등 여러 가지 특성들은 대상부동산의 가치를 결정하는 주요한 요인이 된다. 그러나 여기서 주의해야 할 것은 부동산의 가치란 각 구성부분의 기여도를 합한 것이지, 각 구성부분의 생산비를 합친 것이 아니라는 사실이다. 예를 들어, 30억원짜리 건물에 3억원짜리 엘리베이터를 설치했다고 해서, 건물가치가 33억원이 되는 것은 아니다. 엘리베이터가 건물의 가치 증진에 기여하는 정도에 따라, 그 이상도 그 이하도 될 수 있다.

(2) 감정평가와의 관련성

기여의 원칙은 부동산의 병합에 따른 기여도에 따라 한정가격의 크기가 결정, 비교사례와 대상부동산 간의 비교작업에 있어 특성의 차이에 따른 보정의 근거 제공, 토지상 건물의 신축, 건물의 증축, 건물의 개·보수 등 추가투자에 대한 판단기준을 제공한다는 데 관련이 있다.

2) 수익배분의 원칙(principle of return share)

(1) 의의

수익배분의 원칙이란 부동산의 가치는 전체 수익에서 노동과 자본과 같은 다른 생산요소에 대한 수익을 제외하고 난 나머지인 잉여생산성에 의해 결정된다는 원칙이다.

(2) 감정평가와의 관련성

수익배분의 원칙은 토지잔여법의 성립 근거가 되는 동시에 부동산에 귀속하는 순수익을 기초로 하여 그 가격이나 임대료를 구하는 수익방식과도 관련이 있다. 즉, 수익배분의 원칙은 총수익이 토지, 자본, 노동과 경영에 따라 얻어지며 이러한 총수익은 공헌도에 따라 배분함을 그 근거로 하고 있다.

3) 균형의 원칙(principle of balance)

(1) 의의

균형의 원칙이란 부동산의 가치는 부동산을 구성하고 있는 생산요소 간의 결합비율이 적정한 균형을 이룰 때 최고가 된다는 원칙이다. 부동산은 토지, 건물자재, 노동, 자본 등 여러 가지 요소가 복합적으로 어우러져 구성되는 물건으로서 그 구성요소 간의 균형이 잘 이루어져야 한다. 예를 들어, 서민아파트 단지에 고급스러운 옥외수영장을 설치했다고 하자. 이럴 경우, 이 아파트의 가격은 과연 얼마만큼 상승할까? 비록 절대적으로는 상승할지 모르지만, 투입한 비용만큼은 상승하지 않을 것이다. 경우에 따라서는 유지비의 과다부담으로 인해 가격이 오히려 하락할 수도 있다.

(2) 감정평가와의 관련성

균형의 원칙은 토지상 건물의 신축, 건물의 증축, 건물의 개·보수 등 추가투자에 대한 판단기준을 제공, 부동산의 여러 가지 구성요소들이 균형을 이루지 못하게 되면 기능적 감가수정의 요인이 된다는 데 관련이 있다.

4) 수익체증, 체감의 원칙(principle of increasing and diminishing returns)

(1) 의의

수익체증, 체감의 원칙이란 부동산에 대한 단위투자수익은 체증하다가 어느 수준에 이르게 되면 한계수입과 한계비용이 일치하게 되고 이를 넘어서면 체감하게 된다는 원칙을 말한다. 즉, 추가적인 투자와 관련하여 부동산의 가치 또한 처음에는 체증하다가 한계수입과 한계비용이 일치하는 수준에서 최고가 되고 그 이후에는 체감하게 된다.

(2) 감정평가와의 관련성

수익체증, 체감의 원칙은 추가투자의 적정성 판단, 한계층수의 결정, 입체이용률과 입체이용저해율의 산정 근거, 지가배분율과 층별효용비율의 산정 근거, 공중권의 이용가치 산정 등과 관련이 있다. 특히 수익체증, 체감의 원칙에서는 토지이용공간의 입체이용률이나 저해율의 관계를 살펴볼 수 있다. 토지이용입체이용률은 토지의 상하 입체적 공간이용에서 이용가치가 가장 높은 지표면상의 이용률을 100이라는 기준으로 보고 토지의 이용을 입체적으로 고려할 때, 지표면 부근의 이용가치가 가장 높고 이 지표면을 기준으로 공중, 지하 공간으로 연장됨에 따라 그 이용가치가 감소된다고 보는데 각 부분의 이용은 최유효이용이어야 한다. 즉, 최유효이용의 원칙과 수익체증, 체감의 원칙이 그 기초가 됨을 알 수 있다.

3. 외부 측면의 원칙

1) 외부성의 원칙(principle of externalities)*

(1) 의의

외부성의 원칙이란 부동산의 가치는 외부적인 요인에 의해 영향을 받아서 결정된다는 원칙으로 외부적 요인이 부동산의 가치에 긍정적인 영향을 미칠 경우에는 외부경제라고 하고, 부정적인 영향을 미칠 경우에는 외부불경제라고 한다. 정부가 제공하는 각종 서비스나 공공재는 외부경제를 유발하는 대표적 요인이 된다. 고속도로, 교량, 경찰, 소방 등과 같은 정부서비스나 공공재는 개인이 개별적으로 매수하는 것보다는, 정부에 의해 공동으로 매수될 때 보다 저렴하게 제공될 수 있다. 부동산 소유자는 제3자의 행위로 인해 불편비용(cost of inconvenience)을 부담하는 수도 있다. 소음, 먼지, 혼잡, 주변 환경의 불량 등은 외부불경제를 초래하는 요인이 된다.

(2) 감정평가와의 관련성

외부성의 원칙은 가치형성요인분석과 같은 시장분석에 있어 관련이 있다. 평가사는 외부경제가 있을 경우는 대상부동산을 그 외부경제에 해당하는 가치만큼 높게 평가해야 하고, 외부불경제가 있는 경우에는 가치하락분만큼 낮게 평가하여야 할 것이다.

2) 적합의 원칙(principle of conformity)*

(1) 의의

적합의 원칙이란 부동산의 이용이나 특성이 주위환경이나 시장수요와 일치할 때 최고의 가치가 창출되며 이것이 유지될 수 있다는 원칙이다. 부동산의 형태와 용도는 소비자의 선호도, 정부의 각종 규제, 지역사회의 경제적 요인 등 여러 가지 이유에 의해 시장수요와 일치하는 경향이 있다. 지역지구제와 같은 정부의 각종 규제는 여러 가지 의미에서 토지이용의 일치성을 조장하고 있다. 일치성의 기준은 주로 시장에서 결정되는데, 시장에 영향을 미치는 여러 가지 힘에 의해 계속적으로 변화한다. 대상부동산이 높은 가치를 창출하기 위해서는 시장수요나 기준 등과 일치할 필요가 있다.

(2) 감정평가와의 관련성

적합의 원칙은 가치형성요인분석에서 인근지역의 표준적 이용과의 비교과정과 최유효이용의 판정에 활용, 부동산의 용도나 특성이 주위환경과 시장수요와 다르게 되면 기능적, 경제적 감가수정의 요인이 된다는 데 관련이 있다.

3) 대체의 원칙(principle of substitution)*

(1) 의의

대체의 원칙이란 부동산의 가치는 대체관계에 있는 다른 부동산 또는 다른 재화의 영향을 받아서 결정된다는 원칙을 말한다. 일반적으로 재화의 가격은 대체재의 가격에 영향을 받는다. 이 같은 현상은 부동산의 경우에도 마찬가지이다. 부동산의 가치는 그것과 대체관계에 있는 유사부동산의 가치와 밀접한 관계가 있다. 예를 들어, 어떤 부동산의 시장가치가 3억원인 것은, 그보다 조금 못한 것이 2억 7,000만원으로, 조금 나은 것이 3억 2,000만원으로 거래되고 있기 때문이다.

(2) 감정평가와의 관련성

① **원가방식** : 건물의 매수자는 건물의 재조달원가 이상은 지불하지 않을 것이라는 사고를 근거로 하고 있다.
② **비교방식** : 효용이 같은 경쟁부동산들이 있다면 가장 가격이 낮은 부동산이 수요가 가장 많을 것이라는 점을 근거로 하고 있다.
③ **수익방식** : 투자자는 경쟁부동산들이 유사한 위험과 순수익, 관리상태에 있다면 가장 가격이 싼 부동산을 매수할 것이라는 점을 근거로 하고 있다.

이와 같이 부동산가격의 평가는 그 부동산을 재조달할 경우의 비용, 동등한 효용을 갖는 부동산의 거래가격과 부동산을 이용함에 의해 얻어지는 수익의 측면에서 행해지므로 대체의 원칙은 3방식과 관련이 있다.

4) 수요·공급의 원칙(principle of demand and supply)

(1) 의의

수요·공급의 원칙이란 부동산의 가치는 수요와 공급의 상호작용에 의해 결정된다는 원칙을 말하는데, 이는 시장의 수요와 공급이 부동산의 가치에 직접적인 영향을 주기 때문이다. 수요와 공급은 대상부동산의 유형에 따라 다르게 나타난다. 주거용 부동산은 수요초과 상태에 있으나, 사무실 부동산은 공급초과 상태에 있을 수 있다. 같은 주거용 부동산이라고 하더라도 이를 보다 세분하면, 지역이나 유형에 따라 서로 다른 수요와 공급 양상을 보일 수 있다. 같은 아파트라고 할지라도 작은 면적의 서민아파트는 수요초과 상태에 있는 반면, 넓은 면적의 고급아파트는 공급초과 상태에 있을 수 있다. 특정 유형의 부동산수요가 공급을 초과하면 가격은 상승하며, 반대로 공급이 수요를 초과하면 가격은 하락한다.

부동산에 대한 수요와 공급은 대상부동산이 속한 지역과 유형(용도)에 따라 다르게 나타난다. 따라서 평가사는 시장분석을 할 경우에 부분시장별로 수요와 공급을 면밀히 분석하고 검토해야 한다.

(2) 감정평가와의 관련성

수요·공급의 원칙은 부동산가격의 이중성을 설명하는 이론적 근거, 비교방식에서 거래사례의 적정성 판단, 원가방식에서 재조달원가의 적정성 판단, 수익방식에서 수익의 적정성 판단에 활용될 수 있다는 데 관련이 있다.

5) 기회비용의 원칙(principle of opportunity cost)★

(1) 의의

기회비용의 원칙이란 부동산의 가치는 기회비용을 반영한 요구수익률의 영향을 받아서 결정된다는 원칙이다. 기회비용의 원칙은 대체의 원칙과 밀접한 관계가 있다. 기회비용이라는 용어 속에 '비용'이라는 낱말이 들어 있다고 해서, 이것이 생산과 관계된 비용을 의미하는 것으로 오해를 해서는 안 된다. 기회비용이라 함은 어떤 대안을 선택함으로써 선택되지 않은 다른 기회를 희생한 대가를 의미한다. 투자자가 주어진 자금으로 특정한 기회를 선택했다는 말은, 투자수익을 올릴 수 있는 다른 기회를 포기했다는 말과 같다.

(2) 감정평가와의 관련성

① 투자자는 주어진 조건하에서 최대의 수익을 올릴 수 있는 투자대안에 자금을 투입한다. 따라서 선택된 기회는 사라진 기회로부터 획득할 수 있는 수익과 동등하거나 그 이상의 수익을 올릴 수 있는 대안이어야 한다. 기회비용은 자본에 대한 요구수익률(required rate of return)을 측정하는 중요한 기준이 된다. 요구수익률은 어떤 투자자가 다른 곳에 투자했을 때, 대안적으로 얻을 수 있는 수익률이다. 즉, 요구수익률이란 투자에

대한 기회비용인 것이다. 투자자는 요구수익률을 확보할 수 있을 때 투자를 한다. 평가사는 여러 가지 투자대안에서 제공되는 상대적 수익률을 서로 비교함으로써, 대상부동산에 대한 투자자의 요구수익률을 추계할 수 있다.

② 기회비용은 실제 지불된 비용이 아니라는 사실에 주목할 필요가 있다. 이것은 단순한 추계치일 수도 있으며, 개인적 판단의 결과일 수도 있다. 시장접근법이나 소득접근법에서 유사부동산의 관련 자료를 분석하는 것은, 사라진 기회를 고찰함으로써 대상부동산의 가치를 추계할 수 있다는 기회비용의 개념에서 비롯된다. 기회비용의 논리는 매수자들의 시장행태를 유용하게 설명해 준다. 매수자는 부동산의 생산비를 근거로 지불가격을 결정하는 것이 아니라, 그것이 제공하는 효용과 차선의 기회가 제공하는 효용을 비교하여 지불가격을 결정한다.

③ 매수자가 기꺼이 지불하려는 가격은 다른 대안에 지불되는 가격, 즉 기회비용인 것이다. 평가사는 대상부동산의 가치를 평가할 때 기회비용의 원리를 충분히 고려해야 한다. 도심지역의 공장부지를 평가할 경우를 예로 들어보자. 대상토지는 현재 공업용으로 이용되고 있지만, 지역지구제에 의하면 상업용으로 이용하는 것도 허용된다고 하자. 이때 대상토지를 공업용으로 매수하고자 하는 사람은 상업용으로 이용할 수 있는 기회에 대한 대가까지도 지불해야 한다. 왜냐하면 매도자는 대상부지를 공업용으로 매도함으로써, 상업용으로 매도할 기회를 상실하게 되기 때문이다. 도심지역의 공업용지가 동일한 효용을 가지고 있는 외곽지역의 그것보다 시장가격이 더 높은 이유가 바로 여기에 있다.

6) 경쟁의 원칙(principle of competition)

(1) 의의

경쟁의 원칙이란 부동산의 가치도 경쟁이 있으므로 초과이윤이 없어지고 대상부동산은 그 가치에 적합한 가격을 갖게 된다는 원칙이다. 수익성 부동산의 가치를 평가할 때에는 특히 경쟁의 원리에 유의하여야 한다. 예를 들어, 어떤 수익성 부동산이 주위에 적절한 경쟁상대가 없어 현재 비정상적으로 높은 수익을 올리고 있다고 하자. 이 부동산이 누리고 있는 이 같은 초과이윤은 경쟁이 있을 경우에는 소멸될 것이라고 볼 수 있다. 어떠한 부동산이든 비록 현재에는 경쟁이 없다고 하더라도, 장기적으로는 경쟁이 있기 마련이다. 평가사는 대상부동산의 가치를 평가함에 있어, 초과이윤이 어떤 원인에 의해 발생하고 있는지를 분석해야 한다. 그리고 현재 발생하고 있는 초과이윤이 일시적인 것인지 또는 앞으로 상당 기간 지속될 것인지를 판단해야 한다.

(2) 사전적 독점

부동산에 대하여 어떤 부동산을 이용하여 얻은 이윤이 다른 부동산이나 재화를 이용하여 얻는 이윤을 상회하는 경우에는 경쟁에 의해 그 초과이윤은 결국 소멸하게 된다. 경우에 따라서는 대상부동산이 창출하고 있는 초과이윤이 오랫동안 지속되기도 한다. 이 같은 현상은 사전적 독점이 발생하게 될 때 나타나는데, 여기서 사전적 독점이란 부동산의 가치에 영향을 줄 수 있는 어떤 사건이 발생하기도 전에 특정 위치에 미리 입지함으로써 생기는 독점을 말한다. 예를 들면, 특정지역만 용도지역이 관리지역에서 주거지역으로 변경된다거나, 일부지역만 좋은 학군으로 편입되는 경우 등이다.

4. 부동산 가격제원칙의 상호작용성

부동산 가격제원칙들은 부동산을 둘러싼 사회적·경제적·행정적 요인들과 관련되어 서로 영향을 주고받는 상호작용성과 상호의존성, 관련성이 있음을 이해할 필요가 있다. 이러한 상호작용성 및 의존성을 감정평가사는 충분히 이해하고 활용함으로써 감정평가의뢰인에게 보다 적절한 의사결정자료를 제시함은 물론 정확한 감정평가를 할 수 있게 된다.

한편 부동산 가격제원칙들은 각기 고립된 것이 아니라 부동산가치의 3면성과 관련하여 시·공간적으로나 직·간접적으로 상호 관련된 것임에도 유의하여야 한다.

제3절 최유효이용 기출 3회·13회·18회·22회·24회·28회

> **Tip**
> 감정평가에 있어 근본을 이루는 가장 중요한 개념인 최유효이용에 대하여 파악하여야 한다. 왜냐하면 부동산의 가치란 최유효이용을 전제로 형성되기 때문이다. 따라서 최유효이용의 개념, 이론적 근거, 판정기준, 분석방법 등에 대하여 세심한 학습을 필요로 한다. 한편, 최유효이용을 판정함에 있어 특별한 주의가 요구되는 특수상황하의 최유효이용에 대해서도 그 개념과 적용되는 상황에 대한 이해가 필요하다.

미리보기

1. **최유효이용의 개념 및 이론적 근거**
   1) **최유효이용의 개념**
   2) **최유효이용의 이론적 근거**
      (1) 인간의 합리성 추구
      (2) 토지 할당
      (3) 최유효이용의 강제

2. **최유효이용에 대한 판정기준**
   1) **물리적 이용가능성**
   2) **합법적 이용가능성**
   3) **합리적 이용가능성**
   4) **객관적 자료에 의해 뒷받침되는 최고의 수익성**
   5) **검토**

3. **최유효이용의 분석**
   1) **토지에 대한 분석**
      (1) 비수익성 부동산일 경우
      (2) 수익성 부동산일 경우
   2) **개량부동산에 대한 분석**
      (1) 자본적 지출이 필요 없는 경우
      (2) 자본적 지출이 필요한 경우
   3) **토지와 개량부동산에 대한 최유효이용의 분석 결과가 상이한 경우**
   4) **최유효이용의 분석과 시장분석 및 감정평가방법의 관계**

4. **최유효이용 판정 시 유의사항**
   1) 통상의 이용능력이 있는 사람에 의한 이용일 것
   2) 단순한 이용자에 의한 이용이 아닐 것
   3) 예측 가능한 이용일 것
   4) 장기적 고려를 통한 이용일 것
   5) 수요분석에 유의

5. **판정 시 장애요인**
   1) 경제주체의 비전문성
   2) 부동산시장의 불완전성
   3) 정부의 행정적 규제

6. **특수상황의 최유효이용분석**
   1) 단일이용
   2) 복합적 이용
   3) 중도적 이용
   4) 비적법적 이용
   5) 비최유효이용
   6) 특수목적의 이용
   7) 투기적 이용
   8) 초과토지와 잉여토지

7. **일단지**
   1) **일단지 토지의 개념**
   2) **일단지 토지와 합병토지**
   3) **일단지 토지의 판단기준**
      (1) 용도상 불가분의 관계
      (2) 「공간정보의 구축 및 관리 등에 관한 법률」상 지목과의 관계
      (3) 일단지와 토지소유자와의 관계
      (4) 일단지의 일시적 이용상황
      (5) 일단지로 인정되는 시점
   4) **토지용도별 일단지의 최유효이용 분석**
      (1) 주거용지
      (2) 상업용지
      (3) 공업용지
      (4) 농경지 및 임야지
      (5) 후보지
      (6) 특수토지
   5) **일단지 토지의 최유효이용 분석사례**

1. 최유효이용의 개념 및 이론적 근거

1) 최유효이용의 개념★ 기출 24회

객관적으로 보아 양식과 통상의 이용능력을 가진 사람이 부동산을 합법적이고 합리적이며 최고이자 최선의 방법으로 이용하는 것이다. 부동산의 가치는 최유효이용을 전제로 형성되기에 감정평가의 근본을 이루는 중요한 개념이다. 또한 감정평가사의 업무가 단순한 가치평가업무를 넘어 토지이용분석, 비용편익분석 등 컨설팅업무까지 확장되고 있기에 그 중요성은 더욱 강조된다.

2) 최유효이용의 이론적 근거★ 기출 24회

(1) 인간의 합리성 추구

토지는 고정적, 경직적인 자연적 특성이 있으나, 인문적 특성으로서 용도의 다양성에 의거하여 다양한 용도로 이용이 가능한 물건이므로 경제주체들의 합리성 추구로 인해 결국 토지의 이용은 최유효이용으로 귀착된다.

(2) 토지 할당

토지는 용도의 다양성이 있기 때문에 제반 환경의 변화에 따라 이용의 주체, 방법, 규모에 있어 대체·경쟁의 관계가 발생한다. 이러한 대체·경쟁의 과정을 통해 최유효이용에 토지가 할당된다.

(3) 최유효이용의 강제

부동산의 경우 한번 잘못 이용되면 악화되기 쉽고(악화성향), 지속적으로 유지되며(지속성), 원상회복이 어렵다(비가역성). 이것은 대상부동산뿐만 아니라 주변의 다른 부동산에도 부정적인 영향을 미치게 된다. 따라서 국가나 사회는 부동산의 사회성, 공공성이 제대로 발휘될 수 있도록 각종 규제를 통해 최유효이용을 강제하는 것이다.

2. 최유효이용에 대한 판정기준★ 기출 13회·24회·28회

1) 물리적 이용가능성

최유효이용이 되려면 먼저 그 용도로 이용하는 것이 물리적으로 가능한 것이어야 한다는 것이다. 대상토지는 지반, 지형, 형상 등 개별적 특성과 공공편익시설의 유용성과 같은 인공환경적 요인에 의한 입지여건에 따라 용도가 상이해지고 공사실행 여부가 결정되므로 이에 대한 판정이 선행되어야 한다. 예를 들어 토양의 하중지지력이 적절하지 못한 부지는 비록 다른 조건이 양호하다고 하더라도 공업용으로 판정되기 어려울 수 있다. 또한 경관이 수려한 곳에 호텔을 지으려고 하는데, 상하수도나 지하수로부터 충분한 용수를 공급받을 수 없다면 대상부지에 호텔을 짓는 것은 불가능할 수도 있다.

2) 합법적 이용가능성

대상부동산을 특정 용도로 이용하는 것이 용도지역제, 건축법규, 환경기준이나 생태기준과 같은 각종 규제요건에 충족되는 이용이어야 한다는 것이다. 그런데, 현재 용도지역제에서 허용이 안 된다고 해서 해당 이용이 무조건 최유효이용이 될 수 없는 것도 아님에 유의하여야 한다. 예를 들어 재개발, 재건축이 가능한 오래된 저층아파트의 경우 가치가 높게 형성되는데 현재는 재개발, 재건축하여 고층아파트로 이용하는 것이 비합법적이지만, 가까운 장래에 고층건물로 이용가능하다는 합리적 판단이 반영되어 있기 때문이다. 따라서 평가사는 대상지역의 관련 자료, 용도지역제에 대한 과거의 결정, 그리고 토지이용의 변화추세 등을 종합적으로 파악해서 용도지역제가 변경될 가능성도 검토해야 한다. 우리나라의 경우 부동산 관련 규제들이 많기에 관련 법규뿐만 아니라 지방자치단체 조례 등 많은 것을 확인하고 파악해야만 한다.

3) 합리적 이용가능성

최유효이용이 되려면 합리적으로 가능한 이용이면서 경제적으로도 타당성이 있어야 한다는 것이다. 먼저 합리적 이용은 합리적으로 가능한 이용을 말한다. 예를 들어 투기목적의 이용이라든지 먼 장래의 불확실한 이용 등은 개인적인 차원에서는 모르겠지만 객관적인 입장에서 볼 때 결코 합리적이라고 말할 수 없을 것이다. 따라서 대상토지가 합리적 이용인지 알기 위해서는 '토지이용 흡수율 분석' 등을 통하여 미래를 예측할 필요가 있다. 여기서 흡수율 분석이란 특정 지역의 특정 부동산에 대한 수요와 공급의 추이를 분석하여 공급된 부동산이 일정기간 동안 얼마나 흡수되었는지 분석하는 것이다.

또한 합리적 이용이란 경제적 타당성이 있는 이용을 말한다. 여기서 경제적 타당성의 기준은 적정한 수익의 확보[정의 순현가(NPV)]가 가능한지 여부와 기대이윤이나 가치증진이 투입된 비용을 초과하는지 여부로 판단할 수 있다.

4) 객관적 자료에 의해 뒷받침되는 최고의 수익성

물리적으로 이용가능하고 합법적이며 합리적인 여러 가지 대안적 이용 중에서 그 이용이 최고의 수익을 올릴 수 있다는 것이 객관적 자료에 의해 증명될 수 있는 이용이어야 한다는 것이다. 그러나 현재의 용도와 대안적 용도 중에서 가장 높은 수익을 창출하는 것이 무조건 최유효이용이 되는 것은 아니다. 대상부동산이 창출하는 수익은 적어도 유사부동산의 수익률과 최소한 비슷한 수준은 되어야 한다. 그리고 대체·경쟁의 범위를 금융자산까지 넓히면 대체투자수단의 수익률과도 비교하여야 한다.

5) 검토

최유효이용에 대한 판정기준은 일반적으로 상기 순서와 같이 순차적으로 적용하게 된다. 즉, 물리적으로 가능하고 법적으로 허용되는지 여부는 경제적 타당성 및 최고의 수익성 검토 전에 행해지게 된다. 그러나 이것은 일률적인 기준이 아니고 경우에 따라서 법적 허용여부가 물리적 가능성보다 먼저 검토될 수 있는 것처럼 상황에 따라 유동적으로 이루어질 수 있을 것이다.

3. 최유효이용의 분석★ 기출 28회

최유효이용을 실제적으로 분석하기 위해서는 앞의 판정기준에 따라 물리적, 경제적, 법률적 측면을 모두 고려해야 한다. 그러나 물리적, 법률적 측면과 경제적 측면에서의 합리적 이용가능성은 결국 최고의 수익성을 검토하기 위한 과정으로서의 성격을 지니고 있다. 따라서 여기서는 가장 핵심적이고 최종적인 판정기준인 최고의 수익성에 대해서만 검토하기로 한다.

최유효이용의 분석은 토지의 잠재적 용도들의 수익성을 비교분석하여 최대의 수익을 창출할 수 있는 용도를 찾아내는 작업이다. 이러한 최유효이용의 분석에는 나지상태의 토지에 대한 분석과 개량물이 있는 상태 그대로의 개량부동산에 대한 분석이 있다. 부동산의 수익은 토지, 건물이 결합해서 창출되는 것으로 현실에 보다 부합되는 분석은 개량부동산에 대한 분석이라고 할 수 있다.

1) 토지에 대한 분석

토지에 대한 최유효이용의 분석은 개량물이 있다고 하더라도 없는 것으로 간주하고 토지가치를 극대화하는 용도를 확인하는 작업이다. 따라서 위 분석에서는 최고의 토지가치를 창출하는 이용이 최유효이용이 된다.

한편 최유효이용의 분석을 하기 전에 대상토지를 개발할 것인지 그대로 두어야 할 것인지를 결정해야 한다. 나지상태의 소극적 이용도 최유효이용이 될 수 있기 때문이다. 만약 개발한다고 결정하면 아래와 같이 개발 후 부동산의 수익성 유무로 구분할 수 있다.

(1) 비수익성 부동산일 경우

개발 후 복합부동산의 시장가치에서 건축비용과 개발업자의 수수료 등을 포함한 개발비용을 공제한 토지가치를 산정하여 가장 높은 토지가치를 실현하는 이용이 최유효이용이다. 이때 나지상태의 토지가치와도 비교하여야 한다는 사실에 유의하여야 한다.

(2) 수익성 부동산일 경우

수익성 부동산을 직접환원법에 의해 산정하는 경우 복합부동산의 순수익을 종합환원율로 환원하고 건축비용 등 개발비용을 공제하여 토지가치를 산정한다. 한편 토지잔여법에 의해 산정하는 경우 복합부동산의 순수익에서 건물귀속분을 차감하여 남은 토지귀속순수익을 토지환원율로 환원하여 산정한다. 이때 나지상태의 토지가치와도 비교하여야 한다는 사실에 유의하여야 한다.

2) 개량부동산에 대한 분석

토지와는 달리 개량부동산의 분석은 대상부동산의 전체 가치가 극대화되는 것을 기준으로 하여 최유효이용을 판정한다. 토지와 마찬가지로 먼저 수익성의 유무로 구분할 수 있고 이후 개량부동산의 용도를 전환하는 과정에서 개보수나 증축과 같은 자본적 지출이 필요한 경우와 필요 없는 경우로 세분할 수 있다. 분석의 논리와 틀은 토지에 대한 분석과 똑같기 때문에 여기에서는 수익성 부동산인 경우만을 상정하여 살펴보기로 한다.

토지와 마찬가지로 개량부동산의 경우 역시 최유효이용의 분석을 하기 전에 대상부동산을 개발할 것인지 그대로 둘 것인지를 결정해야 한다.

(1) 자본적 지출이 필요 없는 경우

자본적 지출을 하지 않고도 다양한 형태로 용도를 변경하여 운영할 수 있다. 이때 각각의 용도에 따른 순수익을 종합환원율로 환원시켜 개량부동산의 가치를 산정한 후 그중에서 최고의 가치를 창출하는 이용이 최유효이용이 된다. 이때 현 상태의 개량부동산 가치와도 비교하여야 한다.

(2) 자본적 지출이 필요한 경우

기존 용도에서 다른 용도로 전환하기 위해 개보수나 증축 등이 필요한 경우에는 추가적인 비용을 투입해야 한다. 이때는 각각 이용가능한 용도에 따른 순수익을 종합환원율로 환원하여 부동산가치를 산정한 후 자본적 지출을 공제한 가치가 최고인 이용이 최유효이용이 된다. 이때 현 상태의 개량부동산 가치와도 비교하여야 한다.

3) 토지와 개량부동산에 대한 최유효이용의 분석 결과가 상이한 경우

개량부동산에 대한 최유효이용의 분석에는 기존 개량물의 철거비용, 신축비용, 건설기간 동안의 임대료 손실 등이 포함되기 때문에 같은 부동산이라 하더라도 앞에서 설명한 두 가지 분석, 즉 토지에 대한 최유효이용과 개량부동산에 대한 최유효이용의 결과가 다를 수 있다. 이는 곧 현재의 개량물이 토지의 최유효이용에 부합하지 않지만, 그렇다고 분석된 토지의 최유효이용으로의 전환이 곧 수익성을 극대화하지는 못한다는 것을 의미한다. 이때 현재의 이용은 중도적 이용으로서 당분간 지속될 것이다. 구체적으로 현재 개량부동산의 시장가치가 철거비 및 신축공사비를 고려한 잠재적 용도의 시장가치에서 전환비용 등을 공제한 값을 상회할 때까지 현재의 이용은 계속될 것이다.

유형별 최유효이용의 분석

구분			방법
토지	비수익성 부동산인 경우		개발 후의 시장가치 − 건축비용 − 개발업자 수수료 = 토지가치
	수익성 부동산인 경우	직접환원법	(개발 후의 순수익 / 종합환원율) − 개발비용 = 토지가치
		잔여환원법	(개발 후의 순수익 − 건물귀속순수익) / 토지환원율 = 토지가치
개량 부동산	자본적 지출이 불필요한 경우		순수익 / 종합환원율 = 개량부동산가치
	자본적 지출이 필요한 경우		(순수익 / 종합환원율) − 자본적 지출 = 개량부동산가치

예시

〈토지에 대한 분석〉

1. 비수익성 부동산인 경우

항목	대안 A(고급주택)	대안 B(중급주택)
전체 부동산가치(시장가치)	50,000	40,000
건축비용	−20,000	−10,000
개발업자 수수료	−5,000	−7,000
토지가치	25,000	23,000

2. 수익성 부동산인 경우

   1) 직접환원법 적용

항목	매장용 건물	사무실 건물
순수익	12,000	15,000
종합환원율	12%	10%
전체 부동산가치	100,000	150,000
개발비용	−63,000	−120,000
토지가치	37,000	30,000

   2) 잔여환원법 적용

항목	아파트 건물	사무실 건물	매장용 건물
건축비용	130,000	100,000	90,000
순수익	30,000	25,000	20,000
건물순수익 (건물환원율 12%)	−15,600	−12,000	−10,800
토지순수익 (토지환원율 10%)	14,400	13,000	9,200
토지가치	144,000	130,000	92,000

⟨개량부동산에 대한 분석⟩
1. 자본적 지출이 불필요한 경우

항목	하숙의 경우	월세의 경우
가능총수익	9,000	6,000
공실 및 불량부채	-500	-300
유효총수익	8,500	5,700
영업경비	-3,500	-0
순수익	5,000	5,700
종합환원율	10%	10%
개량부동산가치	50,000	57,000

2. 자본적 지출이 필요한 경우

항목	현재 사무실 그대로	사무실 건물의 개축	상가건물로 전환
순수익	24,000	35,000	60,000
종합환원율	10%	10%	12%
전체 부동산가치	240,000	350,000	500,000
전환비용	-0	-50,000	-160,000
개량부동산가치	240,000	300,000	340,000

> **Check Point!**
>
> ● (나지 상정 시) 토지의 최유효이용의 분석*
>
> 1. 개설
>   나지 상정 시 토지의 최유효이용은 그것의 기존 용도와 모든 가능성이 있는 용도에 대해 고려해야 한다.
>
> 2. 물리적 가능성의 검토
>   대상부지가 의도하고 있는 토지이용이 물리적으로 적합한가에 대한 여부는 최유효이용을 결정하는 중요한 요인이 된다. 예컨대, 하중지지력, 부지의 모양, 기반시설 유무 등도 최유효이용의 성립요건이 된다. 이와 같은 물리적 조건에 따라 개발비용이 과도하게 소요되는 경우도 있으므로 물리적 가능성은 경제적 효율성과 결부되어 있다.
>
> 3. 법적 허용성의 검토
>   최유효이용은 합법적 이용이어야 한다. 즉, 최유효이용은 지역지구제, 환경기준, 생태기준, 건축법규 등 관련 제규정이 허용한 이용이어야 한다. 법적 허용성은 공법뿐만 아니라 사법상의 계약조건(소유권 외 용익물권이나 담보물권 등이 설정되어 있는지)도 최유효이용에 영향을 줄 수 있는 점에 유의해야 한다.
>
> 4. 경제적 타당성의 검토
>   최유효이용은 합리적 이용이다. 합리적 이용이란 합리적으로 가능한 이용을 의미하고 해당 용도에 대한 소득과 가치가 총개발비용보다 커야 한다는 기준이다. 최유효이용은 해당 용도에 대한 충분한 수요가 있음을 의미하므로 토지이용 흡수율 등을 분석할 필요가 있다.

5. 최대 생산성의 검토

최대의 생산성 기준이란, 대상부동산이 앞서 설명한 3가지 조건을 충족하는 잠재적 용도 중에서 최고의 수익을 창출하는 이용이어야 최유효이용에 해당한다는 기준이다. 이는 실제 시장증거에 의하여 뒷받침되어야 한다. 최대의 수익성의 판단은 재무적 분석기법인 NPV법이나 IRR법 또는 토지잔여법을 통해 객관적 요구수익률을 충족하고 그중 최고의 수익성을 갖는 대안을 선택하게 된다.

▶ 개량된 부동산의 최유효이용의 분석*

1. 개설

개량된 부동산의 최유효이용은 기존 개량물의 철거, 기존 용도의 지속, 기존 용도의 변경가능성을 고려해야 한다.

2. 개량된 부동산의 기존 용도를 지속할 것인지의 검토

개량된 부동산의 기존 용도는 법적으로 허용되며, 물리적으로 가능한 경우가 대부분이다. 만약 기존 용도가 경제적으로 타당하며 변경이나 재개발보다 더 적합하다면 기존 용도는 개량된 부동산의 최유효이용으로서 지속될 것이다. 다만 기존 용도의 경제적 타당성에 대한 검토를 통해 지속 여부가 결정될 필요가 있다.

3. 개량된 부동산의 기존 용도 변경 여부 검토

기존 개량물의 변경은 반드시 최유효이용의 네 가지 테스트를 충족시켜야 한다. 시장분석과정 중 부동산 생산성에 관한 연구는 기존 용도에서 물리적으로나 법적으로 가능한 변화가 무엇인지 보여준다. 기존 용도의 지속이나 다른 변경보다 더 적합하고 경제적으로 타당한 변경을 결정하기 위해서 변경의 비용과 부동산 수익, 수정으로 인한 임대료의 적절한 상승 중 어느 것에 더 무게를 둘 것인지 선택해야 한다.

4. 개량된 부동산의 철거와 재개발 여부의 검토

개량된 부동산의 가장 극단적인 형태로 철거를 고려해 볼 수 있다. 부지의 다른 사용이 법적으로 허용되고, 물리적으로 가능하며, 경제적으로 타당하고, 철거와 재개발비용보다 적은 비용으로 기존 용도보다 더 이익창출이 가능하다면 그 사용이 대상부동산의 최유효이용이 될 것이다. 많은 건물들이 다양한 이유에서 해체되고, 그 부지는 나지로 남겨지거나 일시적인 용도로 사용되는데, 그 이유는 부동산세금부담, 흉물스러움에 대한 비난의 회피, 그 외 기타 등이 있다.

▶ 경응수 감정평가론

최유효이용 분석의 사례를 들어보자. 만약 대상부동산은 용도지역상 상업지역에 있는 단독주택이라고 하자. 이때 대상부동산의 토지의 최유효이용은 무엇인가 하는 문제이다. 우선 토지를 나지상태의 최유효이용과 개량물이 있는 상태의 최유효이용으로 나누어 생각해야 한다. 이 두 가지 기준은 상호 연관되어 있지만 전혀 다른 개념이기 때문이다.

1. 나지상태의 최유효이용 분석

대상물건은 상업지역 내 토지이므로 용적률로 보아 주거용보다는 상업용 시설로서 이용하는 것이 최대 수익을 얻는 토지이용이므로 나지상태의 최유효이용은 상가건물이나 주상복합건물이 된다.

2. 개량물이 있는 상태의 최유효이용 분석

만약 현 상태, 즉 단독주택의 시장가치가 상업용 시설로서의 가치에서 현재의 주택 철거비용을 공제한 시장가치보다 높다고 하자. 그러면 개량물이 있는 상태의 최유효이용은 상가건물이나 주상복합건물이 아니라 계속 단독주택으로 이용하는 것으로 판정된다. 위의 사례에서 보듯이 두 가지 판정기준은 전혀 다른 최유효이용의 결론을 도출할 수 있으므로 반드시 최유효이용 분석에 있어서 이 두 방법을 병용하여 판정해야 하는 것이다.

3. 두 가지 분석 결과가 상이한 경우

(1) 양 분석 결과가 상이한 이유

개량물이 있는 상태의 최유효이용 분석에는 기존 구조물에 대한 철거비용, 건설과정에서 발생하는 임대료 손실 등 전환비용이 계산에 포함되기 때문에 나지상태의 분석 결과와 상이할 수 있다.

(2) 분석 결과가 상이한 경우의 의미

이는 곧 현재 개량물이 토지의 최유효이용과 부합하지 않지만, 그렇다고 분석된 토지의 최유효이용으로의 전환이 곧 수익성을 극대화하지 못한다는 것을 의미한다. 이때 현재의 이용은 중도적 이용으로서 당분간 지속될 것이다. 구체적으로 현재의 시장가치가 철거비 및 신축공사비를 고려한 잠재적 용도의 시장가치에서 전환비용을 공제한 값을 상회할 때까지 현재의 이용은 계속될 것이다.

4) 최유효이용의 분석과 시장분석 및 감정평가방법의 관계

최유효이용의 분석은 감정평가업무를 수행하는 과정에서 수행되는 시장분석과 감정평가방법의 적용과는 독립적인 부분이다. 그러나 이 세 가지는 유기적으로 밀접하게 관련되어 있다. 최유효이용의 분석은 시장분석을 통해 획득된 정보를 토대로 한다. 최유효이용의 분석은 감정평가사의 단순한 추측이나 판단이 아니라 객관적인 시장자료에 근거해야 하기 때문이다. 또한 최유효이용의 분석의 정확도를 높이기 위해서는 구체적인 감정평가방법을 적용해야 한다. 여러 가지 대안적 이용과 관련한 가장 적합한 감정평가방법을 선정하고 적용해야 정확한 최유효이용의 결론을 도출할 수 있다. 최유효이용의 분석은 감정평가방법의 적용보다 먼저 이루어지기는 하지만, 감정평가방법의 도움 없이는 수행할 수 없다. 이처럼 최유효이용의 분석은 선행하는 시장분석과 후행하는 감정평가방법의 적용과 밀접한 관련을 맺고 있으므로 감정평가서에 기술된 내용 간의 일관성이 있어야 한다.

4. 최유효이용 판정 시 유의사항 ★기출 22회·24회

1) 통상의 이용능력이 있는 사람에 의한 이용일 것

최유효이용은 객관적으로 보아 양식과 통상의 이용능력이 있는 사람에 의한 이용이어야 한다. 따라서 특별한 능력을 가진 사람의 경우 더욱 높은 수익을 올릴 수도 있으나 이는 비정상적인 상황으로 배제하여야 한다.

2) 단순한 이용자에 의한 이용이 아닐 것

최유효이용은 단순 이용자가 아닌 소유자에 의한 이용임에 유의하여야 한다. 그 이유는 단순한 이용자는 소유자와 달리 계약내용 및 조건에 따라 이용방법이 한정되거나 제한될 가능성이 많기 때문이다.

3) 예측 가능한 이용일 것

이용에 따른 효용이 발휘될 수 있는 시점이 예측할 수 있는 기간 내에 이루어지는 이용이어야 한다. 효용의 발휘시점이 너무 먼 미래로 예측되는 경우에는 불확실성으로 인하여 객관성을 잃을 가능성이 많다.

4) 장기적 고려를 통한 이용일 것

사용·수익이 장래 상당 기간 계속될 수 있는 이용이어야 한다. 일시적으로 초과수익을 누리고 있는 상황을 마치 계속될 것으로 오해하여 판단해서는 안 된다.

5) 수요분석에 유의

최유효이용은 해당 용도에 대한 충분한 수요가 있는지 여부를 확인하는 작업인바, 특히 수요분석에 유의하여야 한다. 만약 현재시점에 해당 용도에 대한 충분한 수요가 없다면, 최유효이용은 잠정적으로 연기되거나 중도적 이용에 할당된다.

> **● 일본 기준(복합부동산의 최유효이용 판정 시 유의사항)**
> 건물 및 그 부지의 최유효이용을 판정할 때는 다음 사항에 유의해야 한다.
> - 현실의 건물용도 등이 갱지로서 최유효이용과 일치하지 않는 경우에는 갱지로서 최유효이용을 실현하기 위해 요하는 비용 등을 감안해야 하기 때문에, 건물 및 그 부지와 갱지의 최유효이용의 내용이 반드시 일치하지 않는다.
> - 현실의 건물용도 등을 계속 유지하는 경우 경제가치와 건물의 철거 및 용도변경 등을 하는 경우 각각 요하는 비용 등을 적절히 감안한 경제가치를 충분히 비교하고 고려해야 한다.
>
> 다음은 건물 및 그 부지의 최유효이용 판정 예를 기재한 것이다.
> 제시된 예처럼, 대상부동산이 현재 사무실용 빌딩이나 그 부지를 갱지로서 최유효이용이 아파트부지라 판정할 수 있는 경우, 해당 부동산의 최유효이용은 아파트로 용도를 변경하고, 건물을 철거하는 것이 (아파트 재건축) 현행용도 등(사무소)을 계속하는 것보다 더 높은 경제가치를 실현할 수 있는 최유효이용이라 판정되는 경우처럼, 현실의 건물용도 등이 갱지로서 최유효이용에 일치하지 않는 경우에는, 건물 및 그 부지와 갱지의 최유효이용의 내용이 반드시 일치하는 것이 아님을 유의해야 한다.

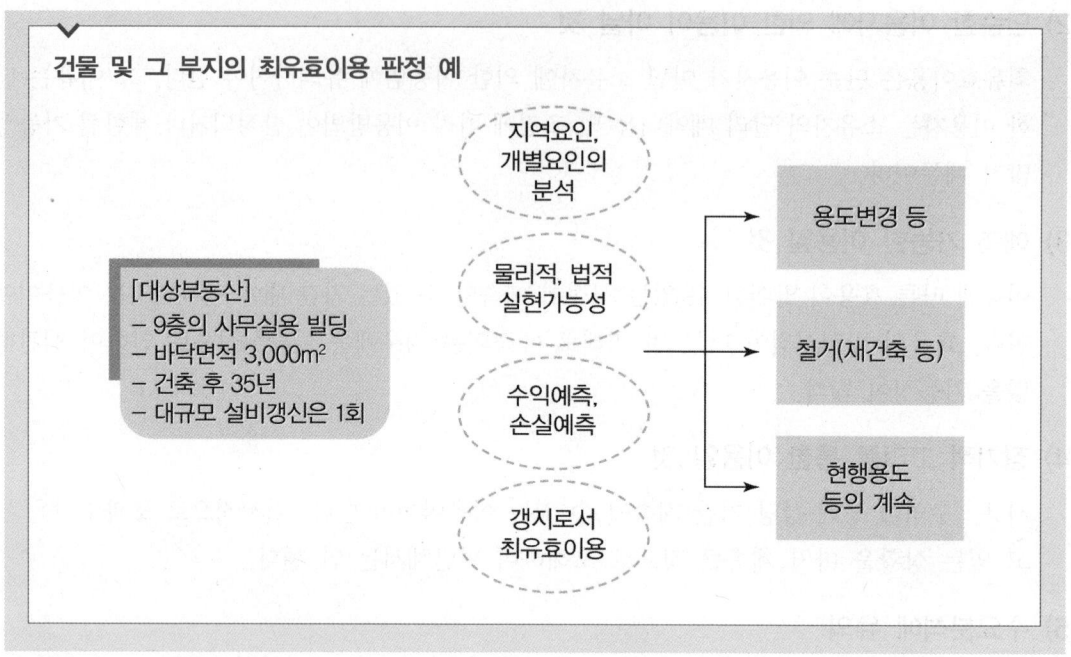

5. 판정 시 장애요인* 기출 22회

1) 경제주체의 비전문성

최유효이용의 성립근거에는 경제주체의 합리성이 전제되어 있다. 그러나 부동산의 이용 결정에는 물리적, 사회적, 경제적, 행정적 요인 등 수없이 많은 요인들이 영향을 미치고, 이러한 요인들은 끊임없이 변화하기 때문에 소유자를 비롯한 경제주체들이 최유효이용을 판정한다는 것이 그리 쉬운 일이 아니다. 이에 따라 감정평가사를 비롯한 전문가들의 도움으로 토지이용분석 등의 컨설팅을 받아 최유효이용을 판정할 수 있지만 경제적 부담과 복잡한 절차 등으로 전문가의 서비스가 즉각적이고 충분하게 제공되지 못하는 경우가 많다.

2) 부동산시장의 불완전성

부동산은 시장에서의 대체·경쟁관계를 통하여 최고가격을 지불하려는 사람에게 할당되며 최고가격에 상응하는 방안이 최유효이용이 된다. 그러나 부동산의 자연적 특성인 지리적 위치의 고정성으로 인한 지역적 이동의 어려움과 고가성으로 인한 시장참여자의 제한, 개별성으로 인한 정보의 불완전성 등으로 인하여 완전경쟁이 이루어지기 어려운바, 이는 최유효이용을 방해하는 장애요인으로 작용한다.

3) 정부의 행정적 규제

부동산가격공시제가 점차 발전하고 부동산 증권화로 불특정 다수가 투자활동에 참여, 인터넷을 기반으로 하는 부동산정보 제공업의 활성화, 실거래가격 신고제나 부동산 투자지수 공표 등으로 부동산시장의 불완전성이 어느 정도까지는 해소되고 있다. 그러나 정부는 토지자원의 최적할당 및 공공복리 증진을 위하여 지역지구제나 건축인허가 권한을 행사하여 사유지의 최대수익 창출을 위한 최유효이용으로의 진입을 막거나 임대료 통제 등의 법적 규제를 통해 최유효이용으로의 진입을 지연시키는 경우가 있다.

> **● 경응수 감정평가론**
>
> **최유효이용과 감정평가의 관련성**
>
> 부동산의 가치는 최유효이용을 전제로 하여 형성되는 것이므로 만약 최유효이용에 미치지 못하는 경우 그만큼 낮은 가액으로 평가된다. 즉, 최유효이용원칙은 감정평가의 가치 전제가 된다. 최유효이용과 감정평가 3방식도 매우 밀접하게 관련된다.
>
> 1. **원가방식의 적용**
>   재조달원가는 최유효이용을 전제로 파악되는 것이고 간접법에서는 대상과 사례에 대한 최유효이용을 판정 후 개별요인의 비교가 이루어지는 것이다. 감가수정은 대상물건의 최유효이용을 재조달원가의 상한으로 하여 물리적·기능적·경제적 감가액을 이에서 차감하여 대치원가를 적정화하는 작업이다.
>
> 2. **비교방식의 적용**
>   거래사례의 선택에 있어서 대상물건과 동일한 최유효이용 상태에 있는 사례를 채택하여야 한다. 또한 개별요인 비교 시 최유효이용을 토대로 이루어진다.
>
> 3. **수익방식의 적용**
>   순수익과 환원이율은 최유효이용을 전제로 구하여진다. 수익사례에 나타난 공실률, 운영경비비율, 수익률, 환원이율 등을 대상부동산과 비교함에 있어서도 마찬가지이다. 또한 간접법에서 개별요인을 비교할 때나 잔여법에서 사례선택 시에도 최유효이용을 전제로 하여 이루어진다.
>
> 4. **최유효이용원칙과 경제제원칙**
>   가격제원칙과의 관계를 보면 우선, 변동의 원칙과 예측의 원칙이 바탕이 되고 내부적으로는 균형의 원칙, 수익배분의 원칙, 기여의 원칙 그리고 외부적으로는 적합의 원칙과 경쟁의 원칙이 주로 관련된다. 한편 가치형성요인과 최유효이용의 관련성을 보면 지역분석을 통하여 파악된 대상 지역의 표준적 이용상태를 기준으로 하여 대상부동산의 최유효이용이 판단되는 것이므로 결국 양자는 불가분의 상호 밀접한 관련성을 지닌다고 볼 수 있다.

6. 특수상황의 최유효이용분석* 기출 3회

최유효이용은 물리적, 합법적, 경제적 측면의 분석을 통해 파악되는데, 일반적으로 인근지역 내 표준적인 이용과 일치되는 경우가 대부분이다. 그러나 아래와 같은 특수한 상황에서는 최유효이용의 판정에 있어 사안마다 특별한 주의가 요구되므로 유의하여야 한다.

1) 단일이용(single use)

단일이용이란 토지이용에 있어 주위 용도와는 다른 독자적인 토지이용을 말한다. 일반적으로 특정 토지에 대한 최유효이용은 주위의 용도와 일치하거나 유사한 용도가 되는 경우가 많다. 그러나 경우에 따라서는 주위의 용도와는 전혀 다른 데도 불구하고 최유효이용이 될 수 있다. 예를 들어 주거지대 내의 쇼핑센터는 주위의 용도가 모두 주거용도라고 해서 최유효이용이 아니라고 말할 수 없다. 이렇게 주위의 용도와 다른 이용일지라도 시장수요가 충분한 경우에는 최유효이용이 될 수 있다. 즉, 대상부동산이 최유효이용인지 아닌지의 판단은 시장수요와의 관계에서 파악해야 한다.

2) 복합적 이용(multiple use)

하나의 토지에 여러 용도가 혼합되어 있는 이용을 말한다. 토지는 하나의 용도로 이용되는 것이 일반적이나 경우에 따라서 여러 용도가 혼합된 복합적 이용에 활용될 수 있고 이것이 최유효이용이 될 수 있다. 예를 들어 넓은 토지 일단에 아파트, 쇼핑시설, 위락시설 등이 함께 어우러져 계획적으로 개발된 경우와 초고층건물 내 상가, 오피스텔, 아파트 등이 혼합되어 있는 경우이다. 복합적 이용에 할당하고 있는 부동산의 경우 각 구성부분의 가치는 전체 가치에 대한 기여도에 의해 결정된다. 그리고 부동산 전체의 가치는 각 구성부분들이 하나의 단위로서 상호간에 얼마나 조화를 이루고 있느냐에 따라 결정된다.

3) 중도적 이용(interim use)*

(1) 의의

중도적 이용이란 가까운 장래에 대상토지 또는 개량부동산에 대한 최유효이용이 도래할 것으로 생각될 때 그 이용을 대기하는 과정에서 현재 할당되고 있는 이용을 말한다. 예를 들어 도심지 내의 주차장, 오래된 건물, 가건물 등과 같이 비집약적인 이용이나 외곽지역의 공터와 전, 답들의 상당수는 중도적 이용이다.

(2) 일치성 이용의 원리(principle of consistent use)

일치성의 원리(일본에서는 제합사용의 원칙이라고 한다)란 토지와 건물을 각각 다른 용도로 보고 평가해서는 안 되고, 동일한 용도로 보고 평가해야 한다는 원리로서 중도적 이용 중인 부동산을 평가할 때 특히 유의해야 하는 원리이다. 예를 들어 상업용으로 이용될 수 있는 오래된 단독주택을 평가하는 경우가 대표적이다. 평가사는 대상토지가 비록 현재 주거용으로 사용되고 있지만, 상업용이 최유효이용이라고 판단하고 있다. 이럴 경우 이 원리가 의미하는 바는 토지는 상업용으로 건물은 주거용으로 평가해서는 안 되고 토지가 상업용이면 건물도 상업용으로서의 가치를 평가해야 한다는 것이다.

건물과 같은 개량물은 독자적인 가치를 갖는다기보다는 토지가치에 기여하는 만큼의 가치를 갖는 것이 일반적이다. 토지가 최유효이용이 되지 못하도록 하는 개량물은 비록 물리적 수명이 남았다고 하더라도 아무런 가치를 가지지 못할 수도 있다. 경우에 따라서는 철거비용으로 인해서 오히려 (−)의 가치를 가질 수도 있다. 그러나 일치성의 원리로 평가할 때 우리나라 평가실무에서는 건물가치는 그대로 인정하는 대신에 건물로 인한 가치하락분은 건부감가의 형태로 토지가치에서 반영하고 있기에 유의하여야 한다.

4) 비적법적 이용(legally nonconforming use)

(1) 의의

한때는 적법하게 건축되고 유지되던 이용이었으나 현재는 더 이상 각종 규정에 부합하지 않는 이용이다. 주로 용도지역제, 세부적인 개발기준 등(건폐율, 건축선)이 변경됨으로 발생한다. 개발제한구역(G/B) 내의 건물이 대표적인 사례라고 할 수 있다. 새로 개발제한구역으로 지정되더라도 기득권을 보호해준다는 차원에서 기존의 이용은 계속 허용된다.

(2) 불법적 이용(illegal use)과의 차이

불법적 이용은 현재 법 규정에 부합하지도 않고 이용상태도 지속될 수 없는 이용으로 현재의 법 규정에는 부합하지 않지만 이 상태를 계속 유지할 수 있는 비적법적 이용과 구별된다.

(3) 비적법적 이용의 유형

비적법적 이용은 부동산의 과대개량 또는 과소개량을 야기시킨다. 먼저 과대개량은 오래전에 지정된 주거지역이 관리지역으로 재지정되는 경우처럼 용도지역 변경이나 건축선, 건폐율 등 개발기준이 강화되어 변경되는 경우에 발생한다. 과대개량된 부동산의 경우에는 그렇지 않은 다른 부동산에 비하여 일반적으로 가치가 높게 형성된다. 한편 과소개량은 주거지역이 상업지역으로 용도지역이 완화되어 지정되는 경우 등 개발기준이 완화되어 변경되는 경우에 발생한다. 이때 과소개량된 상태의 부동산은 곧바로 철거되어 최유효이용인 상업용으로 전환되기도 하며, 상당 기간 현재의 이용상태(중도적 이용)를 유지하는 경우도 있다.

(4) 프리미엄의 원천 및 처리방법

과대개량된 부동산의 경우에는 현재의 용도지역 등의 규정에 부합되는 부동산보다 오히려 높은 가치를 가진다(예 G/B 내의 부동산). 이때 이론적인 측면에서 비적법적 이용이 적법적 이용보다 높은 가치를 지니게 되는 원천은 건물에 의한 것이지 토지에 의한 것이 아니다. 따라서 토지가치는 나지상태를 상정하여 현재 법적으로 허용되는 용도를 기준으로 평가하고, 건물가치는 복합부동산의 전체 가치에서 토지가치를 제외한 나머지 값이 된다. 결국 건물가치는 순수한 의미의 건물가치에서 비적법적 이용에 따른 프리미엄을 더한 값이 되는 것이다. 그러나 우리나라와 일본의 실무상 기준에서는 프리미엄을 토지가치에서 고려해준다. 이것을 건부증가라고 한다. 물론 (-) 프리미엄이 발생할 경우에는 건부감가가 될 것이다.
- 토지가치 = 적법적 이용의 토지가치로 추계
- 건물가치 = 순수한 건물가치 + 비적법적 이용의 프리미엄

> **Check Point!**
>
> ▶ **건부감가와 건부증가*** 기출 13회 · 18회
>
> 건부감가란 같은 토지라도 나지상태일 때가 가격이 더 높고 건부지가 되면 가격이 낮아진다는 말이다. 건부지가 되면 토지가격이 낮아진다고 해서 건부감가라고 한다. 일반적으로 대부분의 토지에는 건부감가현상이 나타난다. 그래서 실수요자나 투자자들은 대개의 경우 건부지보다는 나지를 선호한다. 그런데 모든 토지에서 건부감가현상이 나타나는 것은 아니다. 특수한 상황에서는 토지가격이 나지일 때보다 건부지가 되었을 때 더 높아지는 경우도 있다. 이러한 현상을 '건부증가'라고 한다. 건부지일 때 가격이 더 높아진다는 의미이다.
>
> 건부증가의 예는 개발제한구역 내 토지에서 많이 볼 수 있다. 개발제한구역에서는 건물이 아예 없는 나지보다는 건물이 있는 건부지가 더 높은 가격에 거래된다. 그 이유는 개발제한구역은 건축허가가 까다롭기 때문에 현재 건물이 없는 나지에 건축허가를 받아서 새로운 건물을 짓기가 상당히 어렵다. 그러나 현재 건물이 있는 상태라면 그 건물을 새롭게 수리해서 사용하거나 혹은 일정한 범위 내에서 건물의 용도를 변경하는 것이 가능하기 때문이다. 개발제한구역 안에서의 나지는 일반적인 경우처럼 다양한 용도로 사용할 수 있는 가치 있는 토지가 아니다. 그에 비하여 건부지는 건물이 지어져 있으므로 용도가 분명하기 때문에 그만큼 가치가 안정적이다. 그래서 개발제한구역 같은 곳에서는 건부지 가격이 나지 가격보다 더 높아진다.

5) 비최유효이용*

(1) 의의

기존 개량부동산의 이용이 나지를 상정하였을 경우 토지의 최유효이용과 부합하지 않는 경우를 의미한다. 이는 개량부동산이 토지의 최유효이용과 같은 범주인 경우와 각기 다른 범주인 경우로 구분되는데 특히 개량부동산의 감가수정 시에 유의하여야 한다.

(2) 유형

① 개량부동산과 토지의 최유효이용이 같은 범주에 속하는 경우

오래된 저층아파트에 대한 토지의 최유효이용을 분석한 결과 현대식 고층아파트라고 판정될 시에 둘은 동일 범주에 속하지만 현재이용이 최유효이용은 아니다. 이 경우 건물은 물리적, 기능적 감가수정의 대상이 된다.

② 개량부동산과 토지의 최유효이용이 다른 범주에 속하는 경우
오래된 저층아파트에 대한 토지의 최유효이용을 분석한 결과 상업용 건물로 판정될 시 둘은 다른 범주에 속한다. 이 경우 건물은 물리적, 기능적 감가 이외에 경제적 감가수정의 대상이 된다.

(3) 평가 시 유의사항

만일 개량부동산과 토지의 최유효이용이 서로 다른 범주에 속할 경우에는 일치성의 원리를 적용해야 한다. 따라서 이럴 경우 건물은 어떤 가치도 못 가질 수도 있고, 철거비용 등으로 (−)가치를 가질 수도 있다.

아울러 비최유효이용과 중도적 이용은 분명히 구별하여야 한다. 앞에서 설명한 중도적 이용이 가까운 장래에 최유효이용이 가능한 상황을 앞두고 일시적인 개량물이 존재하는 상황을 설명하는 개념인데 반해 비최유효이용은 비교적 견고한 개량물이 존재함으로써 토지의 최유효이용을 방해하는 상황이므로 당연히 감가수정을 요하게 된다.

6) 특수목적의 이용(special purpose use)

(1) 의의

호텔, 극장, 대학, 교회, 공공건물과 같은 특정한 활동을 위해서 설계되고 운영되는 부동산의 이용이다. 특수목적의 부동산은 극히 제한된 목적으로 설계되기에 최유효이용을 확인하기 곤란한 경우가 많다.

(2) 유형

① 개량부동산에 대한 최유효이용 분석
대상부동산의 특수목적에 대해 수요가 충분하여 현재의 이용이 그대로 유지될 것으로 판단될 때 행해진다. 특수목적의 부동산이 제공하는 서비스는 특수하고 제한적이기 때문에 시장에서 그것에 대한 정당한 교환가치가 성립되지 않는 경우가 많다. 따라서 일반적으로 사용가치로 평가되는 경우가 많다.

② 토지에 대한 최유효이용 분석
대상부동산이 물리적, 기능적으로 쇠퇴하여 더 이상 충분한 서비스를 제공하지 못할 때 행해진다. 따라서 최유효이용이 대안적인 이용으로 결정되는 경우는 시장에서의 교환가치로 평가된다. 이때 건물가치는 각 구성요소의 잔재가치 또는 폐재가치밖에 지니지 못하여 해체처분가치로 평가될 것이다. 특수목적의 건물은 특수목적이나 제한된 목적에 부합하도록 설계되었기 때문에 다른 대안적 이용에는 아무런 기능을 하지 못하기 때문이다.

(3) 유의사항

우선 특수목적의 부동산에 대한 최유효이용의 판정과 방식 적용은 시장수요에 의해 결정되므로 수요에 미치는 요인분석에 유의할 필요가 있다. 수요가 충분하여 특수부동산을 사용가치로 평가함에 있어 시장이 형성되지 않거나 유용한 시장자료가 없는 경우에는 시장가치와는 구분되는 것이므로 그 사실을 보고서에 기술해야 한다. 해당 용도에 대한 수요가 부족한 경우에는 다른 용도로의 전환가능성, 전환비용 그리고 전환시기 등에 대한 예측이 필요하며 아울러 해당 최유효이용의 대기과정상 할당된 현재의 이용, 즉 중도적 이용인지 여부도 분석할 필요가 있다.

7) 투기적 이용(speculative use)

(1) 의의

투자자가 부동산의 용도를 특별하게 정하지 않고 취득 후 별다른 운영을 하지 않은 채 보유만 하면서 처분을 위한 준비상태에 있는 일시적인 현재이용이다.

(2) 유의사항

투기목적의 토지는 향후 이용에 대해 불확실성이 매우 높기에 최유효이용이 무엇인지 예측하는 것이 어렵다. 이럴 경우 평가사는 특정한 최유효이용을 판정하는 것이 아니라 미래 이용에 대한 일반적인 유형을 상정하여 합리적으로 판단해야 한다.

8) 초과토지(excess land)와 잉여토지(surplus land)★ 기출 33회

(1) 초과토지

초과토지란 현존 지상개량물에 필요한 적정면적 이상의 토지를 말하며, 건부지와 다른 용도로 분리되어 독립적으로 사용될 수 있으므로 건부지와는 별도로 평가되어야 한다. 건부지에 정상적으로 필요한 면적은 대상부동산의 최유효이용에 해당되는 만큼의 토지면적이므로 초과토지 부분의 최유효이용은 건부지의 적정면적 부분과는 다를 수도 있다. 따라서 초과토지 여부는 지역분석을 통한 표준적 이용과 유사용도 부동산의 시장자료를 토대로 판정된다. 예컨대, 오피스빌딩의 주차장이나 학교운동장과 같이 비록 저밀도이더라도 건부지의 주목적에 적합하게 할당되고 있을 때에는 초과토지에 해당되지 않는다. 초과토지는 그 자체가 하나의 독립적인 용도로서 사용하는 것이 최유효이용이 될 수도 있으므로 초과부분의 토지는 따로 분리하여 사용할 수 있는지 여부를 고려하여 평가된다. 따라서 정상 필요면적만큼의 토지가치와 초과부분의 토지가치는 각기 별도로 추계하여 전체 토지의 가치를 결정한다. 그리고 적정면적에 대한 판단은 지역분석을 통하여 파악된 전형적인 유사개량물의 건폐율을 바탕으로 이루어진다.

(2) 잉여토지

잉여토지란 기존 개량물 부지와 독립적으로 분리되어 사용될 수 없고 별도의 최유효이용 용도에 이용할 수 없는 토지를 말한다. 비록 대상부지가 필요 이상으로 크다 하더라도 그것이 특정한 용도로 분리되어 사용될 수 있는 경우에는 잉여토지가 아니라 초과토지로 간주된다. 예컨대 1,000㎡의 공장부지 지상에 200㎡의 공장개량물이 있다고 했을 때 인근 유사용도 토지의 건폐율은 50%이고 표준적 토지면적은 400㎡인데, ㎡당 시장가치는 100만원이라고 조사되었다. 대상토지 중 공장개량물 후면의 200㎡ 정도는 공지로서 별도 진입로가 없다면, 이 토지는 잉여토지라 할 수 있다. 왜냐하면 나머지 800㎡의 부지와 분리하여 별도로 거래되기 곤란하기 때문이다. 따라서 이 잉여토지는 설사 장래 확장가능성 측면에서 이점이 있더라도 100만원/㎡에 상당히 못 미치는 가치로 평가될 것이다.

이와 같이 어느 정도의 면적이 초과토지인지, 잉여토지인지는 인근 유사토지의 표준적인 이용상황이나, 건폐율 그리고 도로진입 가능 여부 등에 따라 달리 판정될 수 있으므로 유의하여야 한다. 잉여토지의 경우 정상적인 토지보다 낮게 평가되는 것이 당연하나 인접 토지와의 합병이 가능한 경우에는 오히려 합병이익이 있을 수 있음에 유의하여야 한다.

(3) 초과토지와 잉여토지의 차이

초과토지의 경우는 미개발된 상태로 유지시키거나, 녹지공간으로 이용할 수 있으며 건물의 확장을 위한 유보공간으로 활용하는 것이 최유효이용이 될 수 있다. 그러나 잉여토지는 자체로서 별도의 최유효이용을 가지지 못하고 건물의 확장을 위한 유보공간 정도로 이용될 수 있을 뿐이다.

7. 일단지* 기출 20회

1) 일단지 토지의 개념*

'일단지 토지'란 지적공부상 2필지 이상으로 구분등록이 되어 있는 토지가 해당 토지의 최유효이용의 관점에서 볼 때 인접 토지와 일단을 이루어 같은 용도로 이용되는 것이 가장 수익성이 높은 경우 일반적인 의미에서 일단지 토지라 한다.

국토교통부「표준지공시지가 조사평가기준」제20조에서는 2필지 이상의 토지가 일단을 이루어 이용되고 있다고 하여 모든 경우를 일단지로 보지 아니하고 '용도상 불가분의 관계'에 있는 경우를 전제로 하고 있다. 한편「감정평가에 관한 규칙」제7조 제1항 및 제2항에서 "평가는 대상물건마다 개별로 행하여야 한다. 다만, 2개 이상의 대상물건이 일체로 거래되거나 대상물건 상호 간에도 용도상 불가분의 관계가 있는 경우에는 일괄평가할 수 있다."라고 규정하고 있다. 이 규칙에서는 일괄평가할 수 있는 경우를 일체로 거래되는 조건이 있는 경우와 용도상 불가분의 관계에 있는 경우의 2가지로 상정하고 있다.

그리고 일단지의 정의에 관한 판례에 의하면, "일단지라 함은 일단의 토지로 이용되고 있는 상황이 사회적·경제적·행정적 측면에서 합리적이고 해당 토지의 가치형성적 측면에서도 타당하다고 인정되는 관계에 있는 경우를 말한다."라고 하여 다음과 같이 판시하고 있다.

> **Check Point!**
>
> ● 판시사항
> 여러 필지의 토지가 일단을 이루어 용도상 불가분의 관계에 있는 경우, 그 '용도상 불가분의 관계에 있는 경우'의 의미
>
> ● 이유
> 여러 필지의 토지가 일단을 이루어 용도상 불가분의 관계에 있는 경우에는 특별한 사정이 없는 한 그 일단의 토지 전체를 1필지로 보고 토지 특성을 조사하여 그 전체에 대하여 단일한 가격으로 평가함이 상당하다 할 것이고 여기에서 '용도상 불가분의 관계에 있는 경우'라 함은 일단의 토지로 이용되고 있는 상황이 사회적·경제적·행정적 측면에서 합리적이고 해당 토지의 가치형성적 측면에서도 타당하다고 인정되는 관계에 있는 경우를 말한다.

2) 일단지 토지와 합병토지

토지는 필지별로 구획되어 지적공부에 등록되고 토지소유자 등 이용주체의 필요에 따라 합병 또는 분할될 수 있기 때문에 개별필지별로 이용되고 거래되는 것이 일반적인 관행이다. 그러나 실제로는 2필지 이상의 토지가 지적공부상 합병되지 아니한 상태에서 토지소유자의 필요에 의하여 일단을 이루어 같은 용도로 이용되는 경우도 많이 있다. 이와 같이 지적공부상 2필지 이상의 토지가 일단을 이루어 같은 용도로 이용되는 경우 이를 '일단지 토지'라 할 수 있다. 여기서 일단지 토지의 개념과 토지의 합병은 명확히 구분되어야 한다. 왜냐하면 2필지 이상의 여러 토지를 합쳐 하나의 필지로 만드는 것이 합병임에 비해 일단지는 2필지 이상의 토지가 지적공부상 합병되지 아니한 상태에서 토지소유자의 필요에 의하여 일단을 이루어 같은 용도로 이용되는 경우를 말하는 점에서 차이가 있다.

3) 일단지 토지의 판단기준*

(1) 용도상 불가분의 관계

'용도상 불가분의 관계'란 '일단지로 이용되고 있는 상황이 사회적, 경제적, 행정적 측면에서 합리적이고 해당 토지의 가치형성 측면에서도 타당하다고 인정되는 관계에 있는 경우'로 정의된다. 인접되어 있는 2필지 이상의 토지가 개별필지별로 이용되는 것보다 일단으로 같이 이용되는 것이 토지의 최유효이용 측면에서 타당하여 일단으로 이용되고 있고 이를 분리하여 개별필지별로 이용 또는 거래되는 것이 사실상 곤란하거나 현저히 불합리한 경우로서 토지의 용도적 관점이나 가치형성 측면에서 볼 때 상호 불가분성이 인정되는 관계에

있는 경우를 말한다. 다시 말하면, 2필지 이상의 토지가 일단을 이루어 이용되고 있는 경우에도 토지의 용도가 명확하게 구분되거나 가치형성 측면에서 불가분성이 인정되지 아니한 경우에는 '용도상 불가분의 관계'에 있다고 볼 수 없을 것이다. '용도상 불가분의 관계'를 판정하는 데 있어서 장차 상업용 건물 등의 부지로서 일단으로 이용할 것이 기대되는 나지상태 토지의 경우에도 '용도상 불가분의 관계'에 있다고 볼 수 있는가가 문제이다. 나지상태 토지는 일반적으로 그 용도가 확정되어 있지 아니하고 일단지의 범위를 정하기 곤란하여 '용도상 불가분의 관계'의 확인이 사실상 곤란하나, 그 일단의 토지소유자가 동일인이고 주위환경이나 토지의 상황 등으로 보아 개별필지별로 이용 또는 거래되는 것이 사실상 곤란하거나 현저히 불합리하여 장차 일단으로 이용되는 것이 확실시되는 경우에는 '용도상 불가분의 관계'에 있다고 할 수 있을 것이다.

'용도상 불가분의 관계'의 판정은 '용도상 불가분의 관계'에 대한 최유효이용의 4가지 판정기준, 즉 물리적 가능성, 법적 허용성, 경제적 타당성, 그리고 최대수익성 등을 고려하여 개별적인 토지의 용도별로 구체적으로 판정되어야 할 것이다.

(2) 「공간정보의 구축 및 관리 등에 관한 법률」상 지목과의 관계

2필지 이상의 토지가 일단을 이루어 같이 이용되고 있고 이를 분리하여 개별필지별로 이용 또는 거래되는 것이 사실상 곤란하거나 현저히 불합리한 경우에 있다고 하여 실제 지목이 다르게 분류될 수 있는 필지 모두를 일단지의 범위에 포함시킬 수 있는가가 문제이다. 일단지는 일반적으로 2필지 이상의 토지가 일단을 이루어 같은 용도로 이용되고 있으므로 지목이 같은 경우가 대부분이나, 일단지의 범위는 용도상 불가분의 관계에 있는지의 여부를 기준으로 판정하게 되므로 지목분류 개념과는 반드시 일치하는 것이라고는 볼 수 없다.

예를 들어, 염전 등 특수용도 토지는 지목분류기준에 따라 그 부속시설의 부지가 주된 시설 부지의 지목으로 같이 분류될 수도 있고 따로 분류될 수도 있으나, 주된 시설과 그 부속시설은 용도상 불가분의 관계에 있으므로 이를 일단지의 범위에 포함시키는 것이 타당하다고 본다. 그러나 과수원 안에 있는 주거용 건물의 부지 등과 같이 용도 및 가치형성 측면에서 명확히 구분되거나, 일단을 이루고 있는 도로 구거 등의 부지가 전용적인 성격을 갖지 아니하고 인근지역에 있는 다른 토지들의 편익에도 제공되고 있어 용도상 불가분의 관계가 명확하지 않은 경우 등에는 이를 일단지의 범위에 포함시키지 않는 것이 타당할 것이다.

(3) 일단지와 토지소유자와의 관계

용도상의 불가분의 관계에 있다고 인정되는 경우에는 토지소유자가 다른 경우에도 이를 민법 제262조에서 규정한 공유관계로 보아 일단지에 포함시키고 있다. 다만, 건축물이 없는 나지 등은 용도상 불가분의 관계에 대한 확정성이 결여되고 일단지의 범위를 정하는 것이 사실상 곤란하므로 소유자가 특별한 경우를 제외한 다른 때에는 일단지로 보지 않는 것이 타당하다.

(4) 일단지의 일시적 이용상황

2필지 이상의 토지가 일단을 이루어 같이 이용되고 있다 하더라도 그것이 가설 건축물의 부지이거나 조경수목재배지, 조경자재제조장, 골재야적장 등으로 이용되고 있어 현재의 이용상황이 일시적인 것으로 인정되는 경우에는 일단지의 판정기준이 되는 용도상 불가분의 관계에 대한 확정성이 결여되므로 일단지로 보지 않는 것이 타당하다.

(5) 일단지로 인정되는 시점

인접한 2필지 이상의 일단지 토지상에 공시기준일 현재 건축물 등이 있는 경우에는 용도상 불가분의 관계가 이미 성립되어 있으므로 일단지로 인정되는 시점을 따로 확인할 필요가 없다. 그러나 건축물을 건축 중에 있는 토지의 경우와 나지상태이나 건축허가 등을 받고 공사를 착수하여 장차 일단지로 이용할 것이 객관적으로 예상되는 경우에는 일단지 판정의 기준이 되는 용도상 불가분의 관계가 성립되는 시점의 확인이 필요하다고 본다.

「표준지공시지가 조사평가기준」에서는 "건축 중에 있는 토지와 공시기준일 현재 나지상태이나 건축허가 등을 받고 공사를 착수한 때에는 토지소유자가 다른 경우에도 이를 일단지로 본다."라고 규정하고 있다. 이 기준에서는 소유자가 각기 다른 2필지 이상의 일단의 토지에 하나의 건축물(부속건축물을 포함한다)을 건축하고 있거나 건축허가 등을 받고 공사를 착수한 때에는 사실상 용도상 불가분의 관계가 성립되는 것으로 인정하여 이를 일단지로 보고 있는 것으로 해석된다.

4) 토지용도별 일단지의 최유효이용 분석

(1) 주거용지

주거용지는 주로 아파트부지 등 공동주택용지가 일단지 평가의 대상이 된다. 「도시 및 주거환경정비법」에 의한 주택재개발사업이나 재건축사업에 의하여 기존 건축물을 철거하고 새로이 아파트 등을 신축하는 경우에는 그 사업부지를 일단지로 이용하는 것을 최유효이용으로 보아 평가하게 된다. 그런데 단독주택 용지라고 하더라도 주위환경이나 인근지역의 표준적 이용상황으로 볼 때 2필지 이상의 토지를 일단지로 이용하는 것이 최유효이용으로 판단되는 경우도 많이 있다.

(2) 상업용지

상업용지는 주로 광대로변의 고밀도상가지대 또는 업무지대에서 일단지로 이용되는 경우가 많다. 도시계획법에 의한 최소대지면적 이하이거나 도시설계지구 등에 위치한 상업용지로서 인접된 토지 등과 일단으로 이용되는 경우에는 그 일단의 토지 전체를 1필지의 토지로 보고 최유효이용을 판단하게 된다. 그런데 각기 소유자가 다른 최소대지면적에 미달되는 여러 필지의 토지 위에 하나의 건축물이 건립되어 있을 경우에 각 토지소유자가 그 건축물을 수평적으로 구분하여 소유, 이용하고 있다면 그 토지 및 지상건축물을 공유관계로 보아 일단지로 보고 최유효이용을 판단하는 것이 타당할 것이나, 자기 토지상에 자기 건축물 부분만을 수직적으로 구분하여 소유, 이용하고 있어 건축물 외관상으로 그 지상건축물이 다른 소유자의 건축물과 구분이 가능하고 개별필지별로 지가수준에 차이가 있는 경우에는 그 지상건축물이 공유지분으로 등기되어 있다 하더라도 이를 일단지로 보지 않는 것이 타당할 것이다.

또한 상업용지로서 건축물이 준공된 이후 후면에 있는 토지를 매입하여 부족한 주차장 용지로 이용하는 경우, 만약 그 후면지가 건축법 규정에 의한 건폐율 적용면적에 포함되어 있지 아니하거나 법령에 의해 허용용적률이 오히려 불리하다면 용도상 불가분의 관계에 대한 확정성이 결여된 것으로 볼 수 있으므로 그 후면지는 비록 소유자가 같을지라도 일단지로 판단하지 않는 것이 타당하다고 본다(5) 일단지 토지의 최유효이용 분석사례를 참고).

(3) 공업용지

2필지 이상의 공장용지가 하나의 사업체의 부지로서 일단으로 이용되고 있고 용도상 불가분의 관계에 있는 경우에는 일단지로 최유효이용을 판단하게 된다.

(4) 농경지 및 임야지

전, 답, 과수원 등 농경지와 임야지는 특별한 경우를 제외하고는 용도상 불가분의 관계에 대한 확정성이 결여되고 일단지의 범위를 정하기 곤란하므로 개별필지 단위로 최유효이용을 판단하는 것이 타당하다고 본다. 다만, 과수원으로서 지상에 과수목이 있고 적정규모의 면적으로서 용도상 불가분의 관계에 있다고 인정되는 경우에는 일단지로 하는 것이 타당하다고 본다. 여기에서 주의할 점은 과수원 안에 있는 주거용 건물의 부지는 용도상 가치가 명확히 구분되고 「공간정보관리법 시행령」 제58조에서도 지목 '대'로 분류되므로 일단지 평가의 범위에 포함시키지 않는 것이 타당할 것이다.

(5) 후보지

'후보지'라 함은 인근지역의 주위환경 등의 사정으로 보아 현재의 용도에서 장래 택지 등 다른 용도로의 전환이 객관적으로 예상되는 토지를 말한다. 후보지는 일반적으로 용도상 불가분의 관계가 확정되어 있지 아니하므로 개별필지 단위로 최유효이용을 판단하는 것이 타당하다. 다만 개발사업시행예정지역 안에 있는 토지로서 사업시행자가 사업계획의 승인고시일(사업인정고시일) 이후에 해당 개발사업시행예정지역 안에 있는 토지를 매수 등을 통하여 사실상 소유하고 있는 경우로써 해당 개발사업의 시행에 따른 개발이익을 포함하여 평가하는 것이 타당하다고 인정되는 경우에는 이를 일단지로서 최유효이용을 판단할 수 있을 것이다.

(6) 특수토지

'특수토지'라 함은 토지용도가 특수하거나 거래사례가 희소하여 시장가치의 측정이 어려운 토지를 말한다. 특수토지는 일반적으로 두 필지 이상의 토지가 일단으로 이용되는 경우가 많으며 개별공시지가의 산정기준으로 활용될 수 있도록 그중 1필지가 표준지로 선정된 경우가 많이 있다. 이때 그 특수토지를 일단지로 최유효이용을 판단하게 되는데, 이러한 사례로는 염전, 골프장, 유원지 등이 있다. 예컨대 유원지는 일정한 구역에서 일반공중을 위하여 위락, 휴양 등에 적합한 시설물을 종합적으로 갖춘 수영장, 유원장, 낚시터, 어린이놀이터, 동물원, 식물원, 민속촌, 경마장의 토지 및 이에 접속된 시설의 부지이다.

유원지는 두 필지 이상의 토지가 일단을 이루어 유기적인 시설을 갖추어 그 유원지 전체 필지를 최유효이용 상태의 일단지 토지로 판단할 수 있다. 다만, 이들 시설과의 거리 등으로 보아 독립적으로 인정되는 숙박시설 및 유기장의 부지와 하천, 구거 또는 유지로 지목이 분류되는 것은 용도상 불가분의 관계에 있지 아니하거나 용도상 불가분의 관계가 명확하지 아니하므로 일단지로서 최유효이용을 판단하는 것에는 무리가 있게 된다.

5) 일단지 토지의 최유효이용 분석사례(「국토계획법」 개정이 있었으나 본 사례는 종전 규정에 의한 것임)

앞에서 설명한 대법원 판례, 즉 "일단지라 함은 일단의 토지로 이용되고 있는 상황이 사회적·경제적·행정적 측면에서 합리적이고 해당 토지의 가치형성적 측면에서도 타당하다고 인정되는 관계에 있는 경우를 말한다."라고 판시한 이유는 바로 최유효이용의 4가지 판정기준(① 물리적 가능성, ② 법적 허용성, ③ 경제적 타당성, ④ 최대 수익성)을 법적으로 해석한 것이다. 여기서는 이 판정기준에 의하여 다음의 일단지 토지 사례를 들어 최유효이용 분석을 수행하고자 한다.

사례 토지는 서울 강남 광대로변에 소재한 상업용 건물 및 주차장 용지로서 동일인에 의하여 일단지로 이용되고 있다. 아래와 같이 722-3번지(기호 ① 및 일반상업지역 및 일반주거지역에 걸쳐짐)와 함께 일단지를 형성하고 있다. 이러한 경우, 현황대로 일단지 토지로서 토지의 최유효이용을 판정할 수 있는가?

기호	구분	면적(m²)	용도지역	비율(%)	비고(%)
1번(도로전면)	722-3번지	686.2	일반상업지역	52.2	45
2번(1번후면)	722-3번지		제3종일반주거지역	47.8	41.2
3번 (2번후면/주차장부지)	722-2번지	110	제3종일반주거지역		13.8
합계		796.2		100	100

(1) 인근지역 토지의 표준적 이용상황은 고층건물(용적률 800% 수준)이나, 본건 상업용 건물은 1978년 준공된 지상 4층(용적률 144%)에 불과한 노후 건축물로서 인근지역 표준적 토지이용과 같이 신축을 준비 중에 있다고 하며, 건축상의 물리적 문제는 없다고 한다.

(2) 본건의 허용용적률은 「국토의 계획 및 이용에 관한 법률」의 다음 규정을 적용받는 것으로 조사되었다.

① 「국토계획법」 제84조(둘 이상의 용도지역, 용도지구, 용도구역에 걸치는 대지에 대한 적용기준)

하나의 대지가 둘 이상의 용도지역, 용도지구 또는 용도구역에 걸치는 경우 그 대지 중 용도지역, 용도지구 또는 용도구역에 있는 부분의 규모가 대통령령으로 정하는 규모 이하인 토지부분에 대하여는 그 대지 중 가장 넓은 면적이 속하는 용도지역, 용도지구 또는 용도구역에 관한 규정을 적용한다.

② 「국토계획법 시행령」 제94조(2 이상의 용도지역, 용도지구, 용도구역에 걸치는 토지에 대한 적용기준)

법 제84조 제1항 본문에서 "대통령령으로 정하는 규모"라 함은 330㎡를 말한다. 다만, 도로변에 띠 모양으로 지정된 상업지역에 걸쳐 있는 필지의 경우에는 660㎡를 말한다.

Chapter 04 지대이론 및 지가이론에 대한 이해

제1절 지대이론

미리보기

1. 의의
2. 내용
   1) 패티의 지대이론(지대이론의 시작)
      (1) 의의
      (2) 내용
      (3) 평가
   2) 리카도의 차액지대이론(지대이론의 이론적 체계화)
      (1) 의의
      (2) 차액지대의 성립요건 및 결정과정
         ① 성립요건
         ② 결정과정
      (3) 잉여(surplus)의 의미
      (4) 평가(한계)
   3) 차액지대이론에 대한 비판 및 새로운 시각들
      (1) 튀넨의 입지교차지대이론
         ① 의의
         ② 가정 및 내용
         ③ 평가
   (2) 절대지대이론
      ① 내용
         ㉠ 차액지대 I
         ㉡ 차액지대 II
         ㉢ 절대지대
      ② 평가
   (3) 독점지대이론
      ① 의의
      ② 내용
      ③ 평가
   4) 마샬의 지대이론(지대이론의 정리 및 심화)
      (1) 개설
      (2) 비용과 시간 개념의 도입
         ① 비용
         ② 시간
      (3) 마샬지대
         ① 순수지대(Pure rent) : 본원적 가치
         ② 준지대(Quasi rent) : 사적 가치
         ③ 공공발생지대 : 공공가치
      (4) 지대의 종합

1. 의의

부동산의 가치는 장래 기대되는 편익의 현재가치로서 편익의 가장 대표적이고 중심을 이루는 것이 바로 지대이다. 이에 따라 지대이론을 이해하는 것은 토지가치의 본질에 접근하고 토지가치형성 메커니즘을 이해하는 초석으로서의 역할을 수행한다. 한편 지대이론은 지대의 성격 및 역할과 관련해서 경제학이라는 학문이 출범한 이후부터 지금까지도 논쟁이 지속되고 있다. 이는 논쟁 그 자체로서도 의미가 있는 것이기는 하지만 토지정책 및 경제정책과 관련하여 중요한 시사점을 제공한다는 데 더 큰 의미가 있다.

2. 내용

1) 패티의 지대이론(지대이론의 시작)

(1) 의의

지대란 토지에서 발생한 총수익에서 영농자의 생계비 등 제 경비를 공제한 나머지, 즉 잉여라고 정의하고 지가는 지대를 자본화한 것이라고 하면서 지대의 문제를 최초로 공론화하였다.

(2) 내용

지가는 지대를 자본화한 것으로, 지대는 잉여라는 개념하에 비옥도의 차이와 수송비 절감에 의한 순수익이 지대를 구성한다고 하여 지대를 복합적인 개념으로 파악하였다.

(3) 평가

지대문제를 최초로 공론화시켰고 지대의 개념에 대한 다양성을 제시하여 향후 지대이론의 발전에 큰 공헌을 하게 된다. 또한 잉여로서의 지대 개념은 이후에 아담 스미스(A. Smith)에 의해 수용되어 리카도(D. Ricardo) 등 고전파 경제학자들을 거쳐 마샬(A. Marshall)에게까지 이르게 되었다. 그리고 리카도의 차액지대이론, 튀넨의 입지교차지대이론에도 영향을 미쳤다.

2) 리카도의 차액지대이론(지대이론의 이론적 체계화) ★기출 11회

(1) 의의

차액지대이론은 리카도(D. Ricardo)가 주장한 내용으로 농지의 전체 생산량에서 생산비를 제외한 나머지 잉여분이 지대가 되는데, 이러한 지대는 우등지와 열등지 사이의 생산성 차이에서 기인하는 차액지대라고 보았다. 그리고 이 지대를 자본화한 것이 토지가격이라고 보았다.

(2) 차액지대의 성립요건 및 결정과정

① 성립요건

차액지대가 성립하기 위한 요건으로 토지의 비옥도에 차이가 있을 것, 비옥한 토지가 제한되어 있을 것, 토지에 수확체감의 법칙이 작용할 것을 조건으로 한다. 이러한 세 가지 조건이 충족될 때 인구 증가에 의한 식량과 토지의 수요 증가로 인해 차액지대는 지속적으로 늘어난다고 보았다.

② 결정과정

리카도는 지대의 크기는 우등지와 열등지 간의 생산성의 차이에 의해 정해진다고 보았다. 리카도는 생산비가치설에 따라 생산물의 가격은 가장 불리한 상황에서 생산될 때 소요되는 생산비(한계지에서의 생산비)에 의해 결정된다고 전제하여 생산물의 가치와 생산비가 일치하는 한계지에서는 지대가 발생하지 않고, 우등지에서는 생산물의 가치와 생산비의 차이가 생기기 때문에 그 차액만큼 지대가 되는 것으로 보았다.

(3) 잉여(surplus)의 의미

리카도는 지대에 대해 모두 잉여라고 보았다. 리카도에 의하면 생산비가치설에 따라 생산물의 가격은 가장 불리한 상태에서 생산될 때 소요되는 생산비에 의해서 결정된다. 즉, 조방적 한계에서의 생산비가 전국의 그 생산물에 대한 가격이 되는 것이다. 이에 따라 조방적 한계가 넓어지면 생산물의 가격이 올라가고 지대도 함께 상승하게 된다. 그런데 이처럼 생산물의 가격이 높아지는 이유는 생산물에 대한 수요가 증가함에 따라 점점 더 척박한 토지를 이용해야 하기 때문이지 결코 지대나 지가가 비싸기 때문이 아니라는 것이다. 이처럼 리카도는 지대가 토지생산성의 차이를 반영하는 차액에 불과하기 때문에 생산물의 가격에는 아무런 영향을 주지 않고, 생산물의 가격이 결정되고 난 후 생산비를 제하고 남게 되는 나머지, 즉 잉여라고 보았다.

(4) 평가(한계)

차액지대이론은 지대이론을 이론적 측면에서 체계화함으로써 학문적인 성과를 이루었다. 그러나 자본주의 사회에서는 최열등지라고 하더라도 토지소유자 요구 시에 지대가 발생하는 현실을 제대로 설명하지 못하고 토지의 비옥도 자체가 아닌 비옥도의 차이에만 중점을 두고, 위치문제를 경시하는 경우 지대발생의 성립요건으로 비옥한 토지가 제한되고 전용이 불가능한 것을 제시하고 있으나, 토지는 용도의 다양성이 존재하고 경제적 공급이 가능한 측면에서 가정 자체가 비현실적이라는 한계를 가지고 있다.

3) 차액지대이론에 대한 비판 및 새로운 시각들

(1) 튀넨의 입지교차지대이론*

① 의의

시장(도심)과 해당 토지 간의 거리관계에 착안하여 시장에서 원거리에 위치한 토지에 비하여 근거리에 위치한 토지의 경우 운송비가 절약되고 이러한 운송비의 절약분이 곧 지대화된다는 이론이다. 위치의 중요성을 강조하여 지대개념에 적용한 것에 큰 의미가 있다.

> 지대 = (농산물의 가격 − 생산비) − 운송비

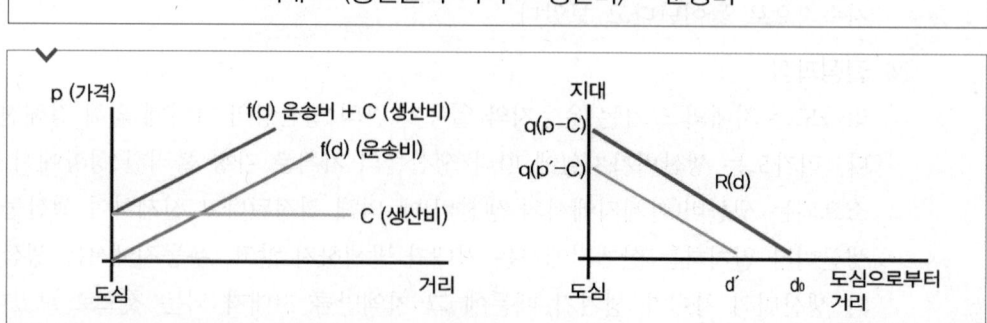

② 가정 및 내용

지형조건의 동일성하에서 운송비는 도심에서 멀어짐에 따라 증가하므로 운송비가 비싸서 아무도 토지를 이용하지 않는 한계지가 존재하며 지대는 한계토지 내에서 발생한다는 것을 전제로 한다. 이러한 조건에서 생산물 가격은 한계지의 생산비와 운송비의 합계로 결정되고, 시장과 농장과의 거리에 따른 운송비의 절약분이 곧 지대가 된다는 것이다.

③ 평가

비옥도의 차이가 아닌 시장과의 거리에 따라 지대가 발생한다고 보아 위치에 따라 지대가 달라진다는 위치지대의 개념을 제시하였다. 향후 위치가치에 중점을 둔 도시토지지가이론으로 발전하는 밑바탕이 되었다.

(2) 절대지대이론★ 기출 11회

① 내용

절대지대는 토지소유자가 토지를 소유하고 있다는 사유재산권 때문에 받는 수입이므로 최열등지에서도 지대가 발생한다고 하는 이론이다. 이는 제도적으로 보장된 토지소유권에 기인하여 지주는 아무리 열등지라 하더라도 경제적 대가 없이는 타인의 이용을 허용하지 않는다는 점에서 착안한 것이다.

㉠ 차액지대 I

마르크스는 자연적 생산력의 차이로 인해 발생하는 지대로 보았다. 자연적 생산력에 토지의 비옥도 및 위치의 선호도까지 포함하여 지대가 발생한다고 주장하였다. 기본적으로 리카도의 차액지대와 같은 개념이다.

㉡ 차액지대 II

인위적인 투자로 인한 생산력의 차이에 대하여 지불되는 지대로 보았다(예 배수시설의 설치). 이것은 결국 토지의 집약적 이용을 의미한다. 따라서 차액지대 II는 토지의 집약적 이용과 관련된 지대라고 볼 수 있다. 마르크스는 차액지대 I과 차액지대 II를 명확히 구분함으로써 지대와 이자 사이의 오랜 혼동을 명쾌히 정리하였다.

㉢ 절대지대

지대란 토지소유자가 토지를 소유하고 있다는 법적 지위 때문에 받는 수입으로서 최열등지에서도 지대가 발생한다고 주장한다. 토지를 임차하는 토지이용자는 지주에게 절대지대를 꼭 지불해야 하므로 절대지대는 생산비에 포함되게 되고, 생산물의 가치는 절대지대만큼 상승한다. 따라서 차액지대와는 달리 절대지대는 토지생산물의 가치에 영향을 준다고 주장한다. 최열등지인 한계지에서는 차액지대는 지불하지 않지만 절대지대는 지불해야 하고, 더 비옥한 토지에서는 차액지대와 절대지대를 모두 지불하게 되는 것이다.

② 평가

차액지대이론이 설명하지 못한 최열등지에서의 지대의 발생에 관하여 현실적인 설명을 하고 이를 통해 자본주의 체제 내에서 발생하는 초과이윤의 존재를 주장하였다. 지대를 잉여와 비용으로만 바라보던 이분법적 사고를 벗어나 잉여와 비용의 양쪽 측면 모두 고려하였다.

구분	차액지대	절대지대
발생 이유	• 비옥한 토지공급의 제한 • 토지의 비옥도와 위치에 따라 생산성의 차이 발생 • 수확체감의 법칙 적용	• 자본주의하에서 토지의 사유화로 지대가 발생
내용	• 지대는 대상토지의 생산성과 한계지의 생산성과의 차이와 동일 • 한계지에는 차액지대가 발생하지 않음(차액지대론에 의하면 무지대토지가 존재) • 지대는 일종의 불로소득에 해당	• 토지의 비옥도나 생산력에 관계없이 지대 발생 • 한계지에도 토지소유자의 요구로 지대가 발생

(3) 독점지대이론

① 의의

지대는 특정한 토지서비스의 공급독점에 의하여 발생할 수도 있다는 이론으로 이때의 지대를 독점지대라고 한다. 독점지대는 토지에 대한 수요는 무한히 많은 것에 비해 그러한 수요를 충족시켜줄 수 있을 만한 토지의 공급은 독점되어 있는 경우에 발생하는 것이다.

② 내용

독점지대는 발생유형에 따라 두 가지로 구분된다.
㉠ 어떤 특정 토지가 다른 토지는 생산하지 못하는 상품을 생산함으로써 초과이윤을 얻게 되면 이에 대해 토지소유자가 초과이윤에 대한 지대를 요구하게 되고 그에 따라 독점지대가 발생한다는 것이다.
㉡ 토지에서 생산된 상품의 초과수요로 인하여 시장가격이 비정상적으로 상승하게 되는 경우에도 토지소유자는 독점적인 초과이윤에 대한 지대를 요구하게 된다.

③ 평가

지대의 발생유형에 대한 새로운 시각을 바탕으로 지대이론을 펼침으로써 지대이론의 확장에 기여하였다.

4) 마샬의 지대이론(지대이론의 정리 및 심화) ★기출 2회

(1) 개설
고전학파와 신고전학파의 단편적인 지대이론의 논의를 수용하여 체계적인 지대이론을 정립하였다. 이를 위해 비용과 시간의 개념을 도입하고 지대를 순수지대, 준지대, 공공발생지대로 분류하여 지대론을 한층 심화시켰다.

(2) 비용과 시간 개념의 도입

① 비용

비용이란 생산물을 만드는 데 소요되는 수고와 희생으로, 원활한 공급을 보장받기 위해 지불되어야 하는 금전의 총액을 의미한다. 토지 역시 각 용도에서 토지의 한계생산가치가 균등하도록 여러 용도에 배분된다고 지적하나, 이로부터 지대가 가격에 영향을 미치는 비용이라고는 단정하지 않았다. 한편 마샬은 비용을 가변비용과 고정비용으로 구분하는데, 가변비용이란 생산량이 변함에 따라서 고용량이 변하는 생산요소, 즉 가변생산요소에 대한 지출을 의미하고, 고정비용이란 그렇지 않은 생산요소, 즉 고정생산요소에 대한 지출을 말한다. 마샬은 이러한 가변비용과 고정비용을 시간이라는 측면에서 구분기준을 설정하였다.

② 시간

장・단기의 개념을 도입하여 설명하고 있는데, 준지대를 통해 단기에는 지대가 잉여의 성격이, 장기에는 지대가 비용의 성격이 될 것이라고 전망하였다.

(3) 마샬지대

① 순수지대(Pure rent) : 본원적 가치

순수지대는 순수한 대자연의 무상공여물 상태로서의 토지와 결부된 잉여를 의미한다. 이는 거의 찾아보기 힘들다. 토지에 귀속되는 소득 중에는 자연적 요소에 대한 대가는 순전히 대자연의 무상공여물과 결부된 잉여, 즉 엄격한 의미의 순수지대가 되고, 인위적 요소에 대한 대가는 마샬이 말하는 진정한 의미의 지대가 아니다. 인위적 요소에 대한 대가는 반사적 영향을 수반하는 대가로서 비용의 성격을 지니게 된다.

② 준지대(Quasi rent) : 사적 가치

준지대는 생산을 위하여 사람이 만든 기계나 기구로부터 얻은 소득으로서 일시적으로 토지와 매우 흡사한 성격을 가지는 토지 이외에 고정적 생산요소에 귀속되는 소득을 말한다. 즉, 자본재 투자로부터 얻는 순소득으로(예컨대, 토지에 대한 개량사업으로 인한 추가적인 소득) 이는 '생산의 총소득에서 가변비용을 뺀 잉여분'이라고 할 수 있다. 고정생산요소에 귀속되는 소득은 단기에 있어서는 지대의 성격을 가지지만, 장기에 있어서는 해당 생산요소의 공급량 및 이와 결부된 생산량을 변화시키게 되어 비용의 성격을 지닌다. 이런 이유에서 토지 이외의 고정생산요소에 귀속되는 소득을 마샬은 준지대라고 명명한 것이다.

③ 공공발생지대 : 공공가치

토지소유자의 노력과 희생 없이 주로 공공에 의해 발생하는 지대로서, 사회 전체의 노력에 의해 창출된 이익이라고 해서 공공가치라고 불렸고, 상대적으로 유리한 장소에서 획득 가능한 추가소득을 의미한다.

(4) 지대의 종합

마샬은 토지와 결부된 지대를 크게 세 가지로 구분하였다. 첫째는 대자연의 무상공여물로서 토지로부터 발생하는 지대이고, 둘째는 토지의 생산력을 높이기 위한 개량공사와 같이 토지소유자의 노력과 투자에 유래하는 지대, 그리고 셋째는 토지소유자의 노력과 희생 없이 주로 공공에 의해서 발생하는 지대이다. 여기서 첫 번째 지대는 순수지대에 해당하는 것으로 마샬은 이것을 토지의 본원적 가치라고 하였으며, 두 번째 지대는 토지의 사적 가치, 세 번째 지대는 토지의 공공가치라 하였다. 엄밀한 의미의 토지지대는 순수지대를 의미하는데 이런 순수한 의미의 토지지대를 특별히 부지지대라고 부르기도 한다. 다만, 실제에 있어서는 순수한 토지분과 개량공사분을 분리시키는 것이 어렵기 때문에 이론상의 개념이라 할 수 있다.

제2절 지대논쟁 기출 2회

미리보기

1. 지대논쟁의 역사적 배경
2. 양 학파의 지대관
   1) 고전학파의 지대론
      (1) 토지에 대한 시각
      (2) 지대의 성격 및 가격에의 영향
      (3) 토지정책에 시사하는 점
   2) 신고전학파의 지대론
      (1) 토지에 대한 시각
      (2) 지대의 성격 및 가격에의 영향
      (3) 토지정책에 시사하는 점
3. 리카도지대와 파레토지대의 비교
4. 감정평가와의 관련성
   1) 지대이론과 감정평가의 필연성
   2) 부동산가격 발생요인과 지대론
   3) 부동산가치 형성요인과 지대론
   4) 감정평가와 지대론
      (1) 생산비와 원가법
      (2) 수익환원법의 성립근거 제공
      (3) 토지잔여법의 논리
      (4) 최유효이용의 사고
5. 지대이론의 평가 적용상 한계
   1) 가치형성요인의 복잡성
   2) 토지지대의 분배와 계량
   3) 시장의 왜곡현상

1. 지대논쟁의 역사적 배경

유럽제국을 평정한 나폴레옹은 영국마저 굴복시키기 위하여 1804년 프랑스 황제에 즉위한 그 이듬해에 영국 침입을 강행하였다. 그러나 트라팔가 해전에서 패배하면서 유럽 통일의 꿈은 수포로 돌아갔다. 그래서 궁여지책으로 생각해낸 조치가 유럽대륙국가에게 영국과의 무역을 금지시켜 영국을 경제적으로 고립시키는 방법이었다. 이것이 나폴레옹의 대륙봉쇄령이다. 공업국이었던 영국은 대륙봉쇄령에 의해서 곡물의 수입이 끊기면서 식량공급이 매우 부족하게 되었다. 이에 곡물가격이 폭등하고 종래에는 이용되지 않던 척박한 토지가 이용되기 시작했다. 그러나 영국 내 곡물가격은 현저하게 높아질 수밖에 없었다. 곡물가격이 높아지면 자연히 임금도 높아지고, 임금이 높아지면 수출도 부진해지고 기업의 이윤도 감소하게 되었다. 결국 나폴레옹의 대륙봉쇄령은 영국 경제에 큰 타격을 주었고 노동자 계층과 자본가 계층 모두에게 큰 시련을 주었다. 하지만 그러는 와중에도 막대한 부를 축적하는 세력이 있었으니 바로 지주계층이었다. 대륙봉쇄령으로 인한 곡물가격의 폭등은 농지에 대한 수요를 크게 증가시켰고 지주계층들은 높은 지대를 받게 되었다.

그러나 나폴레옹의 대륙지배는 오래가지 못했다. 대륙봉쇄령을 어기고 몰래 영국에 곡물을 수출했던 러시아를 응징하기 위해 나폴레옹이 러시아 원정을 강행했지만 오히려 크게 패하게 되었고, 이것이 화근이 되어 도리어 나폴레옹은 권좌에서 쫓겨났다. 이제 영국을 괴롭히던 대륙봉쇄령은 사라질 수 있게 되었다.

그러나 아이러니하게도 영국의 정치권이 대륙봉쇄령의 자동소멸을 거부하고 나섰다. 그동안 막대한 부를 축적한 지주계층이 정치권에 영향력을 행사하여 영국 정부 스스로 자기 나라에 대륙봉쇄령(곡물조례)을 내리게 한 것이다. 곡물조례란 대륙으로부터 영국으로 곡물수입을 금지시키기 위한 법이다. 곡물조례의 정당성을 주장하기 위하여 당대의 지성인들이 동원되었다. 대표적인 사람이 맬서스였다. 곡물조례의 찬성파는 영국의 곡물가격이 너무 비싸서 도저히 국제경쟁력이 없기 때문에 곡물수입을 자유화하면 영국의 농업은 망하게 되고 농민들이 막대한 피해를 보게 된다는 것이다. 찬성파들은 영국의 곡물가격이 높은 이유는 영국의 지가가 높기 때문이라고 하여 지가가 생산비에 영향을 준다는 논리를 주장했다. 이에 반해 곡물조례를 반대하는 이론을 주도하는 경제학자가 바로 리카도였다. 리카도에 따르면 영국의 곡물가격이 비싸진 이유는 영국의 땅값이 비싸기 때문이 아니라 대륙봉쇄령으로 곡물수입이 크게 감소했기 때문이요, 영국의 땅값이 비싸진 이유는 영국의 곡물값이 비싸졌기 때문이다. 그러므로 곡물수입을 자유화하면 영국의 곡물가격은 떨어질 것이고 이에 따라 영국의 땅값도 떨어질 것이다. 땅값의 상승은 곡물가격 상승의 결과이지 원인이 아니라는 것이 리카도 논리의 핵심이다. 만일 리카도의 이런 주장이 옳다고 한다면 이는 토지정책에 중요한 시사점을 던진다. 예컨대, 지대나 지가를 과표로 삼아 토지세를 부과해도 이 세금은 토지에서 생산되는 상품의 가격에 아무런 영향을 주지 않는다고 결론이 가능해진다. 그렇다면 토지세는 매우 바람직한 세금이 된다. 결국 곡물조례가 국회를 통과하고 말았으니 결과적으로 리카도의 이런 주장이 정치권에서는 일단 밀려났다. 하지만 당시 경제학계에서는 리카도의 주장이 정론(正論)으로 받아들여졌었다.

2. 양 학파의 지대관

1) 고전학파의 지대론

(1) 토지에 대한 시각

토지의 물리적 특성을 중시하여 토지는 고정성·부증성 등의 특징을 갖는 점에서 다른 자원과 구별되는 특수한 자원으로 보았다.

(2) 지대의 성격 및 가격에의 영향

지대는 총생산물 중 다른 생산요소에 대한 대가를 지불하고 남은 잔여로서 잉여의 성격을 갖는다. 지대는 생산물 가격에 의해 결정된 소득이며, 토지는 무상공여물이기에 잉여로서의 지대는 불로소득이다. 따라서 사회적 정당성을 갖지 못한다.

(3) 토지정책에 시사하는 점

지대는 잉여로서 토지생산물의 가격에 영향을 주는 요소가 아니므로 지대에 부과하는 세금은 토지생산물에 아무런 영향을 주지 않는다. 그러므로 토지에 대한 과세부과는 효과적이라 보았다. 이러한 이론적 바탕은 헨리 조지(Henry George)의 토지단일세이론의 바탕이 되었다.

2) 신고전학파의 지대론

(1) 토지에 대한 시각
경제적 측면에서 토지를 다른 자원과 마찬가지로 생산요소 중 하나로 취급했다.

(2) 지대의 성격 및 가격에의 영향
지대뿐 아니라 모든 생산요소에 대한 대가는 생산에 기여한 정도를 반영하는 대가이므로 잉여는 존재하지 않는다. 따라서 지대는 비용으로서 생산물 가격에 영향을 준다.

(3) 토지정책에 시사하는 점
지대는 비용이므로 토지세는 지가에 영향을 주어 물가상승, 생산위축 등 부정적 영향을 줄 수도 있다. 그러나 토지이용을 바람직한 방향으로 유도하는 긍정적 수단이 될 수도 있다.

3. 리카도지대와 파레토지대의 비교

리카도지대는 해당 생산요소가 과연 이용되는가 혹은 아무 용도에도 이용되지 않느냐를 기준으로 삼는 개념으로 이는 공급 측면의 경제적 동기 및 형태에 의해 좌우된다. 이는 다분히 고전학파의 전통을 이은 개념이다. 반면 파레토지대는 구체적으로 어떤 용도를 기준으로 해당 생산요소가 이 용도에 이용되는가 또는 아닌가의 관점에서 파악한 개념으로서 이용자들 사이의 경쟁관계의 정도에 의해서 좌우된다. 즉, 파레토지대의 경우에는 경쟁관계의 정도에 있는 다른 용도가 중요한 역할을 하게 된다. 이는 초기 신고전학파의 전통을 이은 지대의 개념이다. 앞에서 리카도지대는 국민경제 전체의 차원에서 본 지대이고, 파레토지대는 개별용도의 측면에서 본 지대라고 하였다. 따라서 이 두 개념은 적용되는 상황이 다르므로 상황에 따라 거기에 맞는 지대의 개념을 생각하고 적용해야 한다. 예를 들면, 국민경제 전체에 걸쳐 획일적으로 실시되는 토지정책의 경우에는 리카도지대의 개념이 적용될 것이고, 어느 특정 용도에 국한되는 토지정책의 경우에는 파레토지대의 개념이 적용될 것이다.

구분	리카도지대	파레토지대
의의	토지가 이용되도록 유도하기 위하여 필요한 최소한의 대가를 초과하는 부분	토지를 현재의 용도로 계속적으로 이용하도록 보장하기 위해 필요한 최소한의 대가를 초과하는 부분
관점	① 기회비용의 관점(즉, 생산요소가 과연 공급되는가의 문제) ② 공급 측면에서의 경제적 동기 및 행태에 의해 좌우 (지대-공급 S 수직, 수요 D 우하향, R-rent 그래프)	① 전용수입의 관점(생산요소가 어디에 공급되는가의 문제) ② 수요 측면에서 이용자들의 경쟁관계의 정도에 의해 좌우 (지대-공급 S 우상향, 수요 D 우하향, P-rent, 전용수입 그래프)
지대의 성격	고전학파의 토지관을 계승하여 토지에 지불되는 모든 대가를 지대로 봄	신고전학파의 토지관을 계승하여 전용수입을 제외한 부분을 지대로 봄
적용(활용영역)	사회 전체 차원의 소득분배 측면에 활용됨	개별경제주체의 생산비 분석에 활용됨

4. 감정평가와의 관련성

1) 지대이론과 감정평가의 필연성

(1) 고전학파 입장에서 지대는 잉여가 되므로, 과도한 잉여를 제거시켜서 적정한 가격을 도출할 필요가 사회적으로 요구된다 할 것이다.

(2) 신고전학파 입장에서 지대는 비용이 되므로, 생산자에게 원가로 작용된다. 이는 과도한 비용은 제거하여 생산자 원가부담을 덜어줄 필요가 있다.

(3) 지대의 자본환원 값이 토지가격이 되므로 토지가격 형성의 근본적인 원리를 알려준다.

2) 부동산가격 발생요인과 지대론

고전학파는 공급 측면에서 상대적 희소성을 중시하였고, 신고전학파는 수요 측면에서 주관적 효용을 중시하였다.

3) 부동산가치 형성요인과 지대론

가치형성요인 중 어느 특정 부분의 몇몇 인자(비옥도, 위치, 접근성 등)가 중요한 지대결정요인으로 작용한다. 예를 들어, 차액지대론은 토지의 비옥도의 차이, 입지교차지대론은 시장과의 거리에 따른 수송비의 절약분, 절대지대론의 경우는 토지소유라는 독점적 지위가 지대결정의 중요변수이다.

4) 감정평가와 지대론

(1) 생산비와 원가법
어떤 재화를 생산하기까지의 생산비 총액을 평가액의 상한선으로 삼는 원가법을 적용할 경우 지대는 생산비의 요소를 구성한다.

(2) 수익환원법의 성립근거 제공
토지가격은 토지로부터 매년 발생할 것으로 기대되는 지대를 현가 합한 것이다. 즉, 지대와 지가는 원본과 과실의 관계가 된다.

(3) 토지잔여법의 논리
토지수익은 총생산물 중 생산요소에 대한 대가를 지불하고 남은 잉여에 의해 결정되는 잔여수익이라는 점에서 고전학파의 사고는 토지잔여법의 논리적 근거를 제공한다.

(4) 최유효이용의 사고
리카도의 한계지 및 수확체증체감의 법칙 등의 개념은 최유효이용의 논리를 제공해 준다.

5. 지대이론의 평가 적용상 한계*

1) 가치형성요인의 복잡성
현대의 지가는 수많은 가치형성요인에 의해 형성되며, 부동산 자원배분 메커니즘이 정태적 요인에서 동태적 요인으로, 확실성의 요인에서 불확실성의 요인으로, 내부적 요인에서 외부적 요인으로 변화하고 있다.

2) 토지지대의 분배와 계량
토지의 경우 타 생산요소와 결합하여 수익이 발생하는바, 토지에 귀속되는 적정지대의 계량이 불명확해진다.

3) 시장의 왜곡현상
시장에서 토지가격은 자본시장의 변화, 행정규제, 투기세력 등의 이유로 지대의 크기만으로 결정되는 것이 아니므로 지대이론만으로 토지가격을 설명하기에 한계가 있다.

제3절 지가이론

> **Tip**
> 지대이론은 농경사회에서 산업사회로 옮겨가는 과정에서 나타나는 다양한 가격의 형성과 패턴을 제대로 설명하는 데 한계를 보이게 되었다. 이에 많은 학자들이 도시토지지가의 형성과 그 원인이 무엇인지에 대한 연구를 진행하게 되었는데 이것이 지가이론이다. 이러한 지가이론은 가격의 형성과정을 추적해나가는 감정평가활동에 직접적인 도움을 주게 된다.

미리보기

1. 마샬(Marshall)의 지가이론
   1) 의의
   2) 내용
   3) 평가
2. 허드(Hurd)의 지가이론
3. 토페카 연구(Knos)
   1) 의의
   2) 내용
      (1) 토지이용의 집약화와 조방화
      (2) 피드백원리
      (3) 평가
4. 알론소(Alonso)의 입찰지대곡선
   1) 의의
   2) 입찰지대곡선의 도출
   3) 도시 전체의 입찰지대곡선
      (1) 입찰지대곡선의 도출
      (2) 입찰지대곡선 기울기의 의미
   4) 평가
5. 로스(Ross)의 가격조정이론
6. 지가이론의 한계

1. 마샬(Marshall)의 지가이론

1) 의의

마샬은 전통적 농촌지대를 순수지대, 준지대, 공공발생지대 등으로 설명하고 기업용 토지 등에 관심을 가지면서 지가는 위치의 유리성에 대한 화폐가치의 총액이라 하여 위치의 중요성을 강조하였다.

2) 내용

부지의 가치는 위치에 따라 달라지게 되는데 유리한 위치에 있는 기업은 덜 유리한 위치에 있는 기업보다 운송비, 정보접근 등 여러 가지 측면에서 비교우위를 누리게 된다. 마샬은 이를 '부지의 위치가치'라고 불렀다. 그러므로 어떤 부지의 가치는 이 부지의 농업용 가치와 위치가치의 합이 된다는 것이다.

3) 평가

결국 종래의 지대이론이 농지를 중심으로 한 데 비하여 마샬은 도시의 토지(비농업용 토지)에도 역시 위치에 따라 초과이윤의 차이가 생기게 된다고 보았던 것이다. 즉, 도시지가의 중요한 요인의 하나로 '위치'의 중요성을 제시하였다는 것에 큰 의의가 있다.

2. 허드(Hurd)의 지가이론

튀넨과 비슷한 이론을 제시하며 도시토지의 지가는 접근성에 의존한다고 보았다. 허드(Hurd)는 미국의 도시성장에 대한 실증적 자료수집의 연구를 통하여 도시토지지가는 접근성에 의존한다고 밝혔다. 즉, 지가의 바탕은 경제적 지대이고 지대는 위치에, 위치는 편리에, 편리는 가까움에 의존하므로 지가는 결국 접근성에 의존하는 것이라고 정의하였다. 여기서 접근성은 접근대상(혐오시설, 편의시설)과 접근의 정도에 따라 차이가 발생한다고 하였다.

3. 토페카 연구(Knos) ★기출 8회

1) 의의

도시의 지가구조와 토지의 이용도와의 관계를 조사하기 위해 미국의 소도시 토페카(Topeka)를 대상으로 행한 실증적 연구를 말한다. 소도시(小都市)에서 흔히 볼 수 있는 바와 같이 지가구조(地價構造)가 비교적 단순한 곳에서는 중심지의 지가가 마치 서울의 63빌딩처럼 다른 어떤 지역보다도 우뚝 치솟는 형태를 취한다. 그러나 중심지에서 벗어나 접근성이 떨어지는 도시 외부에 이르면 지가는 아주 급격히 낮아지고, 토지이용도 역시 조방적이 된다. 노스는 이 연구로 지가가 토지이용의 집약도에 영향을 미친다는 경험적 증거를 제시하였다.

2) 내용

(1) 토지이용의 집약화와 조방화

도시가 성장할수록 중심지는 토지이용이 집약적으로 변화하면서, 중심지의 지가는 다른 어떤 지역보다도 우뚝 치솟는다는 것이다. 그러나 중심지에서 벗어나서 접근성이 나쁜 도시 외부에 이르면 지가는 급격히 낮아지고 토지이용도 역시 조방적인 것이 되는 이러한 현상을 '지가구배현상'이라고 부른다.

(2) 피드백원리

노스(Knos)의 연구는 지가의 변동에 따라 토지이용의 집약도가 달라지고, 다시 그 집약도에 의해 지가구조가 복잡해진다는 피드백(Feed-back)원리도 지적하고 있다. 즉, 지가가 높은 곳은 거기에 맞는 토지이용이 이루어지고 토지이용밀도가 높은 곳은 거기에 맞는 부동산가격이 형성된다는 것이다.

(3) 평가

지가단계의 (불)연속적 현상을 공간적 차원에서 파악하였으며 지가는 위치 및 이용도에 의해서 형성됨을 입증하였다. 또한 지가구배현상을 실증한 것으로 평가된다.

4. 알론소(Alonso)의 입찰지대곡선

1) 의의

알론소는 기업들의 생산요소용 토지에 적용되는 지대의 논리를 확장하여 일반소비자들의 주거선택행위에 대해서도 경제학의 소비자효용형태이론을 이용함으로써 입찰지대곡선을 도출할 수 있으며 이를 바탕으로 도시의 주거양태를 설명하고 예측할 수 있다는 이론을 제시하였다.

2) 입찰지대곡선의 도출

토지에 지불되는 비용을 제외한 주택건설이나 유지비용 등은 모든 지점에 걸쳐 동일하며, 모든 직장이 도심지에 집중되어 있다고 가정하자. 직장으로 출·퇴근하고 도심에서 필요한 물건을 구입하러 갔다 오는 데 지출해야 할 교통비를 절약하기 위해서 다른 조건이 같다면 각 가계는 도심에 가까운 지점의 주택을 선호하게 될 것이다. 그리고 가계당 교통비가 도심으로부터의 거리에 따라 증가한다고 하면 도심에서 멀어짐에 따라 교통비가 계속 증가하기 때문에 교통비가 너무 비싸서 아무도 집을 짓고, 살려고 하지 않는 어떤 한계가 있을 것이다. 이 한계가 곧 해당 도시의 주거한계가 되는데 d_0점이 이에 해당한다. 이 주거한계의 주택에 사는 사람은 OA만큼의 주택건설 및 유지비용과 AB만큼의 교통비를 지출하게 되고 이 교통비는 택지에 대한 지대를 도저히 지불할 수 없는 최대한의 금액이 된다.

이에 반해 주거한계 안쪽에 있는 주택에 사는 사람들은 AB보다 적은 교통비를 지출하게 될 것이며 이 절약되는 만큼이 곧 해당 택지에 대한 지대로 지불될 것이다. 왜냐하면 모든 가계가 되도록 도심 가까이 살고 싶어 하기 때문이다. 이에 R(d)는 도심에서부터 d_0지점 사이의 각 지점의 택지에 대한 각 가계의 최대한 지불용의액을 나타내는 입찰지대곡선이 된다. 도심에서부터 한계지까지 각 지점의 토지를 경매에 붙인다고 했을 때 토지이용자가 제시할 수 있는 최고가격을 반영한다는 의미에서 입찰지대라고 하는 것이다.

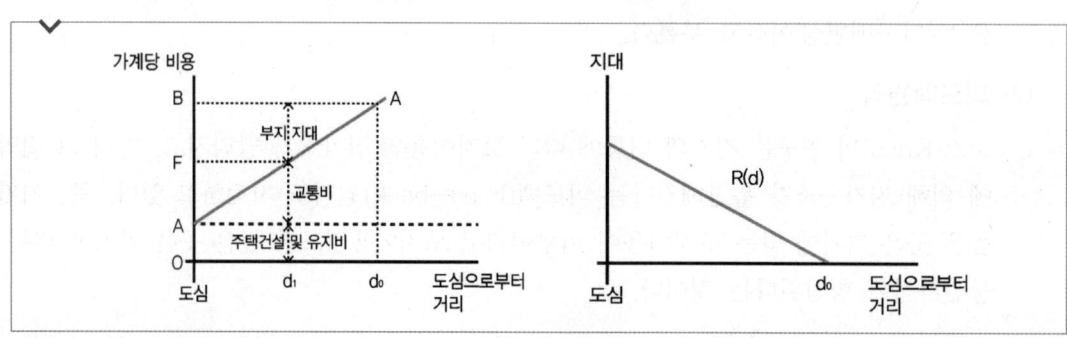

3) 도시 전체의 입찰지대곡선(토지의 용도 간 경합과 도시형태)

(1) 입찰지대곡선의 도출

앞에서 살펴본 원리에 따라 도시 내에서 일어나는 모든 유형의 경제활동 각각에 대하여 입찰지대곡선을 구할 수 있다. 예를 들면 어떤 도시에 있어서의 경제활동이 A, B, C의 세 가지 유형으로 구분되며 이들 각각에 대하여 입찰지대곡선을 구한 결과는 아래와 같다고 가정하자.

그러면 도심과 d_1지점 사이에서는 A형의 경제활동이 다른 두 유형의 경제활동보다 더 많은 지대를 지불할 용의가 있으므로 다른 유형의 경제활동을 제치고 이 지역의 토지를 이용하게 될 것이다. 이와 같은 원리로 d_1지점부터 d_2지점 사이의 지역에서는 B형 경제활동에, d_2지점 밖의 토지는 C형의 경제활동에 이용될 것이다. 따라서 이 도시 전체적인 관점에서 실제로 관측되는 입찰지대곡선은 각 개별 경제활동의 입찰지대곡선이 아니라 A, E, F, C'를 연결하는 꺾은선이 될 것이다. 점 E와 F에서는 토지의 용도가 바뀌기 때문에 용도전환점이라고 부른다.

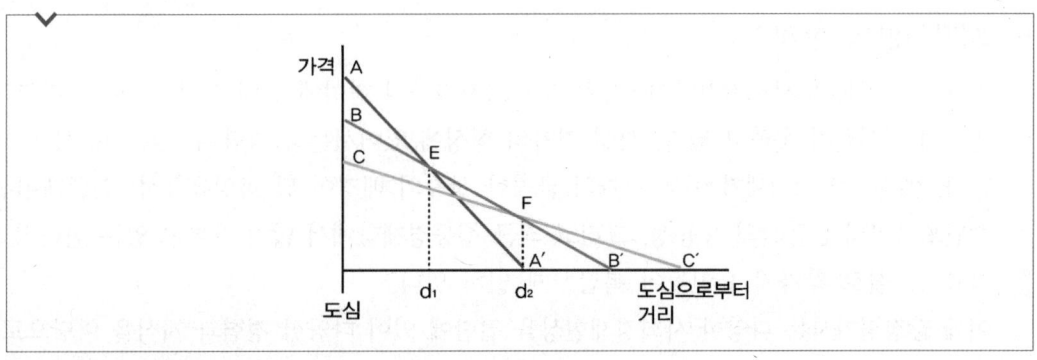

(2) 입찰지대곡선 기울기의 의미

한편, 입찰지대곡선의 기울기는 도심에 조금 더 가까워짐으로 인한 추가적 이익을 나타낸다. 입찰지대곡선 AA'는 다른 입찰지대곡선에 비해서 기울기가 더 가파른 것을 알 수 있는데 이와 같이 기울기가 가파르다는 것은 도심에 가까움으로 인해서 얻게 되는 경제적 이익이 증가하는 정도가 매우 크다는 것을 의미한다. 이에 따라 도심에의 접근성에 대한 지불용의액도 그만큼 커지게 된다. 이는 반대로 도심에서 멀어짐으로 인한 불이익은 급속도로 증가한다는 것을 의미하기도 한다.

한편, 주택의 입찰지대곡선의 기울기는 다른 경제활동들에 비해 가장 완만하기 때문에 보조 서비스지역 바깥쪽에서부터 도시 변두리지역에 주로 자리 잡게 된다. 이에 따라 입찰지대곡선의 기울기는 도시활동의 집중화 및 분산화를 나타내는 척도로 활용될 수 있다.

4) 평가

입찰지대곡선은 농경지지대이론에서 적용되는 개념을 일반소비자들의 주거선택행위에까지 확장함으로써 도시의 주거양태를 설명하고 예측할 수 있게 되었다는 데 의미가 있다. 그러나 입찰지대는 주어진 것으로 보고 지대 자체의 발생과정에 대해서는 분석하지 않고 토지를 배분하는 배분장치로만 간주되는바, 현상기술적이라는 한계를 갖고 있다.

5. 로스(Ross)의 가격조정이론

로스의 이론으로 부동산가격은 매도인의 요구가와 매수인의 제안가의 상호과정에서 조정된다는 이론이다. 이 이론은 지가결정을 설명하는 구체적인 방법으로서 의미가 있다. 그러나 실제로는 매도자와 매수자 간의 가격구간의 추정이 곤란하다는 점과 부동산시장의 상황에 따라 매도자 중심시장, 매수자 중심시장 등으로 당사자 간의 협상력에 차이가 발생하여 어느 한쪽의 힘이 더 많이 작용하여 가격이 결정되는 경향이 있다는 현실을 제대로 반영하지 못한다는 점에서 한계가 있다.

6. 지가이론의 한계*

앞에서 살펴본 도시토지지가이론들은 도시토지지가의 형성에 있어서 단편적이고 부분적인 설명밖에 제시하지 못하고 있다. 사실 지가의 형성에 있어서는 간과할 수 없는 요인들이 무수히 많다. 예를 들면 20세기 이후 지가의 급격한 상승의 배경이 된 과잉유동성, 인플레이션 헷지수단으로서의 부동산의 유용성, 그리고 최근 행동경제학에서 많이 다루고 있는 심리적 요인의 작용 등 실로 갖가지 요인들이 복잡하게 얽혀 있다.

이에 감정평가사는 다양한 사회경제현상을 접함에 있어 다양한 경험과 지식을 바탕으로 한 유연한 사고로 접근해야 하며, 이를 통해 보다 더 정확하고 신뢰성 있는 가치판단에 도달할 수 있도록 노력해야 할 것이다.

제4절 도시성장구조이론 기출 14회

> **Tip**
> 도시지역 내에서의 부동산의 역할이 커지고 평가활동에 있어서도 대상부동산에 대한 전국적, 지역적 영향 및 도시 또는 인근지역의 영향 등에 대한 충분한 배려가 있어야 한다. 인적, 물적 구조는 서로 다른 특성을 가지고 있으나, 도시는 하나의 사회적 행위를 거시적으로 볼 때, 유사한 점이 많으므로 행태분석의 기본 분석단위가 된다. 도시의 공간적 구조는 집중과 혼잡, 분산과 과밀, 그리고 지역분화의 중심력들이 혼합되어 형성된다. 이러한 도시의 기능을 통하여 그 이론을 살펴야 한다.

미리보기

1. 동심원이론
    1) 의의
    2) 내용
    3) 평가
    4) 한계
2. 선형이론(= 축이론, 부문이론)
    1) 의의
    2) 내용
    3) 평가
    4) 한계
3. 다핵심이론
    1) 의의
    2) 내용
    3) 핵의 성립(발생)요인 4가지
    4) 평가
    5) 한계
4. 도시성장구조이론과 감정평가의 관계

1. 동심원이론

1) 의의

도시는 중심지에서 동심원상으로 확대되어 성장하는 경향이 있다는 이론으로 버제스(Burgess) 등이 전개한 이론이다. 이 이론은 튀넨의 농촌의 토지이용구조를 도시의 토지이용구조에 적용시킨 것으로 토양의 균일성, 균질적인 지형, 수송비 조건의 동일성이 전제된다.

2) 내용

도시는 중심지로부터 원을 그리며 성장하고, 중심지에서 멀수록 접근성, 지대 및 인구밀도가 낮아진다. 또한 중심지에서 멀수록 범죄, 인구이동, 빈곤 등 도시문제가 적어지는 경향이 있다. 도시의 정치·경제·문화적인 중심관리기능이 집합되어 있는 중심업무지구(CBD)를 중심으로, 상공업에 의해 침입되는 점이지대(zone of transition), 공업근로자들이 직주접근으로 모여 사는 저소득층 주거지대, 고급아파트 및 독립주택들이 들어서 있는 중산층 주거지대, 중심업무지역에 통근하는 직장인이 거주하는 통근자지대(commuter's zone)로 구성된다.

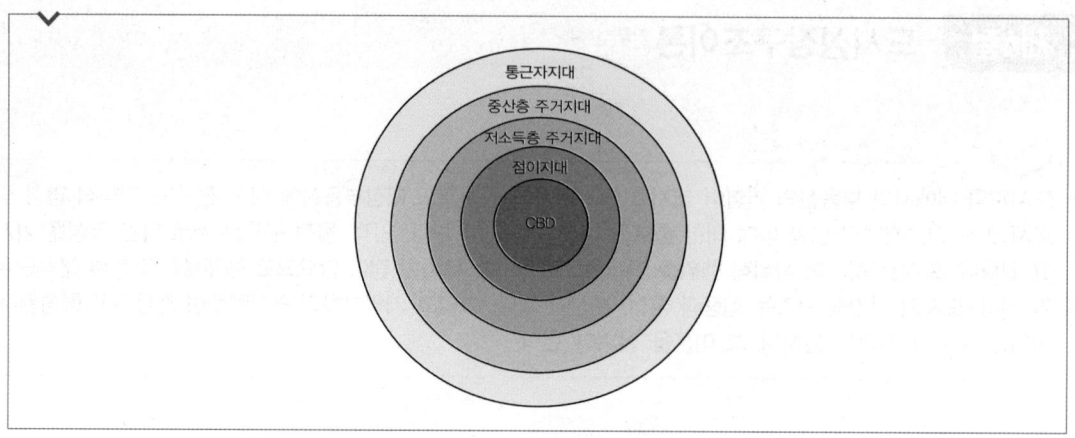

3) 평가

도심에서 멀어질수록 접근성, 지대, 인구밀도가 낮아지는 과정을 잘 반영하여 현실적으로 도심주변의 피폐화와 도시근교의 쾌적한 주거환경, 교통거리가 잘 반영되어 있다.

4) 한계

같은 지역 내 토지이용군일지라도 토지이용도는 이질적이므로 이상적인 토지이용모형과 일치하지 않으며, 중심상업지역은 불규칙적인 크기를 가지며 원형이라기보다는 정방형 또는 장방형이기 때문에 현실과 불일치하고, 도시성장은 실제로 주요 도로망에 따라 토지이용모형과 지가가 달라지고 있는바, 이를 설명하지 못하고 있다. 또한 가치형성요인 중 사회적, 문화적 요인 등 생태학적 측면이 도외시되고 경제적 요인에 의한 시장환경 내 경제적 작용만을 중심으로 했다는 비판이 있다.

2. 선형이론(= 축이론, 부문이론)

1) 의의

선형이론이란 도시가 교통망의 축에 따라서 확대·성장되는 현상을 중시하며, 호이트(Hoyt)가 전개한 이론이다. 이 이론은 동질적인 도심에서 시작되어 점차 교통망을 따라 확대, 성장하며 원을 변형한 부채꼴 모양으로 도시가 성장한다는 것이다.

2) 내용

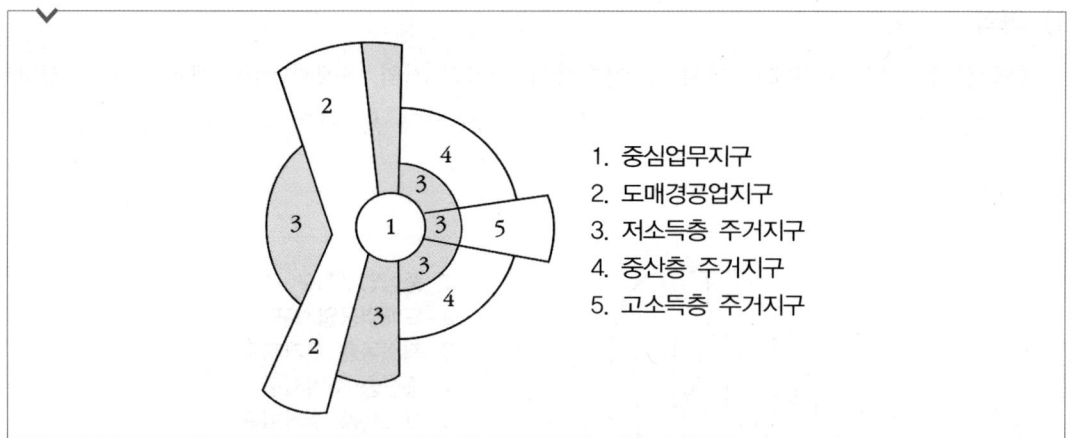

1. 중심업무지구
2. 도매경공업지구
3. 저소득층 주거지구
4. 중산층 주거지구
5. 고소득층 주거지구

도시의 인구가 증가하면 도로망을 따라서 새로운 선형지대가 확대되고, 동질의 토지이용은 도심부근에서 시작되어 점차적으로 그 주변을 향해서 이동한다. 즉, 고수준의 주택은 기존 교통망이 발달된 도시 내의 고급경관지대에 입지하고, 중수준의 주택은 고수준 주택의 인근에 입지하거나 저수준 주택의 인근에 입지하고, 저수준의 주택은 고수준 주택의 반대편에 입지하는 경향이 있다. 도시중심지에서 고소득층이 교외로 이동하면 저소득층이 그곳을 점유하게 된다.

3) 평가

동질적인 토지이용부분은 도심에서 시작하여 교통망을 따라 확대·성장한다는 점에서 동심원이론을 현실감 있게 수정·보완하고 주택입지 등을 설명한 것에 유용성이 있다.

4) 한계

동일 임대료수준의 주택이 집적하는 것에 대한 설명은 있으나 그 원인에 대한 설명은 없다. 단순히 과거의 동향을 말하는 것일 뿐 도시성장의 추세분석을 유도하기에는 미흡하며, 주택입지의 이동을 설명 또는 예측하기 위해서 고급주택의 역할을 강조한 것에 불과하다. 지역에 대한 명확한 정의를 결하고 있다. 또한 소득에만 의존하여 상(上)수준, 중(中)수준, 하(下)수준으로 지역을 구분한 것은 인종, 종교, 국적 등에 따른 집단형성요인을 무시한 자의적 방법이고, 도시구조에 따른 공공적 영향력을 인식하지 못하고 있다. 도시가 교통량의 최소저항의 방향으로 성장하여 성장도시를 형성한다는 축상발달이론을 정밀화한 것이다.

3. 다핵심이론

1) 의의
다핵심이론이란 도시에 있어서 그 이용형태는 어떤 지역 내에서 여러 개의 핵을 형성하면서 지역공간을 구성해 간다는 이론으로 해리스(Harris)와 울만(Ullman)에 의해 전개되었다.

2) 내용

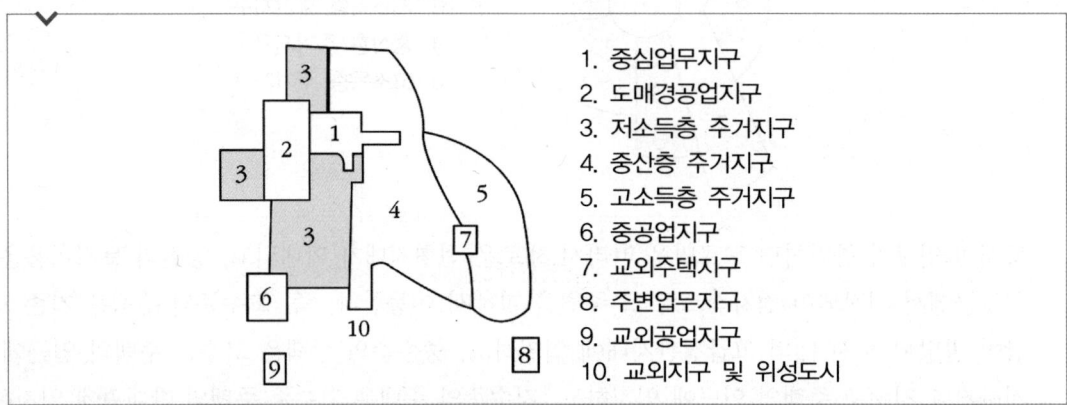

도시는 유사토지이용군별로 여러 개의 핵을 형성하면서 지역공간을 형성해간다는 이론으로 유사토지이용군은 서로 흡인력을 가지고 동질적인 집단을 형성한다. 예를 들면, 저소득층이 거주하는 지역은 경공업지역과 인접하게 되며, 중공업지역과 고소득층 주거지역은 정반대의 지역에 입지하게 된다. 그리하여 각각의 핵을 이루고 있는 집단은 각 지역의 특성에 알맞게 전문화된다. 하나의 핵이 이루는 곳에 교통망이 모이고, 주거·상업지역 등 토지이용군이 형성된다.

3) 핵의 성립(발생)요인 4가지
어떤 활동은 특수한 시설을 요구하며, 어떤 동종의 활동은 집적이익을 추구하고 여러 개의 핵들이 그 기능을 중심으로 생성되며, 어떤 이종의 활동은 상호 간의 이해가 상반되고, 업종별 지대지불능력의 차이에 의해 핵이 분산되기도 한다.

4) 평가
도시지역 내의 유사토지이용군은 서로 흡인력을 가지고 동질적인 집단을 형성한다는 점에서 동심원이론, 선형이론의 미흡한 점을 보완하고 있다. 현대도시의 토지이용과 성장구조를 살펴보면 대부분이 다핵적인 면을 인정할 수 있다.

5) 한계
이 이론은 지역구조에서 가장 중요한 토지이용의 공간적 배치가 경시되고, 도시 핵의 발생·분화과정이 확실하지 못하다는 비판을 받고 있다.

4. 도시성장구조이론과 감정평가의 관계*

도시의 성장과 발전을 정치적, 경제적, 문화적, 사회적, 생태적 제 측면에서 종합적, 입체적으로 연구한 결과이다. 부동산감정평가에서는 이러한 연구결과들을 도입, 응용함으로써 도시생성, 발전과 부동산활동의 상호 역학관계에 관한 법칙성을 발견하고, 이것이 부동산의 가격구조 및 가치형성요인의 변화에 미치는 영향을 연구하게 된다. 또한 도시 전체를 부동산 공간으로 파악하고, 이러한 도시공간에 대한 수요와 공급요인, 부동산시장 참여자들의 전형적인 투자활동, 금융시장이나 자본시장에서 발행되는 경쟁상품들과 부동산상품 간의 경쟁상황 등을 종합적으로 고려하여 가치형성요인을 분석하게 되며, 지역분석, 개별분석 등의 작업을 수행하게 되고, 적용할 감정평가방식을 선택하게 된다.

Chapter 05 부동산시장에 대한 이해

감정평가의 목적이 되는 부동산의 가치 중에서 그 중심이 되는 것이 시장가치라고 하였다. 이러한 시장가치는 결국 수요와 공급이라는 두 가지 요인이 상호작용하는 시장이라는 틀 속에서 이해하고 파악해야 한다. 따라서 부동산시장에 대한 이해는 부동산의 시장가치가 결정되는 과정과 메커니즘을 이해하기 위한 필수적인 과정이라 할 수 있다.

제1절 부동산시장의 의의

1. 개념

경제학적인 측면에서는 상품으로서의 재화와 서비스의 거래가 이루어지는 추상적인 영역까지 포함하여 모두 시장이라고 한다. 즉, 시장은 거래의 목적물과 판매자, 구매자만 있으면 거래장소가 특별히 정해져 있지 않아도 시장이라 표현할 수 있다. 그러나 부동산시장은 부동산의 고정성이라는 자연적 특징을 가지고 있기에 일반재화시장과는 달리 지리적 공간을 수반한다. 따라서 부동산시장은 질, 양, 위치 등 여러 가지 측면에서 유사한 부동산에 대해 가치가 균등해지는 경향이 있는 지리적 구역이라고 정의될 수 있다.

한편 부동산의 고정성으로 인해 실제 거래는 부동산에 기반한 추상적인 권리의 형태로 이루어지게 된다. 따라서 '추상적 시장'이라고도 한다.

또한 부동산시장은 매수자와 매도자에 의해 부동산의 교환이 이루어지는 곳으로 수요·공급의 조절, 부동산가격 결정, 공간배분, 공간이용패턴의 결정 등을 위해 의도된 상업활동이 이루어지는 곳으로 정의되기도 한다.

2. 형태

시장의 형태는 일반적으로 경쟁시장, 비경쟁시장으로 구분하고, 경쟁시장은 완전경쟁시장, 비경쟁시장은 독점시장, 과점시장, 독점적 경쟁시장으로 세분된다. 부동산시장은 공급자와 수요자의 수가 많지 않고 부동산의 개별성에 따라 상품이 차별화되어 있다. 따라서 부동산시장은 독점경쟁시장이라 볼 수 있다.

제2절 부동산시장의 분류

> **Tip**
> 부동산시장은 사용되는 상황과 보는 관점에 따라 다양한 분류기준이 존재한다.

미리보기

1. 지리적 위치에 따른 분류
2. 용도(유형)에 따른 분류
3. 규모에 따른 분류
   1) 금액에 따른 분류
   2) 면적에 따른 분류
4. 가격의 유형에 따른 분류
5. 거래의 자연성 여부에 따른 분류
6. 시장참가자의 상대적 힘의 차이에 따른 분류

1. 지리적 위치에 따른 분류

부동산은 지리적 위치의 고정성으로 인해 지역시장의 성격을 지닌다. 일반적으로 수도권시장과 지방시장으로 구분할 수 있고, 수도권시장은 다시 서울과 인천, 경기도로 나눌 수 있고, 서울은 다시 강남과 강북 등으로 세분할 수 있다.

2. 용도(유형)에 따른 분류 ★기출 29회

부동산시장은 부동산의 용도에 따라 주거용 시장(아파트, 연립, 다세대, 단독주택), 상업용 시장(상업용, 업무용, 오피스텔), 공업용 시장(순수공업용, 물류센터), 농업용 시장(전, 답), 임업용 시장 등으로 구분할 수 있다.

3. 규모에 따른 분류

부동산은 고가의 상품으로서 수요자가 제한되고 유효수요를 뒷받침하기 위한 금융의 역할이 매우 중요하다. 이러한 고가성 때문에 부동산시장을 그 금액의 대소에 따라 분류하기도 하는데 이는 일반적으로 금액과 면적이 동일한 방향으로 움직인다는 전제가 깔려있다고 볼 수 있다.

1) 금액에 따른 분류

금액에 따라 저가시장, 중가시장, 고가시장으로 구분할 수 있다. 구분하는 기준은 일반적인 기준이 있는 것이 아니라 지역이나 부동산의 종류에 따라 달라질 수밖에 없다. 서울의 아파트시장을 예로 들면 종합부동산세의 기준이 되는 12억원(공동명의의 경우 각각 6억원)을 기준으로 그 이상은 고가시장, 그 이하는 중저가시장으로 구분할 수 있다.

2) 면적에 따른 분류

면적에 따라 소형시장, 중형시장, 대형시장 등으로 구분할 수 있다. 일반적인 기준이 있는 것은 아니고 통상적으로 아파트를 기준으로 소형은 60㎡ 이하, 중형은 60~135㎡, 대형은 135㎡ 초과 등으로 분류할 수 있다.

4. 가격의 유형에 따른 분류

부동산의 가격은 협의의 가격과 임대료로 구분된다. 그래서 부동산시장도 매매시장과 임대차시장으로 분류할 수 있다. 임대차시장은 다시 그 형태에 따라 전세시장, 보증금부 월세시장, 순수월세시장으로 세분화된다. 예를 들어 전세대출의 고금리로 인하여 임대차시장에서 임차인에게 유리한 월세시장이 차지하는 비중이 높아지기도 한다.

5. 거래의 자연성 여부에 따른 분류

부동산거래는 일반적으로 개인 간의 자유로운 의사에 의한다. 그러나 경우에 따라서 국가 공권력에 의한 강제적인 힘에 의한 거래가 나타나기도 하는데 대표적인 예로 경매와 공매가 있다. 따라서 부동산시장도 일반거래시장과 경매시장, 공매시장으로 구분할 수 있다.

6. 시장참가자의 상대적 힘의 차이에 따른 분류

부동산시장이 호황과 침체를 반복하면 이러한 시장상황에 따라 시장참가자들 역시 시장에서 차지하는 비중과 역할이 달라진다. 이처럼 시장참가자의 상대적 힘의 차이에 따라 매도자 우위시장과 매수자 우위시장으로 구분할 수 있다.

제3절 부동산시장의 특징

> **Tip**
> 부동산은 일반재화와 다른 여러 특성을 가지고 있기에 부동산시장은 일반재화시장과 비교할 때 여러 가지 고유한 특징을 가지게 된다.

미리보기

1. 시장의 국지성
2. 수급조절의 어려움
3. 상품의 비표준화성
4. 시장의 비조직성
5. 거래의 비공개성
6. 자금의 유용성에 큰 영향을 받음
7. 제도적 제한의 과다
8. 시장의 불완전성

1. 시장의 국지성

부동산시장은 부동산의 지리적 위치의 고정성으로 인해 고도로 국지화된다. 이때 지역성에 의해 지역에 따라 여러 부분시장으로 나눠질 수 있다. 또한 같은 지역이라 할지라도 부동산의 위치, 용도, 규모 등에 따라 다시 여러 개의 부분시장으로 세분된다.

2. 수급조절의 어려움

부동산시장은 고정성, 부증성, 영속성, 개별성 등으로 시장상황이 변한다고 하더라도 수요·공급의 조절이 쉽지 않고 설사 조절이 된다고 하더라도 많은 시간이 소요된다. 특히 공급 측면에서 그 현상이 두드러지는데 이에 따라 단기적으로 '가격의 왜곡'이 발생할 가능성이 높다.

3. 상품의 비표준화성

부동산은 고정성 및 개별성으로 인해 표준화가 불가능한 이질적인 상품이다. 따라서 부동산시장에서는 일반재화처럼 일물일가의 법칙이 적용되지 않는다. 다만, 아파트와 같이 규격화된 건물은 어느 정도의 규격화 및 표준화가 가능하다.

4. 시장의 비조직성

일반재화는 상품별로 소매상, 도매상, 대리점 등으로 조직적으로 구성되어 유통되나, 부동산은 지역성, 개별성 등으로 인해 지역마다 상품마다 거래가격이나 내용이 다르고, 거래의 비공개성으로 인해 시장을 유형별로 조직화하기 어렵다. 물론 지역과 용도, 위치 등에 따라 부분시장으로 구분해서 시장을 조직화할 수 있으나 이는 어디까지나 인위적인 측면이 많다고 할 수 있다.

5. 거래의 비공개성

부동산의 개별성과 부동산에 대한 사회적 통제, 부정적 인식, 관행 등으로 인해 부동산거래는 고도의 사적인 경향을 띤다. 이런 거래의 비공개성으로 부동산시장은 불완전경쟁시장이 되기 쉽고 정보의 수집이 어려우며 정보탐색비용 또한 많이 든다. 이런 부작용을 해소하기 위해 공인중개사제도, 실거래가신고제도 등의 정책이 운영되고 있으나 아직도 미비한 점이 많기에 개선이 요구된다.

6. 자금의 유용성에 큰 영향을 받음

부동산은 고가의 상품이기 때문에 원활한 자금의 융통은 시장참가자들의 활동에 큰 영향을 미치게 된다. 이에 따라 부동산시장은 정부의 금융정책에 민감한 반응을 보인다. LTV, DTI, DSR 같은 규제가 대표적인데 이런 규제들은 수요자들의 구매활동에 직접적인 영향을 미친다. 또한 한국은행의 정책금리결정 및 지급준비율정책 등도 금융비용의 변화를 통해 부동산의 수요와 공급에 영향을 주게 된다.

7. 제도적 제한의 과다

부동산은 사회성, 공공성이 매우 큰 자산으로 여러 가지 제도적 제한이 따르게 된다. 이런 제한들이 결국은 부동산시장을 불완전하게 만드는 요인이 된다. 이러한 제한에는 법적 제한, 행정적 제한, 사회적 제약 등 그 종류도 매우 다양하다. 그리고 이러한 제한들이 결국은 부동산시장을 불완전하게 만드는 요인이 되기도 한다. 즉, 시장의 자기조절기능은 저하되고, 부동산가격은 왜곡되기 쉽다.

8. 시장의 불완전성

부동산시장의 가장 근본적이고 핵심적인 특성은 바로 시장이 불완전하다는 것이다. 앞의 내용은 결국 시장의 불완전성을 부분적으로 설명하고 있는 것에 지나지 않는다.

부동산의 지리적 위치의 고정성, 부증성, 영속성, 고가성 등은 시장의 자율조정기능을 저하시켜 결국 시장을 불완전하게 만든다. 부동산은 위치가 고정되어 있기 때문에 공급이 자유롭게 이동될 수가 없다는 점, 부동산은 부증성이 있어 공급이 제한된다는 점, 부동산은 영속성이 있기 때문에 비록 수요가 감소한다 하더라도 기존의 공급량이 쉽사리 줄어들지 않는다는 점, 부동산은 고가품이기 때문에 참여자의 시장진입과 탈퇴가 자유롭지 못하고 소비자와 생산자의 수가 상대적으로 제한된다는 점 등이 대표적인 예가 된다.

제4절 부동산시장의 기능

> **Tip**
> 부동산시장은 부동산의 특성으로 인해 불완전하고 비효율적이긴 하지만 일반재화시장과 같은 기본적인 시장기능을 수행한다. 다만, 불완전한 시장을 시정하고 지원함으로써 제대로 된 기능을 수행할 수 있도록 하기 위하여 정부의 개입이 요구된다.

미리보기

1. 정보의 창출 및 제공기능
2. 공간의 배분 및 자원배분기능
3. 교환기능
4. 양과 질의 조정기능
5. 토지이용의 결정기능
6. 가격의 창조기능

1. 정보의 창출 및 제공기능

부동산시장은 가격 및 거래량 등 거래정보를 창출하고 필요한 사람들에게 제공하는 기능을 한다. 이런 거래정보는 감정평가사, 공인중개사 등 활동주체들에게 매우 유용한 정보가 될 수 있다.

2. 공간의 배분 및 자원배분기능

부동산시장은 화폐를 원하는 매도자와 공간을 원하는 매수자의 선호도에 따라 부동산을 소유하고 이전하고 공간을 배분하는 기능을 한다. 그런데 매매의 경우는 투자수요(실거주하지 않는 경우)도 있으므로 이때는 공간의 배분이 아닌 자금의 배분으로 이해할 수 있다. 반면, 임대차의 경우에는 100% 공간에 대한 배분활동이 이루어진다. 이런 의미에서 임대차는 완전한 실수요자시장의 성격을 가지게 된다. 또한 건물의 건축, 유지, 수선 등과 관련해 다른 자원의 부동산에 대한 배분도 촉진시킬 수 있다.

3. 교환기능

부동산시장은 자금능력을 가진 수요자의 기호에 따라 부동산과 현금, 부동산과 부동산 등의 형태로 교환을 가능하게 한다. 일반재화와 달리 부동산과 부동산을 물물교환형태로 교환하는 점이 특별한 기능이라 할 수 있다.

4. 양과 질의 조정기능

부동산의 소유자, 관리자, 개발업자, 건설업자 등은 그들의 통제하에 부동산의 유용성이 최대가 되도록 노력한다. 이 과정에서 부동산의 성격이 변하게 되고 양과 질이 조정된다. 예를 들면 시장에서 사무실에 대한 수요가 증대하면 공업용을 사무실용으로 전환할 수 있고, 택지의 수요가 증가하면 농지·산지 등이 택지로 개발되어 해당 용도에 대한 토지의 공급이 증가하게 된다. 즉, 시장의 변화와 수요가 대상부동산의 양과 질을 변화시키게 된다.

5. 토지이용의 결정기능

부동산시장은 경제활동의 지대지불능력에 따라 토지이용의 유형을 결정하는 기능을 수행한다. 즉, 부동산은 여러 가지 용도 중에서 용도 간의 경합에 따라 결국 최유효이용에 할당되는 것이다.

6. 가격의 창조기능

부동산가격은 일물일가의 법칙이 성립되지 않으며, 거래 시마다 새로운 가격이 창조되고 파괴된다. 이는 거래 시마다 발생하는 각종 비용 등을 보전받고자 하는 심리와 지가상승률과 같은 자산가치의 상승을 기대하는 심리가 작용하기 때문이다. 시간의 흐름에 따라 매수자 제안가격은 점차 상승하고, 매도자 제안가격은 점차 하락한다. 이에 따라 부동산시장구역 내에서 부동산가격이 창조된다.

제5절 부동산시장의 한계 및 정부의 개입 기출 15회

> 미리보기
> 1. 부동산시장의 한계
>   1) 시장의 불완전성으로 인한 문제
>   2) 시장실패로 인한 문제
> 2. 정부의 개입

1. 부동산시장의 한계

1) 시장의 불완전성으로 인한 문제

부동산시장은 부동산의 자연적 특성으로 인해 불완전경쟁시장의 성격을 가진다. 이러한 불완전경쟁시장은 부동산의 효율적 이용을 보장하지 못하며 경제 전체로도 한정된 자원의 효율적 이용을 달성할 수 없게 만든다.

2) 시장실패로 인한 문제

시장실패란 시장이 완전경쟁시장의 요건을 갖추더라도 어떤 원인으로 인해 자원의 용도별 효율적 분배에 실패하는 현상이다. 이러한 시장의 실패를 초래하는 대표적 요인으로 외부효과, 공공재가 있다. 일상생활에서 응분의 대가를 치르지 않고 남에게 피해를 주거나 또는 응분의 보상을 받음이 없이 남에게 이익을 주는 경우가 많이 있는데 이런 피해나 이익을 외부효과라 한다. 한편, 공공재는 소비의 비경합성과 비배제성을 가진 재화를 말한다. 그런데 이러한 공공재는 누구나 돈을 내지 않고 혜택을 누릴 수 있으므로 무임승차의 문제가 발생되고 아무도 공급하려 하지 않기 때문에 시장이 적정량의 공공재 공급에 실패하게 된다.

2. 정부의 개입

부동산시장은 전형적인 불완전경쟁시장으로 외부효과, 공공재로 인해 시장실패의 전형적인 모습도 보인다. 이에 정부가 개입하여 부동산시장의 구조적 결함을 치유하고 한정된 자원인 부동산을 효율적으로 이용되도록 유도할 필요성이 제기된다. 그러나 효율적 이용문제의 해결뿐 아니라 부동산의 이용에 있어서의 형평성 문제 해소도 정부가 부동산시장에 개입하는 데 중요한 명분이 된다.

제6절 부동산에 대한 수요 기출 29회

> **Tip**
> 부동산현상 및 문제뿐만 아니라 현대사회에서 일어나는 모든 현상과 문제를 파악하고 분석할 수 있는 기본적이면서도 강력한 분석도구인 수요·공급모형에 대하여 다룬다. 수요·공급모형은 그 자체로서의 의미보다는 다양한 부동산현상과 문제를 이해하고 해결하기 위한 수단으로 활용되는 경우가 많으므로 현실에 적절하게 응용할 수 있도록 하는 데 주안점을 두기 바란다.

미리보기

1. 수요의 개념
2. 수요의 특징
    1) 국지적인 수요
    2) 일회성 아닌 지속적인 수요
    3) 차별화된 수요
    4) 비탄력적인 수요
    5) 파생수요
3. 수요곡선의 개념 및 모양과 수요곡선의 변화
    1) **수요곡선의 개념 및 모양**
    2) **수요량의 변화와 수요의 변화**
4. 부동산수요의 결정요인

1. 수요의 개념

일반재화에서 수요는 재화나 용역에 대한 구매욕구를 의미한다. 그러나 부동산의 경우는 고가성으로 인해 단순한 구매욕구뿐만 아니라 구매력, 즉 실제 구입할 수 있는 능력을 갖춘 유효수요를 의미한다.

2. 수요의 특징

1) 국지적인 수요

부동산은 지리적 위치의 고정성 및 지역성이라는 특성이 있기 때문에 그 수요 또한 지역적 차원의 국지적인 양상을 띠게 된다.

2) 일회성 아닌 지속적인 수요

부동산은 영속성과 내구재의 특성을 가지고 있다. 따라서 부동산에 대한 수요는 한 번 사용으로 효용이 없어지지 않고 장기간에 걸쳐 지속된다. 이는 부동산 구매 시 할부구매가 수요자의 합리적인 소비행위에 더욱 적합하다는 것을 의미한다. 즉, 수요자는 내구재인 부동산을 사용한 결과 얻게 되는 효용만큼의 대가를 매월 또는 정기적으로 일정한 금액만 지불함으로써 효용과 대가가 동시에 교환될 수 있는 것이다.

3) 차별화된 수요
부동산의 개별성과 인간의 욕구의 다양성으로 인해 부동산에 대한 수요는 비동질적이며 개별적인 양상을 보인다.

4) 비탄력적인 수요
부동산은 인간생활에 반드시 필요한 필수재의 성격이기에 수요는 비탄력적인 경우가 일반적이다.

5) 파생수요
부동산의 수요는 부동산을 직접 소비하기 위해 발생하기도 하지만(본원적 수요 또는 직접수요), 부동산이 생산요소로 작용하는 경우는 다른 형태의 수요에서 파생되어 발생한다(파생수요 또는 간접수요). 예를 들어 주택지 수요는 주택에 대한 수요에서, 공업지 수요는 생산될 제품의 수요에서, 농지수요는 농작물에 대한 수요에서 파생된다.

3. 수요곡선의 개념 및 모양과 수요곡선의 변화
현재 경제학뿐만 아니라 가격을 다루는 모든 분야에 있어서는 수요곡선과 공급곡선을 가장 기본적인 도구로 하여 여러 가지 이론과 현상을 설명하고 있다. 부동산의 경우에도 기본적으로 경제학의 메커니즘을 사용하고 있기 때문에 수요곡선과 공급곡선은 부동산이론의 전개에 필수적인 도구라 할 수 있다.

1) 수요곡선의 개념 및 모양
수요곡선이란 단위당 임대료(가격)와 수요량의 관계를 그래프로 나타낸 것이다. 수요곡선이 우하향하는 이유는 대체효과와 소득효과로 설명할 수 있다. 임대료가 상승하게 되면 소비자는 임대료가 상승한 만큼 부동산을 덜 소비하고, 소득이 감소한 만큼 부동산소비를 줄이게 된다.

2) 수요량의 변화와 수요의 변화
수요량의 변화란 임대료가 변화함에 따라 동일 수요곡선상에서 수요량이 변화하는 것이다. 한편 수요의 변화란 수요 자체에 대한 변화를 말하는 것으로 곡선 자체를 상하로 이동시킨다. 따라서 임대료의 변화는 동일 수요곡선상에 수요량의 변화로 직접적으로 표시되지만, 다른 요인의 변화는 수요곡선 자체의 변화를 통해 간접적으로 표시된다.

4. 부동산수요의 결정요인*

부동산수요를 결정하는 요인에는 해당 부동산의 가격변화, 관련 재화의 가격변화, 소득의 변화, 기호 및 선호도 변화, 해당 부동산의 가격예상 등이 있다. 이외에도 이자율, 신용의 유용성, 부의 크기, 인플레이션, 광고 등 요인이 있다. 여기에서 해당 부동산의 가격변화는 수요량의 변화로 나타나고, 다른 요인은 수요의 변화로 나타난다. 즉, 해당 부동산의 가격변화 외의 수요결정요인이 변화하면 수요량의 변화가 아닌 수요의 변화로서 수요곡선 자체가 이동한다는 것에 유의하여야 한다.

제7절 부동산에 대한 공급 기출 29회

미리보기

1. 공급의 개념
2. 공급의 특징
   1) 공간 및 위치의 공급
   2) 비탄력적, 독점적인 공급
   3) 경제적 공급의 가능
   4) 장기적인 공급
   5) 공급의 전환
3. 공급곡선의 개념 및 모양과 공급곡선의 변화
   1) 공급곡선의 개념 및 모양
   2) 공급량의 변화와 공급의 변화
4. 부동산공급의 결정요인

1. 공급의 개념

일반적으로 공급이란 공급주체가 일정기간 상품을 판매하고자 하는 욕구이다. 부동산의 경우는 각 임대료수준에서 공급자가 기꺼이 공급할 의사와 능력을 가지고 있는 유효한 것이어야 한다. 부동산의 공급자에는 개발업자나 건설업자와 같은 생산자뿐만 아니라 기존 건물, 주택소유자도 포함된다.

2. 공급의 특징

1) 공간 및 위치의 공급

부동산의 공간성과 위치성으로 인하여 부동산의 공급은 공간의 공급임과 동시에 위치의 공급이다.

2) 비탄력적, 독점적인 공급

부동산의 부증성과 개별성으로 인하여 부동산의 공급은 비탄력적이고 독점적인 성격을 지닌다.

3) 경제적 공급의 가능

토지의 부증성으로 물리적 절대량을 증가시킬 수는 없지만 부동산개발, 이용의 집약화 등에 의한 효율성의 증대, 용도전환 및 공법상 규제의 완화 등을 통해 경제적 공급이 가능하다.

4) 장기적인 공급

수요나 가격의 변화에 대한 공급의 반응시간은 비교적 길다. 이는 물리적 측면뿐 아니라 자금의 대규모성, 각종 제도적인 제약에 기인한다.

5) 공급의 전환

부동산의 영속성과 용도의 다양성으로 기존 공급이 다른 공급으로 전환될 수 있으며 수요가 공급으로 전환될 수도 있다.

3. 공급곡선의 개념 및 모양과 공급곡선의 변화

1) 공급곡선의 개념 및 모양

공급곡선이란 임대료와 공급량의 관계를 그래프로 나타낸 것이다. 공급곡선은 수요곡선과는 반대로 우상향하는 모양으로 나타난다. 공급곡선이 우상향하는 이유는 생산비와 관계가 있는데 가용자원이 제한되어 공급량이 증가하면 생산비도 상승하기 때문이다.

2) 공급량의 변화와 공급의 변화

공급량의 변화란 임대료가 변화함에 따라 동일 공급곡선에서 공급량이 변하는 것이다. 한편 공급의 변화란 공급 자체에 대한 변화로 곡선 자체를 상하로 이동시킨다.

4. 부동산공급의 결정요인*

부동산의 생산비에 영향을 주는 요인들이 그 핵심을 이루고 있다. 해당 부동산의 가격변화, 관련 재화의 가격변화, 생산요소의 가격변화, 기술수준 등의 부동산 자체 요인들과 이자비용, 인플레이션, 세금, 정부정책 등 외부적 요인들이 있다. 여기에서 해당 부동산의 가격변화는 공급량의 변화로 나타나고 다른 요인은 공급의 변화로 나타난다. 즉, 해당 부동산의 가격변화 외의 공급결정요인이 변화하면 공급량의 변화가 아니라 공급의 변화로서 공급곡선 자체가 이동한다는 것에 유의해야 한다.

제8절 부동산시장의 효율성

> **Tip**
> 부동산의 가치결정과정에서 가치형성기능이 제대로 발휘되기 위해서는 부동산시장의 효율성이 유지되는 것이 필요하다. 일반적으로 정보의 효율성, 배분의 효율성, 운영의 효율성으로 구분된다.

미리보기

1. 정보의 효율성
   1) 의의
   2) 효율적 시장의 분류
      (1) 약성 효율적 시장
      (2) 준강성 효율적 시장
      (3) 강성 효율적 시장

2. 배분의 효율성(할당적 효율성)
   1) 의의
   2) 배분의 효율성과 불완전경쟁시장
3. 운영의 효율성
   1) 의의
   2) 부동산시장의 경우

1. 정보의 효율성

1) 의의

부동산의 가치는 장래 기대되는 편익을 현재가치로 환원한 값으로 장래 수익의 변동이 예견된 경우 이것은 즉각적으로 현재의 부동산가치를 변화시킨다. 이처럼 부동산시장의 정보가 얼마나 많이 그리고 얼마나 빨리 가치에 반영되는가 하는 것을 정보의 효율성이라 한다. 그리고 정보가 모두 다 지체 없이 가치에 반영되는 시장을 효율적 시장이라 한다.

2) 효율적 시장의 분류

어떠한 정보가 지체 없이 가치에 반영되는가에 따라 약성, 준강성, 강성 효율적 시장으로 구분된다.

(1) 약성 효율적 시장

현재의 시장가치에 과거 가격변동의 양상, 거래량 추세 등의 역사적 정보가 이미 반영되어 있기 때문에 가치에 대한 과거의 역사적 자료를 분석하더라도 정상 이상의 수익을 획득할 수 없는 시장이다. 과거 자료를 토대로 시장가치의 변동을 분석하는 것을 '기술적 분석'이라 한다. 시장이 약성 효율적 시장이면 기술적 분석에 의해서는 결코 초과이윤을 획득할 수 없다.

(2) 준강성 효율적 시장

어떤 새로운 정보가 공표되는 즉시 시장가치에 반영되는 시장이다. 현재 공표된 사실을 토대로 시장가치의 변동을 분석하는 것을 '기본적 분석'이라고 한다. 준강성 효율적 시장에서 기본적 분석을 하더라도 정상 이상의 수익을 올릴 수 없다. 만약 어떤 사람이 준강성 시장에서 정상이윤의 이상을 얻었다면 이것은 정보가 공표되기 전의 내부자료를 먼저 알았거나 공표된 것 이상의 유용한 정보를 얻을 수 있었기 때문에 가능한 것이지 결코 공표된 사실에 의한 것은 아니다.

(3) 강성 효율적 시장

공표된 것이건 공표되지 않은 것이건 어떠한 정보든지 모두 시장가치에 반영되는 시장이다. 따라서 강성 효율적 시장에서는 누가 어떠한 정보를 이용하더라도 초과이윤을 획득할 수 없다. 강성 효율적 시장이 진정한 의미의 효율적 시장이며, 완전경쟁시장의 가정에 부합하는 시장이다.

학자들의 경험적 연구에 따르면 주식시장, 부동산시장에는 강성 효율적 시장은 거의 나타나지 않고, 준강성 효율적 시장까지는 존재할 수 있다고 한다.

효율적 시장	가치에 반영된 정보	분석방법	정상 이상의 수익
약성	과거의 정보	기술적 분석	획득불가능(기본적 분석과 미래의 정보를 분석하면 가능)
준강성	공표된 정보(과거 및 현재)	기본적 분석	획득불가능(미래의 정보를 분석하면 가능)
강성	공표된 정보 및 공표되지 않은 정보(미래)	분석 불필요	어떤 분석으로도 획득불가능

2. 배분의 효율성(할당적 효율성)

1) 의의

모든 자산의 가격이 모든 수요자와 공급자의 한계수익률을 일치시키도록 균형가격이 성립되고 이 가격이 경제 전체적으로 자원의 효율적 배분을 가능하게 하는 것이다. 즉, 부동산투자를 비롯한 다른 투자대안에 따르는 위험을 감안했을 때 부동산 투자수익률과 다른 투자수익률이 같도록 자금이 배분된 상태이다. 만약 부동산투자에 수반되는 위험을 감안하더라도 부동산투자의 수익률이 다른 투자대안의 수익률보다 여전히 높다고 하면 자금은 계속해서 부동산시장으로 유입될 것이다. 이는 부동산의 가격상승을 가져오게 되고 부동산 투자수익률을 하락(신규로 진입 예정인 투자자의 입장)시키게 된다. 이에 따라 부동산시장으로의 자금유입이 감소하게 된다. 결국 부동산 투자수익률과 다른 투자대안의 수익률이 같아지는 수준에서 가격이 결정되고 시장은 균형을 이루게 될 것이다.

2) 배분의 효율성과 불완전경쟁시장

완전경쟁시장은 정보비용이 있을 수 없고 초과이윤도 발생하지 않는다. 즉, 모든 자산의 한계수익률이 동일하고 배분의 효율성이 달성된다. 그러나 불완전경쟁시장이라도 배분은 효율적일 수 있다. 만약, 불완전경쟁시장에서 발생하는 초과이윤이 초과이윤을 발생하도록 하는 데 드는 비용과 일치하면 비록 불완전경쟁시장이라도 배분 효율적이다. 따라서 부동산시장에서 특정 투자자가 초과이윤을 획득할 수 있는 것은 시장의 불완전성 때문이 아니라 배분의 효율성이 달성되지 못하기 때문이다.

3. 운영의 효율성

1) 의의

운영의 효율성이란 부동산시장이 제도적 운영 면에서 마찰을 가급적 줄여 거래 또는 자원의 이전이 원활하게 이루어지도록 하는 내부효율성이다. 무엇보다도 부동산시장이 운영 면에서 거래비용이 최소화되어야 하고 원하는 시점에 적정가격에 신속히 사고팔 수 있는 유동성이 높을 때 운영의 효율성이 제대로 발휘된다고 할 수 있다.

2) 부동산시장의 경우

운영의 효율성은 거래수수료, 세금, 정보비용 등이 최저수준으로 유지되고 거래시스템이 원활한 경우 달성될 수 있다. 그러나 부동산의 경우는 각종 법률 및 행정규제, 사회적 제약 등으로 운영의 효율성을 기대하기 어려운 경향이 있다.

제9절 부동산시장과 효율적 시장의 비교

주식시장의 경우에는 일반적으로 앞서 세 가지 효율적 시장 중 준강성의 효율성까지 존재한다고 알려져 있다. 이에 비하여 부동산시장은 부동산의 지리적 위치의 고정성과 개별성이라는 자연적 특성으로 인하여 거래의 개별성 및 비공개성, 시장의 비조직성, 상품의 비동질성 등이 두드러지므로 주식시장보다 시장의 효율성 측면에서 더욱 큰 제약을 받는다고 할 수 있다. 시장의 효율성과 수익성은 상충관계에 놓여 있다. 즉, 부동산시장은 시장의 비효율성이 높아 투자자 입장에서는 더욱 큰 위험이 존재하므로 이를 상쇄하기 위하여 그만큼 높은 수익률을 위험할증으로 요구하게 된다.

구분	효율적 시장	부동산시장
동질성	제품과 서비스는 본질적으로 동질적이며, 상호 간에 대체성이 있음	어떠한 부동산도 물리적으로 동일한 것은 없음
고가성	제품과 서비스의 질은 균등하고, 가격은 상대적으로 저가이며 안정적임	가격은 대체로 고가임
시장참여자 수	시장참여자들이 많기 때문에 시장은 자유롭고 경쟁적이 됨. 어느 누구도 가격에 직접적인 영향력을 행사하지 못함	소수의 매도자와 매수자만 특정시점, 특정위치, 특정가격의 특정부동산에 관심을 가짐. 매도자와 매수자는 수요와 공급을 조절하여 개별적으로 가격에 영향력을 행사함
자기규제성	효율적 시장은 자기 규제적으로 작동, 자유공개경쟁을 제한하지 않음	부동산시장은 각종 공적·사적 규제를 받고 있음
균형성	수요와 공급은 균형에서 크게 벗어나지 않음. 벗어났을 경우라도 경쟁효과에 의해 신속하게 균형상태로 되돌아옴	수요와 공급은 상호 간에 원인요소로 작용하고, 가격은 그 결과로 나타남. 가격변화는 보통 시장활동보다 선행, 수요와 공급은 시장활동이 증가하는 시기나 아무런 시장활동이 없는 시기에도 급작스럽게 변동
시장정보	매수자와 매도자는 과거와 현재의 시장상황, 시장참여자의 행태, 제품의 질과 대체성에 대해 충분한 지식과 정보를 가지고 있음. 입찰사례, 제안사례, 매매사례에 관한 정보는 항상 유용한 상태에 있음	부동산의 매수자와 매도자는 충분한 정보를 제공받지 못하고 있음
시장의 입출	증권거래소와 같은 조직화된 시장메커니즘이 매수자와 매도자의 공식적인 회동장소를 제공, 매도자는 수요에 따라 시장진입과 탈퇴를 용이하게 할 수 있음	매수자와 매도자의 공식적인 회동장소가 제한됨
제품의 성질	제품은 신속하게 공급되고 소비됨. 제품은 쉽게 이동할 수 있음	부동산은 내구재임. 투자상품으로서 시장성이 적고 유동성이 떨어짐

Chapter 06 부동산시장의 분석에 대한 이해

부동산의 가치를 판정해 내는 작업인 감정평가활동은 자칫 평가사의 주관적인 판단과 의견에 의해서만 이루어질 수 있는 위험성을 안고 있다. 이를 극복하기 위해서는 부동산의 가치가 형성되고 결정되는 시장을 면밀하게 관찰하고 분석해야 한다. 이렇게 함으로써 평가활동에 내재되어 있는 주관성을 극복하고 객관적인 평가활동을 도모하여 평가의 신뢰성과 합리성을 제고할 수 있을 것이다.

시장분석이라는 용어는 사실 여러 분야에서 사용되고 있다. 금융분야에서는 일상적인 용어가 되었으며, 부동산시장에서도 개발과 마케팅, 투자 그리고 감정평가에 이르기까지 시장 전반에 걸친 여러 분야에서 활용되고 있다. 또한 시장분석은 바라보는 관점에 따라 다양한 의미를 내포하고 있다.

시간적인 측면에서 시장분석은 현재의 시장상태가 어떠한지를 파악하는 개념으로 사용되는데 이때는 주로 부동산경기변동과 관련지어 볼 수 있고 또 다른 경우에는 공간적인 측면에서 공간적 범위에 따라 가치에 영향을 미치는 요인들이 어떻게 작용하는가라는 개념으로 사용되기도 한다. 이 경우에는 일반분석, 지역분석 및 개별분석과 연계하여 생각해 볼 수 있다.

다음으로는 경제적인 측면에서 바라본 것으로 경제학에서 말하는 본래적 의미의 시장에 대한 분석을 의미하는데 이때는 시장을 구성하고 있는 수요와 공급이라고 하는 요소를 중심으로 그러한 요소들에 미치는 요인들에 어떤 것이 있는지, 그에 따라 수요와 공급이 어떻게 변화해 가는지를 실증적으로 분석하여 정확한 가치를 찾아가는 과정으로 이해할 수 있다.

그러나 이러한 구분은 인위적인 것에 지나지 않으며, 본질적으로는 다양한 측면을 고찰함으로써 보다 정확하고 신뢰성 있는 가치를 찾아 가기 위한 다양한 접근이라고 할 수 있다.

한편 부동산시장은 부동산의 고가성이라는 특성으로 인하여 금융의 역할과 비중이 매우 크다. 이에 부동산시장과 금융시장 간의 관계를 제대로 파악하는 것은 부동산시장을 제대로 이해하고 분석하기 위한 필수적인 과정이라 할 수 있다.

제1절 부동산경기변동 기출 4회·8회·24회·27회

> **Tip**
> 경기변동의 의의, 종류, 특징, 제 요인, 부동산경기의 측정과 감정평가 시 유의사항에 대하여 알아본다. 여기서는 경기변동의 종류 중 가장 대표적인 유형인 순환적 변동의 각 국면별 현상과 부동산경기변동의 특징에 대하여 주의 깊게 살펴보기 바란다. 그리고 실무적인 측면에서 부동산경기를 측정할 수 있는 지표와 방법에는 어떠한 것이 있는지, 그리고 감정평가를 행함에 있어 유의하여야 할 사항들에는 어떠한 것이 있는지도 살펴보아야 한다.

미리보기

1. 부동산경기변동의 의의
2. 부동산경기변동의 종류
    1) 순환적 변동
        (1) 확장기(상향시장)
        (2) 후퇴기(후퇴시장)
        (3) 수축기(하향시장)
        (4) 회복기(회복시장)
        (5) 안정시장
    2) 계절적 변동
    3) 장기적 변동
    4) 무작위적 변동
3. 부동산경기변동의 특징
    1) 일반경기보다 후순환적이다.
    2) 일반경기보다 주기가 길다.
    3) 일반경기보다 경기순환의 진폭이 크다.
    4) 일반경기와 대칭구조가 다르다.
    5) 기타
4. 부동산경기변동의 제 요인
    1) 사회적 요인 및 경제적 요인
    2) 행정적 요인 및 자연적 요인
5. 부동산경기의 측정
    1) 부동산경기측정지표
        (1) 부동산가격변동
        (2) 거래량
        (3) 건축허가량
        (4) 택지분양실적
        (5) 미분양재고량
        (6) 공가율과 임대료수준
        (7) 부동산금융의 상태
        (8) 기타
    2) 부동산경기의 측정방법
        (1) 과거 추세치를 연장하는 방법
        (2) 지역경제분석 등 경제분석에 의하는 방법
        (3) 지수를 이용하는 방법
        (4) 대체수요를 이용하는 방법
6. 감정평가 시 유의사항
    1) 가격제원칙 관련한 유의사항
    2) 지역분석 및 개별분석 관련 유의사항
    3) 평가방법 적용 시 유의사항
        (1) 거래사례비교법 적용 시 유의사항
        (2) 원가법 적용 시 유의사항
        (3) 수익환원법 적용 시 유의사항
    4) 시산가액 조정 시 유의사항

1. 부동산경기변동의 의의

일반적으로 경기변동이란 각 경제변수들이 일정한 주기를 가지고 변화하는 경제학적 현상을 말하는데, 부동산경기변동이란 부동산도 경제재의 하나로서 일반경기변동과 마찬가지로 일정 기간을 주기로 하여 호황과 불황을 반복하면서 변화하는 것을 말한다. 그런데 부동산은 일반 재화와 다른 여러 가지 특성으로 인하여 일반경기변동의 흐름과 형태와는 다른 모습을 나타내게 된다.

2. 부동산경기변동의 종류

부동산경기변동은 다양한 유형들이 복합적으로 작용하여 나타난다. 그중에서 순환적 변동, 계절적 변동, 장기적 변동, 무작위적 변동으로 구분하는 것이 일반적인데 가장 중요하고 비교적 뚜렷한 것은 순환적 변동이다.

1) 순환적 변동*

순환적 변동이란 '경기순환'이라고 표현하는데 경제가 파형과 같이 상승운동과 하강운동을 반복하는 것이다. 경기순환은 확장기, 후퇴기, 수축기, 회복기 등 4개 국면으로 구분할 수 있다. 확장국면, 수축국면 2개로도 구분가능하고, 시장으로는 상향시장, 후퇴시장, 하향시장, 회복시장, 안정시장으로 분류도 가능하다.

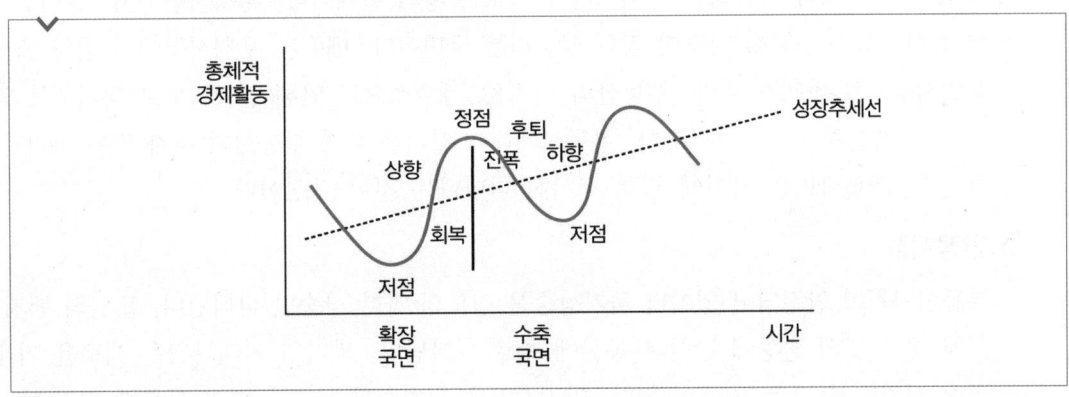

(1) 확장기(상향시장)

불황을 완전히 벗어나 호황에 이르게 되며 상승국면을 지속하는 단계로서 일반경기의 확장에 해당하는 국면이다. 시장에 참여하는 자가 많으며 경쟁적으로 가격이나 임대료를 지급한다. 부동산가격은 지속적으로 상승하며, 거래 또한 부동산의 종류에 관계없이 활발하다. 과거의 부동산거래가격은 새로운 거래의 하한선이 된다. 가격상승률이 높아지기 때문에 매도자 우위시장이 형성되고 건축허가 신청은 증가한다.

(2) 후퇴기(후퇴시장)

경기의 정점을 지나 하향세로 접어들며, 불황시장까지는 도달하지 않은 상태이다. 가격의 하락이 시작되며, 거래도 한산해지며 전반적인 부동산활동이 침체되는 국면이다. 매도자 우위시장에서 점차 매수자 우위시장으로 바뀐다. 단기간 내에 경기가 하강하는 곳에서는 부동산거래활동 자체가 중단되기도 한다. 수요가 급격히 위축되며 공가율이 높아지면서 후퇴국면의 속도가 빨라진다. 회복국면이 서서히 진행되는 데 반해 후퇴국면은 그 속도가 빠른 것이 특징이다.

(3) 수축기(하향시장)

불황 속에서 계속적인 경기하강이 진행되며 저점에 도달하는 시기이다. 부동산가격은 계속 하락하고 거래는 거의 일어나지 않는다. 일반경기의 불황과 겹치게 될 경우 건축활동이 둔화되고 공가율, 공실률이 증가된다. 이런 수축국면이 장기화되면 규모가 큰 불황에 약한 부동산에 타격이 심하다. 과거의 거래가격은 새로운 거래의 상한선이 되고 가격상승률이 계속 낮아지기 때문에 매수자 우위시장이 형성된다. 한편 건축허가 신청건수는 낮고 회복기 전단계로서 경기회복의 조짐과 가능성이 나타난다.

(4) 회복기(회복시장)

경기 저점을 지나 상승하는 단계이나 아직도 불황의 단계이다. 일정시점에서 가격의 하락이 중단되고 반전되어 가격이 점차 상승하는 국면이다. 매수자 우위시장에서 점차 매도자 우위시장으로 바뀌게 된다. 부동산의 지역성, 개별성으로 인해 일반적으로 경기회복 역시 지역적, 개별적으로 이루어진다. 부동산거래가 활기를 띠며 부동산의 투자 또는 투기가 시작된다. 회복국면은 장기에 걸쳐 서서히 나타나는 것이 특징이다.

(5) 안정시장

부동산가격이 안정되어 있거나 물가상승률 정도의 약한 상승만 나타난다. 도심의 택지 등 위치 좋은 곳의 불황에 강한 부동산에 주로 나타난다. 과거의 거래가격은 새로운 거래에 있어 신뢰할 수 있는 기준이 된다. 안정시장은 경기순환 국면에 따라 분류한 것이 아니라 경기상태의 지속성에 초점을 두고 있기에 4가지 국면 어디에나 나타날 수 있다.

2) 계절적 변동

일 년을 단위로 하여 적어도 일 년에 한 번씩 주기적으로 나타나는 경기변동이다. 이는 계절적 속성과 그에 따른 사람들의 관습 때문에 나타나는 현상이다. 예를 들어 겨울철은 일반적으로 부동산의 비수기로 부동산경기가 둔화되는 특징을 보인다. 이는 방학을 주기로 대학교 근처 임대주택의 공실률이 높아지는 것에서 확인할 수 있다.

3) 장기적 변동

장기적 변동은 시간에 초점을 맞춘 것으로 50년 또는 그 이상의 기간으로 장기적인 관점에서 측정되는 경기변동이다. 부동산에서는 주로 특정지역이 새로 개발되거나 재개발되면서 나타난다. 예를 들어 어떤 지역이 주거지역으로 새로 재개발되면 점차 주택, 생활편의시설이 들어서고 결국 유용한 토지는 없어진다. 이는 더 이상 성장이 없음을 뜻하고 지역사회는 안정단계에 들어서게 된다. 그리고 일정기간 동안의 안정기가 지나게 되면 대상지역사회는 장기적인 쇠퇴현상을 보이게 된다.

4) 무작위적 변동

무작위적 변동이란 예상하지 못한 사건으로 인해 발생하는 비주기적인 경기변동이다. 지진·홍수·화재와 같은 자연재해에 의해 일어날 수 있고, 정부정책, 노동자들의 파업, 혁명, 전쟁 등에 의해서도 야기된다. 무작위적 변동은 부동산활동 중 특히 건축활동에 큰 영향을 준다. 예를 들어 자연재해로 인해 건축물이 파괴되면 건축활동은 예상치 못한 호황기를 맞는다.

3. 부동산경기변동의 특징

1) 일반경기보다 후순환적이다.

부동산경기는 일반경기와 경기순환의 시간적 관계에 따라 전순환적, 동시순환적, 후순환적, 역순환적으로 구분할 수 있다. 부동산은 본질적으로 착공부터 완공까지 시간이 장기간 소요되므로 부동산경기는 일반적으로 후순환적이다.

그러나 부문에 따라 그 유형을 달리한다. 상업용, 공업용 부동산의 경우는 일반경제활동과 밀접한 관계를 맺고 있어 동시순환적 특징을 갖는다. 즉, 일반경기 호황인 경우 상업용, 공업용 토지에 대한 파생수요가 증가하게 되고 이러한 수요증가는 건축경기의 활성화를 가져오게 되어 일반경기와 동행하게 되는 것이다.

한편, 주거용 부동산의 경우 일반경기에 역행하는 경향이 있다. 이는 부동산의 공급자와 수요자에게 제공하는 자금의 수요 및 이자율과 밀접한 관계가 있다. 즉, 일반경기 호황인 경우 기업에 대한 자금수요가 증가하여 이자율이 상승하게 되는데 주택자금의 경우에는 정책적으로 저금리를 유지하는 경우가 많아 시중자금이 부동산시장에서 이탈하여 산업자금으로 이동하게 된다. 반면, 불황인 경우 위험이 큰 기업대출보다는 안정적인 주택담보대출로 자금이 이동하는 경향이 많게 된다. 이에 따라 주거용 부동산의 경우에는 일반경기와 역순환적인 모습을 나타낸다.

부동산경기는 각 부문별 경기의 가중평균치적 성격을 가지기에 전반적으로 후순환적인 특징이 나타난다.

2) 일반경기보다 주기가 길다.

부동산의 영속성과 내구성으로 인해 일반재화의 경기변동보다 주기가 더 길다. 부동산경기변동의 경우 일반적으로 17~18년 정도로 일반경기의 주기인 8~10년에 비해 2배가량 더 길다.

3) 일반경기보다 경기순환의 진폭이 크다.

부동산경기변동은 일반재화의 경기변동에 비해 저점이 깊고 정점이 높은 특징이 있다. 다시 말해 부동산경기순환의 진폭이 일반경기의 진폭보다 더 크다.

이는 거미집모형을 통해 설명이 가능한데, 거미집모형이란 부동산의 가격변동과 관련해서 수요와 공급의 시차를 고려하여 균형의 변화과정을 동태적으로 분석한 모형으로 에치켈(M. J. Eziekel)에 의해 고안되었다.

> **Check Point!**
>
> ● **거미집모형에 의한 균형의 변화과정**
>
> ### 1. 의의
> 거미집모형이란 부동산의 가격변동과 관련해서 수요와 공급의 시차를 고려하여 균형의 변화과정을 동태적으로 분석한 모형으로서 에치켈(M. J. Eziekel)에 의해 고안되었다. 이는 가격과 수요·공급량의 변동 궤적이 마치 거미집모형을 연상하게 한다고 하여 거미집모형으로 명명된 것이다.
>
> ### 2. 기본가정
> 기간의 구분이 가능하고, 수요의 탄력성이 공급의 탄력성보다 크다. 수요자는 현재가격에 바로 반응하지만 공급자는 현재가격에 따라 다음 기 공급을 결정한다. 가격변동에 수요는 즉각 영향을 받지만 공급은 일정기간 후에 반응한다. 현재 생산된 공급량은 모두 현재시장에서 판매된다.
>
> ### 3. 수요와 공급의 조절을 통한 균형의 변화과정
> 시장의 균형상태에서 수요가 증가하면 수요곡선이 D_0에서 D_1으로 이동한다. 이때 공급은 단기간에 변동하지 않기에 공급량은 Q_0의 상태에 있다. 이때 수요자는 임대료 지불용의가 있으므로 R_1까지 상승한다. 이제 공급자는 Q_1까지 공급을 증가시킨다. 그런데 R_1에서 수요는 Q_0에 지나지 않으므로 Q_1-Q_0의 초과공급이 발생하고 임대료는 R_2로 하락한다. 이런 과정을 반복함으로 새로운 균형점인 D로 수렴한다.
>
>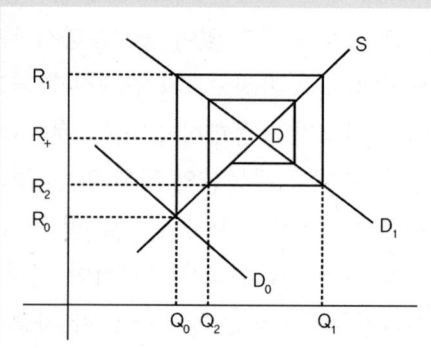
>
> ### 4. 유용성 및 한계
> 거미집모형은 시장균형의 안정성을 검토하는 도구로서 활용되기도 하지만, 부동산에서는 왜 부동산경기가 일반경기보다 진폭이 큰지, 왜 부동산시장은 장기적으로 호황과 불황을 반복하는지에 대한 답을 간략하고 명쾌하게 보여준다는 데 유용성이 있다. 다만, 부동산의 공급을 시간의 흐름에 따라 명확히 구분하기 힘들다. 따라서 계약기간이 명확한 임대료시장, 신규주택시장, 조성지, 매립지 등에 제한적으로 적용한다.
> 공급자가 현재의 가격만을 고려하여 미래의 공급을 결정한다고 가정하고 있으나 합리적인 공급자라면

> 부동산시장의 특성을 알고 있기 때문에 임대료가 상승하더라도 초과공급을 예상해서 착공하지 않을 것이다.
> 공급이 다음 기에 반응한다고 가정하고 있으나 부동산은 물리적으로 대체가 불가하지만 용도적 측면에서 대체가 가능하므로 가정 자체가 성립하지 않을 수 있다.

4) 일반경기와 대칭구조가 다르다.

부동산경기는 우경사 비대칭형으로 정점에서 저점에 이르는 시간은 짧은 데 반해 저점에서 정점에 이르는 기간은 장기간에 걸쳐 나타나는 현상을 갖는다. 즉, 경기회복은 느리고 경기후퇴는 빠르게 진행된다.

5) 기타

부동산경기는 고정성과 지역성으로 국지적인 특징이 있다. 또한 이사철과 같은 계절적인 불안정성을 가지며 주기의 순환국면이 뚜렷하지 않거나 일정하지 않다.

한편 일반경기는 수요 측면의 영향이 크나, 부동산은 공급 측면의 영향이 크다. 특히 부동산은 사회성, 공공성이 큰 재화로 정부에 의한 행정적 요인에 의해 많은 영향을 받는다.

4. 부동산경기변동의 제 요인

1) 사회적 요인 및 경제적 요인

인구의 변동, 주택보급률, 주택건설 호수, 가구수의 변동, 교육 및 사회복지의 상태 등의 사회적 요인과 도매물가지수, 국민총생산, 임금 및 고용의 증가, 이자율 및 통화량, 무역수지, 기술혁신 및 산업구조 등의 경제적 요인이 있다.

2) 행정적 요인 및 자연적 요인

토지이용규제, 토지 및 주택정책, 부동산세제 등의 행정적 요인과 계절적 요인 및 지진, 홍수, 화재와 같은 자연재해 등의 자연적 요인이 있다.

5. 부동산경기의 측정

부동산경기가 현재 어떤 국면에 있고 앞으로 어떻게 변화해갈 것인지를 파악하는 것은 감정평가뿐만 아니라 부동산의 모든 활동에 있어 매우 중요한 의미를 가진다. 그러나 실제로 이를 정확하게 파악하고 예측하는 것은 어려운 일이다.

1) 부동산경기측정지표

부동산경기의 상태가 어떤지를 판단할 수 있는 부동산경기측정지표를 이용하게 되면 어느 정도는 감지할 수 있을 것이다. 이때 인근지역, 유사지역 또는 동일수급권으로 범위를 한정하여 파악한 후 점차 지역을 넓혀 전국적으로 확대해 보면 유용할 것이다. 또한 어느 한 가지 기준으로만 판단할 것이 아니라 종합적으로 고려하여 판단하는 것이 객관적이고 설득력이 있다. 구체적인 경기측정지표를 살펴보면 다음과 같다.

(1) 부동산가격변동

일반적으로 부동산가격이 상승할 때는 부동산경기도 상승국면에 있고 하락할 때는 하락국면에 있게 된다. 그러나 유의해야 할 사항이 있다. 예를 들어 인플레이션이나 건축비 상승에 따른 가격상승이거나 투기적 요인에 의한 일시적 상승의 경우에는 부동산경기가 상승국면에 있다고 보기 어렵다.

(2) 거래량

거래량이 많으면 호경기이고, 적으면 불경기이다. 이러한 거래량은 다른 지표에 비해 추적이 쉽고 비교적 판단오류가 적다는 장점이 있다. 또한 부동산경기의 선행지표로서 역할을 한다는 점에서 예측지표로도 유용하게 활용된다. 그러나 거래량의 통계가 행정적인 절차에 따라 다소 시차를 두고 발표된다는 점에 유의하여야 한다.

(3) 건축허가량

건축허가량이 많으면 호경기, 적으면 불경기이다. 건축허가량은 주거용과 비주거용으로 나누어 파악할 수 있는데, 통상 신축 및 증축허가면적으로 측정하게 된다.
한편 시장에서 수요가 증감한다 하더라도 건축은 신속하게 반응을 못하는 경우가 많으므로 분석 시 유의하여야 한다.

(4) 택지분양실적

조성된 택지의 분양이 얼마나 활발한가 하는 것으로 부동산경기의 흐름을 사전에 파악할 수 있다. 택지분양이 활발하면 경기가 상승국면이며, 분양실적이 저조한 때에는 경기가 하락국면이다.

(5) 미분양재고량

시장에서 미분양재고가 증가하면 가격이 하락하고 공급이 감소됨에 따라 불경기로 볼 수 있는 반면, 감소하면 회복국면으로 판단할 수 있다.

(6) 공가율과 임대료수준

공가율이 높아지면 임대료수준이 낮아지고 신규건설도 둔화되어 시장이 악화된다. 반대로, 공가율이 낮아지면 임대료가 상승하며 부동산경기도 회복국면이 된다.

(7) 부동산금융의 상태

부동산은 고가의 상품이기 때문에 부동산금융의 상태가 경기측정에 있어서도 중요한 지표가 된다. 즉, 부동산금융의 상태가 악화되면 시장상태도 악화되는 것이 보통이고, 금융상태가 호전되면 부동산경기도 좋아진다.

(8) 기타

① 내적 요인

부동산시장의 내부적 구성요소와 관련하여 부동산경기에 직접적인 영향을 가져올 가능성이 많은 요인으로서 인구수, 가구수, 주택보급률 및 부족률 등 수요와 관련된 변수와 주택건설 호수 등 공급과 관련된 변수가 있다.

② 외적 요인

부동산시장의 외부적인 측면에서 바라본 요인으로서 부동산경기에 직접적인 영향을 미치는 것은 아니나 주변적 효과를 나타내는 요인으로서 경기종합지수, GNP, 수출과 수입량, 임금상승률, 금리, 통화량, 종합주가지수 등 거시경제변수가 해당된다. 우리나라는 과거 부동산경기와 일반경기, 물가, 통화량, 종합주가지수와 같은 거시경제변수 간에 깊은 관계가 있었다. 그러나 일반경기가 취약해지고, 정부의 주택가격통제와 토지투기억제정책으로 부동산시장이 장기불황에 빠져 부동산경기와 거시경제변수 간의 상관관계가 단절되는 현상이 나타나고 있다.

③ 대체요인

예금, 증권, 부동산은 투자3분법상 대체관계이다. 따라서 예금금리와 채권수익률, 주가지수 등이 부동산경기와 역행하는 특성을 이용하여 부동산경기를 측정할 수 있다.

2) 부동산경기의 측정방법

(1) 과거 추세치를 연장하는 방법

회귀분석과 같은 통계적 기법을 이용해서 과거의 자료를 통해 그 추세를 파악하여 경기를 측정하는 방법이다. 이 방법은 쉽게 적용할 수 있는 장점이 있으나, 미래가 반드시 과거로부터 추세 속에서 일직선상으로 움직이지 않기에 이 방법에 의해서만 경기를 측정할 수 없다.

(2) 지역경제분석 등 경제분석에 의하는 방법

특정지역이나 도시의 모든 부동산에 대한 수요요인과 시장에 미치는 요인을 확인하고 분석하여 경기를 측정하는 방법이다. 이 방법은 일정수준의 정확성 담보가 가능하나 많은 자료가 필요하고 비용이 많이 들기 때문에 일반적으로 사용되기 힘들다.

(3) 지수를 이용하는 방법

실거래가격지수, 거래량 등 대표적인 지수를 통해 경기흐름을 측정하는 방법으로 사용하기 편리하다. 그러나 단지 몇 개 지수만으로 경기의 흐름을 일반화하기 곤란하다는 근본적 한계가 있다.

(4) 대체수요를 이용하는 방법

투자3분법상 예금금리, 채권수익률, 주가지수 등 부동산경기와 역행하는 지표를 활용하여 측정하는 방법이다. 이 방법은 사용하기 간편하지만 정확성을 담보할 수 없으며, 시대적 여건이나 정부정책 등에 의해 상관관계가 달라질 수 있음에 유의하여야 한다.

6. 감정평가 시 유의사항 ★ 기출 4회 · 8회 · 28회

1) 가격제원칙 관련한 유의사항

부동산시장은 시간의 흐름에 따라 다양한 요인들의 복합적인 작용에 따라 끊임없이 변화하므로 현재의 시장이 어디에 위치하고 있는지를 합리적이고 정확하게 판단하기 위해서는 변동의 원칙과 예측의 원칙에 유의하여야 한다. 특히 예측 시에 투기적 요인 등 일시적이고 비정상적인 요소를 배제하고 가까운 장래에 확실하게 실현될 범위 내에서 객관성, 현실성, 논리성에 입각하여 예측해야 한다.

2) 지역분석 및 개별분석 관련 유의사항

일반적으로 전체 부동산경기변동과 지역적 차원의 가격수준, 개별부동산의 가격은 같은 방향으로 움직인다. 따라서 이러한 점을 지역분석, 개별분석 시에 잘 반영해야 한다. 그러나 부동산시장의 지역성(국지성), 개별성으로 인해 전체 부동산경기변동과 특정지역, 개별부동산의 상황이 상반될 수 있기에 유의하여야 한다.

따라서 지역분석에 있어서는 전반적인 부동산경기와 더불어 인근지역의 Life-Cycle을 고려한 지역의 특성을 파악 후에 지역적 경기변동상황에 유의해야 한다. 그리고 개별분석에 있어서는 개별성에 따라 전반적인 시장변화가 대상부동산에 미치는 작용관계에 대해 면밀히 분석해야 한다.

3) 평가방법 적용 시 유의사항

(1) 거래사례비교법 적용 시 유의사항

① 사례선택 시

사례자료는 경기순환국면에 따라 그 의미가 다르므로 기준시점에서 가장 가까운 최근의 사례를 수집하여야 한다. 이러한 거래사례는 거래가 한산한 하향시장, 후퇴시장에서는 사례수집이 어렵다는 점에 유의한다. 반면, 회복시장이나 상향시장에서는 비교적 풍부하게 수집할 수 있다는 점에서 유의하여야 한다.

② 사정보정 시

현실의 거래사례에는 특수한 사정과 개별적인 동기가 개입되는 경우가 많은데, 특히 경기순환의 각 국면마다 어떠한 사정과 동기가 개입될 수 있는지를 파악해야 한다. 특히 회복시장에서는 투기적 성향이 있기에 투기가격 배제에 유의하여야 한다.

③ 시점수정 시

시점수정에서 사용되는 변동요인은 일반요인, 지역요인, 개별요인으로 나누어 분석하여야 하며, 변동률은 과거에서 현재까지는 물론 장래에 대하여도 고려해야 한다.
지가동향이 상승국면에서 하강국면으로 이행하는 경우에는 각 국면이 전환되는 정점을 파악하여 정점 이전 기간은 상승변동률을, 이후 기간은 하강변동률을 적용하는 등 기간을 다시 세분해서 적용해야 한다.

④ 요인비교 시

가치형성요인이 각 경기순환국면마다 어떻게 작용하는지 파악, 분석하여 표준적 이용과 최유효이용을 판정하고 적절한 가격수준과 개별부동산가격에 미치는 영향 정도를 파악할 수 있다. 특히 상향시장과 하향시장에서는 정점과 저점이 언제 도래할 것인가의 예측이 중요하며 이에 따라 표준적 이용과 최유효이용이 영향을 받게 되고, 지역적 차원의 가격수준과 개별부동산의 가격에 미치는 영향을 보다 정확하고 쉽게 파악할 수 있다.

(2) 원가법 적용 시 유의사항

① 재조달원가 산정 시

재조달원가 산정 시 경기국면에 따라 많은 영향을 받게 되므로 기준시점 현재의 최신 신축원가를 구하여야 한다. 특히 원가변동이 심한 경우에는 각 국면에 따라 건축비지수 변동 등을 참고하여 원가를 보정해야 함에 유의하여야 한다.

② 감가수정 시

각 국면에 따라 기능적, 경제적 가치 감소부분을 적절히 파악해야 한다. 또한 감가수정 방법에 있어서도 일률적인 내용연수를 적용하는 방법 외에도 관찰감가법 등을 병용하여야 한다.

(3) 수익환원법 적용 시 유의사항

수익환원법은 지가동향이 상승국면에서 하강국면으로 이행되는 경우에 거래가격에 대한 유력한 검증수단으로 활용될 수 있다.

① 순수익 산정 시
경기순환의 각 국면이 현재 어떤 국면이고 장래에 어떻게 변동될 것인가를 예측하여 순수익을 예측하여야 한다. 특히 상향시장과 하향시장에서 정점과 저점의 도래시기를 예측하여 이에 따른 순수익 변화 여부에 유의하여야 한다.

② 자본환원율 산정 시
자본환원율과 지가등락은 역상관관계에 있으므로 경기순환국면에 따라 적절히 조정해야 한다. 즉, 하향시장이나 후퇴시장에서는 자본환원율이 상향 조정되고, 회복시장과 상향시장에서는 하향 조정된다.

한편 자본환원율은 금리와 밀접한 관련이 있으므로 경기변동의 각 국면에서 금리동향을 면밀히 파악하여 이를 자본환원율의 결정에 적절하게 반영하여야 한다.

4) 시산가액 조정 시 유의사항

각 시산가액마다 최근의 위치적, 물적 유사자료의 선택 여부와 경기변동국면에 맞는 가치형성요인분석이 적절히 이루어졌는지 단계적인 검토를 수행해야 한다. 또한 감정평가 3방식의 적용에 있어 각 방식의 장단점, 사례자료의 선택에 있어 신뢰성과 객관성, 경기변동국면에 맞는 요인 비교의 적절성 등을 충분히 고려하여 가장 합리적, 객관적인 시장자료가 뒷받침되는 시산가액에 높은 비중을 두고 최종적인 감정평가액을 이끌어 내는 것이 중요하다.

안정국면에서는 비준가액의 신뢰도가 높아지므로 상대적으로 높은 비중을 두어야 한다. 극단적인 호황, 불황 시에는 사례가 불안정하므로 비준가액보다 적산가액, 수익가액에 비중을 두고 타당성 검토를 해야 한다.

제2절 일반분석

부동산가격은 부동산의 효용, 상대적 희소성 및 유효수요 등의 가격발생요인에 영향을 미치는 가치형성요인의 영향을 받아 부단히 변동하며 이러한 과정 속에서 부동산의 특성 중 고정성과 지역성으로 인해 지역적 차원의 가격수준이 형성되고, 이의 제약하에서 개별부동산마다 개별, 구체적인 가격이 형성된다.

이러한 부동산가격의 형성과정에서 감정평가사는 대상부동산의 가격을 결정하기 위해 대상부동산이 속해 있는 지역의 가치형성요인을 분석하여 지역의 표준적 이용 및 가격수준을 파악하고 개별분석을 통하여 대상부동산의 최유효이용 여부 및 개별, 구체적인 가격에 미치는 영향을 분석하게 된다.

따라서 지역분석과 개별분석은 대상부동산의 가격판정에 있어 매우 중요한 작업이라 할 수 있다.

> **Tip**
> 지역분석과 개별분석의 필요성 및 목적, 구체적인 내용, 그리고 지역분석과 개별분석과의 관계에 주안점을 두고 학습하여야 한다. 또한 지역분석의 대상지역이 되는 인근지역, 유사지역, 동일수급권의 개념을 명확히 이해하고 인근지역의 생애주기별 특징적인 현상들에 대해서도 관심을 가져야 할 것이다.

미리보기

1. 의의
2. 일반분석의 중요성
   1) 세계의 글로벌화
   2) 지역분석의 선행단계
   3) 정확한 시장가치의 도출
3. 일반분석의 지역지향성

1. 의의

일반분석이란 일반경제사회에 있어 부동산의 이용상태 및 가격수준에 전반적으로 영향을 미치는 제반 요인을 분석하는 작업이다. 이는 한 나라 전체에 걸쳐 작용하는 제반 요인을 분석하는 것으로 내용에 따라 크게 자연적 요인, 사회적 요인, 경제적 요인, 행정적 요인의 분석으로 구성된다.

2. 일반분석의 중요성

1) 세계의 글로벌화
감정평가에 있어 일반분석은 다소 추상적으로 취급되는 경향이 있으나 글로벌화 및 지구촌화로 인하여 세계는 점차 하나로 통합되고 있기 때문에 세계 속에서 한국의 가치형성요인은 어떻게 작용하고 다른 나라와의 관계에서 상대적으로 어떤 특징과 현상을 나타내는지를 파악하는 것은 매우 중요하다.

2) 지역분석의 선행단계
일반요인이 지역적으로 축소되어 작용하는 지역요인에 대한 이해를 보다 정확히 하기 위해서는 그 기초가 되는 일반요인에 대한 분석을 보다 철저하게 할 필요가 있다.

3) 정확한 시장가치의 도출
감정평가방법을 적용할 때 사례자료의 수집 및 선택에서 시산가액의 조정에 이르는 제반 절차에서도 현재 나타나는 현상만 취급해서는 안 되고, 배경이 되는 일반요인과 관련성을 충분히 파악하고 분석해야 정확한 가치를 도출할 수 있으므로 일반분석은 중요한 의미를 가진다.

3. 일반분석의 지역지향성

일반분석은 우리나라 전체에 공통적으로 영향을 주는 요인에 대한 분석이지만 부동산은 지역성이 있고 지역마다 차별화된 지역특성을 지니고 있어서 실질적인 분석작업은 지역단위로 구분되어 이루어진다. 즉, 용도적 지역에 따른 지역의 구분에 따라 지역마다 차별화된 지역의 특성이 나타나게 되기에 지역요인에 대한 분석, 즉 지역분석이 핵심을 이룬다.

제3절 지역분석 기출 4회·6회·11회·12회·15회·16회·18회·29회

미리보기

1. 의의
2. 필요성 및 목적
   1) 부동산의 지역성
   2) 지역특성
   3) 지역의 변화
   4) 상대적 위치의 파악
   5) 표준적 이용의 파악을 통한 최유효이용에 대한 판정방향 제시
   6) 가격수준의 파악을 통한 개별적·구체적 가격판정에 기초
   7) 사례자료의 수집범위 결정
3. 지역분석의 방법
   1) 인근지역의 확정
   2) 지역요인의 분석
   3) 표준적 이용 및 가격수준의 판정
4. 관련 가격제원칙
   1) 변동의 원칙
   2) 예측의 원칙
   3) 대체·경쟁의 원칙
   4) 적합의 원칙
5. 지역분석 시 유의사항
   1) 일반요인의 지역지향성
   2) 인근지역의 명확한 경계설정
   3) 동태적 분석의 필요성
   4) 유사지역, 동일수급권 분석의 병행
   5) 부동산시장에 기반한 자료의 수집과 분석

1. 의의*

지역분석이란 대상부동산이 속하고 있는 지역의 범위를 확정하고 그 지역 내 부동산의 이용상태 및 가격수준형성에 영향을 미치는 지역요인의 분석을 통하여 지역의 특성과 장래동향, 대상부동산이 속한 인근지역의 지역 내 상대적 위치를 파악함으로써 궁극적으로 표준적 이용과 가격수준을 파악하는 작업을 말한다.

2. 필요성 및 목적*

1) 부동산의 지역성

부동산은 그 자연적, 인문적 조건의 전부 또는 일부를 공유함으로써 다른 부동산과 어떤 지역을 구성하고 그 지역과 상호의존, 보완관계에 있으며 그 지역 내 타 부동산과 협동, 대체, 경쟁 등의 상호관계를 통하여 사회적, 경제적, 행정적 위치를 점하게 되는 지역성이라는 특성을 가지게 된다. 부동산에는 이러한 지역성이 있기 때문에 지역분석이 필요하다.

2) 지역특성

각 지역은 다른 지역과 구별되는 그 지역 나름대로의 지역특성이 나타나기 때문에 이러한 지역특성을 파악하기 위하여 지역분석이 필요하다.

3) 지역의 변화

지역은 고정되어 있는 것이 아니라 자연적, 사회적, 경제적, 행정적 요인의 변화에 따라 항상 변화해가기 때문에 지역에 대한 분석을 지속적으로 할 필요가 있다. 이를 통해 지역의 장래동향을 파악할 수도 있게 된다.

4) 상대적 위치의 파악

대상부동산이 속하여 있는 인근지역뿐 아니라 대체·경쟁관계에 있는 유사지역, 동일수급권까지 분석함으로써 대상지역의 상대적 위치를 보다 명확하게 파악하기 위하여 지역분석이 필요하다.

5) 표준적 이용의 파악을 통한 최유효이용에 대한 판정방향 제시

지역의 특성은 그 지역의 일반적이고 표준적 이용에 의해 구체적으로 나타나게 되며 이러한 표준적 이용은 그 지역 내 부동산의 최유효이용을 판정하는 유력한 기준이 된다. 이에 그 지역 내 표준적 이용을 파악함으로써 최유효이용 판정의 방향을 명백히 하기 위해서 지역분석이 필요하다.

6) 가격수준의 파악을 통한 개별적·구체적 가격판정에 기초

부동산의 가격은 독립적으로 형성되는 것이 아니라 지역 내 다른 부동산과의 상관관계 속에서 일정한 가격수준을 형성하게 된다. 이러한 지역 내 일정한 가격수준을 파악함으로써 개별부동산의 구체적인 가격을 제대로 판정하기 위해서 지역분석이 필요하다.

7) 사례자료의 수집범위 결정

지역특성이 동일 또는 유사한 지역의 범위를 명확히 함으로써 실제 감정평가에 필요한 사례자료의 수집범위와 한계를 결정하기 위해서 지역분석이 필요하다.

3. 지역분석의 방법*

1) 인근지역의 확정

대상부동산의 가치형성에 직접 영향을 미치는 용도적 공통성, 기능적 동질성을 지닌 인근지역을 확정해야 한다. 이러한 인근지역은 부동산의 종류마다 일단의 지역을 이루는 범위가 달라진다(예를 들어 주택은 통근가능한 지역이 일단의 지역을 이루게 된다). 따라서 부동산의 종류에 따라 인근지역의 범위를 명확하게 해야 한다. 이때 인근지역의 범위를 너무 좁게 잡으면 사례선정이 어렵고, 너무 넓게 잡으면 가격수준의 파악이 어렵다.

2) 지역요인의 분석

일반요인은 지역지향성으로 인하여 지역에 따라 그 영향의 정도가 달라지게 된다. 이에 자연적 제조건과 사회적, 경제적, 행정적 관점에서 구체적으로 해당 지역에서는 어떻게 달라지는지에 대한 면밀한 검토가 필요하게 된다. 이때는 특히 해당 지역의 시장상황과 시장참가자들의 거래관행 등에 초점을 맞추어 지역요인의 분석을 해나가야 한다.

3) 표준적 이용 및 가격수준의 판정

표준적 이용이란 대상부동산을 포함한 인근지역의 지역특성에 의한 개별부동산의 일반적, 평균적 이용을 말하는데 지역의 특성은 그 지역 내 부동산의 일반적이고 표준적인 이용에 의해 나타나게 된다. 이러한 표준적 이용은 최유효이용을 판정하는 유력한 기준이 되기 때문에 중요한 의미를 지니게 되는 것이다.

한편 가격수준이란 개개의 부동산의 가격이 아니고 지역 내 부동산의 평균적인 가격을 말하며 실질적인 지역 간의 격차를 나타내 준다. 이러한 가격수준은 지역 내 부동산의 일반적이고 표준적인 이용의 상태와 장래동향 등을 파악함으로써 확인할 수 있으며 개개의 부동산의 개별적·구체적 가격은 이러한 가격수준에 영향을 받아서 결정되기 때문에 중요한 의미가 있다.

4. 관련 가격제원칙

1) 변동의 원칙

지역 및 지역요인은 부단한 변동을 하고 이는 지역특성을 변동시키며 가격수준에 영향을 미치므로 지역분석을 할 때도 변동의 원칙에 의거해 동태적으로 파악한다.

2) 예측의 원칙

부동산의 가격은 부동산의 소유에서 비롯되는 장래의 이익에 대한 현재가치이므로 지역분석을 함으로써 표준적 이용과 장래 동향을 명백하게 파악하기 위하여 예측의 원칙이 강조된다.

3) 대체·경쟁의 원칙

인근지역, 유사지역, 동일수급권은 대상부동산과 대체관계가 성립하고 가격형성에 있어 서로 영향을 주고받는다. 따라서 이러한 지역의 파악 시 대체성·경쟁성과 관련하여 판단해야 하므로 대체·경쟁의 원칙을 활용한다.

4) 적합의 원칙

부동산은 그 지리적 위치의 고정성으로 인하여 주위 환경과 적합하여야 하며, 부적절할 경우는 경제적 감가문제가 발생한다. 따라서 대상지역 판정과 관련하여 지역 내 일반적·표준적 이용상황과 적합한지 정도가 관건이기에 적합의 원칙이 강조된다.

5. 지역분석 시 유의사항*

1) 일반요인의 지역지향성

일반요인은 부동산의 지역성으로 인하여 지역적 제약을 받음과 동시에 지역의 자연적, 사회적, 경제적, 행정적 조건과 결합하여 다른 지역과는 차별화된 지역 내 부동산의 이용상태를 결정하고 지역의 가격수준이 형성되는 지역지향성을 갖게 된다. 이에 지역분석을 함에 있어 일반요인이 지역적 범위로 축소됨에 따라 나타나는 여러 가지 현상과 특징에 대하여 면밀하게 검토해야 한다.

2) 인근지역의 명확한 경계설정

부동산의 종류에 따라 인근지역의 범위는 다르게 설정된다. 따라서 자료의 수집정리, 현장답사 등을 통해 인근지역의 범위를 명확하게 설정해야 한다. 이때 인근지역의 범위를 너무 좁게 잡으면 사례선정이 어렵고, 너무 넓게 잡으면 가격수준의 파악이 어렵다.

3) 동태적 분석의 필요성

지역요인은 고정되어 있는 것이 아니라 경제사회의 변화에 따라 항상 변화해가기 때문에 시계열적인 측면에서 동태적으로 지역분석을 지속적으로 행해야 한다.

4) 유사지역, 동일수급권 분석의 병행

인근지역의 상대적 위치를 보다 정확하게 파악하기 위해서는 유사지역과 동일수급권도 획정해서 비교작업을 병행해야 한다. 또한 실제 감정평가에 있어 사례자료의 수집범위를 넓힘으로써 평가의 정확도를 제고하기 위해서도 유사지역과 동일수급권에 대한 분석이 필요하다.

5) 부동산시장에 기반한 자료의 수집과 분석

구체적인 자료의 수집과 분석을 통해 객관적으로 이루어져야 정확성과 신뢰성이 높아진다. 그리고 자료의 수집과 분석은 부동산시장의 현황과 시장참가자들의 행동, 거래상황 등을 기준으로 한 실증적인 것이어야 의미를 가지게 된다는 점에 유의해야 한다.

제4절 지역분석의 대상지역 기출 15회

부동산은 지역성이라는 특성이 있어 인근지역의 분석이 중심이 되나, 인근지역의 장래동향, 상대적 위치를 보다 명백히 하고 자료수집의 범위를 확대하여 평가의 정확도를 높이기 위해서는 인근지역과 함께 유사지역, 그리고 이들을 포함하는 보다 광역적 범위인 동일수급권의 분석이 필요하게 된다.

> **Tip**
> 지역분석의 대상지역이란 지역분석을 위해 용도적 관점 등에서 인위적으로 구분한 지역으로 인근지역, 유사지역 및 동일수급권으로 구분할 수 있다.

미리보기

1. **인근지역**
   1) 의의
   2) 특징
   3) 인근지역의 조건
   4) 인근지역의 경계(범위)설정
      (1) 의의
      (2) 경계설정의 중요성
      (3) 경계설정의 기준
      (4) 경계설정의 방법
      (5) 경계설정 시 유의사항

2. **유사지역**
   1) 의의
   2) 유사지역 분석의 필요성 및 목적
      (1) 대체의 원칙
      (2) 인근지역의 상대적 위치와 지역특성의 명확한 파악
      (3) 지역의 변화
      (4) 사례자료의 수집범위 확장
   3) 특징

3. **동일수급권**
   1) 의의
   2) 동일수급권 분석의 필요성 및 목적
      (1) 대체의 원칙
      (2) 인근지역의 상대적 위치와 지역특성의 명확한 파악
      (3) 지역의 변화
      (4) 사례자료의 수집범위 확장
   3) 특징
   4) 토지의 종별에 따른 동일수급권 파악
      (1) 택지의 동일수급권
      (2) 농지의 동일수급권
      (3) 임지의 동일수급권
      (4) 예정지, 이행지의 동일수급권
   5) 동일수급권 분석 시 유의사항

4. **인근지역의 변화와 생애주기**
   1) 의의 및 중요성
   2) 생애주기의 국면
      (1) 성장기
      (2) 성숙기
      (3) 쇠퇴기
      (4) 천이기
      (5) 악화기
   3) 유의사항
      (1) 성장기
      (2) 성숙기
      (3) 쇠퇴기
      (4) 천이기
      (5) 악화기

Chapter 06 부동산시장의 분석에 대한 이해

1. 인근지역*

1) 의의(「감정평가에 관한 규칙」 제2조 제13호)

대상부동산이 속한 지역으로서 부동산의 이용이 동질적이고 가치형성요인 중 지역요인을 공유하는 지역을 말한다. 이러한 인근지역은 용도적·기능적으로 동질성을 갖게 되고 대상부동산의 가격형성에 직접적인 영향을 미치게 된다.

2) 특징

인근지역 내 부동산은 대상부동산과 용도적, 기능적으로 동질성을 갖게 되고 대상부동산의 가격형성에 직접적인 영향을 미친다. 그리고 인근지역 내 부동산은 대상부동산과 상호 대체·경쟁의 관계에 있고 동일한 가격수준을 가진다. 또한 인근지역은 가치형성요인의 추이, 동향에 따라 성장기, 성숙기, 쇠퇴기, 천이기, 악화기라는 인근지역 생애주기 패턴을 가지고 변화한다.

3) 인근지역의 조건

대상부동산이 속해 있는 지역이어야 하며 도시, 농촌과 같은 종합형태의 지역사회보다 작은 지역이어야 한다. 그리고 주거, 상업, 공업 등 특정한 용도를 중심으로 집중된 형태이어야 한다. 또한 인근지역의 지역특성이 대상부동산의 가격형성에 직접적인 영향을 미쳐야 한다.

4) 인근지역의 경계(범위)설정* 기출 16회

(1) 의의

부동산은 개별성으로 인해 물리적 대체성이 인정되지 않으나 용도의 다양성으로 용도적, 기능적 측면의 동질성이 인정된다. 따라서 이러한 동질성이 인정되는 지역을 인근지역이라고 하고 이러한 동질성이 인정되는 지역의 범위를 정하는 것을 인근지역의 '경계설정'이라고 한다.

(2) 경계설정의 중요성

인근지역은 지역분석의 1차적인 대상지역으로 중요한 의미를 가지고, 대상의 가격형성에 직접 영향을 미치며, 개별부동산의 최유효이용의 판정 방향을 제시하는 표준적 이용의 파악을 위한 공간적 범위이다. 따라서 이러한 인근지역의 경계를 제대로 설정하는 것은 평가의 정확도를 높이기 위해 무엇보다 중요하다.

실제 감정평가할 때 평가의 정확성과 신뢰성은 사례자료와 밀접한 관련이 있다. 이때 사례수집의 1차적 대상지역은 인근지역이다. 따라서 경계설정에 있어 그 범위가 너무 넓으면 편차가 심한 자료들로 인해 가격수준의 파악이 곤란하고, 범위가 너무 좁으면 자료가 충분하지 못해 신뢰도가 낮아지므로 적정한 인근지역의 범위설정은 매우 중요한 작업이다.

(3) 경계설정의 기준
    ① 일반적 기준
        부동산의 종별과 용도적 동질성을 기준으로 토지의 이용행태, 연속성의 차단, 토지이용의 편리성, 교통체계 등을 중시해야 한다.
    ② 구체적 기준
        '자연적 경계'는 부동산의 이용행태에 차이를 주는 지반, 지세, 지질 등을 기준하거나, 연속성을 차단하는 하천, 구릉, 산악 등을 기준으로 한다. '인위적 경계'는 유형적 측면에서 도로, 철도, 공원 등을 기준으로 하고, 무형적 측면에서 언어, 종교와 같은 사회적 측면, 소득수준, 문화생활과 같은 경제적 측면, 행정구역, 용도지역지구제와 같은 행정적 측면을 종합적으로 고려한다.

(4) 경계설정의 방법
    ① 지역의 물리적 특성 검토
        토지이용의 유사성 정도, 건물구조의 유형, 건축기술 형태, 유지비 등을 파악한다.
    ② 지도상에 예비적 경계 설정
        지도상에 물리적 특성이 변화하는 지점을 연결한다. 이를 통해 물리적 특징의 변화와 일치하거나 그 근처에 있는 물리적 장애물들을 확인할 수 있다.
    ③ 예비적 경계의 적정성 검토
        물리적 특성에 기반한 예비적 경계를 인구통계 자료와 같은 사회적 측면의 자료, 그리고 경제적, 행정적 측면의 자료들과 대비하여 경계의 적정성을 검토한다.

(5) 경계설정 시 유의사항
    ① 적정범위 설정
        인근지역의 범위가 너무 넓으면 가격수준의 파악이 어렵고, 너무 좁으면 사례자료의 수집에 어려움이 있으므로 부동산의 종류에 따라 적정한 범위를 설정해야 한다.
    ② 동태적 분석을 통한 설정
        인근지역의 경계는 지역특성을 형성하는 지역요인의 영향을 받아서 설정되는데 이러한 지역요인은 항상 변화의 과정에 있으므로 동태적으로 분석하여 경계설정기준을 정해야 한다.
    ③ 과학화, 객관화
        인근지역의 범위설정에 있어서의 주관성을 배제하기 위하여 컴퓨터 등을 이용한 인근지역의 경계설정방법의 과학화 및 객관화에 대한 노력이 요구된다.

④ 법상 용도지역과 불일치 가능성

우리나라의 경우 행정적 측면이 강하게 작용하는 면이 있지만 반드시 부동산관련법상의 용도지역과 같은 행정적 규제와 일치하는 것은 아니라는 점에 유의하여야 한다. 합리적 사유가 있으면 둘 이상의 용도지역이 혼재하기도 하고 하나의 용도지역이 분할될 수도 있다. 즉, 용도지역은 경계설정의 여러 가지 기준 중에서 하나의 예에 불과하다.

2. 유사지역

1) 의의(「감정평가에 관한 규칙」 제2조 제14호)

대상부동산이 속하지 아니하는 지역으로서 인근지역과 유사한 특성을 갖는 지역을 말한다. 유사지역은 지리적 위치는 다르지만 용도적·기능적 측면과 가치형성요인이 인근지역과 유사하여 상호 대체·경쟁관계에 있는 지역을 말한다. 따라서 거리의 원근개념이 아니라 가치형성요인의 유사성에 초점을 맞춘 개념이다.

2) 유사지역 분석의 필요성 및 목적

(1) 대체의 원칙

대상부동산이 속하고 있는 인근지역은 대체의 원칙에 의거 유사지역과 밀접한 관계에 있으므로 유사지역의 분석을 통한 비교분석의 작업이 필요하게 된다.

(2) 인근지역의 상대적 위치와 지역특성의 명확한 파악

인근지역과 대체·경쟁관계에 있는 유사지역을 분석함으로써 인근지역의 상대적 위치와 지역특성을 보다 명확하게 파악하고, 인근지역의 표준적 이용과 가격수준을 보다 적정하게 파악하기 위해 유사지역에 대한 분석이 필요하다.

(3) 지역의 변화

지역은 고정되어 있는 것이 아니라 자연적, 사회적, 경제적, 행정적 요인의 변화에 따라 항상 변화해가기 때문에 유사지역에 대한 분석을 시계열적인 측면에서 지속적으로 할 필요가 있다. 이를 통해 인근지역의 장래동향을 보다 명확히 할 수도 있게 된다.

(4) 사례자료의 수집범위 확장

인근지역에서 적절한 사례가 없는 경우 유사지역의 분석을 통해 자료를 수집할 수 있다. 또한 인근지역 내 사례가 있는 경우에도 유사지역의 사례를 분석하여 인근지역의 사례에 대한 적정성을 검증함으로써 감정평가액의 정확도를 높일 수 있다.

3) 특징

인근지역과 지리적 위치는 다르나, 용도적·기능적으로 유사하여 지역구성요소가 동질적인 것으로 볼 수 있는 지역이다. 또한 유사지역은 거리의 원근개념이 아니라 용도적 관점과 가치형성요인이 인근지역과 유사하여 인근지역과 대체성이 있는 상호 경쟁관계에 있는 지역이다.

3. 동일수급권

1) 의의(「감정평가에 관한 규칙」 제2조 제15호)

일반적으로 대상부동산과 대체·경쟁관계가 성립하고 가치형성에 서로 영향을 미치는 관계에 있는 다른 부동산이 존재하는 권역으로 인근지역과 유사지역 등을 포함하는 광역적인 지역이다. 일반적으로 인근지역과 동일수급권 내 유사지역은 인접하고 있는가와 관계없이 그 지역특성의 유사성에 기초하여 각 지역의 구성분자인 부동산 상호 간에 대체·경쟁의 관계가 성립하며 그 결과 양 지역은 상호 간에 영향을 미치게 된다.

한편 인근지역과 유사지역 밖에 있는 부동산이라 하더라도 동일수급권 내에 있고 대상부동산과 용도·규모 등을 비롯한 개별적 제 특성에 있어 유사성이 있는 경우에는 이러한 부동산들 간에도 상호 대체·경쟁의 관계가 성립하게 된다.

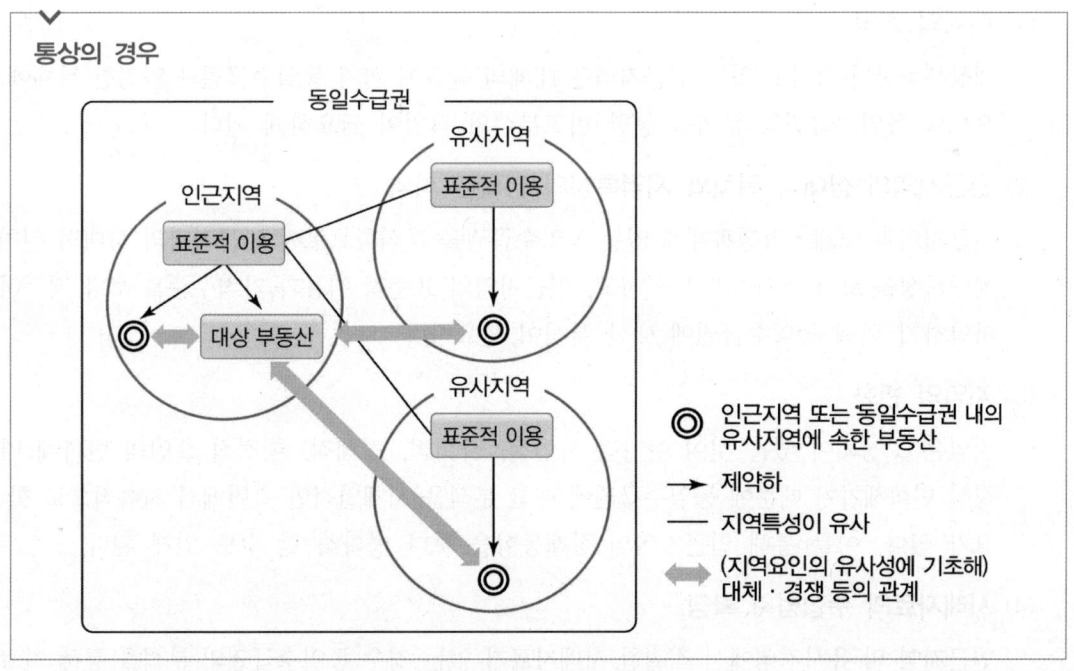

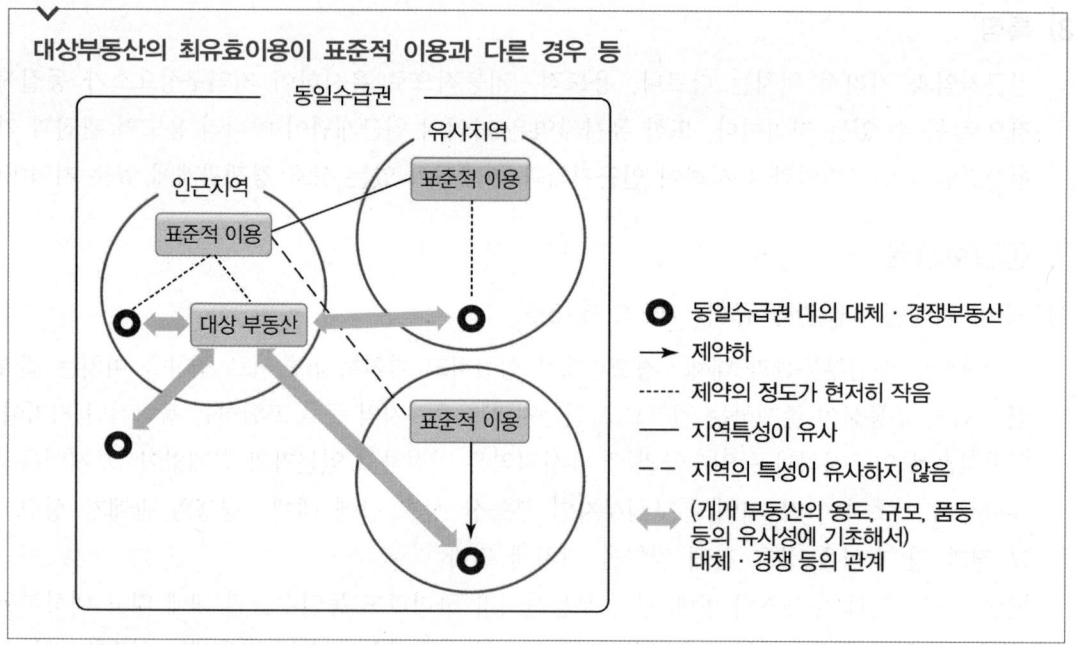

2) 동일수급권 분석의 필요성 및 목적

(1) 대체의 원칙

대상부동산이 속하고 있는 인근지역은 대체의 원칙에 의거 동일수급권과 밀접한 관계에 있으므로 동일수급권의 분석을 통한 비교분석의 작업이 필요하게 된다.

(2) 인근지역의 상대적 위치와 지역특성의 명확한 파악

인근지역과 대체·경쟁관계에 있는 동일수급권을 분석함으로써 인근지역의 상대적 위치와 지역특성을 보다 명확하게 파악하고, 인근지역의 표준적 이용과 가격수준을 보다 적정하게 파악하기 위해 동일수급권에 대한 분석이 필요하다.

(3) 지역의 변화

지역은 고정되어 있는 것이 아니라 자연적, 사회적, 경제적, 행정적 요인의 변화에 따라 항상 변화해가기 때문에 동일수급권에 대한 분석을 시계열적인 측면에서 지속적으로 할 필요가 있다. 이를 통해 인근지역의 장래동향을 보다 명확히 할 수도 있게 된다.

(4) 사례자료의 수집범위 확장

인근지역 및 유사지역에서 적절한 사례자료가 없는 경우 동일수급권의 분석을 통해 자료를 수집할 수 있다. 또한 인근지역 및 유사지역 내 사례가 있는 경우에도 동일수급권의 사례를 분석함으로써 인근지역 및 유사지역의 사례에 대한 적정성을 검증함으로써 감정평가액의 정확도를 높일 수 있다.

3) 특징

부동산의 고정성으로 인하여 수요·공급이 일정한 지역 범위로 제약됨을 의미하며 그 한계는 종별, 성격, 규모에 따라 다르다. 대상부동산과 위치적 유사성, 물적 유사성을 지닌 부동산이 존재하는 권역이다. 그리고 부동산 상호 간에 대체·경쟁관계가 성립하고 가격에 영향을 미칠 수 있어야 한다. 또한 인근지역, 유사지역뿐만 아니라 순수하게 동질적이라고 볼 수 없는 주변 용도적 지역을 포함하는 광역적인 지역이다.

4) 토지의 종별에 따른 동일수급권 파악

동일수급권은 부동산의 종류, 성격 및 규모에 의거 수요자의 선호에 따라 그 지역적 범위가 달라지기 때문에 그 종류, 성격, 규모에 따라 수요자의 선호성을 정확하게 파악한 후에 적절하게 판정해야 한다.

동일수급권의 파악에 있어 가장 기본이 되는 종별에 의거 분류하면 다음과 같다.

(1) 택지의 동일수급권

① 주거지

일반적으로 도심으로부터 통근가능한 지역의 범위와 일치한다. 그러나 지역적 선호, 지역의 명성, 품격, 주민수준 등의 요인이 대체·경쟁의 관계가 성립하는 범위의 결정에 영향을 미친다. 이때 통근거리의 측정에 있어서는 실측거리, 시간거리, 운임거리, 의식거리 등 여러 가지 기준이 있다.

② 상업지

상업배후지를 기초로 성립되는 상업수익의 대체성이 인정되는 지역의 범위와 일치하는 경향이 있다. 고도상업지는 광역적인 배후지를 배경으로, 보통상업지는 좁은 배후지를 배경으로 성립한다.

③ 공업지

제품생산 및 판매비용의 경제성, 생산의 능률성이 대체성을 갖는 지역의 범위와 일치하는 경향이 있다. 대규모 공업지의 경우에는 전국적인 규모까지 확대되는 경우도 있다.

(2) 농지의 동일수급권

해당 농지를 중심으로 농업경영이 가능한 거리의 범위와 일치한다. 보통 통근경작이 가능한 거리의 약 2배를 반경으로 함이 일반적이나 기업경영이 추진되는 추세를 고려해야 한다.

(3) 임지의 동일수급권

해당 임지를 중심으로 통상의 임업 생산활동이 가능한 지역의 범위와 일치하는 경향이 있다.

(4) 예정지, 이행지의 동일수급권

대상토지가 전환하리라 예견되는 토지종별의 동일수급권과 일치하는 경향이 있다. 다만, 이행의 성숙도가 낮은 경우에는 전환 전 종별에 따른 동일수급권에 보다 초점을 맞추어야 함에 유의해야 한다.

5) 동일수급권 분석 시 유의사항

인근지역, 유사지역과 대체·경쟁관계를 고려해야 한다. 그리고 대상부동산의 종류, 성격, 규모, 위치, 가치 등을 고려해야 한다. 또한 예정지, 이행지를 파악할 때 성숙도를 고려해야 한다.

4. 인근지역의 변화와 생애주기 ★기출 12회

1) 의의 및 중요성

인근지역의 생애주기(life/age cycle)는 어떤 지역이 새로 생성되어 물리적, 사회적, 경제적 기능을 다하기까지의 연한으로 생태학적 개념에서 착안한 것이다(토지이용의 계승이론). 지역변화의 단계와 이에 따른 사회적, 경제적인 영향은 토지이용의 형태와 경제적 가치에 결정적인 영향을 미치기 때문에 시계열적 흐름에 따른 지역의 상태를 판단하는 인근지역의 생애주기 분석 작업은 매우 중요하다.

2) 생애주기의 국면

일반적으로 성장기, 성숙기, 쇠퇴기, 천이기, 악화기 등을 거치면서 변화한다.

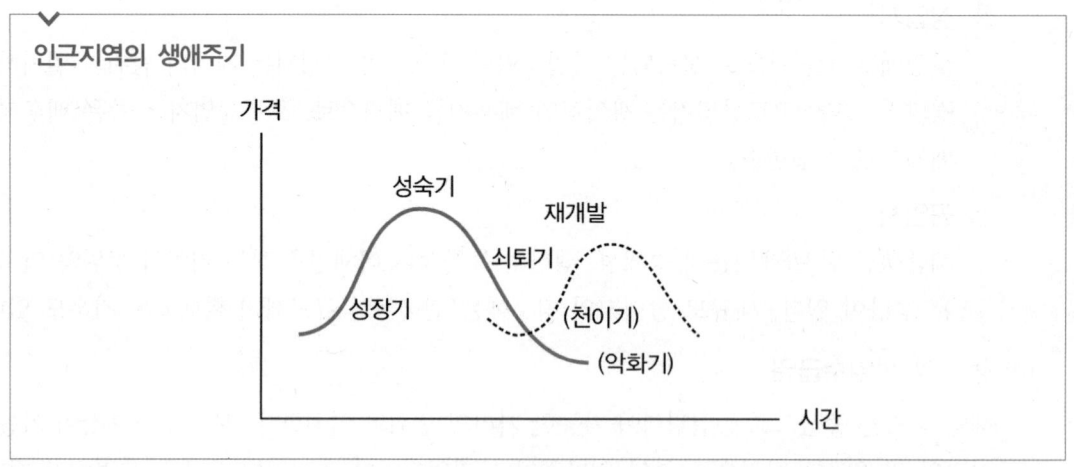

인근지역의 생애주기

(1) 성장기

어떤 지역이 처음으로 형성되어 변화, 발전되어 가는 시기로서 수도권의 신도시처럼 처음으로 지역이 개발되는 경우도 있고 때로는 재개발되는 경우도 있다. 이 시기에는 지가의 상승이 계속되고, 투기현상이 일어난다. 지역 내 공간이용에 대한 경쟁이 치열하다. 새로

입주하는 주민의 교육수준이 높고, 젊은 세대의 유입이 많다. 유입되는 사람들의 수입, 직업, 사회적 지위, 교육수준 등이 유사하다.

(2) 성숙기

개발을 진행함에 따라 지역이 점차 안정단계에 이르고 지역의 기능도 자리 잡히기 시작하는 시기이다. 이 시기에는 지가 및 지역기능이 최고도에 달하며 지가의 흐름은 안정적이거나 가벼운 상승세를 띤다. 중고부동산의 거래가 부동산시장의 중심을 이룬다. 주민의 사회, 경제적 수준이 가장 높다. 건물이 최고의 경제적 수명을 다하면서 세대가 바뀌기 시작하고 더 이상 원거주자의 필요를 충족시키지 못하게 된다.

(3) 쇠퇴기

지역이 쇠퇴하는 시기로 지역의 건물들은 점차 노후화되기 시작하며 구체적으로 초기, 중기, 말기 쇠퇴기로 구분이 가능하다. 초기 쇠퇴기는 지역주민이 점차 떠나고 경제, 사회, 교육수준이 낮은 계층이 들어오는 주택여과과정(filtering)현상이 시작된다. 가격은 전반적으로 하락하지만 새로운 계층의 유입으로 인한 수요증대와 경쟁으로 성숙기 때의 가격상한선으로 오르기도 한다. 중기 쇠퇴기는 쇠퇴가 분명한 시기로 임대료수준이 낮아져 소유자는 유지비를 줄이고, 주택의 노후화 및 물리적 악화가 심해지며 사회적 지위나 교육수준이 낮거나 무직자들이 많이 생긴다. 따라서 평판의 하락으로 부동산가격 또한 하락한다. 말기 쇠퇴기에는 임대주택에 거주하는 주민이 많아지고, 임대료수준이 낮고 유지, 관리비가 많이 들며 구호대상자 등 사회취약계층이 진입한다. 공가율 역시 높아진다.

(4) 천이기

초기 쇠퇴기 이후 쇠퇴의 진행과정에서 갈림길에 놓이는데 이를 천이기라 한다. 즉, 재개발을 통하여 새로운 성장기가 도래하고 가격이 반전되기도 하지만 그렇지 않으면 말기 쇠퇴기로 진행한다. 이 시기에는 주택을 팔고 교외로 나가려는 경향이 나타나 주택여과현상이 본격적으로 일어난다. 또한 새로운 층의 거주자들의 입주수요에 따라 수준이 한 단계 낮은 주민들로 바뀐다. 따라서 지가는 이러한 여과현상에 따라 다시 상승하고 거래량의 증가도 수반되지만 전 단계의 가격에는 이르지 못한다.

(5) 악화기

소유자들이 지역을 포기하는 기간으로 쇠퇴기, 천이기의 기간 중 재개발하지 않은 경우 슬럼화되어 가는 단계로서 부동산관리비용이 수익을 초과하여 방기현상이 가속화되는 단계이다. 이 시기에는 여과현상이 보다 활발하고 쇠퇴현상이 급속히 진행되어 주택소유자들에 의해서 지역이 포기되고 떠돌이 노동자, 사회적 지위가 가장 낮은 사람이 유입되어 범죄, 방화가 보통이고 폐차가 널려있는 등 슬럼화 직전의 단계이다.

3) 유의사항

인근지역의 생애주기분석을 통하여 평가사는 해당 지역이 순환적 수명의 국면에서 현재 어떤 상태의 위치에 있는지를 판단하고 대상부동산의 쾌적성에 있어 진부화 정도와 잔존 경제적 내용연수에 의한 수익에 미치는 영향을 분석하여야 한다.

한편 인근지역을 분석할 때 고정적인 것으로 볼 것이 아니라 유동적인 측면으로 동태적인 관점에서 시계열적으로 보아야 한다.

(1) 성장기

과거의 사례가격은 새로운 거래의 하한선이 되며, 건물의 신축 시기로 원가법 적용 시 재조달원가의 신뢰성이 인정된다. 또한 거래사례비교법 적용 시 투기성향에 의한 사정보정 작업이 필요하며, 수익환원법 적용 시 지속적 수익상승의 정도에 대한 예측이 필요하다.

(2) 성숙기

부동산거래가 활발해지는 시기이므로 사례자료 수집이 용이해지고 재조달원가나 순수익 등 부동산가치 결정에 있어 가격자료 수준이 상당히 높게 형성되어 있다. 또한 쇠퇴기 전 단계로서 언제 쇠퇴기가 도래할 것인지에 대한 예측이 중요하고 과거의 사례가격은 새로운 거래의 하한선이 된다.

(3) 쇠퇴기

과거 사례는 현재 가격의 상한선이며 성숙기 말부터 쇠퇴기에 이르면서 건물의 경제적 수명이 다하게 되므로 감가액의 정도가 커지고 수익하락이 예상된다.

(4) 천이기

과거의 사례가격은 새로운 거래의 상한선이 되고 경제적 내용연수가 만료되어 감가수정 시 잔존가격만 있는 경우도 있으며 수익의 급락에 유의하여야 한다.

(5) 악화기

감정평가 시 재건축이나 재개발 가능성을 예측하여 부동산가격의 수준을 예측 판단해야 한다.

제5절 개별분석 기출 4회·6회·8회·11회·15회·18회

미리보기

1. 의의
2. 필요성 및 목적
   1) 부동산의 개별성
   2) 가격전제로서 최유효이용의 판정
   3) 구체적 가격에 영향을 미치는 정도의 분석
   4) 지역분석과의 Feed-Back 관계로 인한 적정성의 검증, 보완
3. 개별분석의 방법
   1) 대상부동산의 확정
   2) 개별요인의 분석
   3) 최유효이용의 판정 및 구체적 가격에 미치는 영향의 정도 분석
      (1) 최유효이용의 판정
      (2) 개별부동산의 구체적 가격에 미치는 영향의 정도 분석
4. 개별분석의 내용
   1) 토지의 종별에 따른 개별요인의 분석
      (1) 주거지
      (2) 상업지
      (3) 공업지
      (4) 농업지
      (5) 임지
   2) 건물의 개별요인 분석
   3) 건물과 그 부지에 관한 요인의 분석
5. 개별분석 시 유의사항
   1) 대상부동산의 명확한 확정
   2) 가치형성요인의 개별성
   3) 동태적 분석의 필요성
   4) 부동산시장에 기반한 자료의 수집과 분석
   5) 지역분석의 결과를 적절하게 활용

1. 의의*

지역분석에 의해 파악된 지역의 표준적 이용과 가격수준을 기준으로 부동산의 개별성에 근거하여 가격형성의 개별적 제 요인을 분석하여 최유효이용을 판정하고 구체적 가격에 영향을 미치는 정도를 분석하는 작업이다.

2. 필요성 및 목적*

1) 부동산의 개별성

부동산은 개별성이라는 특성을 지니고 있기 때문에 물리적으로 동일한 부동산은 존재하지 않으며 각각의 개별성에 의해 가격형성 또한 개별적으로 이루어지기 때문에 개별분석이 필요하다.

2) 가격전제로서 최유효이용의 판정

부동산의 가격은 최유효이용을 전제로 형성되므로 이러한 최유효이용을 판정하기 위해 개별분석을 하게 된다.

3) 구체적 가격에 영향을 미치는 정도의 분석

다양한 가격형성요인들이 개별부동산 차원의 구체적 가격에 어떠한 영향을 얼마나 미치는지 분석하기 위해 개별분석이 필요하다.

4) 지역분석과의 Feed-Back 관계로 인한 적정성의 검증, 보완

어떤 지역의 표준적 이용과 가격수준이 개별부동산의 최유효이용 및 개별적·구체적 가격에 영향을 미치고, 개별부동산의 최유효이용과 개별적·구체적 가격이 바로 표준적 이용 및 가격수준이 되므로 지역분석과 개별분석은 서로 Feed-Back 관계에 있다. 따라서 양자는 각각의 적정성을 검증하고 보완한다는 차원에서 의미가 있다.

3. 개별분석의 방법*

1) 대상부동산의 확정

부동산은 어떤 상태를 기준으로 하느냐에 따라 최유효이용의 행태가 달라지고 가격에 미치는 영향의 정도가 상이하기 때문에 대상부동산의 확정이 이루어져야 한다. 즉, 토지와 건물로 이루어진 복합부동산인 경우 복합부동산 자체를 대상으로 하는지, 아니면 나지를 상정한 토지만을 대상으로 하는지에 대한 기본적 사항을 확정해야 한다. 이 외에도 병합을 전제로 하는 것인지, 분할을 전제로 하는 것인지, 일괄감정평가의 대상인지 등에 대한 것들이 있다.

2) 개별요인의 분석

가치형성요인은 부동산의 개별성에 따라 부동산마다 그 영향의 정도가 달라진다. 따라서 자연적 제 조건과 사회적, 경제적, 행정적 관점에서 구체적으로 개별부동산에 미치는 영향의 정도를 파악해야 한다. 이때는 특히 해당 지역의 시장상황과 시장참가자들의 행동, 거래관행 등에 초점을 맞추어 개별요인의 분석을 해나가야 한다.

3) 최유효이용의 판정 및 구체적 가격에 미치는 영향의 정도 분석

(1) 최유효이용의 판정

개별분석에 있어 가장 핵심적인 사항은 해당 부동산의 최유효이용이 무엇인지를 판정하는 것이다.

(2) 개별부동산의 구체적 가격에 미치는 영향의 정도 분석

개별분석은 궁극적으로 다양한 가치형성요인들이 개별부동산의 구체적 가격에 미치는 영향의 정도를 분석하는 것에 목적이 있다. 그러나 개별분석을 통해서는 구체적인 가격만 추정할 수 있을 뿐이다. 정확한 감정평가액의 도출은 감정평가방법의 적용을 통해 최종적으로 이루어지게 된다.

4. 개별분석의 내용

개별요인의 분석은 구체적으로 부동산의 종별에 따라 구분하여 행해진다. 이는 다시 토지와 건물, 토지, 건물 등 부동산의 구성요소를 기준으로 세분할 수 있다.

1) 토지의 종별에 따른 개별요인의 분석

(1) 주거지

주거지는 주택의 쾌적성에 영향을 미치는 제반요인에 대한 분석이 중요하다. 자연적, 사회적, 경제적, 행정적 요인의 분석이 있으며 획지의 면적, 형상, 일조, 건습, 교통시설과의 거리, 공급 및 처리시설의 상태, 접근의 정도, 획지의 고저, 각지, 구조 등의 상태 등으로 구체화할 수 있다.

(2) 상업지

상업지는 상가의 수익성에 영향을 미치는 제반요인에 대한 분석이 중요하다. 자연적, 사회적, 경제적, 행정적 요인의 분석이 있으며 구체적으로 접면너비, 획지의 형상, 면적, 고저, 각지, 고객의 통행패턴 및 적합성, 번화가의 접근성 등으로 세분된다.

(3) 공업지

공장의 생산성에 영향을 미치는 제반요인의 분석이 중요하다. 자연적, 사회적, 경제적, 행정적 요인의 분석이 있으며 구체적으로 면적, 형상 및 지반, 항만, 철도, 간선도로, 수송시설과의 위치관계, 용·배수의 공급 및 처리시설의 정비 필요성 등이 있다.

(4) 농업지

농업지는 토지의 생산성에 영향을 미치는 제반요인의 분석이 중요하다. 자연적, 사회적, 경제적, 행정적 요인의 분석이 있으며 구체적으로 토양 및 일조, 경작의 난이, 관개, 배수의 상태, 농로의 상태, 취락과의 접근 정도, 재해위험성 정도 등이 있다.

(5) 임지

농경지와 마찬가지로 토지의 생산성에 영향을 미치는 제반요인의 분석이 중요하다. 자연적, 사회적, 경제적, 행정적 요인의 분석이 있으며 구체적으로 입목의 반출 및 운반 등의 난이, 일조, 건습, 우량 등의 상태, 표고, 지세 등의 상태, 토층의 상태, 공법상 규제, 관리의 난이 등이 있다.

2) 건물의 개별요인 분석

건물이 소재하는 경우에는 건물과 관련되는 부분에 대하여 추가적으로 분석을 해야 한다. 예를 들어 구조, 면적, 고저, 설계 등의 양부, 시공의 질과 양, 공사법상의 규제와 제약 등이 있다.

3) 건물과 그 부지에 관한 요인의 분석

토지와 건물로 이루어진 복합부동산의 경우는 토지, 건물의 각각에 대한 분석 외에 토지와 건물 간의 상관관계에 대해서도 분석해야 한다. 예를 들어 건물의 배치, 부지와 건물과의 적합상태 등이 있다.

5. 개별분석 시 유의사항

1) 대상부동산의 명확한 확정

대상부동산을 어느 범위로 어떻게 설정하느냐에 따라 최유효이용 및 개별부동산의 가격에 미치는 영향에 대한 파악 정도가 달라진다. 이에 개별분석을 하기 전에 관련 자료 및 현장조사 등을 통해 대상부동산에 대한 명확한 확정이 이루어져야 한다.

2) 가치형성요인의 개별성

부동산의 개별성에 따라 제반 가치형성요인 또한 지역적 차원에서와 달리 개별부동산마다 부동산의 이용상태 및 구체적 가격에 미치는 영향의 정도가 달라진다. 이에 개별분석을 함에 있어서 가치형성요인이 개별부동산에 따라 나타나는 여러 가지 현상과 개별적 특징에 대하여 면밀하게 검토해야 한다.

3) 동태적 분석의 필요성

제반 요인이 최유효이용 및 구체적 가격에 미치는 영향은 시장상황에 따라 변화하므로 시계열적인 측면에서 동태적 분석을 행해야 한다.

4) 부동산시장에 기반한 자료의 수집과 분석

개별분석은 구체적 자료의 수집과 분석을 통해 객관적으로 이루어져야 정확성과 신뢰성이 높아진다. 그리고 자료의 수집과 분석은 부동산시장의 현황과 시장참가자들의 행동, 거래상황 등을 기준으로 한 실증적인 것이어야 의미를 가지게 된다는 점에 유의해야 한다.

5) 지역분석의 결과를 적절하게 활용

지역분석에 의해 파악된 표준적 이용과 가격수준은 개별부동산의 최유효이용 및 구체적 가격에 영향을 미치게 되기 때문에 지역분석의 결과를 적절하게 개별분석에 활용하여야 한다.

제6절 지역분석과 개별분석의 관계 기출 4회·11회·18회

┌─ 미리보기 ─────────────────────────────────┐
1. 부동산의 종별과 유형
2. 분석범위
3. 분석순서
4. 분석목적
5. 관련 가격제원칙
└──────────────────────────────────────┘

1. 부동산의 종별과 유형

지역분석은 부동산의 종별에 의한 지역의 관점에서 표준적 이용과 가격수준을 파악하는 것이고, 개별분석은 부동산의 유형에 의한 개별부동산의 관점에서 최유효이용을 판정하고 구체적 가격에 미치는 영향을 분석하는 작업이다.

2. 분석범위

지역분석은 대상지역에 대한 광역적, 전체적, 거시적 분석인 반면, 개별분석은 대상부동산에 대한 개별적, 부분적, 미시적 분석으로 분석범위에 차이가 발생한다.

3. 분석순서

일반적으로 분석의 순서는 지역분석이 먼저 이루어지게 되고, 그 후에 개별분석이 행해진다. 그러나 반드시 선후관계가 있다고 단정할 수는 없음에 유의해야 한다. 또한 경우에 따라서는 개별분석을 먼저 하고 그 다음에 지역분석을 할 수도 있을 것이다.

4. 분석목적

지역분석은 제반 지역요인을 분석하여 대상지역의 표준적 이용과 가격수준을 파악하는 것을 주된 목적으로 하고, 개별분석은 대상부동산의 개별요인을 분석하여 최유효이용과 구체적 가격에 미치는 영향의 정도를 파악하는 것을 주된 목적으로 한다.

5. 관련 가격제원칙

지역분석은 적합의 원칙, 외부성의 원칙 등을 비롯한 외부 측면의 원칙과 관련이 깊고, 개별분석은 균형의 원칙, 기여의 원칙 등을 비롯한 내부 측면의 원칙과 관련이 깊다.

Check Point!

● **표준적 이용과 최유효이용의 관계*** 기출 6회

1. 일치성 여부

표준적 이용은 지역분석의 결과로서, 최유효이용은 개별분석의 결과로서 나타나는데, 일반적으로 표준적 이용에 적합한 것이 최유효이용이나 반드시 일치하는 것은 아니다. 최유효이용은 부동산의 개별성에 의해 결정되는 것이므로 표준적 이용과 항상 동일한 것은 아니다.

2. 창조적 토지이용

창조적 토지이용이 침입, 계승된 경우 새로운 최유효이용의 형태가 형성되고, 이는 표준적 이용의 변화를 초래한다.

3. Feed-Back 관계

어떤 지역의 표준적 이용은 개별부동산의 최유효이용에 영향을 미친다. 한편 개별부동산의 최유효이용의 집약적, 평균적 이용방법이 바로 표준적 이용이 되므로 양자는 Feed-Back 관계에 있다.

제7절 부동산분석의 체계 기출 9회·10회·14회·20회·24회·29회

> **Tip**
> 지역분석 및 개별분석과 상당 부분 중복되는 측면이 있다. 다만, 바라보는 관점에 있어 다소 차이가 있을 뿐이다. 결국 가치를 정확하게 파악하고자 하는 최종적인 목표는 같다는 점을 상기해야 한다. 또한 일반적인 부동산분석의 체계를 살펴보고 시장분석이 구체적으로 어떤 개념이고 이를 어떻게 활용해야 하는지를 알 수 있어야 한다.

미리보기

1. 의의
2. 부동산분석의 체계
    1) 지역경제분석
    2) 시장분석
    3) 시장성분석
        (1) 부지분석과 입지분석
        (2) 흡수분석
        (3) 시장분석과 시장성분석의 관계
    4) 타당성분석
    5) 투자분석

1. 의의*

시장분석(market analysis)은 원래 부동산 개발 및 마케팅 분야에서 주로 사용되고 있는 개념으로 개발사업 시행 전에 계획의 타당성을 미리 분석해보거나 시행한 후에 상품의 판매나 임대를 원활하게 할 목적으로 시장위험을 파악하고 성공적인 사업을 영위하기 위한 수단으로 활용되고 있다.

이러한 시장분석의 궁극적인 목적은 적절한 용도를 결정하고 적정한 분양가격과 임대료의 산출을 통해 수익을 극대화하기 위한 방안을 찾는 것으로 이는 감정평가를 하여 평가사들이 찾고자 하는 최유효이용 및 가치의 개념과 일맥상통한다. 따라서 사용되고 있는 분야나 용어 등이 다소 상이할 뿐 그 의미에 있어서는 큰 차이가 없다.

부동산의 가격은 효용, 상대적 희소성, 유효수요에 의해 생성되고 자연적, 사회적, 경제적, 행정적 제 요인의 영향을 받아 부단히 변동해 나가는데 이는 현대 경제학의 기본적인 분석도구인 수요와 공급의 틀 속에서 일목요연하게 설명할 수 있다. 이러한 기본적인 인식을 가지고 시장분석을 이해해 나간다면 감정평가에서의 가치형성요인 분석과의 연계성을 쉽게 찾을 수 있을 것이다.

그러나 평가 현장에서 평가사들이 지역분석과 개별분석을 행함에 있어서 시장(지역)의 일반적인 특성과 대상부동산의 개별적인 특성을 단순 나열하고 기술할 뿐 그러한 특성이 시장수요와 공급으로 어떻게 나타나는지에 대한 실증적인 분석을 하지 않고 있다는 비판이 있다. 즉, 시장분석은 시장에서 표출되는 구체적이고 실증적인 자료를 통해 평가의 객관성을 높이기 위한 방안으로 이해하면 좋을 것이다.

2. 부동산분석의 체계

부동산분석이란 부동산에 관련된 제 문제를 분석하는 것이다. 여기에는 지역경제분석, 시장분석, 시장성분석, 타당성분석, 투자분석 등이 있다. 이러한 일련의 부동산분석은 "지역경제분석<시장분석<시장성분석<타당성분석<투자분석"의 계층체계를 이루고 있다.

여기서 "<"로 표시된 것은 상위계층의 분석이 그보다 하위계층의 분석을 포함한다는 것을 의미한다. 이 중에서 지역경제분석, 시장분석, 시장성분석은 시장분석으로 이는 특정 개발사업과 관련한 시장에 초점을 맞춘 것이고, 타당성분석, 투자분석은 경제성분석(타당성분석)으로 개발업자의 의사결정에 초점을 맞춘 것이다.

1) 지역경제분석

지역경제분석은 특정 지역이나 도시의 모든 부동산에 대한 기본적인 수요요인과 시장에 영향을 미치는 요인을 확인, 분석하고 예측하는 작업으로 거시적 시장분석의 한 부분이다. 지역경제분석에서는 인구, 가구, 고용, 소득, 교통과 같은 요소들이 주된 분석의 대상이 되는데, 개발업자들은 수요결정요인의 과거 추세와 현황을 분석하고 이를 바탕으로 미래 추계치를 예측해야 한다.

2) 시장분석*

시장분석은 특정 부동산에 대한 시장의 수요와 공급상황을 분석하는 것을 말하는데 이를 위해서 먼저 부동산의 종류와 용도를 결정하고 시장지역을 획정해야 한다. 대부분의 경우 시장지역은 경쟁부동산이 위치하는 지역사회와 인근지역 정도의 수준이 되는 것이 일반적이다.

시장분석에서는 차별화와 세분화가 핵심적인 비중을 차지한다. 여기서 차별화는 상품의 특성에 따라 부동산을 범주화하여 다른 부동산과 구별짓는 것이고, 세분화는 소비자의 특성에 따라 가능소비자를 범주화하여 다른 사람과 구별짓는 것이다. 이러한 차별화, 세분화를 통해 시장분석의 초점을 보다 명확하게 잡을 수 있고, 불필요한 자료수집을 제거함으로써 효율적인 업무수행을 할 수 있게 된다.

개발업자는 차별화와 세분화를 바탕으로 수요 측면에서는 대상부동산의 잠재적 가능소비자가 얼마나 되는지, 앞으로 어떻게 변화해 갈 것인지를 확인해야 하고, 공급 측면에서는 대상부동산과 특성이 동일한 유형의 부동산에 관한 공급상황을 분석해야 한다. 그리고 이러한 수요분석과 공급분석을 토대로 시장의 균형여부를 파악해야 한다.

3) 시장성분석*

시장성분석은 개발된 부동산이 현재나 미래의 시장상황에서 매매되거나 임대될 수 있는가 하는 가능성 또는 능력을 조사하는 것이다. 이를 위해서는 대상개발사업의 현황과 특성 파악을 통해 다른 부동산과 비교할 때 대상부동산이 현재와 미래에 어떤 경쟁력을 보유하고 있는지를 분석해야 한다.

(1) 부지분석과 입지분석

시장성분석을 위해서는 먼저 개발사업의 부지 자체와 그것의 입지적 특성에 대한 분석이 선행되어야 한다.

① 부지분석이란 크기와 모양, 지형, 편익시설, 접근성, 용도지역제 등 대상부동산 자체를 분석하는 것이다. 또한 입지란 부동산이 점하고 있는 위치를 말하므로 입지분석이란 대상부동산의 위치의 양부에 대하여 분석하는 것이다.

② 부지분석과 입지분석은 서로 유사하지만 부지분석은 특정 부지 자체를 분석하는 것으로 일반적인 특성(토지이용규제, 인구 등)은 서로 공유한다. 반면, 입지분석은 특정 부지를 포함하여 일정지역을 분석하는 것이다.

> **Check Point!**
>
> ● 경응수 감정평가론
>
> | 구분 | 지역분석 | 입지분석 |
> |---|---|---|
> | 의의 | 어떤 지역을 구성하는 부동산의 가격형성에 영향을 미치는 지역요인의 분석 | 부동산이 차지하고 있는 위치의 분석, 즉 현황평가와 함께 미래에 대한 분석이 필요 |
> | 목적 | 지역대책, 지역계획의 입안, 가치형성요인 분석, 지역의 객관적 가격수준 판단, 최유효이용의 판정방향, 감정평가를 위한 자료수집 범위 파악 | 입지주체의 입지결정 |
> | 분석의 대상 | 지역 및 지역의 특성 | 주로 개개 장소의 입지조건 |
> | 분석내용 | 지역분포, 지역특성, 지역 간의 관계 등 | 입지인자(입지주체에 따른 입지조건의 평가)의 분석 |
> | 동태분석 | 지역 간 상호작용, 지역변화분석 | 입지조건의 변화와 입지적응의 검토 |

(2) 흡수분석* 기출 9회

부지분석과 입지분석을 통해 대상부동산에 대한 특성이 파악되었다면 이를 바탕으로 흡수분석을 해야 한다.

① 흡수분석이란 흡수율이나 흡수시간 등을 조사하여 부동산의 수요와 공급의 상황과 강도를 구체적으로 조사하고 분석하는 것을 말한다. 여기서 흡수율이란 시장에 공급된

부동산이 단위시간 동안 시장에서 소화된 비율을 말하며 흡수시간이란 공급된 부동산이 시장에서 완전히 소화될 때까지 걸린 시간이다.

② 흡수율분석은 부동산의 특성에 따라 지역별, 유형별 비교분석을 통해 구체적으로 이루어져야 한다. 예를 들어 강남지역에서 30평 아파트가 지난 3년간 매년 평균 10,000채씩 공급되었다면 서초구, 강남구, 송파구에서 각각 몇 퍼센트씩 소화했는지 분석해야 한다.

③ 흡수율이 아무리 높다 하더라도 그것이 장기간에 걸쳐 이루어졌다고 한다면 큰 의미를 가지지 못할 수 있다. 따라서 흡수율분석은 흡수시간분석과 함께 병행하여 시행될 때 의미를 가진다. 흡수율이나 흡수시간분석은 특히 시장수요의 강도를 적절하게 측정할 수 있게 해주는 유용한 도구가 된다.

한편 흡수분석은 부동산시장의 추세를 파악하는 데도 큰 역할을 수행한다. 이때 역사적 흡수율 및 흡수시간과 같은 과거의 추세만을 파악해서는 안 된다는 점에 유의해야 한다. 흡수분석은 과거의 추세와 현재의 상황을 바탕으로 궁극적으로는 개발사업에 대한 미래의 흡수율과 흡수시간을 파악하는 데 있다. 개발업자는 지역이나 유형별로 어떠한 요인이 그러한 추세를 야기시킨 것인가에 대한 원인을 파악하고 추세의 강도와 지속성에 대해서도 판단해야 한다.

(3) 시장분석과 시장성분석의 관계* 기출 14회

시장분석은 우선 특정 유형의 부동산에 대한 시장의 수요와 공급상황을 분석하는 것을 말한다. 어떤 특정한 부동산 자체가 아닌 시장 전반의 수요와 공급상황을 분석하는 것이므로 시장성분석에 비해서는 거시적인 분석에 해당한다.

한편 시장성분석은 시장의 수요와 공급상황을 기초로 특정 부동산의 매매나 임대 가능성을 분석하는 것이므로 시장분석은 이러한 시장성분석에 대한 선행작업에 해당한다. 시장분석과 시장성분석은 일련의 부동산분석 절차로서 시장분석을 통해 대상부동산에 대한 시장을 차별화하고 세분화하여 불필요한 자료수집을 할 필요를 줄일 수 있고 그만큼 대상부동산에 대한 정밀하고도 체계적인 분석이 가능하게 된다.

4) 타당성분석

타당성분석이란 계획하고 있는 개발사업이 투하자본에 대한 투자자의 요구수익률을 확보할 수 있는지 여부를 파악하여 대상개발사업이 성공적으로 수행될 수 있는 것인가를 분석하는 것이다. 여기서 성공적이라는 말은 대상개발사업이 충분한 수익성이 있는가를 의미하는 것으로 일반적으로 세후현금흐름을 기준으로 판단하게 된다.

타당성분석은 물리적, 법률적, 경제적 측면에서 구분하여 이루어지는데 물리적, 법률적 타당성분석은 결국 대상개발사업이 투자자의 요구수익률을 충족시킬 수 있는지, 즉 경제적 타당성을 검토하기 위한 과정으로서의 성격을 지닌다. 따라서 타당성분석의 핵심은 경제적 타당성분석이라 할 수 있다.

경제적 타당성분석을 할 때는 수요와 공급에 바탕을 둔 시장상황에 대한 분석과 함께 대상개발사업의 공실률, 영업경비, 대출조건, 세금 등에 대한 철저한 분석이 이루어져야 한다. 또한 타당성분석을 수행할 때는 평가사의 주관적인 의견이나 판단을 토대로 해서는 안 되며 반드시 경험적 사실에 기반한 객관적인 시장자료로 뒷받침될 수 있어야 한다.

5) 투자분석

투자분석이란 위험과 수익의 상쇄관계 속에서 여러 가지 투자대안을 분석하여 받아들일 수 있는 위험수준에서 최고의 수익을 창출하는 대안을 선택하는 과정이다. 따라서 여러 가지 이용대안 중에서 타당성이 있다고 모두 선택되는 것은 아니며 각종 투자분석기법 등을 활용하여 (NPV법, 내부수익률법 등) 최대의 이윤을 제공하는 대안이 최종적인 투자 안으로 선택되는 것이다. 결국, 투자분석이란 대상 토지나 건물과 관련한 여러 가지 이용대안 중에서 최유효이용을 확인하는 과정임을 알 수 있다.

제8절 부동산평가에서의 시장분석

> **미리보기**
> 1. 의의
> 2. 시장분석의 구분
> 3. 시장분석의 목적
> 4. 시장/시장성분석의 단계
>   1) 생산성분석
>   2) 시장획정
>   3) 수요분석
>   4) 공급분석
>   5) 균형분석(잔여분석)
>   6) 포착률의 예측
>   7) 타당성분석(예정부동산의 경우)
> 5. 감정평가에서의 활용
> 6. 시장분석의 한계
>   1) 개설
>   2) 자료와 관련한 한계
>   3) 분석과정과 관련한 한계

1. 의의

시장분석이란 용어는 경제학에서는 광범위하게 사용되지만, 부동산평가에서는 보다 한정적인 의미로 사용된다. 부동산평가에서는 대상부동산에 대한 적절한 시장지역을 획정짓고, 대상부동산의 가치에 영향을 줄 수 있는 여러 가지 시장상황을 연구하는 것으로 정의된다.

2. 시장분석의 구분

평가사는 통상적으로 2가지 수준에서 시장분석을 행한다. 하나는 거시적 관점에서 특정 부동산과 상관없이 지역 전체의 부동산시장을 분석하는 것이며, 다른 하나는 미시적 관점에서 특정 부동산이 다른 부동산과 경쟁하는 부동산시장을 분석하는 것이다. 전자를 일반시장분석이라 하고, 후자는 특수시장분석(부분시장분석)이라 한다.

3. 시장분석의 목적★ 기출 24회

평가사가 시장분석을 하는 것은 대상부동산의 최유효이용을 확인하기 위해서이다. 최유효이용이란 법적, 물리적, 경제적 타당성이 있는 대상부동산의 여러 가지 용도 중에서 최고의 가치를 창출하는 이용이다. 이를 확인하기 위해서는 먼저 대상부동산의 여러 가지 특성을 분석하여 이용가능성이 있는 대안적 용도를 결정해야 한다. 여기서 대상부동산의 여러 가지 개별적 특성을 분석하는 것을 '부동산분석(개별분석)'이라고 하고, 이용가능성이 있는 대안적 용도를 결정하는 것을 '제품차별화'라 한다.

다음으로는 대안적 용도 중 어느 것이 최고의 가치를 창출하는 이용인지를 확인하기 위해서는 용도별 시장수요를 확인해야 한다. 그러기 위해서는 대안적 용도별로 시장을 획정하고, 획정된 시장별로 대상부동산의 수요 강도를 분석해야 한다. 여기서 대안적 용도별로 시장을 획정하는 것을 '시장세분화'라고 하고, 대상부동산에 대한 시장수요의 강도를 분석하는 것을 '시장지역분석(지역분석)'이라 한다.

시장지역에서 대상부동산의 수요강도를 분석하기 위해서는 물리적, 경제적, 사회적, 행정적 요인 등과 같은 일반적 특성뿐만 아니라, 획정된 시장별로 현재와 미래수요, 경쟁부동산의 현재와 미래공급을 조사해야 한다. 이를 통해 만약 수요초과가 예상된다면 가치는 상승할 것이고 공급초과가 예상된다면 하락할 것이다. 그리고 균형이 예상된다면 상당 기간 안정을 유지할 것이다.

평가사는 이 같은 시장상황과 대상부동산의 경쟁력 등을 고려하여 각 대안별로 시장성을 분석하고 최고의 가치를 창출하는 대안적 용도를 결정한다.

4. 시장/시장성분석의 단계★ 기출 24회

구체적으로 시장분석의 단계는 '생산성분석, 시장획정, 수요분석, 공급분석, 균형분석, 포착률의 예측, 타당성분석'의 순서로 행한다. 다만, 타당성분석은 개발이 예정된 부동산의 경우로 한정됨에 주의한다.

1) 생산성분석

생산성분석은 과거의 개별분석을 보다 구체화한 것이다. 생산성분석이란 물리적, 법적, 입지적 특성을 고려하여 대상부동산의 능력을 확인하고, 대상부동산이 공급할 수 있는 부동산서비스를 결정하는 것이다. 바꾸어 말하면, 생산성분석이란 대상부동산의 여러 가지 특성을 조사하여, 시장성 있는 대안적 용도를 선정하는 것이다.

물리적 특성은 대상부동산의 적합한 용도를 결정해 주기도 하지만, 다른 한편으로는 대상부동산의 용도를 제한하는 조건으로 작용하기도 한다. 따라서 최유효이용분석에서도 우선적으로 대상부동산의 물리적 채택가능성을 조사하고 있다. 물리적 특성에는 지형, 토양, 획지의 모양과 크기와 같은 자연적 특성뿐만 아니라, 각종 부지개량물과 건물구조와 같은 인공적 특성도 포함된다.

법적 특성도 대상부동산의 경제적 이용가능성에 많은 영향을 미치고 있다. 예를 들어 부동산의 소유, 이전, 사용에 관한 정부의 제한, 부동산에 대한 사회적 태도, 사법적 판결 등이 그것이다. 이 중에서도 특히 지역지구제는 대상부동산의 생산성에 가장 중요한 영향을 주고 있다. 아무리 물리적으로 채택이 가능하고 특정 용도에 대한 수요가 있다고 하더라도, 대상부지가 그 용도로 지정되어 있지 않거나 용도변경이 허용되지 않는다면, 대상부지를 해당 용도로 사용할 수 없다.

위치적 특성도 대상부동산의 가치에 지대한 영향을 미친다. 예를 들어 물리적 특성과 법적 특성이 동일한 2개의 부동산이 있다고 하자. 이 2개의 부동산에는 동일한 설계도면으로 동일한 구조의 상업용 건물을 지을 수 있다. 그렇다고 해서 이 2개의 부동산의 가치가 같아지는 것은 아니다. 부동산의 위치에 따라 가능수요가 차이가 나고, 그에 따라 임대료 차이가 난다. 대상 부동산의 위치는 주변지역의 물리적, 경제적, 사회적, 문화적 환경에 많은 영향을 받는다. 주변지역 경제활동과 대상부동산과의 상호관계, 대상부동산의 접근성은 부동산의 가치에 많은 영향을 주고 있다.

> **Check Point!**
>
> ● **부동산의 생산성과 도시성장**
> 부동산의 물리적, 법적, 위치적 특성은 부동산의 생산성에 많은 영향을 주고 있다. 이 중에서도 특히 위치적 특성은 근린지역의 토지이용이나 도시의 공간구조와 밀접한 관계를 가지고 있다.
>
> 1. **미시적 접근성과 거시적 접근성**
>   - 접근성 : 어떤 장소에서 다른 장소에 도달하는 데 소요되는 시간, 경비, 노력 등의 상대적 비용
>   - 미시적 접근성 : 대상부동산의 접근성을 주변지역의 측면에서 본 것
>   - 거시적 접근성 : 도시 전체적인 측면에서 본 것
>   - 도심지역은 거시적 접근성이 좋아서 입지경쟁이 가장 치열한 곳이 되며, 입지경쟁이 치열해짐에 따라 부지임대료와 토지가격이 가장 높은 곳이 된다.
>
> 2. **도시구조와 토지이용패턴**
>   - 지대지불능력이 높은 활동들이 도심지역을 차지
>   - 현실적으로는 접근성 외에도 물리적 특성, 경제기반, 시장의 힘, 정부정책 등이 복합적으로 작용
>   - 부동산의 경제적 위치는 끊임없이 변화

2) 시장획정

일단 부동산제품을 차별화했으면 대상제품에 대한 시장을 획정해야 한다. 부동산시장이 여러 가지 변수에 따라 작은 단위의 시장으로 나누어지는 현상을 시장의 분화라고 한다. 부동산평가에는 이처럼 시장이 자연스럽게 부분시장으로 나누어지는 현상뿐만 아니라 평가사가 부분시장을 확인하고 인위적으로 획정하는 것도 시장의 분화라고 한다. 이럴 경우 많은 사람들은 시장세분화라고 번역한다.

시장세분화는 특정한 부동산제품의 소비자시장을 보다 동질적인 소집단으로 구분하는 것이다. 한편 시장을 세분화할 때는 대상부동산은 어디에 위치하는가, 대상부동산과 대체, 경쟁관계의 부동산, 보완관계의 부동산은 각각 어떤 것이 있는가, 또한 그들의 위치는 어디이며, 영향력의 범위는 어디까지인가 등에 유의해야 한다. 여기서 대체부동산은 대상부동산과 동일한 시장지역에 있는 부동산으로서, 여러 가지 면에서 동등한 정도로 바람직하여 대상부동산과 경쟁이 되는 같은 유형의 부동산이다. 보완부동산이란 상점, 쇼핑센터, 의료시설, 교육시설, 정부서비스 등과 같이 대상부동산의 사용을 보완해 주는 다른 유형의 부동산을 말한다.

3) 수요분석

시장이 획정되면 그 다음 절차는 구체적으로 수요와 공급을 분석하는 것이다.

먼저 수요분석은 매수자와 임차자 등 대상부동산의 가능수요자를 확인하는 작업을 하게 되는데 이때는 주거용, 상업용, 공업용 등 부동산의 용도에 따라 그 초점을 달리해야 한다는 점에 유의해야 한다. 예를 들어 주거용 부동산의 경우는 인구구조, 소득, 고용과 같은 가구특성에 기반하여 주거공간에 대한 수요와 욕구의 파악에, 상업용 부동산은 시장지역 내 물품판매업체의 매장공간에 대한 수요와 욕구의 파악에 주력해야 한다. 공업용 부동산의 경우는 지역의 경제성장률, 교통시설에 대한 접근성과 교통비용에 입각하여 산업체들의 공간에 대한 수요와 욕구를 파악해야 한다.

수요분석은 추상적이고 일반적인 요인들에 대한 단순한 나열과 검토만으로 이루어져서는 안 되고, 경쟁부동산의 수요와 공급자료에 바탕을 둔 구체적인 작업이 되어야 하고, 특히 수요강도가 어느 정도 되는지를 분석해야 한다는 점에 유의해야 한다.

4) 공급분석

수요분석과 함께 공급분석도 이루어져야 하는데 공급분석이란 대상부동산과 동일한 유형의 공급상황을 분석하는 절차이다. 여기에서 공급은 단순히 신규부동산의 생산뿐 아니라 기존부동산의 유용성도 포함하는 개념이다. 따라서 경쟁부동산의 공급에는 건축 중인 부동산, 계획예정인 부동산, 그리고 기존부동산까지 포함해서 분석해야 한다.

공급분석 시에는 건축 중이거나 계획예정인 부동산의 경우 그중 일부가 완공되지 못하고 시장에 최종적으로 공급되지 못할 수도 있고, 기존부동산에 있어 멸실물량, 전환물량도 고려해야 하는 것에 유의해야 한다.

경쟁부동산 공급분석 시 고려해야 할 요인으로는 기존부동산의 양과 질, 현재 분양 중인 부동산, 건축과 개발비용, 경쟁 중이거나 계획 중인 경쟁부동산과 보완부동산, 멸실량과 전환량, 소유자, 임차자 점유비율, 건축대부와 금융의 유용성 등을 고려해야 한다.

5) 균형분석(잔여분석)

균형분석이란 전 단계의 수요와 공급분석의 결과를 종합하여, 현재와 미래의 시장수요와 공급량이 균형을 이루고 있는지, 수요가 초과되고 있는지, 공급이 초과되고 있는지를 분석하고 만약 수요와 공급이 초과되고 있다면 언제쯤 해소되는지 분석하는 절차이다.

부동산은 자연적 특성으로 공급이 비탄력적인 특징을 지니고 있으며, 단기적으로 고정적인 것으로 볼 수 있다. 따라서 부동산의 가격은 단기적으로 수요에 민감하게 반응하며 결정된다. 그런데 수요가 증가하면서 가격이 상승하게 되면 공급에 대한 유인으로 작용하여 생산과 용도의 전환 등을 통해 공급은 증가하게 된다. 결국 장기적으로 수요와 공급은 이론적으로 균형을 이루게 된다.

6) 포착률의 예측

대상부동산의 특성에 따른 경쟁력을 파악하여 시장에서의 예상포착률을 예측하는 것이다. 이러한 포착률의 예측으로 대상부동산이 어떤 가격으로 시장에서 가장 잘 소화될 수 있는지 파악할 수 있게 된다. 여기서 포착률이란 특정 유형의 부동산에 해당하는 잠재적인 전체시장에서 대상부동산이 차지하고 있거나 차지할 것으로 예상되는 비율을 말한다. 포착률은 시간의 장단에 따라 단기의 포착률을 시장흡수율, 장기의 포착률을 시장점유율로 구분할 수 있다.

7) 타당성분석(예정부동산의 경우)

타당성분석이란 대상부동산의 경제적 성공과 실패의 가능성을 분석하는 것으로 예정부동산의 시장분석에서 추가된다. 예정부동산의 경우는 시장에서 직접적으로 비교될 만한 사례들이 거의 없고, 수익과 비용의 추계가 모두 미래의 예상치에 근거하고 있어 불확실성이 높은 특성을 지니고 있다. 따라서 평가사들은 개발 후 예상되는 거래가격, 건축비용, 요구수익률 등에 대해 다양한 상황을 설정한 시나리오분석을 통해 경제적 타당성을 분석하여 가장 합리적인 가격을 추정해내야 한다.

5. 감정평가에서의 활용

시장분석은 부동산의 가치평가뿐만 아니라 경제기반분석, 토지이용분석, 타당성분석 등 컨설팅업무에 있어서도 중요한 역할을 수행한다. 부동산의 가치평가에서는 시장분석은 대상부동산의 가치를 평가하기 위한 필수적인 과정으로서의 의미를 지니고 있고, 컨설팅업무에 있어서는 대상부동산의 가치평가를 포함하여 시장분석 자체가 그 목적이 될 수도 있다.

6. 시장분석의 한계

1) 개설

부동산시장분석은 시장과 관련된 다양한 자료를 수집하여 계량분석방법 등을 활용하여 의사결정을 위한 정보로 활용된다. 따라서 부동산시장분석을 위한 자료의 수집과 분석 단계는 시장분석 단계 중 가장 중요한 부분이라고 할 수 있다.

2) 자료와 관련한 한계

미래에 대한 정확한 예측을 위해서 이용되는 과거의 통계자료가 단지 과거의 현상만을 설명해주는 한계를 가지는 경우가 종종 나타난다. 또한 분석보고서에 사용된 자료 중에는 해당 프로젝트와 관련이 없는 자료가 활용되는 경우도 종종 볼 수 있다. 이러한 경우 신뢰성이 낮고 불완전한 자료로 인하여 잘못된 의사결정을 내릴 가능성이 높아지기도 한다. 따라서 예측과 분석의 목적에 부합하는 적절한 분석기법의 적용은 성공적인 시장분석을 위한 전제조건이 된다.

3) 분석과정과 관련한 한계

시장분석과정에서 중요한 현상에 대하여 충분한 고려를 하지 않는 경우도 종종 발생한다. 예를 들어 지역, 지방 및 국가 경제의 향후 변화방향, 수준 및 폭 등을 충분히 고려하지 않거나 지역의 인구가 무조건적으로 증대한다는 식의 비현실적 가정에 기초할 경우 정확한 시장분석을 기대할 수 없을 것이다.

제9절 부동산시장과 금융시장과의 관계 기출 10회·20회

> **Tip**
> 부동산시장이 금융시장과 깊은 관련을 맺고 있는 이유에 대하여 살펴본다. 그리고 금융시장에 대한 기본적인 이해를 바탕으로 금리가 어떻게 부동산시장과 금융시장을 매개하는지 파악할 수 있어야 한다. 마지막으로 4사분면 모형을 이해하고 이를 통해 현실적인 부동산현상의 문제를 파악하고 해결할 수 있는 수단으로 활용할 수 있도록 해야 할 것이다.

미리보기

1. 개요
2. 부동산과 금융시장과의 관계
    1) 부동산과 금융시장과의 관계
    2) 양 시장이 관련을 맺고 있는 이유
        (1) 고가성
        (2) 내구재
        (3) 타인자본을 이용함에 따른 혜택
        (4) 자산으로서의 대체, 경쟁관계의 성립
3. 금융시장에 대한 이해
    1) **금융시장**
        (1) 의의
        (2) 금융시장의 종류 및 관계
            ① 화폐시장
            ② 자본시장
            ③ 화폐시장과 자본시장의 관계
    2) **금리**
        (1) 의의
        (2) 단기금리와 장기금리의 관계
        (3) 금리의 역할(부동산과 금융시장을 연결하는 매개체)
4. 부동산시장의 증권화
    1) 부동산의 증권화와 유동화
    2) 부동산시장과 자본시장의 통합화
    3) 부동산시장의 증권화와 감정평가
5. 4사분면 모형(공간시장과 자산시장)
    1) 공간시장과 자산시장의 상호작용
    2) 4사분면 모형과 위 모형의 유용성 및 한계
        (1) 의의
        (2) 각 분면에 대한 설명
            ① 1사분면
            ② 2사분면
            ③ 3사분면
            ④ 4사분면
    3) **비교정태분석**
        (1) 공간서비스에 대한 수요의 증가
        (2) 장기이자율의 하락
        (3) 신규건설비용의 상승
    4) 유용성 및 한계
        (1) 유용성
        (2) 한계

1. 개요

부동산시장은 지리적 위치의 고정성 등 제반 자연적 특성으로 인하여 본질적으로 일반재화시장과는 다른 모습을 보이면서 독자적인 영역으로 성장해왔다. 그러나 IMF경제위기를 거친 이후 우리나라 부동산시장에 본격적인 금융기법이 도입되고 금융상품의 판매 등이 활성화되기 시작하면서 부동산시장은 금융시장과 밀접한 관계를 맺게 된다.

사실 부동산은 고가성으로 인하여 타인자본에 기반한 금융활동이 수반될 수밖에 없는 구조적인 특성을 지니고 있다.

따라서 부동산시장을 제대로 파악하고 분석하기 위해서는 전통적인 부동산시장뿐만 아니라 금융시장에 대한 기본지식을 갖추고 부동산시장과 금융시장과의 상관관계를 체계적으로 파악할 수 있어야 한다.

2. 부동산과 금융시장과의 관계

1) 부동산과 금융시장과의 관계

부동산은 여러 활동과 다양한 경로를 통해 금융시장과 밀접한 관계를 형성하고 있다.

부동산거래활동에 있어서 담보대출을 이용하는 것은 일반적인 현상이고, 부동산개발 및 건축활동에 있어서도 시행사 및 시공사는 금융기관 등으로부터 자금을 대여받아 이용한다. 그리고 부동산투자활동에 있어서 의사를 결정하게 하는 부동산의 가격은 부동산과 대체, 경쟁관계에 있는 예금, 주식, 채권과 같은 다른 재화의 수익률에 영향을 받는다.

2) 양 시장이 관련을 맺고 있는 이유

(1) 고가성

부동산은 일반재화와 달리 고가의 자산으로서 거래 및 건설, 투자 등 전반적인 부동산활동은 자기자본에 의해서만 이루어지기 어려운 특성이 있다. 따라서 타인자본을 활용함으로써 제반 부동산활동을 보다 활성화하고 촉진할 수 있게 된다.

(2) 내구재

일반적으로 부동산은 경제적 수명이 긴 내구재이다. 따라서 부동산은 오랜 기간에 걸쳐 지속적으로 서비스와 수익을 창출하는데 이는 부동산의 경우 할부구매가 수요자들의 합리적인 소비행위에 더 적합하다는 것을 뜻한다. 따라서 부동산 수요자들은 정기적으로 얻는 효용에 해당하는 양만큼 지불할 수 있도록 금융을 활용하는 것이 보다 합리적인 소비행위가 된다.

(3) 타인자본을 이용함에 따른 혜택

부동산활동에 있어 타인자본을 활용함으로써 자기자본의 수익률을 극대화시킬 수 있는데 이를 '정의 지렛대효과'라고 한다. 즉, 이자가 낮은 자금을 동원하여 자기자본과 합하여 투자함으로써 자기자본만을 투자했을 때보다 오히려 더 큰 수익을 실현할 수 있게 된다. 이를 정(+)의 지렛대효과라고 한다. 우리나라 주택시장에서는 공적금융 이용이 어려운 시기에 전세제도가 주택구입을 위한 지렛대 역할을 수행했다.

또한, 타인자본을 이용함으로써 조세 측면에서 다양한 공제 및 감면혜택이 주어짐에 따라 실질수익률을 높일 수 있다. 수익성 부동산의 경우 이자지급분과 감가상각분이 세제상 과세대상소득에서 공제되기에 절세효과를 누릴 수 있다.

(4) 자산으로서의 대체, 경쟁관계의 성립

일반적으로 투자자산은 예금, 증권, 부동산으로 구분되는데, 이들은 투자를 결정하는 측면에서 대체, 경쟁관계가 성립한다. 투자자들은 위험을 고려한 수익률에 따라 투자의사결정을 하고 자금은 시장상황에 따라 예금, 증권, 부동산 등으로 이동하게 된다. 최근에는 ABS, MBS, REITS 등 부동산 관련 투자상품들이 도입되고 활성화되기 시작하면서 금융시장과의 연계성은 더욱 커져가고 있다.

3. 금융시장에 대한 이해

1) 금융시장

(1) 의의

금융시장은 자금의 융통이 이루어지는 시장으로서 크게 화폐시장과 자본시장으로 나눌 수 있다.

(2) 금융시장의 종류 및 관계

① 화폐시장

만기가 1년 미만인 금융상품이 거래되는 시장으로 기업의 운전자금에 충당할 단기자금이 조달되는 시장이다. '단기금융시장'이라고도 한다. 주로 융자기간이 2~3개월에서 1년 미만인 것을 가리키고 신용도 높은 거래자들이 일시적으로 현금이 부족하거나 과잉상태에 있을 때 자금의 과부족을 조절하는 시장이다. 구체적으로는 콜시장, 기업어음, CD, 상업어음 등으로 나뉜다.

② 자본시장

사업의 창설, 확장, 개량 등 기업의 투자를 위하여 필요로 하는 자금의 조달이 이루어지는 시장으로서 기업의 투자자금은 비교적 장기에 걸치는 것이 많기 때문에 '장기금융시장'이라고도 한다. 그러나 원인 여하를 불문하고 장기의 자금대차가 이루어지는 장소를 자본시장이라고 한다. 전형적인 자본시장은 주식발행시장과 사채발행시장으로 나누어지지만, 장기금융기관의 대출시장을 포함하는 경우도 있으며, 담보대출도 이에 해당한다.

③ 화폐시장과 자본시장의 관계

화폐시장과 자본시장은 이론상으로는 명확하게 구분되지만 실제 현실에서 구별은 쉽지 않다. 두 시장 모두 다양한 조건의 자금거래를 포괄하고 있으며, 경제활동을 위한 자본의 원천으로 기능하고 있기 때문이다.

2) 금리★ 기출 10회 · 20회 · 27회

(1) 의의

금융시장에서 가장 중요한 요소 중의 하나는 바로 금리이다. 금리란 화폐에 대한 수요와 공급을 통해 결정되는 화폐의 가격이다. 화폐가 풍부해지면, 즉 화폐의 공급(유동성)이 늘어나면 화폐의 가격인 금리가 하락하고, 반대로 화폐의 공급이 줄어들면 금리는 상승하게 된다. 이러한 금리는 시장참가자들의 의사결정과 행동에 영향을 미치는 중요한 변수로 작동한다.

(2) 단기금리와 장기금리의 관계

화폐시장에서 결정되는 금리를 '단기금리'라고 하고, 자본시장에서 결정되는 금리를 '장기금리'라고 한다. 정상적인 경우 장기상품에 투자하는 투자자들은 단기상품에 비해 더 많은 위험을 부담한다. 따라서 일반적으로 장기상품에 더 많은 수익을 요구하고 수익률도 높게 나타난다. 하지만 단기금리와 장기금리가 전혀 다른 메커니즘으로 형성되는 것은 아니다.

(3) 금리의 역할(부동산과 금융시장을 연결하는 매개체)

금리는 부동산과 금융시장을 직접적으로 연결해주는 매개체 역할을 하기 때문에 부동산에 있어서도 매우 중요하다.

부동산의 개발과 건축에 필요한 자금은 금융시장에서 주로 단기·중기 금융상품에 의존하게 되고 그 비용은 프로젝트의 경제적 타당성에 큰 영향을 주게 된다. 이러한 금융비용은 다양한 금리에 기초하여 결정되므로 비용의 추정과 프로젝트의 예산수립에서부터 개발 및 건축기간 동안의 금리를 예측하는 것은 필수적이라 할 수 있다.

한편 부동산거래는 자본시장에서 담보대출을 얼마나 쉽게 이용할 수 있느냐, 얼마나 저렴한 비용으로 이용할 수 있느냐에 따라 큰 영향을 받는다.

그리고 투자활동에 있어서도 부동산가격은 대체, 경쟁관계의 장기금융상품의 수익률(금리)에 크게 영향을 받게 되는데 이러한 수익률은 부동산에 대한 환원율에 영향을 미치고 이는 결국 부동산의 가격을 변화시키게 된다. 즉, 금융상품의 수익률이 높아져 부동산의 환원율이 높아지면 가격은 낮아질 것이고, 반대의 경우에는 가격이 높아질 것이다.

4. 부동산시장의 증권화* 기출 10회·12회

1) 부동산의 증권화와 유동화

부동산 저당채권을 자본시장에서 유통시키기 위하여 유가증권을 발행하는 과정을 부동산의 증권화라고 하며, 부동산의 유동화는 유가증권 발행 후 이를 2차 금융기관에 매매함으로써 부동산시장에 자금배분을 촉진하는 역할을 하게 된다.

◦ 부동산시장과 자본시장의 통합화로 나타난 다양한 증권의 형태

기초자산	채권 등 유가증권	주식
부동산	자산담보부증권(ABS)	REITs
개발사업	부동산신탁(개발신탁)	Project financing
부동산담보채권	자산담보부증권(ABS), 주택저당증권(MBS, MBB), 동산투자신탁	Mortgage REITs

2) 부동산시장과 자본시장의 통합화

부동산시장은 단독적으로 구성되는 시장이 아니라 자본시장 및 화폐시장과 상호 관련성을 지니고 있는 시장이다. 이에 이자율이라는 변수를 토대로 하여 연관성을 지니며 점점 서로 통합되어 가는 추세를 보이고 있다. 이러한 추세에 맞추어 부동산투자시장과 자본시장의 통합이 진행되고 있는데, 이를 부동산시장의 증권화라고 한다.

3) 부동산시장의 증권화와 감정평가

통합화 현상은 달리 해석하면 업종 간의 경계 허물기로 이해될 수 있다. 부동산서비스의 글로벌화·통합화 추세에 따른 '원스톱쇼핑'의 개념을 도입하여 중개, 컨설팅, 금융, 자산관리 등의 서비스를 한꺼번에 제공하는 개념으로도 이해할 수 있다.

향후 부동산의 개발, 건설, 분양, 관리, 포트폴리오 및 투자자문 등의 서비스를 종합적으로 수행해 낼 수 있는 부동산종합관리회사 등의 육성에 있어서도 감정평가회사들이 선도적인 역할을 할 수 있는 역량을 갖출 것이 요구되고 있다.

부동산시장과 자본시장의 통합화 현상으로 부동산시장의 유동화를 선도함으로써 감정평가업의 영역 확대라는 기회로 자리 잡고 있는 것이다. 따라서 감정평가사들은 더욱 설득력 있고 과학적인 타당성 분석이나 투자수익률 분석을 수행해 낼 수 있는 자산운용 및 투자분석전문가로서의 역할을 하여 줄 것도 일반국민들로부터 요구받고 있다. 특히 일반경제가 성숙하면서 나타나는 새로운 투자집단에 대한 서비스 수요에 주목하여야 한다. 급변하는 부동산시장의 여건변화에 상응하여 앞으로 부동산산업은 고도의 전문기법을 구사할 수 있는 전문가 중심의 지식산업으로 발전하여 나아가고 있는 추세이다.

따라서 다양한 상품에 대한 정확한 이해와 평가기법을 아울러 갖추어 나아가야 한다. 또한 정보통신의 발달로 인해 부동산과 경쟁관계에 있는 투자금융상품에 대해 경쟁력을 지니기 위하여는 부동산 투자정보체계를 국가적인 차원에서 구축할 필요성이 제기된다.

5. 4사분면 모형(공간시장과 자산시장)★ 기출 27회

1) 공간시장과 자산시장의 상호작용

토지 및 건물 등과 같이 공간사용을 목적으로 하는 공간시장과 자산시장이 부동산 건설산업에 의하여 중·장기적으로 어떻게 연결되는지를 이해하는 것은 매우 중요하다.

여기서 건설산업은 공간시장과 자산시장을 연결하는 매개체로서 금융 및 물적자원을 동원하여 새로운 공간을 건설하는 기업행위로서 여러 분야의 전문성과 경험을 필요로 하는 매우 복잡하고도 창조적인 산업이다.

투자자의 입장에서 볼 때 부동산 건설산업은 공간시장에 공급을 추가함으로써 자산시장을 공간시장과 연결시킨다. 즉, 금융자본을 물적자본으로 전환하는 역할을 수행한다.

공간시장에서는 공간에 대한 수요와 현재의 물리적 공급수준에 의하여 공간시장의 임대료와 점유율이 결정된다. 공간시장의 수요는 국가 및 지방경제의 상황을 반영한다는 사실을 고려할 때, 수요는 다양한 유형의 물리적 공간의 필요량을 결정하며 이것이 어떤 공간의 가격, 즉 임대료에 영향을 준다. 반면 공급 측면에서는 물리적 공간의 수량이라는 것은 건설산업의 과거와 현재의 활동에 대한 결과물이다.

한편 자산시장은 공간시장에서 공급된 부동산자산에 의하여 창출된 현금흐름이 작동하는 시장이다. 부동산자산이 창출하는 현금흐름은 환원율과 상호작용하여 자산의 시장가치를 결정하게 된다. 부동산자산시장에서 수요자와 공급자는 모두 투자자들이다. 이들 투자자들이 자본시장에서 다른 투자대상과 비교하여 부동산자산의 투자위험과 수익률을 어떻게 판단하는가에 따라 부동산거래에 있어 필수 정보인 부동산시장의 환원율이 결정된다.

이와 같이 공간시장과 자산시장은 지역 및 국가의 경제상황과 자본시장의 현상 및 장래전망이 상호작용하면서 부동산자산의 가치를 결정하게 된다. 그런데 이 가치는 자산시장에서 건설산업에 중요한 신호역할을 한다. 토지비 및 건축비를 포함한 개발비용은 현재의 자산가치와 언제나 비교되기 마련이다. 만약 자산의 가치가 개발비용과 같거나 더 높다면 개발이 이루어져 공간시장의 공급증가, 즉 물리적 재고가 늘어나게 된다.

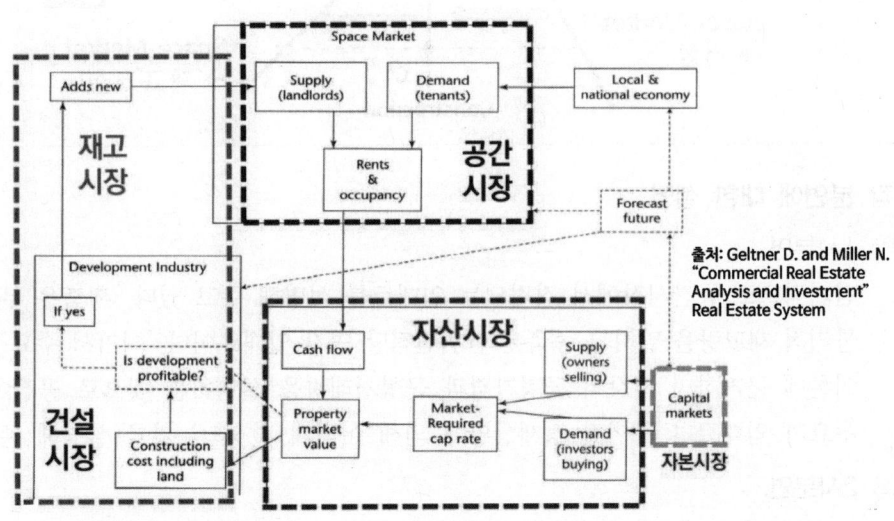

출처: Geltner D. and Miller N. "Commercial Real Estate Analysis and Investment" Real Estate System

2) 4사분면 모형과 위 모형의 유용성 및 한계

(1) 의의

디파스 리·위튼의 4사분면 모형은 부동산시장을 자산시장(매매시장)과 공간시장(임대차시장)으로 구분하고 이를 다시 단기시장과 장기시장으로 나누어 전체 부동산시장의 작동을 설명하는 모형이다. 이 모형은 임대료, 자산가격, 신규건설, 공간재고 등의 4개 변수가 내생적으로 어떻게 결정되는지를 기하학적으로 보여주는데 4사분면 그래프를 통해 쉽게 설명할 수 있다.

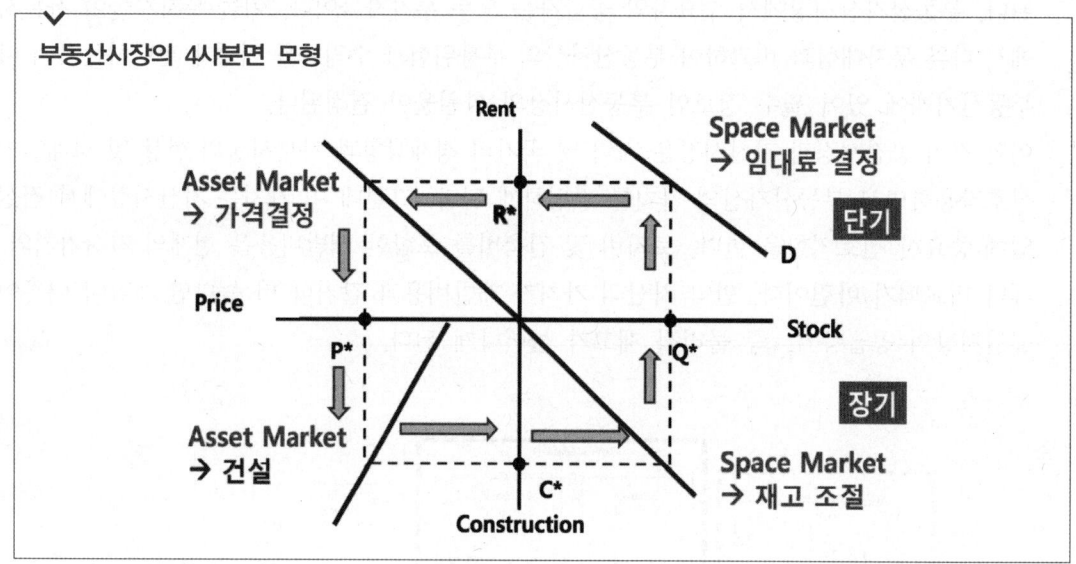

(2) 각 분면에 대한 설명

① 1사분면

단기적으로 공간시장에서 결정되는 임대료를 설명해 주고 있다. 횡축은 부동산공간의 물리적 재고량을 말하고 종축은 단위면적당 연간 임대료이다. 여기서 수요곡선은 경제이론에 근거하며 시장의 균형가격과 균형거래량을 설명하는 것으로 공간이용에 대한 수요가 임대료나 주어진 경제상황에 의해 어떻게 결정되는가를 설명해 준다.

② 2사분면

1사분면에서 결정된 임대료를 기준하여, 자산시장에서의 자산가격과 임대료를 비교한다. 따라서 2사분면 그래프의 곡선은 자본환원율을 나타내며, 이는 임대료와 가격의 비율을 뜻하는 것으로 투자자들이 부동산자산을 보유하기 위해 요구하는 수익률이다. 이는 부동산시장의 외부요소인 채권, 증권, 단기성 예금 등 모든 금융자산을 포함하고 있는 광범위한 자본시장에서의 이자율과 수익률에 기초하여 결정된다.

③ 3사분면

건설산업부문에서 신규부동산을 추가 공급할지 여부를 결정하는 자산시장이다. 그래프의 곡선은 주어진 부동산의 가격수준과 신규건설뿐만 아니라 재건축과 재개발을 포함한 신규건설량과의 관계를 나타낸다.

④ 4사분면

공간시장에서 이용 가능한 부동산 공간의 총량과 신규로 개발되는 건설량을 연계시키므로 공간시장과 자산시장의 장기적 통합이 달성된다. 주어진 기간 동안 재고의 변동량은 신규건설량으로부터 기존 재고의 감가상각을 차감한 것이 된다.

3) 비교정태분석

앞에서 공간시장과 자산시장에서의 장기균형이 어떻게 이루어지는지를 살펴보았다.

그런데 이러한 장기균형하에서 모형의 외생변수 값이 변하게 되면 새로운 장기균형에 도달하게 될 것이다. 이처럼 최초의 균형과 새로운 균형을 비교하는 것을 '비교정태분석'이라고 한다. 비교정태분석에서는 최초 균형에서 새로운 균형으로 이행하는 동태적 과정을 다루지 못하고 있다는 점에 유의해야 한다. 비교정태분석의 예를 살펴보면 다음과 같다.

(1) 공간서비스에 대한 수요의 증가

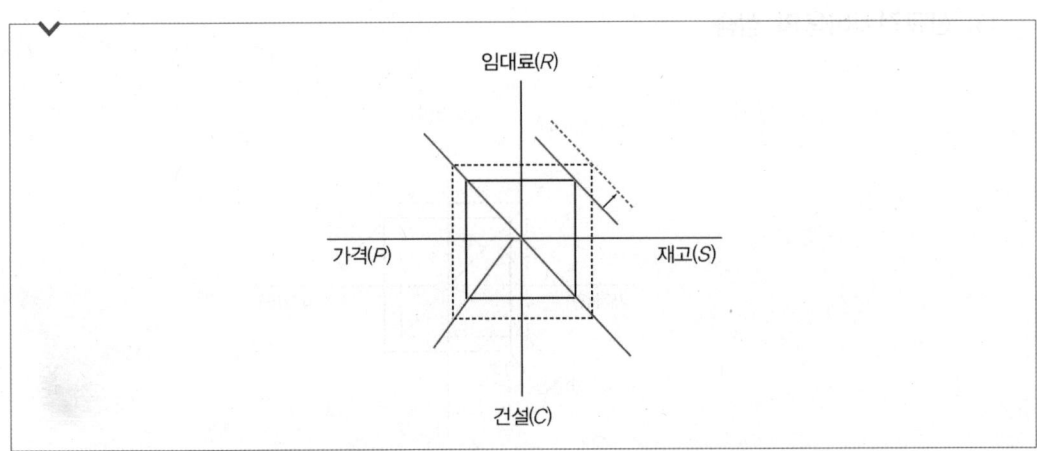

고용과 소득, 가구 수의 증가 등으로 부동산 공간 서비스에 대한 수요가 늘어나면 1사분면의 수요곡선이 오른쪽으로 이동한다. 주어진 재고수준에서 임대료는 상승하며, 자산가격도 상승한다. 자산가격이 상승하면 신규건축량이 증가하고 이에 따라 공간재고도 증가한다. 따라서 최초에 비하여 임대료, 자산가격, 신규공급량, 공간재고가 모두 다 높은 수준이 된다.

(2) 장기이자율의 하락

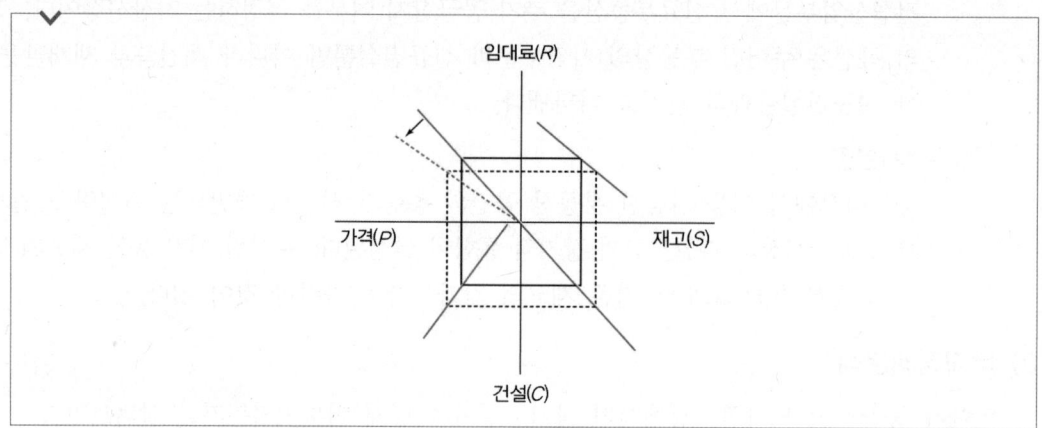

장기이자율이 하락하면 자본환원율의 하락을 가져온다. 이는 2사분면의 그래프에서 기울기가 시계반대방향으로 회전하는 것으로 나타난다. 이 경우 주어진 임대료에서 자산가격은 높아진다. 자산가격이 상승하면 신규공급량이 증가하고 균형 공간재고도 증가하게 된다. 공간재고가 증가하면 임대료는 하락하게 된다. 따라서 최초에 비하여 임대료는 낮아지고 자산가격, 신규공급량, 공간재고는 모두 높은 수준이 된다.

(3) 신규건설비용의 상승

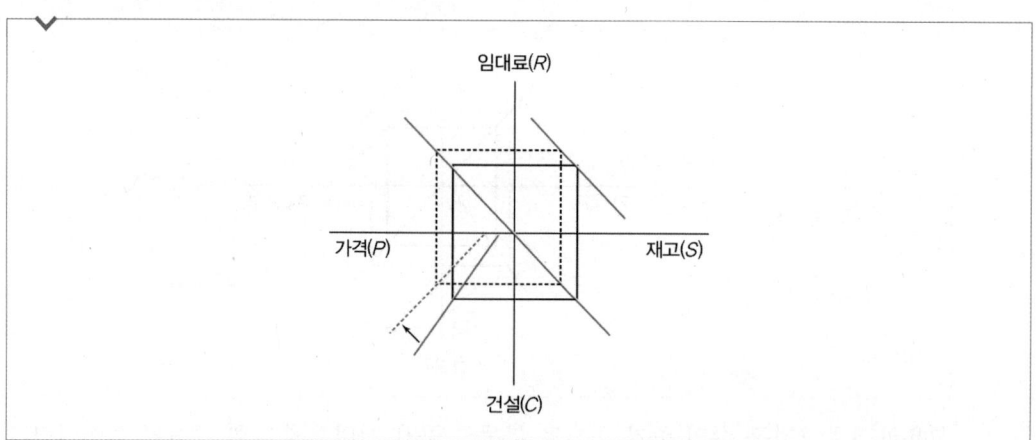

신규건설비용은 생산요소가격, 건설부문의 생산성, 건설 관련 규제 등에 영향을 받는데 물가상승으로 인한 생산요소가격 상승에 기인하여 신규건설비용이 상승할 경우 주어진 자산가격에서 건물공급의 수익성이 낮아지므로 신규공급량이 감소한다. 이에 따라 3사분면의 신규공급곡선이 위쪽으로 이동한다. 그 결과 장기균형 공간재고가 감소하고 임대료는 상승하게 되며 자산가격도 높아지게 된다. 따라서 최초에 비하여 임대료와 자산가격은 높아지고 신규공급량과 공간재고는 줄어들게 된다.

4) 유용성 및 한계

(1) 유용성

4사분면 모형은 공간시장과 자산시장이 어떻게 작용하고, 이 두 시장의 관계에 대한 장기 균형효과를 설명하는 데 매우 유용하며, 비교정태분석을 통해 외생적 환경변화로 인한 균형의 이동방향을 설명하는 데 매우 효과적인 분석틀이라고 할 수 있다.

또한 자본시장의 변화가 부동산시장에 미치는 영향을 분석할 수 있다는 측면에서도 유용성이 높다.

(2) 한계

① 그래프를 통해 장기균형점을 찾기 위해서는 시행착오를 거쳐야 한다.
② 장기균형으로의 조정과정에서 나타나는 중요한 특징들을 구체적으로 보여주지 못하고 있다. 즉, 이동경로상의 즉각적인 시장반응을 판단함에 있어서는 큰 한계가 있다.
③ 자본환원율이 자본시장에서 결정되는 외생변수라고 가정하고 있는데, 이는 일반적인 부동산분석에서 사용하는 것과 다소 차이가 있다.
④ 기대와 공실이라는 현실적인 측면을 무시하고 있다.

Chapter 07 감정평가에 대한 이해

감정평가를 이해하기 위한 기초적인 개념과 이론들에 대하여 학습하였다면 이제는 감정평가활동 그 자체에 관한 전반적인 내용을 다루어야 한다.

감정평가의 의의에서부터 시작하여 감정평가제도의 연혁, 필요성과 기능 등에 대하여 살펴보며 특히 감정평가의 필요성은 이전에 다루었던 기초내용 등을 기반으로 하여 도출되는 부분이 상당히 많으므로 그 연계성을 잘 이해해야 한다.

다음으로 감정평가의 사회성, 공공성과 감정평가의 직업윤리에 대하여 살펴보는바 이는 사회성과 공공성이 매우 큰 자산인 부동산을 대상으로 하고 있는 감정평가활동에선 본질적으로 직업윤리가 중요한 과제이기 때문이다. 그런데 최근에는 시장의 성장정체와 자격자 수의 증가로 인하여 과다경쟁이 빈번하게 발생함에 따라 직업윤리가 그 어느 때보다 중요하게 부각되고 있다. 사실 시장의 정체와 자격자 수의 증가는 감정평가사만이 아닌 모든 자격전문가들이 안고 있는 공통된 문제라고 할 수 있다. 미국 서브프라임사태의 원인 중의 하나로 전문가들의 도덕적 해이와 비윤리적인 행위를 지적하고 있는데, 이는 모든 전문자격자들이 깊이 새겨들어야 할 부분이다.

제1절 감정평가의 개념 및 감정평가제도 기출 29회

미리보기

1. 감정평가의 이론적 개념
    1) 일원설
        (1) 의의
        (2) 논거
    2) 이원설
        (1) 의의
        (2) 논거
    3) 삼원설
        (1) 의의
        (2) 논거
    4) 소결

2. 감정평가의 법적 개념
    1) 감정평가 개념 요소
        (1) 감정평가의 대상 : 토지 등
        (2) 감정평가의 목표 : 경제적 가치
        (3) 감정평가의 본질 : 판정
        (4) 감정평가의 결과 : 가액으로 표시
    2) 「공인회계사법」제2조 회계에 관한 감정

1. 감정평가의 이론적 개념*

감정평가에 대해 감정과 평가와 관련하여 일원설, 이원설, 삼원설 등 다양한 견해가 제시되고 있다. 이러한 논의는 감정평가의 본질을 이해하는 기초가 될 뿐만 아니라 부동산활동의 다양화, 전문화, 개방화에 비추어 볼 때 감정평가의 업무영역 확대 및 감정평가업무 기능의 증대와 밀접한 관련성이 있다. 즉, 감정평가의 개념에 대한 논의의 목적은 감정평가의 업무범위를 명확히 하고 감정평가활동을 효율적으로 수행하고자 하는 데 있다.

감정평가는 토지 등의 경제적 가치를 판정하여 그 결과를 가액으로 표시하는 것이다. 이는 각 경제주체들의 재산권에 직접 영향을 미치고 이해당사자 간의 상호 이익의 조정에 직접 관여하기에 여러 부동산활동 중에서 가장 핵심적이고 중요한 활동이다.

1) 일원설

(1) 의의

일원설은 감정과 평가의 기능을 구분하지 않고 감정과 평가를 하나의 개념으로 파악하는 것이다. 즉, 대상물건의 가치를 판정하기 위해서는 감정이 선행되어야 하므로 포괄적으로 개념을 이해할 때 감정과 평가는 결국 하나라는 것이다.

(2) 논거

부동산에는 진위·선악, 적부·양부 등의 감정활동과 가격을 판정하는 평가활동이 일련의 과정으로 이루어지며, 「감정평가법」 제2조에서도 감정과 평가를 구분하지 않고 감정평가라 하여 하나의 개념으로 정의하고 있다는 것을 그 근거로 제시하고 있다.

2) 이원설

(1) 의의

이원설은 감정과 평가를 별개의 개념으로 파악한다. 이 견해에 따르면 부동산에는 감정활동과 평가활동이 엄연히 독립적으로 존재한다는 것이다.

(2) 논거

감정활동이 평가활동의 선행단계라 하여 하나로 보는 것은 잘못이라는 것이다. 또한, 일원설에 따라 감정과 평가를 일련의 과정으로 볼 경우 감정평가의 종국적인 목적이 오로지 가격을 판정하는 것에만 있다고 볼 수 있는데, 부동산에 관한 전문지식과 경험을 굳이 평가활동으로만 국한할 필요는 없다는 것이다.

3) 삼원설

(1) 의의

삼원설은 감정평가의 개념을 감정과 평가 이외에도 evaluation 또는 appraisal consulting까지 그 범위를 넓혀 이를 포함하는 견해이다.

(2) 논거

삼원설에 따르면 미국의 AI에서는 감정과 평가 이외에 evaluation은 감정평가액의 표시가 필수적이지 않은 것으로서 토지이용계획이나 시장성 및 투자성 분석 등 컨설팅 개념을 포괄하는 광범위한 개념으로 정의하고 있으며, appraisal consulting은 평가가액에 대한 평가사의 의견이 컨설팅의뢰 목적의 일부인 경우에 문제해결 방안, 권고안, 분석 등을 제시하는 행위나 과정으로 별도의 정의를 내리고 있다는 것을 그 근거로 우리나라의 경우에도 감정평가의 개념을 넓게 해석하자는 것이다.

4) 소결

여러 가지 부동산활동 중 핵심적인 위치에 있는 감정평가활동은 부동산의 가치평가업무뿐만 아니라 경제기반분석, 최유효이용분석, 권리분석, 입지선정분석, 타당성분석 등 다양한 업무에 있어 기본적이고 중요한 기능을 수행하고 있는 현실을 고려할 때 삼원설 견해가 타당하다고 본다. 이는 감정평가의 업무영역 확대 및 전문성에도 보다 부합하는 것이다. 그러나 이러한 다양한 견해의 제시는 그 자체가 어떤 학술적인 실익이 있어서라기보다는 경제・사회가 고도로 발전하고 복잡해짐에 따라 감정평가업무의 수요도 날로 확장되어 가고 있는 추세를 반영하고 있음에 지나지 않는다. 이러한 상황을 평가업계가 적극적으로 수용하고 대응할 필요가 있다는 문제의식을 제기하고 주의를 환기시키는 차원으로 이해하면 충분할 것이다.

Check Point!

구분	1원설	2원설	3원설	
정의	감정(appraisal) = 평가 (valuation)	감정(appraisal) ≠ 평가 (valuation)	감정(appraisal) ≠ 평가(valuation) ≠ evaluation 〈AI〉	감정(appraisal) ≠ 평가(valuation) ≠ 감정컨설팅(appraisal consulting) 〈USPAP〉
논거	부동산에는 진위, 적부 등의 개념이 적용될 수 없으며, 감정은 평가의 선행과정이므로 구분할 필요가 없다.	감정은 사실의 진위, 적부 등의 가치판정이고, 평가는 그 결과를 화폐액으로 표시하는 작업이므로 구분이 필요하다.	evaluation은 감정평가액의 표시가 필수적이지 않은 것으로서 토지이용계획이나 시장성 및 투자성 분석 등 컨설팅개념을 포괄한 광범위한 평가개념이 더 현실에 적합하다.	appraisal consulting은 평가액에 대한 평가사의 의견이 컨설팅 의뢰목적의 일부인 경우에 문제해결방안, 권고안, 분석 등을 제시하는 행위나 과정으로서 일반적으로 말하는 평가의 개념과는 차이가 있다.

2. 감정평가의 법적 개념

「감정평가법」 제2조 제2호에 따르면 감정평가란 토지 등의 경제적 가치를 판정하여 그 결과를 가액으로 표시하는 것을 말한다. 감정평가의 개념 요소를 살펴보면 다음과 같다.

1) 감정평가의 개념 요소

(1) 감정평가의 대상 : 토지 등

토지 등에 대해서는 「감정평가법」 제2조 제1호에서 토지 및 그 정착물, 동산, 그 밖에 대통령령으로 정하는 재산과 이들에 관한 소유권 외의 권리로 규정하고 있다. 여기서 재산은 경제적 가치가 있는 물건 및 권리의 총체로서 경제적 가치가 존재하는 것이면 무엇이든지 해당되기 때문에 감정평가의 대상은 사실상 무한하다고 볼 수 있다.

(2) 감정평가의 목표 : 경제적 가치

가치는 인간의 욕구나 관심에 따라 다양한 가치의 개념이 존재하나 감정평가를 통해 구해야 할 가치는 경제적 활동에 있어 인간의 욕구나 관심을 충족시켜주는 경제적 가치이다. 그런데 경제적 가치 또한 사용되는 용도와 바라보는 관점에 따라 매우 다양한 특징을 가지고 있다. 이를 가치다원론이라고 한다. 한편 가치는 일반적으로 가격과 명확하게 구별되지 않고 사용되나 감정평가 분야에서는 감칙의 전부개정에 따라 정상가격이 시장가치로 바뀌면서 가치와 가격은 구별되어야 할 개념으로 인식되고 있다.

(3) 감정평가의 본질 : 판정

판정은 판별하여 결정하는 것으로 인간의 내심적 정신작용을 의미한다. 즉, 감정평가는 개인적인 판단 또는 의견을 토대로 한 주관성에 근거하고 있다. 그러나 감정평가는 어떤 개인의 직관적이고 달관적인 판단 또는 의견이 아니라 감정평가사라는 전문가에 의한 판단 또는 의견이라는 점에서 감정평가의 결과가 크게 달라져서는 안 된다. 감정평가사는 감정평가 결과의 신뢰성을 담보하기 위해 부동산시장을 철저하게 분석하고 객관적인 자료에 근거한 합리적인 감정평가방법을 적용함으로써 감정평가의 객관화, 과학화가 이루어질 수 있도록 해야 한다.

(4) 감정평가의 결과 : 가액으로 표시

가액은 경제적 가치 판정 결과를 화폐액으로 표시한 것이다. 화폐는 현대사회에서 추상적 가치의 측정 수단으로서 절대적 위치를 점하고 있다. 감정평가 결과는 특정 가액으로 표시하는 것이 일반적이지만, 일정한 가액의 범위 또는 기준가액과의 관계로도 표시할 수 있다.

2) 「공인회계사법」 제2조 회계에 관한 감정* 기출 29회

회계에 관한 감정은 회계처리의 대상이 실제로 존재하는지 여부에 대한 진위, 회계처리의 적부를 판정하는 것으로서 회계장부 등의 진위판정업무를 말하는 것이다. 따라서 평가대상 자산에 대한 경제적 가치를 판정하여 그 결과를 가액으로 표시하는 감정평가와는 전혀 다르다.

제2절 감정평가의 필요성 기출 29회

> **미리보기**
> 1. 합리적 시장의 결여
> 2. 부동산 가격형성의 복잡성 및 변동성
> 3. 부동산의 사회성, 공공성
> 4. 가격형성의 기초
> 5. 부동산거래의 특수성

1. 합리적 시장의 결여

일반재화는 시장에서 수요와 공급이라는 상호작용에 의하여 가격이 결정된다. 그러나 부동산은 일반재화와는 다른 여러 가지 특성으로 인하여 보편적이고 합리적인 시장이 결여되어 가격형성 메커니즘이 제대로 작동하기 어려운 특성을 가지고 있다. 이에 전문가인 감정평가사에게 합리적인 시장을 바탕으로 한 적정가격의 판단을 하게 함으로써 시장기능을 보완할 수 있도록 제도화하고 있는 것이다.

2. 부동산 가격형성의 복잡성 및 변동성

부동산은 고정성을 갖고 있기 때문에 환경적인 요인에 의하여 많은 영향을 받게 된다. 이에 따라 부동산가격은 자연적 요인, 사회적 요인, 경제적 요인, 행정적 요인(일반요인, 지역요인, 개별요인) 등 복잡하고 다양한 가치형성요인에 의해 가격이 형성된다. 또한 그러한 요인들이 시시각각 변해감에 따라 부동산가격 또한 항상 변동의 과정에 있게 된다. 따라서 일반인들은 파악하기 힘든 복잡하고 변화무쌍한 가격형성의 과정을 전문가인 감정평가사가 파악하게 되는 것이다.

3. 부동산의 사회성, 공공성

부동산은 그 자체로 국가 성립의 기반이고, 사회형성기초로 공익에 기여하는 바가 크고, 일반재화에 비해 경제적 비중이 매우 크다. 이는 일반국민에게 직·간접적으로 큰 영향을 미치는 바, 사회성과 공공성이 특히 강조된다. 이에 따라 일반재화와 달리 전문성과 윤리성이 높게 요구되는 전문가에 의해 적정가격 도출의 필요성이 제기된다.

Chapter 07 감정평가에 대한 이해 229

4. 가격형성의 기초

부동산가격은 본질적으로 시장에서의 수요와 공급의 논리에 의해 형성되는 적정가격의 성립이 어렵게 되고 이는 곧 가격의 본질적인 기능인 시장참가자의 행동지표로서의 기능을 수행할 수 없게 만든다. 따라서 시장참가자의 행동지표로서의 기능이 제대로 발휘될 수 있도록 하고 새로운 수요와 공급에 의한 가격형성의 기초가 될 수 있도록 하기 위해서는 전문가에 의한 적정가격의 평가업무가 필요하게 된다.

5. 부동산거래의 특수성

부동산은 개별성과 고가성으로 인해 일반재화와 달리 거래당사자 간의 사정개입이 이루어지고 특수한 관계가 형성되며 정보가 비공개되는 경우가 많다. 이에 따라 정확한 가치를 파악할 수 있는 전문가의 도움이 필요하다.

제3절 감정평가의 기능 기출 7회·20회·24회

> **Tip**
> 감정평가에 의한 가치의 지적과정이 어떠한 역할을 수행할 수 있는지에 대한 논의로, 정책적 기능과 일반·경제적인 기능으로 크게 구분할 수 있다.

미리보기

1. 감정평가의 정책적 기능
   1) 부동산의 효율적 이용과 관리
   2) 적정한 가격형성 유도
   3) 손실보상의 적정화
   4) 과세의 합리화

2. 감정평가의 일반·경제적 기능
   1) 부동산자원의 효율적 배분
   2) 부동산 의사결정의 판단기준 제시
   3) 거래질서의 확립과 유지
   4) 파라미터(parameter)적 기능

1. 감정평가의 정책적 기능*

주로 공적 부동산활동과 관련이 깊은데 감정평가로 인해 부동산정책의 효율적인 수립과 집행에 기여한다.

1) 부동산의 효율적 이용과 관리

부동산을 감정평가하는 과정에서 최유효이용을 파악하게 되는데 이는 부동산의 효율적인 이용과 관리를 지원한다. 또한 감정평가 결과는 공적 주체가 사업을 진행하는 과정에서 지역분석을 하는 데 참고가 되고 사업성 판단 등에 활용되므로 부동산의 이용과 관리에 실질적인 도움을 준다.

2) 적정한 가격형성 유도

감정평가사에 의해 평가된 가격은 비정상적인 가격형성을 억제하고 적정한 가격형성을 유도한다. 경우에 따라서는 해당 지역의 과도한 지가상승과 하락을 억제하는 기능도 수행한다(표준지공시지가의 공시). 매년 1월 1일을 기준으로 하여 평가된 표준지공시지가는 이러한 기능을 수행하고 있는 대표적인 공적인 가격지표라고 할 수 있다.

3) 손실보상의 적정화

공익사업을 수행하는 경우 적정가격을 평가하여 합리적인 보상액을 산정함으로써 국민의 재산권 보호에 기여한다. 특히 시장성이 없는 부동산이나 가치측정이 용이하지 않은 부동산의 보상액 산정에 있어 그 유용성이 크다고 할 수 있다.

4) 과세의 합리화

국가나 지방자치단체는 국민의 재산권에 대하여 세금을 부과할 수 있는데, 이때 세금부과의 기초가 되는 것이 부동산가격이다. 감정평가는 국민의 재산권을 적정하게 평가함으로써 공정하고 합리적인 과세활동이 이루어질 수 있도록 주요한 기능을 수행한다. 대표적으로 개별공시지가는 세금산정의 기준이 되는데 평가사는 검증업무를 담당함으로써 과세업무가 합리적으로 이루어지도록 하는 데 큰 기여를 하고 있다.

2. 감정평가의 일반·경제적 기능*

주로 사적 부동산활동과 관련이 많은데, 자원의 효율적 배분과 거래질서 확립을 통해 시장기능이 제대로 발휘되는 데 도움을 준다.

1) 부동산자원의 효율적 배분

부동산시장은 일반재화시장과는 달리 불완전한 특성을 지니고 있어 가격파악이 어렵다. 이에 감정평가를 통해 합리적인 시장을 상정한 균형가격을 파악하여 적정한 가격을 제시함으로 부동산자원의 효율적인 배분이 이루어질 수 있도록 지원하는 기능을 한다.

2) 부동산 의사결정의 판단기준 제시

감정평가의 결과는 개발사업의 타당성분석의 기준으로 유용하게 활용되고, 부동산의 거래나 투자결정 등 다양한 의사결정에 있어서 판단기준으로서의 역할을 수행한다.

3) 거래질서의 확립과 유지

감정평가활동은 부동산의 공정하고 객관적인 가격을 제시함으로 매매, 임대, 담보, 경매 등 활동을 합리적이고 능률적으로 수행하도록 하여 거래질서 확립과 유지에 기여한다.

4) 파라미터(parameter)적 기능

감정평가사에 의하여 평가된 가격은 부동산시장에서 하나의 행동지표로서 기능을 수행하여 종국적으로 수요와 공급이 서로 같아지도록 유도해 간다. 즉, 수요자와 공급자는 새로운 행동을 함에 있어 전문가에 의해 평가된 가격을 중요한 지표로서 인식하게 된다. 예를 들어 법원경매에서 입찰할 때 경매가격을 바탕으로 입찰 여부와 입찰가격을 결정하는 것 등이 있다.

제4절 감정평가의 사회성, 공공성 기출 29회

> **미리보기**
> 1. 부동산의 사회성, 공공성
>   1) 국토공간으로서 사회성, 공공성
>   2) 환경요소적 측면에서 사회성, 공공성
>   3) 용도적 측면에서 사회성, 공공성
>   4) 경제적 비중과 중요성 측면에서 사회성, 공공성
> 2. 감정평가의 필요성
> 3. 감정평가의 기능

1. 부동산의 사회성, 공공성*

부동산은 인간생활에 필수적인 기반으로 개인의 행복과 사회성장 발전의 근간을 이루는 중요한 자산이다. 따라서 소유자뿐만 아니라 일반인에게도 직·간접적으로 큰 영향을 미치므로 어떤 재화보다도 높은 사회성과 공공성이 요구된다.

1) 국토공간으로서 사회성, 공공성

부동산, 특히 토지는 국토를 구성하는 기반으로 국민 생활의 터전이고 국가구성의 필수적 요소로서 영토를 의미하게 되는 바 높은 사회성과 공공성을 가진다.

2) 환경요소적 측면에서 사회성, 공공성

토지는 자연의 한 부분으로서 인간생활에 있어 지대한 영향을 미치는 환경의 의미를 가지고 있다. 특히 지리적 위치의 고정성으로 인하여 주변의 환경적 요인의 영향을 많이 받게 된다. 다른 한편으로는 주위의 다른 부동산과 지역에도 영향을 주게 되는 등 상호관계가 형성되는 바, 환경요소적 측면에서도 사회성과 공공성이 크다는 것을 알 수 있다.

3) 용도적 측면에서 사회성, 공공성

토지는 물리적인 측면에서 공급의 한계에 의한 희소성이 큰 자산이나 인간생활 및 산업기반 등에 있어서는 용도의 다양성이 존재함으로써 희소성이 완화될 수 있다. 이처럼 토지는 더 많은 사람들이 잘 이용할 수 있도록 여러 가지 용도 중에서 최고의 효용을 창출할 수 있는 최유효이용의 필요성이 제기되고 국가나 사회가 공익을 위하여 최유효이용을 강제해야 하는 사회성과 공공성이 큰 자산임을 알 수 있다.

4) 경제적 비중과 중요성 측면에서 사회성, 공공성

부동산은 국부의 대부분을 차지하고 있으며 각종 부동산활동에 있어서 고용원의 역할, 투자원의 역할 및 소비원의 역할 등을 수행함으로써 국가 경제의 근간을 이루는 중요한 자산이다. 특히 우리나라와 일본은 부동산을 중심으로 이루어진 경제구조를 이루고 있어 사회성과 공공성이 더욱 강조된다.

2. 감정평가의 필요성

부동산은 일반재화와는 다른 여러 가지 특성으로 인하여 가격형성과정의 복잡성 및 합리적인 시장의 저해 등으로 인하여 일반인에 의한 가격의 평가가 어렵다. 또한 부동산은 중요한 자산으로서 일반인에게 거래의 지표로서의 기능을 수행할 수 있는 적정가격 지표가 필요하게 된다. 이러한 감정평가의 필요성은 곧 감정평가의 사회성과 공공성으로 직결된다.

3. 감정평가의 기능

감정평가는 토지 등의 경제적 가치를 판정함으로써 효율적인 부동산정책의 수립과 집행을 가능하게 하고, 국민의 재산권을 보호하고 보장하는 정책적 기능과 불완전한 부동산시장의 결함을 보완함으로써 부동산의 효율적 배분과 거래질서의 확립에 기여하게 되는 일반·경제적 기능을 수행하게 된다. 이러한 감정평가의 기능은 사회·경제적 측면에서 매우 중요한 의미를 지니게 되는바, 사회성과 공공성이 특히 강조된다.

제5절 감정평가법인등의 직업윤리 기출 7회·16회

> **Tip**
> 일반적으로 윤리란 인간관계에서 마땅히 지켜야 할 도리를 말한다. 감정평가사의 직업윤리란 감정평가사가 감정평가활동을 수행할 때 준수해야 하는 관계법령에 의한 제 규정은 물론이고, 자율적으로 준수해야 할 전문직업인으로서의 행위규범을 의미한다. 2008년 서브프라임사태를 계기로 전문가에 대한 윤리의 중요성이 부각되고 있다. 또한 전문직업이 발달하는 과정에서 과다경쟁이나 불공정행위가 증가하고 이에 따라 직업윤리가 훼손되는 경우가 많아지고 있다.

1. 의의
2. 직업윤리가 강조되는 근거
   1) 감정평가의 사회성, 공공성
   2) 전문자격사로서의 소양
   3) 외부환경의 변화
3. 감정평가법인등의 직업윤리
   1) 공인으로서의 윤리적 준수사항
   2) 전문직업인으로서의 직무적 준수사항
   3) 제도적 준수사항(윤리규정)
      (1) 「감정평가법」 제25조 등
      (2) 「감정평가에 관한 규칙」 제3조
      (3) 협회 윤리강령
      (4) 외국의 윤리규정
      (5) 「감정평가 실무기준」

1. 의의

직업윤리란 감정평가법인등이 그 직무를 수행함에 있어 관계법규에 의한 제 규정은 물론 그 외에도 자율적으로 준수해야 할 전문직업인으로서의 행위규범이다.

2. 직업윤리가 강조되는 근거*

1) 감정평가의 사회성, 공공성

감정평가는 토지 등의 경제적 가치를 판정하는 업무로서 감정평가결과는 개인과 국가의 재산과 직접적으로 관련이 되며, 나아가 개인의 행복과 사회복지에 영향을 미친다. 따라서 감정평가법인등은 가치판정의 전문인으로서 자신의 행위결과가 사회적·경제적으로 미치는 영향을 인식하고 그에 따라 양심적으로 업무를 수행하여야 하므로 감정평가법인등에게는 높은 윤리성이 요구된다. 또한 감정평가법인등은 국가와 국민의 재산을 평가하는 업무를 수행하는 전문인으로서 해당 업무는 높은 사회성 및 공공성을 가진다. 따라서 감정평가법인등의 업무는 사회적 역할이 막중함을 인식해야 하며, 사회에 대한 책임완수를 위하여 스스로 행동을 엄격히 규율하여야 한다.

2) 전문자격사로서의 소양

전문자격사 제도는 국가가 고도의 지식과 공공성이 요구되는 분야를 법으로 규율하여 국민들에게 안정적으로 서비스를 제공하도록 하는 것을 목적으로 한다. 전문자격사 제도는 법으로 규율하기에 해당 업무행위를 할 수 있는 권한이 배타적으로 보장되기도 한다. 따라서 감정평가법인등은 전문자격사로서의 윤리적 성찰과 사회적 책임감을 기본적으로 갖추어야 한다. 감정평가는 국민 재산의 경제적 가치를 정확하게 평가하여 국가정책을 효율적으로 수행할 수 있도록 하는 정책적 기능과 자원의 효율적 배분과 경제적 유통질서 확립에 기여하는 경제적 기능을 수행한다. 이에 감정평가법인등은 감정평가제도의 취지를 이해하여 국가와 사회에 봉사하고 전문가로서의 책임과 의무를 다한다는 것을 국가와 사회에 천명한다.

3) 외부환경의 변화

감정평가는 과거 부동산을 주된 대상으로 하였고, 제도의 탄생 배경도 우리나라 부동산시장의 변화와 밀접한 관련이 깊었다. 최근 자본주의와 민주주의 발달, 사유재산권에 대한 높아진 인식, 재산권 대상의 세분화 등 사회, 경제환경의 변화에 따른 시대적 흐름은 보다 다양한 대상에 대한 높은 수준의 감정평가서비스를 요구하고 있다. 감정평가서비스가 고도화, 전문화될수록 감정평가법인등에게는 더 높은 수준의 지식, 경험, 판단력이 요구되며 전문가로서 지닌 능력을 올바르게 활용하는 자세가 중요하다.

3. 감정평가법인등의 직업윤리*

1) 공인으로서의 윤리적 준수사항

내면적으로 요구되는 자질로서 감정평가법인등은 기여성, 성실성, 공정성, 신뢰성, 비밀엄수, 감정제한의 윤리관을 가지고 평가에 임해야 한다.

2) 전문직업인으로서의 직무적 준수사항

감정평가법인등은 전문직업인으로서 전문지식의 보유 및 향상과 자료를 수집하고 조직적으로 정리하는 능력, 수집된 자료를 비교, 분석하기 위한 정확한 판단력, 풍부한 경험 및 상식의 함양 등에 힘써 공정, 타당한 평가가 이루어지도록 해야 할 것이다.

3) 제도적 준수사항(윤리규정)

(1) 「감정평가법」 제25조 등

동법 제25조 성실의무 등에서는 감정평가사의 의무와 관련해서 품위유지, 불공정한 평가금지, 겸업금지, 보수제한, 중복소속금지 등을 규정하고 있다. 또한 전항의 의무를 강제하기 위한 여러 규정을 두고 있는데, 동법 제26조의 비밀엄수, 제27조의 명의대여 등의 금지, 제28조의 손해배상책임(민사상 책임) 등이 규정되어 있다.

(2) 「감정평가에 관한 규칙」 제3조

감정평가법인등은 자신의 능력으로 업무수행이 불가능하거나 매우 곤란한 경우, 이해관계 등의 이유로 자기가 감정평가하는 것이 타당하지 않다고 인정되는 경우에는 감정평가를 해서는 안 된다.

(3) 협회 윤리강령

양심에 따라 신의로서 평가에 임할 것과 비밀준수, 허위감정금지, 보수제한, 자격증 대여 금지, 겸직금지 등의 윤리규정을 두고 있다.

(4) 외국의 윤리규정

미국 AI의 code of ethics, 일본의 「부동산감정평가기준」, 국제평가기준(IVS) 등의 내용을 집약하면 평가주체는 전문적 지식, 풍부한 경험, 정확한 판단력, 비밀유지, 공정한 정신, 책임, 명예의식 등을 지니고 평가해야 할 것이다.

(5) 「감정평가 실무기준」

> **Check Point!**
>
> ● 감정평가법인등의 윤리
>
> **1. 개요**
> 감정평가법인등은 감정평가제도의 공공성과 사회성을 충분히 이해하고, 전문인으로서 부여된 책임과 역할을 인식하여 행동을 스스로 규율하여야 한다.
>
> **2. 윤리규정의 준수**
> 감정평가법인등은 감정평가관계법규 및 이 기준에서 정하는 윤리규정을 준수해야 한다.
>
> **3. 기본윤리**
>
> (1) 품위유지
> 감정평가법인등은 감정평가업무를 수행할 때 전문인으로서 사회에서 요구하는 신뢰에 부응하여 품위 있게 행동하여야 한다.
>
> (2) 신의성실
>
> ① 부당한 감정평가의 금지
> 감정평가법인등은 신의를 좇아 성실히 업무를 수행하여야 하고, 고의나 중대한 과실로 부당한 감정평가를 해서는 안 된다.
>
> ② 자기계발
> 감정평가법인등은 전문인으로서 사회적 요구에 부응하고 감정평가에 관한 전문지식과 윤리성을 함양하기 위해 지속적으로 노력하여야 한다.
>
> ③ 자격증 등의 부당한 사용의 금지
> 감정평가법인등은 자격증·등록증이나 인가증을 타인에게 양도·대여하거나 이를 부당하게 행사해서는 안 된다.

(3) 청렴
① 감정평가법인등은 법 제23조의 규정에 따른 수수료와 실비 외에는 어떠한 명목으로도 그 업무와 관련된 대가를 받아서는 안 된다.
② 감정평가법인등은 감정평가 의뢰의 대가로 금품·향응, 보수의 부당한 할인, 그 밖의 이익을 제공하거나 제공하기로 약속하여서는 안 된다.

(4) 보수기준 준수
감정평가법인등은 법 제23조 제2항에 따른 수수료의 요율 및 실비에 관한 기준을 준수해야 한다.

4. 업무윤리

(1) 의뢰인에 대한 설명 등
① 감정평가법인등은 감정평가 의뢰를 수임하기 전에 감정평가 목적·감정평가조건·기준시점 및 대상물건 등에 대하여 의뢰인의 의견을 충분히 듣고 의뢰인에게 다음의 사항을 설명하여야 한다.

> 1. 대상물건에 대한 감정평가업무 수행의 개요
> 2. 감정평가 수수료와 실비, 그 밖에 의뢰인에게 부담이 될 내용

② 감정평가법인등은 대상물건에 대한 조사과정에서 의뢰인이 제시한 사항과 다른 내용이 발견된 경우에는 의뢰인에게 이를 설명하고 적절한 조치를 취하여야 한다.
③ 감정평가법인등은 감정평가서를 발급할 때나 발급이 이루어진 후 의뢰인의 요청이 있는 경우에는 다음의 사항을 의뢰인에게 설명하여야 한다.

> 1. 감정평가액의 산출과정 및 산출근거
> 2. 감정평가 수수료와 실비, 그 밖에 발생한 비용의 산출근거
> 3. 감정평가 결과에 대한 이의제기 절차 및 방법
> 4. 그 밖에 의뢰인이 감정평가 결과에 관해 질의하는 사항

(2) 불공정한 감정평가 회피
① 감정평가법인등은 객관적으로 보아 불공정한 감정평가를 할 우려가 있다고 인정되는 대상물건에 대해서는 감정평가를 해서는 안 된다.
② 불공정한 감정평가의 내용에는 다음의 사항이 포함된다.

> 1. 대상물건이 담당 감정평가사 또는 친족의 소유토지 그 밖에 불공정한 감정평가를 할 우려가 있는 경우
> 2. 이해관계 등의 이유로 자기가 감정평가하는 것이 타당하지 않다고 인정되는 경우

(3) 비밀준수 등 타인의 권리 보호
감정평가법인등은 감정평가업무를 수행하면서 알게 된 비밀을 정당한 이유 없이 누설하여서는 안 된다.

▶ 부동산 윤리의 종류 및 규제방법

1. 부동산 윤리의 종류

고용윤리	부동산업자는 그가 고용하는 종업원들이 법규나 윤리규정을 비롯한 제반 업무규정을 잘 준수하도록 충분히 감독할 책임이 있으며, 일반적 교육지식을 향상시키도록 노력할 책임이 있다.
조직윤리	동업자 간에 지켜야 할 윤리로 동업자와의 관계, 동업자단체와의 관계에 적용된다.
서비스윤리	부동산 윤리의 중심으로 의뢰인의 이익 옹호, 비의뢰인의 이익 옹호, 업자의 사적 이해관계 배제 등을 들 수 있다.
공중윤리	일반공중의 공공복리를 위하여 업자와 직접적인 의뢰관계 등의 업무관계가 없는 공중에 대해서 전문직업인으로서 요구되는 윤리를 말한다.

2. 부동산 윤리의 규제방법

법률적 규제	정부기관이 법률의 규정을 통해서 직접 규제업무를 담당하는 경우이다.
자율적 규제	업자의 비윤리적 행위를 업자단체에서 규제하는 방법으로, 상당히 세밀한 사항도 규제를 행할 수 있는 방법이다.
절충적 규제	법률적 규제와 자율적 규제의 혼합으로 쌍방 간의 유기적인 협동이 중요하다.

제6절 감정평가의 업무영역

> 미리보기
>
> 1. 의의
> 2. 이론적 측면
>   1) 가치평가업무(valuation)
>   (1) 의의
>   (2) 시장가치의 기준성
>   2) 컨설팅업무(appraisal consulting)
>   (1) 의의
>   (2) 컨설팅업무의 주요 내용
>   ① 경제기반분석
>   ② 토지이용분석
>   ③ 비용편익분석
>   ④ 타당성분석
>   ⑤ 현금흐름분석
>   (3) 컨설팅업무의 상호관계
>   3) 평가검토(appraisal review)
>   (1) 의의 및 구별개념
>   (2) 필요성 및 목적
>   ① 정확성과 일관성 제고
>   ② 의사결정의 근거로서 기능 수행
>   ③ 다양한 수요자의 요구 충족
>   ④ 감정평가의 질적 발전 도모
>   (3) 평가검토의 종류
>   (4) 평가검토의 범위
>   (5) 평가검토자의 책임
>   (6) 평가검토 시 유의사항
>   ① 보고서 전체를 대상으로 업무수행
>   ② 공정하고 객관적인 업무수행
>   ③ 평가시점 당시의 시장상황과 관점에 근거하여 판단
>   ④ 평가전제 존중 및 평가내용의 임의변경 금지
> 3. 법률적 측면
>   1) 관련조문
>   2) 분류

1. 의의

감정평가사는 고객의 의뢰에 의하여 일정한 보수를 받고 토지 등의 경제적 가치를 산정하는 것을 주된 업무로 하고 있다. 하지만 사회, 경제적 변화에 따른 다양한 수요의 발생으로 업무영역은 날로 다양해지고 방대해지고 있다. 예를 들어, 상담과 조언, 부동산 관련 의사결정에 대한 자료제공 등이 대표적이다.

2. 이론적 측면

크게 가치평가업무, 컨설팅업무, 평가검토업무 등으로 나누어 볼 수 있다.

1) 가치평가업무(valuation)

(1) 의의

가치평가업무는 토지 등의 경제적 가치를 판정하여 그 결과를 가액으로 표시하는 것으로 감정평가의 가장 기본적인 업무영역이다. 가치평가업무는 평가목적이 무엇인지에 따라 분

류하는 것이 일반적이다. 즉, 시장의 객관적 가치를 판단할 목적이라면 시장가치, 금융기관에서 담보대출을 실행할 목적이면 담보가치, 공익사업을 수행할 목적이면 보상가치를 각각 산정한다.

(2) 시장가치의 기준성

감정평가업무는 의뢰인의 목적에 따라 다양하게 세분된다. 이 중에서 시장가치를 판정하는 업무가 가장 중요하다. 이는 감정평가에 있어 시장가치가 기준으로 작용하기 때문이다(「감정평가에 관한 규칙」 제5조). 역사적으로 감정평가에서 사용되고 있는 수많은 이론과 기법들은 시장가치를 기준으로 하여 전개되어 왔고 다른 종류의 가치는 이러한 시장가치에서 사용되는 이론과 기법이 그대로 원용되고 있다는 사실을 상기하기 바란다.

2) 컨설팅업무(appraisal consulting)

(1) 의의

부동산과 관련한 제반문제를 해결하기 위해 자료를 분석하고 합리적인 대안이나 결론을 제안하는 행위 또는 과정으로 정의된다. 사회가 나날이 새로워지고 복잡해짐에 따라 부동산 관련 문제도 다양해지고 이에 따라 컨설팅업무의 수요도 꾸준히 증가하는 추세이다.

(2) 컨설팅업무의 주요 내용

① 경제기반분석(economic base analysis)

경제기반분석이란 지역의 경제기반이 현재의 고용, 인구, 부동산가치에 어떤 영향을 미치고 있으며, 앞으로 어떻게 될 것인지 분석하는 것이다. 여기서 경제기반이란 지역주민의 생계를 유지시켜주는 경제활동이며, 그 지역의 수출활동으로서 다른 지역으로부터 자금을 끌어들이는 산업이다.

부동산의 가치에 영향을 미치는 요인 중에서 특히 큰 영향을 미치고 있는 경제적 요인을 살펴볼 때 대상지역의 경제기반을 분석하고 추세를 확인하는 작업이 가장 먼저 선행되어야 한다.

한편 주거단지와 쇼핑센터 같은 대규모 개발사업을 수행하고 평가할 때는 지역경제기반에 대한 전망에 따라 부동산가치가 상승하기도 하고 하락하기도 하며 결국 사업의 성패가 갈리기에 경제기반분석을 필수적으로 수행해야 한다.

② 토지이용분석(land utilization analysis)

토지이용분석은 토지에 대한 여러 가지 대안적 이용을 분석하여 어떤 용도가 최유효이용에 해당되는지를 판단하는 것이다. 토지이용에 대한 분석은 토지를 대상으로 하여 물리적, 법률적, 경제적 측면에서의 이용가능성과 그에 따른 수익과 비용을 비교분석함으로 이루어진다. 그중에서 수익률이 가장 높은 이용이 최유효이용이 된다.

③ 비용편익분석(cost benefit analysis)

비용편익분석은 여러 경제, 정책적 투자대안 가운데 목표달성에 가장 효과적인 대안을 찾기 위해 각 투자대안에 대해서 투입되는 비용과 산출되는 편익을 비교분석하는 것이다. 비용과 편익은 여러 가지 형태로 측정될 수 있지만 화폐적 척도에 의한 것이 가장 일반적이다.

즉, 투자자는 어떤 투자사업으로부터 기대되는 현금수입과 현금지출을 비교하여 투자 여부를 결정하게 된다. 비교 결과 현금수입의 현재가치의 합이 현금유출의 현재가치 합보다 클 경우 경제적 타당성이 있는 것으로 평가되고 그 반대는 타당성이 없는 것으로 판정된다. 주로 부동산개발사업 분야나 SOC사업과 같은 대규모 사업에서 기본적으로 활용한다.

④ 타당성분석(feasibility analysis)

타당성분석은 계획하고 있는 개발사업이 투하자본에 대한 투자자의 요구수익률을 확보할 수 있는지 여부를 분석하는 것이다. 여기서 요구수익률은 투자자가 다른 대안에 투자하더라도 얻을 수 있는 최소한의 수익률로서 투자자본에 대한 기회비용이다. 분석 결과 투자자의 요구수익률을 충족시키면 타당성이 있고, 아니면 타당성이 없다.

한편 타당성분석의 종류에는 물리적 타당성분석, 법률적 타당성분석, 경제적 타당성분석이 있다. 물리적 타당성분석은 주어진 부동산의 자연적 성격이나 기술적 측면이 대상 개발사업에 적합한지를 확인하고 분석하는 것이다. 법률적 타당성분석은 대상개발사업과 관련된 여러 가지 법적, 행정적, 제도적 환경을 분석하는 것을 말한다. 그리고 경제적 타당성분석은 경제적인 관점에서 주어진 개발사업이 투자자의 요구수익률을 충족시킬 수 있는지를 분석하는 것이다.

물리적, 법률적 타당성분석은 결국에 경제적 타당성을 검토하기 위한 과정으로서 성격을 지니는바 타탕성분석의 핵심은 경제적 타당성분석이라 할 수 있다. 또한 타당성분석을 수행할 때에는 평가사의 주관적 의견이나 판단을 토대로 해서는 안 되고 반드시 경험적 사실에 기반한 객관적인 시장자료로 뒷받침될 수 있어야 한다.

⑤ 현금흐름분석(cash flow analysis)

현금흐름분석은 현금유입과 유출을 비교분석하는 것으로 주로 세후현금흐름의 수익률 산정에 주로 활용된다. 현금흐름분석을 수행할 때에는 동일한 사업이라 하더라도 투자자에 따라 적용되는 대출조건, 감가상각방법, 한계세율 등이 달라지므로 ATCF 등이 차이가 날 수 있음을 인식해야 한다.

(3) 컨설팅업무의 상호관계

컨설팅업무에 속하는 여러 가지 분석방법은 상호 밀접한 관련성이 있다. 비용편익분석, 타당성분석, 현금흐름분석은 동일한 논리구조를 가지고 있어 구분의 실익이 크지 않은 것이 사실이다. 비용편익분석 중에서 척도를 화폐로 한정하면 현금흐름분석이 되고, 현금흐름을 바탕으로 타당성분석을 하면 경제적 타당성분석이 된다.

3) 평가검토(appraisal review) ★기출 25회·32회

금융기관들은 왜 검토평가를 하는가? 감정평가의뢰인인 금융기관의 입장에서 볼 때 외부 감정평가서를 전적으로 신뢰할 수도 있지만, 도덕적 위험이나 오류의 가능성으로 인한 금융리스크를 최소화하기 위한 것이다. 검토평가사가 제3자적 입장에서 독립적으로 감정평가서를 검토, 분석함으로써 원 평가서의 논리적 합리성과 정확성을 기하고 가치 결론의 적정성을 확인할 필요성이 있기 때문이다.

(1) 의의 및 구별개념

이미 작성된 감정평가서를 형식적인 측면과 내용적인 측면에서 정밀하게 확인하고 그 적정성을 검토하는 업무이다. 이는 다른 평가사가 작성한 보고서를 비판적으로 검증하는 행위 또는 과정으로서 평가보고서가 법률규정이나 의뢰인의 요구사항에 부합되는지, 정확성과 논리적 합리성은 갖추고 있는지를 확인하는 절차이다. 이는 감정평가서의 품질관리를 위하여 감정평가사가 의뢰인에게 감정평가서를 발급하기 전에 해당 감정평가의 적정성에 대하여 실시하는 사전 검토 절차로서 감정평가심사와 구별된다.

(2) 필요성 및 목적

① 정확성과 일관성 제고

평가검토의 1차적인 목적은 평가보고서의 형식적 측면의 정확성과 내용적 측면의 논리적 일관성 제고에 있다. 관련 법률이나 의뢰인이 요구하는 형식을 갖추고 있는지, 그리고 내용에 있어 평가기법들이 해당 과제에 적정하게 사용되었는지, 합리적이고 일관성 있게 전개되고 있는지를 확인함으로써 평가보고서의 완성도를 높이고자 하는 것이다.

② 의사결정의 근거로서 기능 수행

의뢰인은 단순히 평가금액뿐만 아니라 그 결과가 도출되기까지의 보고서 전체 내용을 검토함으로써 최종적인 의사결정을 한다. 따라서 평가검토는 의뢰인이 보다 더 합리적이고 타당한 의사결정을 할 수 있는 근거를 평가보고서가 제시하고 있는지 확인하는 역할을 수행한다.

③ 다양한 수요자의 요구 충족

평가검토는 기본적으로 의뢰인의 욕구 충족을 위한 목적으로 수행되나, 경우에 따라서는 제3자의 개인 또는 기관의 요청에 따라 행해지기도 한다. 예를 들어 소송과 관련해서 당사자 중 반대편의 요구, 법원으로부터의 다른 평가사의 평가검토를 요청받기도 한다.

④ 감정평가의 질적 발전 도모

평가사들로 하여금 질적으로 우수하고 통일된 체계를 갖춘 평가보고서를 작성하게 함으로써 평가사의 자질을 향상시키고 전문성을 제고함으로 감정평가업계의 발전을 도모하는 데 기여한다.

(3) 평가검토의 종류

① 현장검토는 실제 현장조사를 통하여 행하여지는 검토평가로서 탁상검토사항 이외에 실제 조사 자료나 직접 검증내용이 현장검토보고서에 추가된다.
② 탁상검토는 실제 현장조사 확인과정을 거치지 않고 사무실 내에서 서류를 검토한다.
③ 총괄검토란 독립적인 입장의 감정평가사가 최소한 원 평가사와 동등한 자격을 갖추고 자료를 수집하여 대상부동산의 평가절차와 평가논리가「감정평가관계법규」를 따르고 있는지를 종합적으로 검토한다.

(4) 평가검토의 범위

감정평가서의 틀린 계산, 오기 여부,「감정평가관계법규」등 관련 법령에서 정하는 바에 따라 대상물건이 적정하게 평가되었는지 여부 등을 심사하여야 하고 원 평가사에 의해 결정된 가치결론까지 변경할 수 있는 것은 아니다. 만일 검토평가사가 기존의 결론과 다른 의견을 제시하면 새로운 평가사로서 역할을 수행한 것으로 간주된다는 점에 유의해야 한다.

(5) 평가검토자의 책임

일반적으로 현장조사 없이 형식과 내용만 검토하므로 원 평가사와 동일한 책임을 진다고 보기는 어렵다. 그러나 감정평가서에서 확인 가능한 내용에 대한 적법성 및 적정성 등에는 책임져야 한다.

(6) 평가검토 시 유의사항

① 보고서 전체를 대상으로 업무수행

전체가 아닌 일부분만 검토하는 경우에 잘못된 판단을 하게 될 가능성이 크므로 평가보고서 전체를 대상으로 해야 한다. 만약 일부분만 분석하는 경우는 검토되지 않은 사실에 대해 반드시 적시해야 한다.

② 공정하고 객관적인 업무수행

의뢰인의 이익을 위해서는 물론이고, 검토자 자신의 개인적 이익을 위해서도 이용되어서는 안 된다. 또한 평가대상물건에 대해 현재, 미래에 어떠한 이해관계를 가지지도 않고 공정하고 객관적인 업무수행이 되어야 한다.

③ 평가시점 당시의 시장상황과 관점에 근거하여 판단

평가시점의 당시 시장상황과 관점에 근거하여 이루어져야 하지 결코 과거나 미래의 상황과 관점으로 판단해서는 안 된다. 특히 평가시점 당시 발생이 확실시되었던 것이 아닌 이상 추후에 발생한 사실을 바탕으로 평가보고서를 판단해서는 안 된다.

④ 평가전제 존중 및 평가내용의 임의변경 금지

평가보고서의 전제조건이나 가정, 문제의 정의 등을 임의로 변경한 경우 새로운 평가가 되기에 자의적으로 해석하고 변경해서는 안 된다.

3. 법률적 측면

1) 관련조문

> 「감정평가 및 감정평가사에 관한 법률」 제10조(감정평가법인등의 업무)
>
> 감정평가법인등은 다음 각 호의 업무를 행한다.
> 1. 「부동산 가격공시에 관한 법률」에 따라 감정평가법인등이 수행하는 업무
> 2. 「부동산 가격공시에 관한 법률」 제8조 제2호에 따른 목적을 위한 토지 등의 감정평가
> 3. 「자산재평가법」에 따른 토지 등의 감정평가
> 4. 법원에 계속 중인 소송 또는 경매를 위한 토지 등의 감정평가
> 5. 금융기관·보험회사·신탁회사 등 타인의 의뢰에 따른 토지 등의 감정평가
> 6. 감정평가와 관련된 상담 및 자문
> 7. 토지 등의 이용 및 개발 등에 대한 조언이나 정보 등의 제공
> 8. 다른 법령에 따라 감정평가법인등이 할 수 있는 토지 등의 감정평가
> 9. 제1호부터 제8호까지의 업무에 부수되는 업무

2) 분류

이론적 측면의 업무영역을 분류해보면 가치평가업무에 해당하는 조문은 제1, 2, 3, 4, 5, 8호이고 컨설팅업무에 속하는 조항은 제6, 7호가 된다. 한편 평가검토업무와 관련해서는 현행 「감정평가법」 제7조 제3항에 추가되었다. 감정평가서 검토는 발급된 감정평가서에 대한 적정성을 검토하여 의견을 제시하는 것으로 감정평가(재평가 포함)에 해당하지 않으며, 포괄적으로는 현행법상 「감정평가법」 제10조(감정평가법인등의 업무) 제6호 감정평가와 관련된 상담 및 자문 또는 제9호 제1호부터 제8호까지의 업무에 부수되는 업무에 포함된다.

제7절 감정평가의 분류 기출 15회·18회·19회·26회

미리보기

1. 의의 및 분류목적
   1) 의의
   2) 분류목적
2. 제도상 분류
   1) 평가주체에 따른 분류
      (1) 공적평가
      (2) 공인평가
   2) 평가의 강제성 여부에 따른 분류
      (1) 필수적 평가
      (2) 임의적 평가
   3) 평가결과의 활용목적에 따른 분류
      (1) 공익평가
      (2) 사익평가
3. 평가목적에 따른 분류
4. 업무기술상 분류
   1) 전문성에 따른 분류
      (1) 1차 수준의 평가
      (2) 2차 수준의 평가
      (3) 3차 수준의 평가
   2) 평가주체의 구성인원수에 따른 분류
      (1) 단독평가
      (2) 공동평가
   3) 평가주체의 복수 여부에 따른 분류
      (1) 단수평가
      (2) 복수평가
   4) 평가의 독립성 및 일상성에 따른 분류
      (1) 참모평가
      (2) 수시평가
      (3) 일반평가
   5) 평가조건에 따른 분류
      (1) 현황평가(「감정평가에 관한 규칙」 제6조 제1항)
      (2) 상정평가
         ① 조건부평가(「감정평가에 관한 규칙」 제6조 제2항)
         ② 기한부평가
         ③ 소급평가
   6) 일본 「부동산감정평가기준」에 따른 분류
      (1) 독립평가
      (2) 부분평가
      (3) 병합, 분할평가
   7) 「감정평가에 관한 규칙」에 따른 분류
      (1) 개별평가(「감정평가에 관한 규칙」 제7조 제1항)
      (2) 일괄평가(「감정평가에 관한 규칙」 제7조 제2항)
      (3) 구분평가(「감정평가에 관한 규칙」 제7조 제3항)
      (4) 부분평가(「감정평가에 관한 규칙」 제7조 제4항)

1. 의의 및 분류목적

1) 의의

일반적인 감정평가업무(가치평가업무)를 기준으로 여러 관점에서 분류한 것이다. 감정평가업무는 바라보는 관점에 따라 다양하게 분류할 수 있다. 이처럼 감정평가업무를 다양하게 분류하는 목적은 다음과 같다.

2) 분류목적★ 기출 15회

감정평가방법의 체계화에 기여함으로 이론의 구성에 대한 지침을 제공한다. 감정평가제도의 성장과 발전에 기여함으로써 제도발전에 대한 지침을 제공한다. 감정평가활동의 목표를 명백히 함으로써 감정평가활동의 능률화에 기여하게 되고 궁극적으로는 감정평가의 신뢰성을 향상시킬 수 있다. 감정평가의 분류는 대상부동산을 확정하는 데 유용하다. 감정평가에 있어 시발점이면서 가장 중요한 절차가 바로 기본적 사항의 확정인데 그중에서도 특히 대상부동산의 확정이 중요하다. 대상부동산이 명확하게 정의되고 확정되지 않으면 향후 책임소재와 관련하여 민원과 법적 분쟁의 대상이 될 수 있기 때문이다. 감정평가의 분류가 명확하게 되어 있으면 이를 바탕으로 감정평가의 목적, 조건 등에 따라 대상부동산의 확정이 용이하게 한다.

2. 제도상 분류

1) 평가주체에 따른 분류

(1) 공적평가

공적기관에 의해 평가가 수행되는 제도로서, 국가나 주정부가 평가청 등의 기관을 두고 과세평가사가 감정평가업무를 수행하는 형태를 띤다(호주, 뉴질랜드, 독일 등).

(2) 공인평가

국가 또는 공공단체로부터 일정한 자격을 부여받은 개인이 평가를 수행하는 제도이다. 공인평가제도는 공적규제하에 개인이 각자의 명성, 신뢰하에 영리추구의 형태를 띠면서 기업화 내지 전문화를 통해 능률성과 효율성을 극대화시킨다(우리나라, 미국, 일본 등).

2) 평가의 강제성 여부에 따른 분류

(1) 필수적 평가

일정한 사유가 발생하면 의무적으로 평가가 수행되어야 하는 평가제도이다. 부동산가격공시업무, 보상평가업무 등이 대표적으로 관련 법률의 규정에 따라 이루어지는 것이 일반적이다.

(2) 임의적 평가

강제성 없이 이해관계인의 자유의사에 따라 임의적으로 평가의뢰 여부를 결정하고 수행하는 평가제도이다. 사적거래와 관련해서 필요에 따라 의뢰하는 일반거래목적의 평가가 대표적이다.

3) 평가결과의 활용목적에 따른 분류

(1) 공익평가

평가결과가 공익을 목적으로 활용되는 평가제도이다. 부동산가격공시업무, 보상평가업무 등이 대표적이다.

(2) 사익평가

평가결과가 사익을 목적으로 활용되는 평가제도이다. 담보평가업무, 일반거래목적의 평가 등이 있다.

이러한 공익평가와 사익평가의 구분실익은 공익우선의 원칙을 평가활동에 적용할 수 있는지 여부에 있다. 공익평가는 공익을 우선으로 하기 때문에 평가활동에 특별한 권한이 주어진다. 예를 들어 공시가격조사를 위해 관계 행정기관의 조사협조요구권, 타인 토지출입권 등이다. 다만, 공익평가와 사익평가는 평가주체가 공적기관인지 사적기관인지와는 관련이 없다는 것이다.

3. 평가목적에 따른 분류

의뢰인의 평가를 요구하는 목적에 따라 분류한 것으로 부동산가격공시업무, 보상평가업무, 담보평가업무, 경매·소송평가업무, 국공유재산관리, 매수, 처분, 교환을 위한 평가업무, 일반거래목적의 평가업무 등이 있다. 최근에는 도심재생사업이 활발하게 진행됨에 따라 이와 관련된 평가업무도 날로 증가하고 있다.

4. 업무기술상 분류

1) 전문성에 따른 분류

감정평가활동과 관련하여 이론적 수준의 차이, 주의의무의 차이, 신뢰도의 차이, 윤리수준의 차이 등에 따라 1, 2, 3차 수준의 평가로 구분할 수 있다.

(1) 1차 수준의 평가

가장 낮은 수준의 지식과 정보에 기반한 평가로 소유자, 임차자, 투자자 등이 매수, 임대차 및 투자 등의 의사결정을 위해 스스로 행하는 평가이다.

(2) 2차 수준의 평가

부동산 관련 업무에 종사하는 자(중개사, 건축업자, 금융기관의 부동산업무 담당자) 등이 자신의 업무와 관련해서 행하는 평가이다.

(3) 3차 수준의 평가

감정평가에 대한 공인된 능력을 인정받은 감정평가사에 의한 평가이다. 감정평가는 「감정평가법」 및 「부동산공시법」에 따라 권한을 부여받아 행할 수 있는 점을 생각한다면 3차 수준의 평가만이 진정한 의미의 감정평가이다.

2) 평가주체의 구성인원수에 따른 분류

(1) 단독평가
한 사람이 평가의 주체가 되어 수행하는 평가이다. 단독평가는 신속하고 경제적인 장점은 있지만 전문지식과 경험이 부족하면 객관성 유지가 힘들다는 단점이 있다.

(2) 공동평가
다수인이 공동으로 평가의 주체가 되어 수행하는 평가이다. 특히 규모가 크고 복잡하여 여러 부분의 전문지식과 경험을 요하는 부동산의 경우에 요구된다. 공동평가는 객관성이 높은 반면 신속하지 못하고 비용발생이 큰 단점이 있다.

3) 평가주체의 복수 여부에 따른 분류★ 기출 18회

(1) 단수평가
하나의 감정평가법인등이 평가의 주체가 되어 수행하는 평가이다. 담보평가, 경매평가 등 사적평가에서 원칙적으로 적용된다.

(2) 복수평가
둘 이상의 감정평가법인등이 평가의 주체가 되어 수행하는 평가이다. 둘 이상의 평가법인등이 대등한 지위에서 행하므로 독립된 2개의 감정평가서와 평가결과가 성립한다. 최종적인 가격은 각각의 평가결과를 산술평균하여 적용하는 것이 일반적이다. 이러한 복수평가는 주로 보상평가업무, 부동산가격공시업무 등과 같이 사회·경제적으로 큰 영향을 미치고 첨예한 이해관계가 대립되는 분야에서 활용된다. 또한 경우에 따라서는 사적평가의 영역에서도 이해관계자들의 요구에 따라 공정성을 담보하기 위한 수단으로 이용되기도 한다.

> **Check Point!**
>
> ▶ 복수평가를 단수평가로 전환시키자는 논의에 대한 양측의 견해
>
> • 단수평가제를 주장하는 측의 의견
>   1. 가격의 안정화 및 자료의 축적으로 인한 기반의 마련
>   부동산가격의 안정화, 공시자료 및 실거래가 등의 축적으로 제도의 효율적 기반이 마련되었다.
>   2. 예산의 절감
>   매년 투입되는 예산절감효과를 기대할 수 있다.
>
> • 복수평가제를 주장하는 측의 의견
>   1. 부동산시장의 불완전성 및 제도적 기반의 미비
>   부동산시장은 부동산의 특성으로 인해 본질적인 측면에서 불완전하고, 양적인 측면에서 자료의 축적이 이루어졌지만 자료의 신뢰성과 질적 수준에서는 아직 미흡하여 효과적 기반이 마련되었다고 보기 어렵다.

> 2. 복수평가 대상이 되는 업무의 중요성
>   복수평가는 공적평가 중 일부 분야에 한정해서 적용되고 있고 대표적인 표준지공시지가는 지가정보를 제공해주고 일반토지거래의 지표가 되며, 감정평가법인등이 개별적으로 토지를 감정평가하는 경우 기준이 되는 등 종국적으로 일반국민의 경제활동에 지대한 영향을 미친다.
>
> 3. 객관성과 정확성의 제고
>   감정평가는 근본적으로 평가사의 주관적 판단이므로 단수평가 시에 객관성이 떨어질 수 있다. 즉, 복수평가제는 합의과정을 통해 평가의 과정과 결과를 서로 비교할 수 있도록 함으로써 실수나 착오를 줄이고, 평가의 객관성과 정확성을 제고할 수 있는 유용한 수단이다.
>
> 4. 폐지에 따른 부작용 예방
>   단수평가제로 전환되는 경우 감정평가법인등의 실적 악화가 발생하여 이는 평가법인등으로 하여금 가격경쟁을 유발하여 가격인플레와 같은 부작용을 발생시킨다. 따라서 예산절감과 같은 긍정적 효과가 오히려 장기적으로 사회적 비용을 발생시켜 사회경제 전체적으로 부정적인 결과를 가져올 수 있다.

4) 평가의 독립성 및 일상성에 따른 분류

(1) 참모평가

평가사가 독립된 평가활동을 수행하는 것이 아니라 주로 고용주의 업무를 위해 일상적으로 행하는 평가이다. 금융기관, 보험회사, LH공사 등에 소속된 평가사의 업무가 대표적이다.

(2) 수시평가

평가를 수행함에 있어서는 독립적인 위치에 있으나 평가업을 전업으로 하지 않는 평가사가 일시적으로 참여하여 전문가로서 수행하는 평가이다. SOC 같은 대규모사업에 관련된 감정평가사 등이 참여하는 경우가 대표적이다.

(3) 일반평가

참모평가와 수시평가 외에 감정평가법인 또는 감정평가사무소에 소속된 감정평가사가 독립적으로 행하는 대부분의 감정평가이다.

5) 평가조건에 따른 분류

(1) 현황평가(「감정평가에 관한 규칙」 제6조 제1항)

기준시점에서의 대상물건의 이용상황(불법적이거나 일시적 이용은 제외) 및 공법상 제한을 받는 상태를 기준으로 하는 평가이다. 즉, 대상부동산이 있는 상태 그대로 가치를 평가하는 것으로 감정평가를 함에 있어 기본적으로 적용되는 기준이다.

(2) 상정평가

어떤 상황이나 조건을 가정적으로 설정하여 평가하는 것이다. 조건부 평가, 기한부 평가, 소급평가로 구분할 수 있다. 조건부 평가는 다시 독립평가, 부분평가, 병합, 분할평가로 세분할 수 있다.

① 조건부 평가(「감정평가에 관한 규칙」 제6조 제2항)★ 기출 26회

감정평가법인등은 법령에 다른 규정이 있는 경우, 의뢰인이 요청하는 경우, 감정평가의 목적이나 대상물건의 특성에 비추어 사회통념상 필요하다고 인정되는 경우에 기준시점의 가치형성요인 등을 실제와 다르게 가정하거나 특수한 경우로 한정하는 조건을 붙여 감정평가할 수 있다. 감정평가조건을 붙일 때는 감정평가조건의 합리성, 적법성, 실현가능성 등을 검토해야 한다. 다만, 법령에 다른 규정이 있는 경우에는 그렇지 않다.

> ● 「감정평가에 관한 규칙」 제6조(현황기준 원칙)
> ② 감정평가법인등은 제1항에도 불구하고 다음의 어느 하나에 해당하는 경우에는 기준시점의 가치형성 요인 등을 실제와 다르게 가정하거나 특수한 경우로 한정하는 조건(이하 "감정평가조건"이라 한다)을 붙여 감정평가할 수 있다. 〈개정 2022.1.21.〉
>   1. 법령에 다른 규정이 있는 경우
>   2. 의뢰인이 요청하는 경우
>   3. 감정평가의 목적이나 대상물건의 특성에 비추어 사회통념상 필요하다고 인정되는 경우
> ③ 감정평가법인등은 제2항에 따라 감정평가조건을 붙일 때에는 감정평가조건의 합리성, 적법성 및 실현가능성을 검토해야 한다. 다만, 제2항 제1호의 경우에는 그렇지 않다. 〈개정 2022.1.21.〉

●「감정평가 실무기준」

1. 조건부 감정평가가 가능한 경우

(1) 감정평가관계법규에 감정평가조건의 부가에 관한 규정이 있는 경우
  토지보상법이나 개별법 등의 규정에 따라 감정평가를 하여야 하는 경우가 이에 해당한다. 따라서 해당 법률에 의해 감정평가를 행하는 경우에는 그 법률에서 정하고 있는 방법으로 감정평가를 해야 한다. 예를 들면, 「토지보상법」 제70조에서 개발이익 배제 등을 목적으로 규정하고 있는 공시지가 선정의 방법에 따라 감정평가를 해야 하는 경우는 개발이익 배제를 조건으로 하는 감정평가인 것이다.

(2) 의뢰인이 감정평가조건의 부가를 요청하는 경우
  의뢰인이 감정평가조건을 제시하고, 제시된 조건의 실현을 가정하여 감정평가할 것을 요청한 경우가 이에 해당한다. 예를 들어 도시계획의 실시 여부, 택지조성 및 수면매립의 전제, 불법점유의 해제, 환경의 개량, 건물의 증·개축을 상정하는 것과 같은 불확실한 상황에 대한 의뢰인의 요구를 검토하고, 합당한 감정평가조건이라면 해당 감정평가조건을 고려한 가치로 감정평가해야 한다. 다만, 의뢰인의 감정평가조건 부가요청은 원칙적으로 가능하지만, 감정평가법인등은 의뢰인이 제시한 감정평가조건의 부가가 가능한 내용인지 검토해야 한다. 그 이유는 감정평가조건에 따라 감정평가액이 달라질 수 있으며, 의뢰인 등이 감정평가조건의 제시 없이 감정평가액만을 이용하여 제3자의 이익에 해를 끼칠 수도 있고, 감정평가조건 자체가 비합리적이거나 불법적일 수 있기 때문이다. 따라서 감정평가조건에 대한 제반사항을 검토하도록 제2항에서 규정하고 있다.

(3) 사회통념상 당연히 감정평가조건이 부가되어야 하는 경우
  감정평가의 목적이나 대상물건의 특성에 따라 당연히 감정평가조건이 부가되는 경우를 말한다. 감정평가액 도출을 위하여 불확실한 상황에 대한 판단이 필요한 경우 이에 대한 판단을 감정평가조건으로 부가하는 것이다. 이러한 상황판단은 감정평가목적에 따라 달라지기도 한다.
  예를 들면, 감정평가목적과 관련하여 국공유지 처분평가의 경우에는 지목 및 이용상황이 구거 또는 도로부지인 토지를 인접 토지소유자 등에게 매각할 때, 현실적인 이용상황 등이 아닌 용도폐지를 전제로 하여 감정평가하는 경우가 이에 해당된다. 그리고 대상물건의 특성과 관련하여서는 건축허가를 받아 건축이 진행되어 완공이 임박한 건축물이 소재한 토지의 경우 통상적인 건축주는 사용승인을 득하기 위한 공정을 진행하게 될 것이며, 이는 곧바로 사용승인을 득하여 지목이 대지로 변경될 것을 예정할 수 있으므로 대지를 전제로 한 토지의 감정평가가 가능할 것이다.

2. 감정평가조건의 검토
  제2항에서는 감정평가조건의 합리성, 적법성 및 실현가능성을 검토하도록 규정하고 있다. 즉, 예외적으로 부가되는 감정평가조건의 경우에도 사회적 타당성이 요청되며, 이들을 검토한 결과 감정평가조건 자체가 타당하다고 인정되어도 현실적인 자료수집 등이 곤란한 경우 받아들이기 어려운 조건으로 봐야 할 것이다.
  감정평가조건은 합리성과 적법성을 갖추어야 하며, 공법·사법을 불문하고 법률상 내용에 위배되지 않고 아울러 사회통념상 합리성을 갖추었는지를 확인해야 한다. 또한 사회적·경제적·물리적 관점에서 실현가능성이 검토되어야 하며, 실제 현실성이 희박한 경우는 감정평가조건으로 부가하기 어려울 것이다. 국토교통부 유권해석에서도 용도지역의 변경을 전제로 한 조건부 감정평가가 가능한지와 관련해서 조건의 합리성, 합법성 및 실현가능성 등을 검토하여 결정할 수 있는 사항으로 보고 있다.

② 기한부 평가

장래 도달이 확실한 일정시점을 기준으로 장래 일정시점에서의 상황을 상정하여 평가하는 것이다. 기한의 도래는 확실한 미래의 일이라는 점에서 불확실한 상황에 놓여있는 조건부 평가와 구별된다. 예를 들어 분양시점이 확실히 도달한 아파트의 분양가 평가와 택지비 평가 등이 있다.

③ 소급평가

과거의 일정시점을 기준으로 그 당시의 상황을 상정하여 평가하는 것이다. 예를 들어 토지수용 등에 수반한 보상평가와 행정사건, 민사사건, 형사사건과 같은 법적 분쟁 등에 적용된다.

6) 일본 「부동산감정평가기준」에 따른 분류

일본 「부동산감정평가기준」에서는 현황평가 및 독립평가, 부분평가, 병합, 분할평가로 구분하고 있다. 평가조건에 따른 분류에 의하면 조건부 평가에 해당한다.

(1) 독립평가

부동산이 토지 및 건물 등으로 결합되어 있는 경우에 건물 등이 없는 것으로 가정하고 토지만을 평가하는 것을 말한다.

(2) 부분평가

부동산이 토지 및 건물 등으로 결합되어 있는 경우에 그 상태를 주어진 것으로 하여 전체 부동산의 구성부분 중 토지와 건물 등 일부분만 감정평가대상으로 평가하는 것이다.

(3) 병합, 분할평가

부동산의 병합 또는 분할을 전제로 하여 병합 후 또는 분할 후의 부동산을 대상으로 하여 평가하는 것이다.

7) 「감정평가에 관한 규칙」에 따른 분류 ★기출 15회·19회·26회

(1) 개별평가(「감정평가에 관한 규칙」 제7조 제1항)

감정평가는 대상물건 개별로 해야 한다는 것이다. 부동산이 토지, 건물로 이원화되어 있는 우리나라 법률 및 행정체계에서 토지와 건물을 각각 독립된 개별물건으로 취급하고 개별평가를 원칙으로 삼고 있는 것이다.

(2) 일괄평가(「감정평가에 관한 규칙」 제7조 제2항)

둘 이상의 대상물건이 일체로 거래되거나 대상물건 상호 간에 용도상 불가분의 관계에 있는 경우에 일괄하여 평가하는 것이다. 예를 들어 2필지 이상이 일단지로 이용되는 경우,

구분소유건물에 있어 대지, 건물을 일괄하여 평가하는 경우, 임지와 입목이 일체로 거래되는 경우, 토지와 건물을 일괄로 평가하는 경우 등에 적용된다.

(3) **구분평가**(「감정평가에 관한 규칙」 제7조 제3항)

하나의 대상물건이라도 가치를 달리하는 부분은 구분하여 감정평가하는 것이다. 예를 들어 광평수토지의 전면(상업용)과 후면(주거용) 부분의 가치차이가 심한 경우, 용도지역이나 도시계획시설에 일부가 저촉되어 저촉부분, 비저촉부분의 가치차이가 발생하는 경우, 기존 건물에 증축된 건물이 소재하여 가치를 달리하는 경우 등에 적용된다.

(4) **부분평가**(「감정평가에 관한 규칙」 제7조 제4항)

일체로 이용되고 있는 대상물건의 일부분에 대하여 평가해야 할 특수한 목적이나 합리적인 이유가 있는 경우에 그 부분에 대하여 평가하는 것이다. 예를 들어 보상평가에 있어 토지와 건물로 이루어진 복합부동산 중에서 토지의 일부분만이 공익사업에 편입되어 평가하는 경우 등에 적용된다.

부분평가는 대상물건의 일부분을 평가하는 점에서 구분평가와 유사하나, 구분평가는 물건의 일부분이 다른 부분과 가치 차이가 발생하는 경우에 적용되는 반면 부분평가는 가치 차이가 없고 의뢰목적이나 제시조건에 의해 일부분의 평가가 이루어지는 점에서 구별된다.

구분	일괄평가	구분평가	부분평가
적용조건	• 둘 이상의 물건이 일체로 거래되는 경우, 물건 상호 간에 용도상 불가분의 관계가 있는 경우	• 하나의 물건이라도 가치를 달리하는 경우	• 일체로 이용되고 있는 물건의 일부분만을 감정평가하는 경우
통상적인 물건의 수	2개 이상	1개	1개
평가 측면의 물건의 수	1개	2개 이상	1개
물건 상호 간 가격영향	물건 상호 간은 가격증감요인이 된다.	가치를 달리하는 부분 상호 간은 가격에 영향을 주지 않는다.	일체로 이용되고 있는 부분 상호 간은 가격에 영향을 미친다.
적용사례	• 수필지의 토지라도 일단으로 이용되고 있는 경우의 가치평가 • 구분건물의 일괄평가	• 광평수 토지의 경우 전면 획지와 후면획지를 각기 평가 • 건물 중 증·개축 부분과 기준부분을 별도로 평가	• 지상건물이 있는 복합부동산 중 토지만을 건부지로 평가 • 보상평가 시 편입물건의 일부만 평가

구분	개별평가	일괄평가
법률(감칙)	• 토지평가(제14조) • 건물평가(제15조)	• 토지, 건물의 일괄평가(제16조)
현실	현실적, 제도적 측면에서 우리나라에서는 대부분 개별평가를 하고 있다.	평가방식의 세계적인 추세는 수익방식이고, 수익방식을 적용하기 위해서는 일괄평가가 보다 낫다.
평가방식	물건의 효용을 개별적으로 반영할 수 있다.	부동산 이용에서 창출되는 효용을 잘 반영할 수 있다. 개별평가보다 물건의 시장가치를 반영하기에 적절하다.
현실반영도 (거래관행)	거래관행에 부합하지 않고, 토지와 건물을 분리하여 평가하므로 현실을 제대로 반영하기가 어렵다.	현실적인 거래관행을 잘 반영할 수 있다.
과세	우리나라의 현행 과세체계상 토지분과 건물분을 분리하여 과세하고 있어 과세하기가 용이하다.	평가액을 토지분과 건물분으로 배분하여 분리과세하기가 쉽지 않다.
위치이점	위치이점이 대개 토지로 귀속되어, 토지가 상대적으로 과대평가된다.	개별평가에 비해 건물의 가치를 보다 적절히 반영할 수 있다.
평가자료	평가 선례가 풍부하다.	거래사례 및 현실의 자료가 풍부하다.

Chapter 08 감정평가의 절차

감정평가업무는 고도의 전문적인 영역으로서 평가사의 개인적인 활동과 주관적인 판단에 의해 이루어진다. 그러나 감정평가업무는 수많은 평가사들에 의하여 일상적으로 반복되어 행해져왔고 그 과정 속에서 능률적이고 합리적으로 업무를 수행하기 위한 노력들이 축적되어 왔다. 이를 체계적으로 분류하여 설정한 일련의 단계가 바로 감정평가의 절차이다.

감정평가의 절차는 기본적 사항의 확정에서부터 시작하여 감정평가액의 결정 및 표시로 마무리된다. 이때 각 단계별 주요 내용이 무엇이고 적용되는 이론에는 어떤 것들이 있는지를 지금까지 다루어왔던 내용들과 연계하여 학습하여야 한다.

제1절 의의

> **Tip**
> 감정평가업무는 다양한 목적을 가진 의뢰인의 평가의뢰에서 시작하여 감정평가서라는 최종적인 결과물이 교부됨으로써 끝이 나게 된다. 이러한 감정평가업무는 수많은 감정평가사들에 의하여 일상적으로 반복되어 행해져왔고 그 과정 속에서 능률적이고 합리적으로 업무를 수행하기 위한 노력들이 축적되어 왔다. 이를 체계적으로 분류하여 설정한 일련의 단계가 바로 감정평가의 절차이다. 「감정평가에 관한 규칙」 제8조에서는 감정평가업무의 효율성을 높이고 사회적, 경제적으로 큰 비중과 중요성을 지니고 있는 평가업무의 대국민 신뢰도를 제고시키기 위한 방법으로 제반 절차를 규정하고 있다.

> **Check Point!**
> ▶ 「감정평가에 관한 규칙」
> **제8조(감정평가의 절차)**
> 감정평가법인등은 다음 각 호의 순서에 따라 감정평가를 해야 한다. 다만, 합리적이고 능률적인 감정평가를 위하여 필요할 때에는 순서를 조정할 수 있다. 〈개정 2022.1.21.〉
> 1. 기본적 사항의 확정
> 2. 처리계획 수립
> 3. 대상물건 확인
> 4. 자료수집 및 정리
> 5. 자료검토 및 가치형성요인의 분석
> 6. 감정평가방법의 선정 및 적용
> 7. 감정평가액의 결정 및 표시

제2절 감정평가절차의 필요성

> 미리보기
> 1. 능률성 제고
> 2. 주관배제 및 신뢰성 확보
> 3. 의뢰인의 이해증진
> 4. 책임소재 파악에 기여

1. 능률성 제고

제반 절차에 따라 계획적이고 단계적인 평가를 수행함으로써 평가활동의 능률성을 제고시킨다.

2. 주관배제 및 신뢰성 확보

평가행위 자체가 본질적인 측면에서 주관적인 요소를 내포하고 있기 때문에 평가과정상의 객관성을 제고하고 신뢰성을 확보하여 평가주체의 주관배제가 가능하다.

3. 의뢰인의 이해증진

평가의뢰인에게 이러한 체계적인 절차를 제시함으로써 평가결과에 대한 의뢰인의 이해를 증진시킨다.

4. 책임소재 파악에 기여

최근 일반인들의 지적수준과 권리의식의 향상으로 인하여 각종 민원 및 소송과 같은 법적 분쟁이 날로 증가하고 있다. 이러한 상황은 평가업계에도 예외일 수는 없다. 평가절차는 분쟁발생 시 책임소재를 명확히 하여 문제점을 파악하고 해결하는 데 도움을 줄 수 있다.

제3절 감정평가절차 기출 32회

미리보기

1. 기본적 사항의 확정
   1) 의의
   2) 중요성
   3) 대상부동산의 확정
   4) 기준시점의 확정
      (1) 의의
      (2) 기준시점 확정의 중요성
         ① 가격의 본질
         ② 변동의 원칙
         ③ 책임소재의 명확화
      (3) 기준시점의 종류
         ① 가격조사 완료일이 기준시점이 되는 경우
         ② 과거의 특정일이 기준시점이 되는 경우
         ③ 미래의 특정일이 기준시점이 되는 경우
         ④ 임대료의 기준시점
      (4) 기준시점과 평가시점의 관계
         ① 의의
         ② 양자의 관계
   5) 기준가치
2. 처리계획의 수립
3. 대상물건의 확인
   1) 의의
   2) 물적 사항의 확인
      (1) 동일성 여부의 확인
      (2) 상태조사
   3) 권리상태의 확인
   4) 대상물건의 확정과 확인의 관계
      (1) 근거
      (2) 절차적인 측면(선후관계)
   5) 확정과 확인의 불일치 시 : 물적 불일치의 처리방법
      (1) 의의
      (2) 일반적인 처리방법

4. 자료의 수집 및 정리
   1) 의의
   2) 자료수집의 중요성
   3) 자료의 종류 및 수집방법
      (1) 자료의 종류
         ① 확인자료
         ② 요인자료
         ③ 사례자료
      (2) 자료의 수집방법
         ① 징구법
         ② 실사법
         ③ 탐문법
         ④ 열람법
      (3) 자료의 정리
5. 자료의 검토 및 가치형성요인의 분석
   1) 자료의 검토
   2) 가치형성요인의 분석
6. 감정평가방식의 선정 및 적용
   1) 감정평가방법의 선정
   2) 감정평가방법의 적용
7. 감정평가액의 결정 및 표시
   1) 감정평가액의 결정(시산가액의 조정)
   2) 감정평가액의 표시

1. 기본적 사항의 확정

1) 의의

기본적 사항의 확정이란 평가의 기초가 되는 제반 사항을 확정하는 단계로 의뢰서에 포함되어 확정해야 할 사항들을 의뢰인과 협의하여 결정하는 절차를 말한다.

> **Check Point!**
>
> ● 「감정평가에 관한 규칙」
> 제9조(기본적 사항의 확정)
> ① 감정평가법인등은 감정평가를 의뢰받았을 때에는 의뢰인과 협의하여 다음 각 호의 사항을 확정해야 한다. 〈개정 2022.1.21.〉
>   1. 의뢰인
>   2. 대상물건
>   3. 감정평가 목적
>   4. 기준시점
>   5. 감정평가조건
>   6. 기준가치
>   7. 관련 전문가에 대한 자문 또는 용역(이하 "자문 등"이라 한다)에 관한 사항
>   8. 수수료 및 실비에 관한 사항
> ② 기준시점은 대상물건의 가격조사를 완료한 날짜로 한다. 다만, 기준시점을 미리 정하였을 때에는 그 날짜에 가격조사가 가능한 경우에만 기준시점으로 할 수 있다.
> ③ 감정평가법인등은 필요한 경우 관련 전문가에 대한 자문 등을 거쳐 감정평가할 수 있다. 〈개정 2022.1.21.〉

2) 중요성

대상물건의 물적 현황과 대상권리 및 평가목적 등을 명확히 함으로써 평가결과의 적정성을 보장하고, 책임소재를 명확히 하며, 의뢰인과의 불필요한 분쟁을 방지하고, 평가사의 사회적 신뢰를 유지시킬 수 있다는 점에서 그 중요성이 인정된다.

3) 대상부동산의 확정

감정평가의 대상이 되는 물건 중 가장 일반적이고 대표적인 것은 부동산이므로 이하에서는 부동산에 한정하여 설명하기로 한다. 대상부동산의 확정이란 대상부동산의 소재, 범위 등 물적 사항과 소유권, 임차권 등의 권리관계를 확정하는 것을 말한다. ① 물적 사항은 의뢰인의 의뢰목적에 기반한 의사와 토지대장, 지적도, 건축물관리대장과 같은 공부서류를 기본으로 하되, 현장조사를 통한 확인으로 최종 확정하게 된다. ② 권리관계는 의뢰인의 의뢰목적에 기반한 의사와 등기부등본, 등록부와 같은 공부서류를 기본으로 하되, 현장조사를 통한 확인으로 최종 확정하게 된다.

4) 기준시점의 확정★ 기출 12회·21회

(1) 의의

감정평가액 결정의 기준이 되는 날짜가 기준시점이 된다. 기준시점은 「감정평가에 관한 규칙」 제9조 제2항에 따라 가격조사 완료일을 원칙으로 한다. 다만, 기준시점을 미리 정하였을 때에는 그 날짜에 가격조사가 가능한 경우에만 기준시점으로 할 수 있다. 여기서 후자의 경우는 과거시점과 미래시점을 기준으로 하는 경우를 말하는데, 미래시점에 대해서는 부정적인 견해가 강하다. 과거시점의 경우는 대상부동산의 확인이 상대적으로 가능하고 가격형성요인에 관한 자료의 수집이 가능한 반면 미래시점에서는 가격형성요인을 예측할 수 없는 경우가 대부분이어서 평가사의 주관적 의견이 개입될 소지가 높고 평가결과의 정확성 및 신뢰성을 보장할 수 없어 사고와 경제적 파장이 우려되기 때문이다. 예를 들어 조건부 평가의 경우가 이에 해당한다. 용어의 모호성으로 인해 IVS 등에서는 모두 '가치시점' 개정 전 「감정평가에 관한 규칙」에서 '가격시점', 개정 후 '기준시점'이라 하여 과연 무엇의 기준인지가 불분명하다. '가치기준시점'이나 '가격시점' 등으로 개정하여 가치결정의 기준이 되는 시점임을 명백히 할 필요가 있다(경응수 평가사의 견해).

(2) 기준시점 확정의 중요성

① **가격의 본질**

부동산가격은 장래 기대되는 편익의 현재가치로서의 의미를 가지고 있고, 장기적인 배려하에 형성되므로 기준시점을 확정하여야 한다.

② **변동의 원칙**

부동산의 영속성, 사회적·경제적·행정적 위치의 가변성이라는 특성은 가치형성요인을 변동시키고 이로 인해 부동산가격도 항상 변동의 과정에 있게 된다. 따라서 부동산가격은 그 가격결정의 기준이 되는 날에만 타당한 것이 되므로 기준시점의 확정이 중요하다.

③ **책임소재의 명확화**

기준시점은 평가사의 책임소재를 명확히 하기 위해 필요하다. 즉, 기준시점에 있어서 감정평가액에 잘못이 없었다는 것을 입증하는 것이다.

(3) 기준시점의 종류

① **가격조사 완료일이 기준시점이 되는 경우**

실무상 대상물건의 가격을 가장 정확하게 파악할 수 있는 시점이 바로 물건의 가격조사 완료일자라고 할 수 있으므로 특별한 사유가 없는 한 이것이 원칙적인 기준시점이 된다.

② 과거의 특정일이 기준시점이 되는 경우
소급평가의 경우에는 과거의 특정일이 기준시점으로 된다. 예컨대, 쟁송사건에 계쟁된 물건의 평가나 중앙토지수용위원회에 이의신청된 물건을 평가함에 있어서 쟁송원인의 야기일자나 지방토지수용위원회 재결 당시의 가격을 기준시점으로 하는 경우이다.

③ 미래의 특정일이 기준시점이 되는 경우
기한부 평가의 경우에는 미래의 특정일이 기준시점이 된다. 미래의 특정일에 있어서 대상물건에 대한 투자수익성의 파악을 위한 필요에 따라 평가의뢰인과 용역계약이 있는 경우 등에 예외적으로 있을 수 있다. 그러나 물건의 가격조사가 불가능한 지나치게 먼 장래의 특정일이나 가격변동률이 급변하는 시기에서의 어느 장래의 특정일은 기준시점으로 삼아서는 안 된다고 하겠다.

④ 임대료의 기준시점
기준시점과 관련된 논의는 임대료에도 그대로 적용된다. 다만, 임대료는 협의의 가격과는 달리 시계열적인 관점에서 분할이 전제된다는 점에서 차이를 보인다. 임대료는 일정기간을 대상으로 하여 책정되고 그 기간의 시작일이 기준시점이 된다는 점에서 특징적이다.

(4) 기준시점과 평가시점의 관계

① 의의
기준시점이 평가대상물의 가격의 결정기준이라면, 평가시점은 평가대상물건의 사실상의 평가기준일이다. 따라서 시점확인은 감정평가상 매우 중요하다. 「감정평가에 관한 규칙」에 따르면 원칙적으로 가격조사 완료일이 되나 예외적으로 인정되는 경우가 있음에 유의하여야 한다.

② 양자의 관계
양자는 일치함이 원칙이나, 기준시점이 미리 정해진 경우는 기준시점에서 가격조사가 가능한 경우에 한해 예외적으로 일치하지 않는다. 대표적인 경우로서 소급평가, 미래평가의 경우가 있다. 예를 들어 상속세, 보험금, 소송, 개발사업의 타당성 분석에 관한 평가 등을 들 수 있다. 보상평가의 경우는 따로 법률에서 정하고 있다.

5) 기준가치

기본적으로 시장가치이지만 감정평가의뢰 목적 및 조건에 따라서 시장가치 외의 가치도 존재한다. 시장성이 있는 부동산에 대해서는 가치의 다원화가 인정되고 있다. 「감정평가에 관한 규칙」 제5조에서는 기준가치를 시장가치와 시장가치 외의 가치로 구분한다.

일본의 평가기준에서는 시장가치를 '정상가격'으로 규정하고, 비시장가치를 ① 한정가격, ② 특정가격, ③ 특수가격으로 세분하고 있다. 이러한 일본의 세 가지 비시장가치를 우리나라 「감정평가에 관한 규칙」에서는 시장가치 외의 가치로만 규정하고 있다.

따라서 우리도 이를 명확히 정의하고 세분화할 필요가 있다. 즉, 비시장가치의 종류 및 정의조항에서 다음을 추가하고 명확한 정의를 내리는 것이 타당하다(특정, 특수, 한정가격). 그리고 이를 평가목적으로 명시하도록 하여 평가서 용도와 혼동되지 않도록 해야 할 것이다.

미국의 경우는 시장가치를 전제로 청산가치, 보험가치, 과세가치, 사용가치 등 다양한 가치개념을 정립하고 있으며 시장가치 외의 가치로 감정평가할 경우에는 그에 대한 정의와 정의의 출처를 명시하도록 요구하고 있다.

따라서 우리나라「감정평가에 관한 규칙」에서도 국제기준과의 정합성을 제고하기 위하여 이러한 다양한 가치 간의 명확한 구별이 필요하다고 본다.

2. 처리계획의 수립

처리계획의 수립은 확정된 기본적 사항을 바탕으로 감정평가활동을 능률적으로 수행하기 위하여 평가결과를 도출할 때까지의 과정을 사전에 체계적으로 수립하는 것을 말한다.

처리계획의 수립은 감정평가활동의 능률화를 꾀하기 위한 목적 이외에도 의뢰인에게 감정평가계약에 따른 작업경과를 보고하는 데에도 유용하다. 이러한 처리계획의 수립에는 ① 사전조사계획(평가전례, 실거래가 신고자료 등의 조사), ② 실지조사계획, ③ 가격조사계획, ④ 평가보고서 작성계획 등이 포함된다.

3. 대상물건의 확인

1) 의의

기본적 사항 확정단계에서 관념적이고 형식적으로 확정된 대상물건의 물리적 현황과 제 권리관계의 실제와의 부합 여부를 확인하는 작업이다. 「감정평가에 관한 규칙」 제10조는 평가를 할 때 실지조사에 의해 대상물건을 확인하되, 예외적으로 신뢰할 수 있는 자료가 있는 경우에는 실지조사를 생략할 수 있다고 규정하고 있다.

2) 물적 사항의 확인

의뢰내용과 실제가 동일한가를 확인하는 동일성 여부 조사와 가격형성에 영향을 미치는 대상물건의 개별적 제 요인을 확인하는 상태조사를 행하는 것이다.

(1) 동일성 여부의 확인

토지인 경우에는 소재지, 지번, 지목, 지적, 형태, 경계, 접면도로 조건, 공법상 규제 등을 그리고 건물인 경우에는 소재지, 지번, 구조, 용도, 면적, 준공연도, 경과연수, 부합물 및 종물의 유무, 현황 및 관리상태 등을 고려한 공부 등을 이용하여 실지 확인한다. 특히 물적 사항의 확인에 있어서는 토지대장 및 건축물대장이 등기부등본의 기재사항보다 우선한다는 점에 유의하여야 한다.

(2) 상태조사

토지는 위치를 중심으로 이용상황, 주위환경, 교통사정, 지형, 지세, 형상, 타인점유 등 지역적 요인 및 개별적 요인을 조사하고, 토지상의 건물, 공작물 등은 기초 구조, 용도, 사용재료, 관리상태, 방향, 냉·난방시설이나 기타 부대시설 등 내·외부의 개별적 요인을 조사, 확인한다.

3) 권리상태의 확인

부동산에 대한 소유권 및 기타 소유권 이외의 권리관계의 존부와 그 내용을 명확하게 조사·확인하여야 한다. 이를 '권리상태의 확인' 또는 '권리분석'이라 한다. 권리상태의 확인은 등기부등본·지적도·환지도 등 공부에 의하여 명확히 검토하고 현지조사를 통하여 이를 확인하여야 한다. 권리의 하자 유무, 제한물권의 설정 여부, 소유권의 형태 등 그 내용을 명확히 하여야 하며 권리상태의 확인에 있어서는 물적 사항의 확인과 달리 토지대장이나 건축물대장보다 등기부등본의 기재사항이 우선시된다는 점에 유의하여야 한다.

4) 대상물건의 확정과 확인의 관계

(1) 근거

확정은 부동산의 개별성에 근거하고, 확인은 부동산의 지리적 위치의 고정성이라는 부동산의 특성과 소유권 기타 권리이익의 가격이 부동산가격과 동일하다는 가격의 특징에 근거한다.

(2) 절차적인 측면(선후관계)

확정이 관념적이고 형식적으로 대상의 경계, 권리 등을 명백히 하는 것이라면, 확인은 실질적·물리적으로 권리관계의 실제와의 부합 여부를 확인하는 것이다.

5) 확정과 확인의 불일치 시 : 물적 불일치의 처리방법

(1) 의의

물적 불일치란 기본적 사항의 확정단계에서 확정된 대상물건의 내용, 물적 사항이 실제의 현황과 불일치하는 것을 말한다.

(2) 일반적인 처리방법

물적 불일치가 근소하거나 경정될 수 있는 경우에는 불일치와 사유, 제한정도 등을 감정평가서의 '가격결정 및 산출 근거에 관한 의견' 또는 기타 참고사항란에 기재하고 감정평가할 수 있다. 다만, 동일성이 인정되지 않을 정도의 불일치한 경우에는 평가가 불가능하다. 이 경우는 의뢰인과 면담하여 목록을 정정하거나 합당한 조건을 제시받아 평가받아야 하며, 이와 같은 조치가 불가능할 경우에는 감정평가하지 말아야 한다.

> **Check Point!**
>
> ● 실무기준해설
>
> **1. 물적 불일치의 개념**
> 실지조사를 통해 확인한 결과와 평가의뢰 시 제시된 사항 및 공부와 차이가 나는 경우를 '물적 불일치'라고 한다. 대표적인 예와 그 처리방법은 다음과 같다. 다만, 어느 경우에도 처리방법은 사회통념상 인정된 범위와 법원의 판례를 기준하여야 한다.
>
> **2. 물적 불일치의 처리방법**
> ① 위치 및 경계확인이 곤란하거나 일치하지 않는 경우 의뢰인으로부터 측량도면을 제시받아 처리한다. 다만, 의뢰인과 협의하여 직접 외부용역으로 처리할 수 있다.
> ② 지목이 일치하지 않는 경우 현황의 지목을 기준으로 평가한다. 다만, 불법으로 변경된 경우에는 개별적 사안에 따라 처리를 달리해야 한다.
> ③ 소재지 및 지번이 일치하지 않는 경우, 행정구역의 개편 등 동일성이 인정되는 경우에는 정상평가할 수 있으나, 그렇지 않은 경우 사유를 보다 세밀하게 확인하여야 한다.
> ④ 건물 및 정착물의 위치, 면적, 구조 등이 일치하지 않는 경우 등기변경의 가능성, 거래상의 제약 정도 등을 파악하여 사회통념상 동일성을 인정할 수 있는지 판단하여야 한다. 내용연수의 불일치는 관찰감가법 등을 적용하여 연장 또는 단축할 수 있을 것이나, 구건물이 멸실된 경우에는 평가가 원칙적으로 불가능하다고 볼 수 있다.

4. 자료의 수집 및 정리

1) 의의

자료의 수집 및 정리는 대상부동산의 물적 사항, 권리관계, 이용상황, 가격평가를 위해 필요한 자료를 수집하고 정리하는 단계로서 각 자료는 감정평가의 객관성과 합리성을 부여하는 중요한 기초자료가 된다.

2) 자료수집의 중요성

결과의 합리성·논리성을 부여하는 중요한 기초자료가 되므로 풍부하고 질서 있게 수집·정리하고 후일의 증빙자료 및 다른 평가에 활용하기 위해 평소에 잘 수집하고 관리해 두어야 한다.

3) 자료의 종류 및 수집방법

(1) **자료의 종류**

① 확인자료

대상물건의 물적 확인 및 권리상태를 확인하기 위하여 필요한 자료로 등기부등본, 건축물관리대장, 설계도면 등이 대표적이다. 확인자료는 물적인 것과 권리적인 것으로 구분하여 정리하는 것이 업무에 효과적이다.

② 요인자료

가치형성요인의 분석에 필요한 사회적·경제적·행정적·환경적 제 요인의 분석에 필요한 자료이다.

㉠ 일반적 요인에 상응하는 자료로 각종 통계, 경제지표, 경제성장률 등이 있으며, 일반적 요인의 파악 및 분석은 모든 감정평가에 필요하며, 이들 자료는 동태적이기에 평소부터 가능한 한 넓게 조직적·계획적으로 수집한다.

㉡ 지역적 요인에 상응하는 자료로 주택지도, 시가지도, 도시계획도 등이 있으며, 지역자료도 안건이 비교적 많은 지역에 관한 것은 다수의 감정평가에 공통으로 이용할 수 있는 것이기 때문에 평소부터 수집, 정리하는 것이 필요하다.

㉢ 개별적 요인에 상응하는 자료로서 지질조사자료, 도로배치도 등이 있으며, 개별자료는 부동산의 개별적 특성을 명확히 파악하고 개별분석, 감정평가방식의 적용 시 개별적 요인 등의 비교를 정확히 할 수 있도록 대상부동산의 종류 등 안건에 따라 적절히 수집해야 한다.

③ 사례자료

매매사례, 임대차사례, 건설사례, 수익사례 등과 같이 감정평가 3방식의 적용에 필요한 자료들이다. 사례자료는 기본적으로 위치의 유사성, 물적 유사성, 시점수정의 가능성, 사정보정의 가능성이 있어야 한다.

> **Check Point!**
>
> ● 사례자료가 감정평가에 적용되는 이유
>
> **1. 개요**
> 사례자료는 3방식의 적용을 통해 가격을 최종적으로 수치화할 수 있게 하는 중요한 도구가 되므로 대상부동산과 유사성을 갖는 최근의 사례를 다수 수집함이 중요시된다. 일반적으로는 거래사례비교법의 방식에 근거하여 시점수정 및 사정보정 가능성, 물적, 지리적 유사성이 사례자료의 조건으로 들어지고 있다.
>
> **2. 평가방식의 성립(간접법의 적용)**
> 감정평가 3방식은 시장에서 수집된 대상부동산과 대체가능한 사례자료에 근거한 광의의 비교방식이라 할 수 있으며, 특히 비교방식은 사례자료의 존재를 절대시하므로 사례자료는 평가방식의 성립과 적용을 가능케 한다. 사례자료의 존재는 간접법의 적용에 따른 대상부동산의 가격판단을 가능하게 하는 기틀로서 작용하며, 이로써 대체의 원칙에 의한 대상물건의 가치산정이 객관적·논리적 근거를 갖게 된다.
>
> **3. 감정평가액의 정확성 향상**
> 직접법을 사용하면 사례자료에 의하지 않고 대상물건의 자료에 근거하여서도 평가방식의 성립과 적용이 가능하다. 그러나 이러한 경우에도 사례자료에 근거한 시산가액과 비교·검토함으로써 그 가액의 정확성 내지 신뢰성을 제고할 수 있다.

(2) 자료의 수집방법

① 징구법

의뢰인으로 하여금 평가에 필요한 자료를 평가사에게 제출하도록 하는 방법을 말한다. 이 방법은 대상물건에 관한 여러 가지 유익한 자료를 획득할 수 있고 이를 바탕으로 평가활동을 능률화할 수 있다는 점에서 유익하다. 그러나 왜곡된 정보의 제공으로 인하여 평가사의 판단을 오도할 수 있다는 단점이 있다.

② 실사법

평가사가 실지조사를 통하여 대상물건에 관한 여러 가지 자료를 파악하고 수집하는 방법을 말한다. 이 방법은 정확하고 신뢰성이 높다는 장점이 있지만 시간과 비용이 많이 소요된다는 측면에서 볼 때 능률성이 떨어지는 단점이 있다.

③ 탐문법

평가활동에 필요한 자료와 정보를 중개업자, 관공서, 인근주민, 건축업자 등의 여러 관계인을 탐문함으로써 얻어내는 방법을 말한다. 이 방법은 대상물건과 관련하여 여러 관계인으로부터 다양한 정보를 얻어낼 수 있다는 장점이 있으나 부정확한 정보로 인하여 평가사의 판단에 지장을 줄 우려가 있다.

④ 열람법

공부상 기재사항이나 지적도의 불분명한 사항 그리고 공부에는 나타나지 않는 행정규제 사항 등에 대해 관련 자료나 문서를 직접 열람하여 조사하는 방법을 말한다. 이 방법은 정확하고 신뢰성이 높다는 장점이 있지만 번거롭다는 측면에서 능률성이 떨어진다.

(3) 자료의 정리

확인자료를 정리할 때에는 물리적인 것과 법적인 것으로 나누어 정리하고 요인자료를 정리할 때 일반자료는 용도지역마다 수집·정리하여야 하며, 개별자료는 사정보정, 시점수정, 지역·개별요인 비교가 가능한 것으로 분류하여 정리한다.

5. 자료의 검토 및 가치형성요인의 분석

1) 자료의 검토

자료검토는 수집, 정리된 자료가 대상물건의 평가에 필요하고 충분한 자료인지 또는 대상물건의 특성, 평가목적이나 조건 등에 부합하는 자료인지를 판단하는 절차를 말한다. 이때 확인자료는 자료의 공신력과 증거능력이 중요한 요소가 되므로 자료의 출처 및 그 진실성 여부에 초점을 맞추고 검토해야 한다. 그리고 요인자료는 대상물건의 가격형성에 직접적으로 영향을 미치는 요인에 관한 자료인지 여부를 검토해야 하는데 그러한 자료가 부동산시장의 현황과 거래

상황, 시장참가자들의 행동을 적절하게 반영하고 있는 객관적이고 실증적인 것인지를 확인해야 한다. 한편 사례자료는 평가방식의 적용에 직접 활용되는 것으로 최근의 사례인지, 사정보정 및 시점수정은 가능한지, 물적 유사성과 위치적 유사성이 인정될 수 있는 것인지 등을 확인해야 한다.

2) 가치형성요인의 분석

가치형성요인의 분석은 수집, 정리, 검토된 자료를 바탕으로 대상물건의 가격형성에 영향을 미치는 제반 가치형성요인을 분석하는 절차를 말한다. 이때 가치형성요인은 공간적 측면에서 일반요인, 지역요인, 개별요인으로 내용적 측면에서 자연적, 사회적, 경제적, 행정적 요인 등으로 구분하여 살펴볼 수 있다. 이러한 분석의 목적은 결국 대상물건의 최유효이용을 판정하고 구체적인 가격의 형성에 어떠한 영향을 미치고 있는지를 파악하는 것이다.

6. 감정평가방식의 선정 및 적용

1) 감정평가방법의 선정

「감정평가에 관한 규칙」제11조에서는 ① 원가방식, ② 비교방식, ③ 수익방식 등 감정평가 3방식을 열거하고 있으며 아울러 제12조에서는 각 조에서 원칙으로 정하는 감정평가방법(주방법)에 따르되 다만, 주방법에 따르는 것이 곤란하거나 부적절한 경우 다른 평가방법에 따를 수 있다고 하여 3방식을 병용하여 평가결과의 객관성과 신뢰성을 높일 것을 요구한다.

2) 감정평가방법의 적용

감정평가방법의 적용은 여러 가지 감정평가방법 중에서 선정된 평가방법을 통해 가격을 산정하는 단계이다. 여기서는 가치형성요인의 구체적인 영향관계를 바탕으로 최종 채택된 자료를 대상물건의 성격, 평가목적 또는 조건, 평가방법의 특징을 고려하여 선정된 평가방법의 구체적인 산식에 대입시킴으로써 시산가액을 도출할 수 있다.

7. 감정평가액의 결정 및 표시

1) 감정평가액의 결정(시산가액의 조정)

감정평가액의 결정은 감정평가방법의 적용을 통해 선정된 시산가액을 검토하고 조화시켜 최종적인 감정평가액을 결정하는 단계이다. 이는 다양한 평가방법을 통해 구한 시산가액을 음미하고 비판적으로 재검토하고 조화시켜 최종가액을 결정한다는 의미에서 시산가액의 조정이라고 한다.

2) 감정평가액의 표시★ 기출 23회·28회

하나의 수치로 표시하는 점추정과 범위로 표시하는 구간추정이 가능하지만 우리나라의 경우 대부분의 감정평가에서 하나의 가격, 즉 점추정치를 최종 평가액으로 제시하고 있다. 왜냐하면 외국의 경우 주관적 가치평가 의견이나 컨설팅 의뢰가 상대적으로 다수인 반면에 우리나라의 경우 의뢰인의 대부분이 최종 평가액을 요구할 뿐만 아니라 평가가액에 대한 책임소재를 명확히 규정하려는 동기에서 점추정치 평가액 의뢰 건이 대부분이기 때문이다. 또한 구간추정은 감정평가서가 아닌 컨설팅보고서와 같은 경우에 한하여 제한적으로 활용되고 있다.

> **Check Point!**
>
> ● 최종가치의 표현방법
>
> **1. 점추정**
> 감정평가액의 산출을 성립할 가능성이 가장 큰 특정 금액으로 표시하는 것을 점추정이라 한다. 전통적으로 감정평가 시에는 부동산 과세, 강제수용에 대한 보상, 가격을 통한 임대료 산정, 자산 매입 및 매각 등의 목적에 있어 특정 금액을 의뢰인이 요구한다. 법률적인 목적으로 평가의뢰인은 추정 값을 요구하는 경우가 많기 때문이다. 점추정에 있어서 추정 값의 반올림에 의한 유효숫자의 결정이 중요하다. 유효숫자가 많을수록, 즉 반올림이 적을수록 평가액의 추정치가 더 정밀한 것을 의미한다. 시장자료가 풍부할수록 유효숫자의 개수가 많아질 수 있다.
>
> **2. 구간추정**
> 감정평가액의 산출에 있어 경우에 따라서는 구간으로 추정할 수도 있다. 범위로 평가액을 산출할 경우 평가액의 범위를 상한과 하한의 범위로 산정한다. 범위가 클수록 평가의뢰인에게 의미 없는 정보를 주게 되고, 범위가 작을수록 가격의 정밀도가 커지게 되나, 위험성이 올라가는 것에 유의하여야 한다. 평가액의 확률구간은 평가의 신뢰구간과 관련이 있다. 신뢰구간이란 통계학에서 표본의 평균과 표준편차를 통해 도출된 모집단의 평균이 존재할 가능성이 있는 범위를 의미한다.

Chapter 09 감정평가서

감정평가업무는 감정평가서를 작성함으로써 최종적으로 마무리된다. 이러한 감정평가서는 최종적인 결과를 의뢰인에게 전달하고 평가목적, 평가조건, 가치기준 등의 핵심사항을 의뢰인에게 확인시켜주는 중요한 의미를 지니고 있다. 여기서는 감정평가서의 유형과 형식은 어떻게 되는지, 감정평가서에 포함되어야 할 내용인 필수적 기재사항과 임의적 기재사항은 어떤 것이 있는지 등에 대하여 살펴보고 실무적으로 감정평가서의 발급, 보존, 감정평가의 반려 등에 대해서도 간략하게 알아본다.

제1절 의의

> **Tip**
>
> 감정평가서는 제반 감정평가업무절차를 마치고 난 후 최종적인 평가결과를 의뢰인에게 보고하기 위하여 작성하는 보고서이다. 이러한 감정평가서는 최종적인 결과를 의뢰인에게 전달하고 평가목적, 평가조건, 가치기준 등의 핵심사항과 평가과정, 가격산출근거 등에 관한 제반 평가서비스의 내용을 의뢰인이 수월하게 이해할 수 있게 해 준다. 감정평가서는 평가의 기본적 사항 및 최종적인 감정평가액을 표시할 뿐만 아니라 그러한 결과가 나오게 된 이유와 근거를 설명하게 된다. 이는 그러한 평가결과에 대한 감정평가사의 책임소재를 명확히 하기 위한 것이다. 따라서 감정평가서를 작성할 때에는 평가과정에서 채집한 모든 자료를 정리하고 가치형성요인에 관해 판단하되 평가방식의 적용에 관한 판단 등의 내용을 명확하게 적시해야 한다.
>
> 이러한 감정평가서는 기본적으로 의뢰인에게 보고하기 위한 목적으로 작성된다. 그러나 경우에 따라서는 제3자에게도 영향을 미치며 더 나아가서는 부동산의 가격형성의 기초가 되기도 하기 때문에 그 작성에 있어 오해가 발생하지 않도록 신중을 기해야 한다. 즉, 감정평가액의 산출과정 및 그 근거에 대해 의뢰인뿐만 아니라 제3자도 이해할 수 있도록 충분한 정보가 포함되어야 한다.

제2절 감정평가서의 작성 및 기재사항

```
미리보기
1. 감정평가서의 작성                    2. 감정평가서의 기재사항
   1) 의의                              1) 개설
   2) 유형                              2) 필수적(절대적) 기재사항
      (1) 구두보고서                    3) 감정평가액의 산출근거 및 결정의견
      (2) 단엽식 감정평가서                (1) 의의
      (3) 정형식 감정평가서                (2) 기재해야 할 내용(「감정평가에 관한 규칙」
      (4) 서술식 감정평가서                    제13조 제3항)
   3) 감정평가서의 작성원칙
      (1) 구분작성의 원칙
      (2) 책임소재 명확화의 원칙
```

1. 감정평가서의 작성

1) 의의

의뢰인으로부터 부여된 감정평가나 검토평가, 감정컨설팅 과제에 대하여 조사·분석한 최종 결과를 의뢰인에게 제시하는 서면평가서나 구두보고서를 말한다. 감정평가서는 감정평가의 기본적 사항과 감정평가액을 나타내고 그 결정에 관한 의견과 이유를 설명하는 것으로서 감정평가 주체의 책임소재를 명백히 함에 의의가 있다.

2) 유형

(1) 구두보고서

정식평가서로서 취급하지 않는 것이 우리나라의 관행이다. 그러나 동산의 경매감정이나 의뢰인이 구두로 보고받기를 요구하는 경우, 서면보고서와 같이 동일한 책임이 주어지고, 평가원칙에 따라 완전한 평가를 수행하며, 조사분석과정 및 가치결론 판단 등의 자료를 보존한다.

(2) 단엽식 감정평가서

감정평가액만 표시하고 그 이외의 평가과정이나 부속자료 등은 제시하지 않는 약식감정평가서를 말한다. 이러한 단엽식 평가서는 거의 사용되고 있지 않다.

(3) 정형식 감정평가서

미리 정해진 양식에다 해당되는 사항을 조사하여 기입하는 유형으로 간결하고 작성이 용이하나 서식의 제한으로 대상부동산의 상황이나 가격결정에 관한 의견 등이 상세히 기술되지 못하는 단점이 있다.

(4) 서술식 감정평가서

평가과정에서의 조사분석사항이나 가격평정에 이르기까지의 여러 가지 정보 및 의견 등을 전문가의 입장에서 가장 상세하게 서술하는 형태의 보고서이다. 대상부동산 및 시장상황의 분석내용이나 가격형성요인의 분석 및 판단 등 사용자의 의사결정에 유용한 정보를 충분히 기술할 수 있는 장점이 있으나 대신 작성에 많은 시간과 비용이 소요된다.

3) 감정평가서의 작성원칙

(1) 구분작성의 원칙

의뢰물건별로 구분·작성함을 원칙으로 한다. 여러 건이라도 평가의뢰자(또는 차주)나 소유자가 동일한 건으로 업무적인 관련이 있는 경우에는 일괄하여 한 건으로 작성한다. 또한 평가물건별 감정평가서는 행정구역별로 구분한다.

(2) 책임소재 명확화의 원칙

전문적 지식과 경험을 토대로 대상부동산의 경제적 가치를 판단한 의견을 표시함으로써 그 책임소재를 분명히 하고 의뢰인에게 필요한 정보를 제공해야 한다. 윤리규정을 엄격히 준수하고 객관적·합리적 기준에 의한 책임 있는 작성이 큰 영향을 미치는 부동산시장에서 가격형성의 지표가 되기 때문이다.

2. 감정평가서의 기재사항

1) 개설

감정평가서의 기재 시 그 내용이 법률에 규정되어 있느냐의 여부에 따라 필수적인 기재사항과 임의적 기재사항으로 구분할 수 있다. 필수적 기재사항은 감정평가의 내용을 정확하게 전달하고 이에 대한 책임소재를 분명히 하기 위하여 「감정평가에 관한 규칙」 제13조에서 규정하고 있으며 임의적 기재사항은 법률의 규정은 없으나 대상물건의 성격 또는 평가목적에 의해 필요한 경우, 의뢰인에게 참고가 되는 경우, 기타 의뢰인 등의 이해를 돕기 위해 기재되는 내용 등이다.

2) 필수적(절대적) 기재사항

「감정평가에 관한 규칙」 제13조 제2항에서 이를 필수적 기재사항으로 명시하고 있다.
① 감정평가법인등의 명칭
② 의뢰인의 성명 또는 명칭
③ 대상물건(소재지, 종류, 수량, 그 밖에 필요한 사항)
④ 대상물건 목록의 표시근거
⑤ 감정평가 목적
⑥ 기준시점, 조사기간 및 감정평가서 작성일

⑦ 실지조사를 하지 않은 경우에는 그 이유
⑧ 시장가치 외의 가치를 기준으로 감정평가한 경우에는 제5조 제3항 각 호의 사항. 다만, 같은 조 제2항 제1호의 경우에는 해당 법령을 적는 것으로 갈음할 수 있다.
⑨ 감정평가조건을 붙인 경우에는 그 이유 및 제6조 제3항의 검토사항. 다만, 같은 조 제2항 제1호의 경우에는 해당 법령을 적는 것으로 갈음할 수 있다.
⑩ 감정평가액
⑪ 감정평가액의 산출근거 및 결정 의견
⑫ 전문가의 자문 등을 거쳐 감정평가한 경우 그 자문 등의 내용
⑬ 그 밖에 이 규칙이나 다른 법령에 따른 기재사항

3) 감정평가액의 산출근거 및 결정의견

(1) 의의

가격을 결정하는 일련의 직업이 합리적 근거 및 이론적 해석에 입각하여 수행되었음을 집약적으로 표시하는 것으로 필수적 기재사항이다. 이 항목에서 합리적, 이론적 근거를 제시함으로써 평가의뢰인의 이해를 돕고 분쟁의 소지를 미연에 방지하며 평가주체의 면책근거가 되는 것이다.

(2) 기재해야 할 내용(「감정평가에 관한 규칙」 제13조 제3항)

제2항 제11호의 내용에는 다음 각 호의 사항을 포함해야 한다. 다만, 부득이한 경우에는 그 이유를 적고 일부를 포함하지 아니할 수 있다.

① 적용한 감정평가방법 및 시산가액 조정 등 감정평가액 결정과정(제12조 제1항 단서 또는 제2항 단서에 해당하는 경우 그 이유를 포함한다)

①의2 거래사례비교법으로 감정평가한 경우 비교 거래사례의 선정 내용, 사정보정한 경우 그 내용 및 가치형성요인을 비교한 경우 그 내용

② 공시지가기준법으로 토지를 감정평가한 경우 비교표준지의 선정 내용, 비교표준지와 대상토지를 비교한 내용 및 제14조 제2항 제5호에 따라 그 밖의 요인을 보정한 경우 그 내용

③ 재조달원가 산정 및 감가수정 등의 내용

④ 적산법이나 수익환원법으로 감정평가한 경우 기대이율 또는 환원율(할인율)의 산출근거

⑤ 제7조 제2항부터 제4항까지의 규정에 따라 일괄감정평가, 구분감정평가 또는 부분감정평가를 한 경우 그 이유

⑥ 감정평가액 결정에 참고한 자료가 있는 경우 그 자료의 명칭, 출처와 내용

⑦ 대상물건 중 일부를 감정평가에서 제외한 경우 그 이유

제3절 감정평가서의 법률적 성격 및 감정평가사의 책임

> **Tip**
>
> 「감정평가법」제28조에서 감정평가사의 손해배상책임을 명시하고 있다. 그러나 감정평가서는 평가작업 결과에 대한 하나의 보고서로서 재산의 경제적 가치 측정에 필요한 참고자료에 불과한 것이다. 평가가격은 어디까지나 추정이며 의견인 것이다. 감정평가서의 법률적 성격은 구속적 의미라기보다는 어디까지나 경제사회에서 의사결정을 위한 하나의 참고적 가이드라인의 역할을 하는 것이며, 이를 작성하는 전문가인 감정평가사의 직업윤리에 따른 고도의 전문지식과 경험을 통하여 최선의 노력과 높은 도덕수준이 요구되는 문제이다. 즉, '적정가격'은 무엇이며, '현저한 차이'의 판단기준은 무엇인가에 관한 것이다.
> 이 규정은 그 내용이 지나치게 불명확하고 자의적인 해석을 할 가능성이 큼에 따라 손해배상청구권이 남용될 우려도 있으므로 보다 면밀한 연구나 활발한 논의가 있어야 할 것이다.

Chapter 10 감정평가의 방식

감정평가의 궁극적인 목적은 결국 정확한 가치의 판정에 있다. 이러한 가치를 판정하기 위해서는 구체적인 수단이나 도구가 필요한데, 감정평가 3방식이 대표적이다. 감정평가 3방식은 현재가치를 판정하는 데 사용되는 가장 기본적이고 전통적인 기법으로 작용하고 있다. 컴퓨터의 등장과 각종 의사결정기법의 발전 등으로 새로운 평가기법들이 많이 개발되고 있으나 그 내용을 들여다보면 결국은 감정평가 3방식에 기초하고 있다는 사실을 알게 될 것이다. 감정평가방식의 적용은 감정평가활동의 마무리단계에 속하는 것으로 가장 핵심적인 위치를 차지하고 있는 부분이라는 점을 명심해야 한다.

① 감정평가 3방식

감정평가 3방식의 의의를 시작으로 하여 각 방식의 성립근거가 무엇인지, 어떠한 상황에서 적용되는지, 그리고 장점과 단점은 각각 무엇인지 등과 관련한 사항은 3방식을 이해하는 기초적인 내용이 된다는 것을 인지하여야 한다.

② 3방식의 병용에 대한 논의와 시산가액의 조정에 대한 논의

이는 이론적인 측면에서도 의미가 있지만 평가실무에서 무엇보다도 중요하게 인식되고 활용되고 있는 분야이므로 철저한 학습이 요구된다. 먼저 3방식 병용이 필요한 이유는 무엇인지, 우리나라에서는 어떻게 규정하고 있는지를 살펴보아야 한다. 그리고 시산가액 조정과 관련해서도 시산가액 조정이 필요한 이유는 무엇인지, 시산가액 조정을 한다고 할 경우 조정기준과 조정방법은 무엇인지 마지막으로 유의사항은 어떠한 것들이 있는지를 살펴보아야 한다.

제1절 의의

> **Tip**
>
> 감정평가방식이란 대상물건의 가치를 판정하기 위하여 적용하는 기법으로서 제반 가치형성요인의 구체적인 영향관계를 바탕으로 그 가치를 화폐액으로 계산해내는 방법이다. 이는 감정평가활동에 있어 가장 핵심적인 위치를 차지하고 있는 부분이다.
> 일반적으로 사람이 물건의 가치를 판정할 때는 그 물건이 시장에서 어느 정도의 가격으로 거래되고 있는가(시장성), 그 물건을 만드는 데 얼마만큼의 비용이 투입되었는가(비용성), 그 물건을 이용함으로써 어느 정도의 이익 또는 편익을 얻을 수 있는가(수익성) 하는 세 가지를 고려하게 된다. 이것을 통상 가격의 3면성이라고 한다. 부동산의 경우에도 이와 마찬가지로 시장성에 착안하여 가격을 구하는 비교방식, 비용성에 착안하여 가격을 구하는 원가방식, 그리고 수익성에 착안하여 가격을 구하는 수익방식이 전통적으로 감정평가의 방식으로 정립되어 왔다. 이 세 가지 방식을 감정평가의 3방식이라고 한다.

제2절 감정평가 3방식 기출 4회·22회·25회·27회·29회

> **Check Point!**
>
> ● 「감정평가에 관한 규칙」
> 제11조(감정평가방식)
> 1. **원가방식**: 원가법 및 적산법 등 비용성의 원리에 기초한 감정평가방식
> 2. **비교방식**: 거래사례비교법, 임대사례비교법 등 시장성의 원리에 기초한 감정평가방식 및 공시지가기준법
> 3. **수익방식**: 수익환원법 및 수익분석법 등 수익성의 원리에 기초한 감정평가방식

미리보기

1. 비교방식
   1) 의의
   2) 근거
      (1) 대체의 원칙
      (2) 시장성
      (3) 신고전학파의 수요공급이론
   3) 적용대상
   4) 장단점
      (1) 장점
      (2) 단점
2. 원가방식
   1) 의의
   2) 근거
      (1) 대체의 원칙
      (2) 비용성
      (3) 고전학파의 생산비가치설
   3) 적용대상
   4) 장단점
      (1) 장점
      (2) 단점
3. 수익방식
   1) 의의
   2) 근거
      (1) 수익성
      (2) 예측의 원칙과 대체의 원칙
      (3) 한계효용학파의 한계효용가치설
   3) 적용대상
   4) 장단점
      (1) 장점
      (2) 단점

1. 비교방식

1) 의의*

거래사례비교법, 임대사례비교법 등 시장성의 원리에 기초한 감정평가방식 및 공시지가기준법을 말한다. 여기서 거래사례비교법이란 대상물건과 가치형성요인이 같거나 비슷한 물건의 거래사례와 비교하여 대상물건의 현황에 맞게 사정보정(事情補正), 시점수정, 가치형성요인 비교 등의 과정을 거쳐 대상물건의 가액을 산정하는 감정평가방법을 말한다. 임대사례비교법이란 대상물건과 가치형성요인이 같거나 비슷한 물건의 임대사례와 비교하여 대상물건의 현황에 맞게 사정보정, 시점수정, 가치형성요인 비교 등의 과정을 거쳐 대상물건의 임대료를 산정하

는 감정평가방법을 말한다. 공시지가기준법이란 법 제3조 제1항에 따라 감정평가의 대상이 된 토지와 가치형성요인이 같거나 비슷하여 유사한 이용가치를 지닌다고 인정되는 표준지의 공시지가를 기준으로 대상토지의 현황에 맞게 시점수정, 지역요인 및 개별요인 비교, 그 밖의 요인의 보정을 거쳐 대상토지의 가액을 산정하는 감정평가방법을 말한다.

2) 근거*

(1) 대체의 원칙
비교방식은 사례물건의 가격으로부터 대상물건의 가격을 구하기 때문에 기본적으로 대체의 원칙에 근거하고 있다. 즉, 전형적인 매도자는 유사매매사례의 가격 이하로는 팔려고 하지 않을 것이며, 매수자도 그 이상으로 사려고 하지 않을 것이라는 것이다.

(2) 시장성
비교방식은 시장의 동향을 파악하여 시산가액을 구하는 방법으로 시장참가자는 수요, 공급의 상호작용에 의해 결정되는 가격을 기준으로 행동한다. 즉, 대상물건이 시장에서 어느 정도의 가격으로 거래되고 있는가 하는 시장성에 근거하고 있다.

(3) 신고전학파의 수요공급이론
수요·공급의 상호작용에서 재화의 가치를 파악한 신고전학파의 수요공급이론에 근거하고 있다.

3) 적용대상

(1) 충분한 거래사례가 있는 경우 모든 종류의 물건에 적용이 가능하다. 예들 들어 토지, 아파트, 상가 등뿐만 아니라 자동차, 염전 등에도 적용이 가능하다.

(2) 오래된 건물이나 수익을 창출하지 않는 부동산에도 적용이 가능하다.

4) 장단점

(1) 장점
① 시장성의 원리에 의한 것으로 실증적, 객관적이고 설득력이 있다.
② 거래사례가 있는 모든 부동산에 적용이 가능하며, 특히 소득이 없는 부동산, 감가가 심한 부동산에도 유용하다.
③ 재생산이 불가능한 토지평가에 유용하다.
④ 산식이 간편하고 의뢰인 등이 이해하기 쉽다.
⑤ 순수익 예측, 재조달원가, 감가상각 파악 시 추계의 주관성을 배제할 수 있다.
⑥ 인플레가 지속적으로 심한 상황하에서 보다 직접적으로 시장가치를 지지할 수 있는 수단이 된다. 왜냐하면 매도자와 매수자의 협상의 결과인 매매가격은 인플레에 의해 하락한 화폐가치를 적절히 교정하고 있는 것으로 볼 수 있기 때문이다.

(2) 단점
① 거래사례가 없으면 적용이 불가능하다.
② 가치형성요인비교 시 감정평가주체의 주관이 개입될 수 있다.
③ 사례가격은 과거가격으로 현재 시장가치와의 관계가 문제된다.
④ 당사자의 사정, 거래동기, 매도자나 매수자의 협상력의 차이 등에 의해 매매가격의 왜곡이 있을 수 있어 사정보정에 어려움이 존재한다.

2. 원가방식

1) 의의*

원가법 및 적산법 등 비용성의 원리에 기초한 감정평가방식을 말한다. 여기서 원가법이란 대상물건의 재조달원가에 감가수정(減價修正)을 하여 대상물건의 가액을 산정하는 감정평가방법을 말한다. 적산법(積算法)이란 대상물건의 기초가액에 기대이율을 곱하여 산정된 기대수익에 대상물건을 계속하여 임대하는 데에 필요한 경비를 더하는 방식으로 대상물건의 임대료[(賃貸料), 사용료를 포함한다]를 산정하는 감정평가방법을 말한다.

2) 근거*

(1) 대체의 원칙
전형적인 매수자는 대상부동산과 동일한 효용을 제공하는 대체 부동산의 생산비보다도 더 많은 가격을 지불하지 않을 것이며 매도자도 그 비용 이하로는 팔려고 하지 않을 것이라는 것을 근거로 하고 있다.

(2) 비용성
대상물건이 어느 정도의 비용이 투입되었는가 하는 비용성에 근거한다.

(3) 고전학파의 생산비가치설
공급 측면에서 비용과 가격과의 상호관계를 파악하는 것으로 공급자 가격의 성격, 재화의 가치를 비용에서 구하는 고전학파의 생산비가치설에 근거를 둔다.

3) 적용대상
(1) 건물, 구축물 등 재생산이 가능한 재화에 적용이 가능하다.
(2) 건설기계, 선박, 항공기 등 제작된 부동산에 대한 표준적 제작비에 통상 부대비용을 가산하여 재조달원가를 구한 뒤 보통 정률법으로 감가수정하여 가격을 구한다.
(3) 조성지, 매립지, 개간지, 간척지 등 개량된 토지는 투자비용의 산정이 가능하므로 표준취득가격이나 또는 택지의 조성을 위해 소요되는 표준적 건설비에 통상 부대비용을 가산하여 가격을 구한다.

4) 장단점

(1) 장점
① 비용성에 따른 공급자 측면의 평가방식으로 논리적, 설득력이 있으며, 특히 부동산개발의 타당성분석에 유용하게 활용할 수 있다.
② 재생산이 가능한 모든 부동산에 적용이 가능하다.
③ 공공·공익용 부동산, 교회, 사찰 등 시장성이 없는 특수목적 부동산의 평가에 유용하다.
④ 조성지, 매립지 등의 평가에 가능하다.
⑤ 감가상각 정도가 적고 최근의 비용자료 수집이 가능한 신축건물의 평가에 유용하다.

(2) 단점
① 표준비용 추계치 문제, 건축의 질적 차이 파악문제, 간접비용 차이 문제, 비용항목의 문제 등 재조달원가의 파악이 어렵다.
② 재생산이 불가능한 기성시가지, 나지 등의 평가가 불가능하다.
③ 시장성 및 수익성이 반영이 되지 않아 현실성이 없다.
④ 감가수정(특히 기능적, 경제적 감가의 파악)이 어렵고 주관개입 가능성이 있다.
⑤ 비용은 과거의 값이라는 점에서 현재 값을 구하는 가치의 정의에 부합하지 않는다.

3. 수익방식

1) 의의*

수익환원법 및 수익분석법 등 수익성의 원리에 기초한 감정평가방식을 말한다. 여기서 수익환원법(收益還元法)이란 대상물건이 장래 산출할 것으로 기대되는 순수익이나 미래의 현금흐름을 환원하거나 할인하여 대상물건의 가액을 산정하는 감정평가방법을 말한다. 수익분석법이란 일반기업 경영에 의하여 산출된 총수익을 분석하여 대상물건이 일정한 기간에 산출할 것으로 기대되는 순수익에 대상물건을 계속하여 임대하는 데에 필요한 경비를 더하여 대상물건의 임대료를 산정하는 감정평가방법을 말한다.

2) 근거*

(1) 수익성
소득을 많이 창출하는 부동산일수록 가치는 크고, 그렇지 못한 부동산일수록 가치는 작아진다. 즉, 대상물건에서 향후 어느 정도의 수익이 발생할 것인가 하는 수익성에 근거하고 있다.

(2) 예측의 원칙과 대체의 원칙
장래 기대이익의 현재가치로서 부동산의 가격을 파악하며, 대체 부동산의 수익을 감안하여 매수자와 매도자의 가격이 영향을 받게 되므로 예측의 원칙과 대체의 원칙에 근거한다.

(3) 한계효용학파의 한계효용가치설

수요 측면에서 효용과 가격과의 상호관계를 파악하므로 수요자가격의 성격, 재화의 가치는 수요자의 주관적 효용에 의해서 결정된다는 한계효용학파의 한계효용가치설에 근거한다.

3) 적용대상

부동산, 동산 할 것 없이 수익이 발생하는 물건이면 적용할 수 있다. 그러나 수익분석법은 주거용 부동산에는 적용이 불가능하다(주거용 부동산 외에도 수익의 발생형태가 임대료로만 구성되어 있는 물건은 모두 해당한다).

4) 장단점

(1) 장점

① 수익성에 따른 수요자 측면의 가격으로 이론적이며 가치의 본질에도 부합한다.
② 수익이 발생하는 모든 부동산의 평가에 적용된다.
③ 기업용·임대용 부동산의 평가에 유용하다.
④ 오늘날 가치평가업무, 비가치추계업무 등에 있어 강한 현실적인 필요성이 요구되고 있다.

(2) 단점

① 수익이 없는 부동산(주거용, 교육용, 공공용)에 적용이 불가능하다.
② 불완전한 시장에서는 순수익과 자본환원율의 파악이 어렵다.
③ 수익환원법에는 예측의 원칙이 중요하게 작용하나 예측의 오류가능성이 존재한다.
④ 수익만을 고려하기 때문에 신축건물과 오래된 건물의 차이를 반영하기 어렵다.

제3절 3방식 병용에 대한 논의

> 미리보기
>
> 1. 의의
> 2. 3방식 병용에 대한 찬반론
>   1) 찬성하는 입장
>   2) 반대하는 입장
> 3. 병용의 필요성
>   1) 각 방식의 상호 관련성
>   2) 각 방식의 특징과 유용성·한계
>   3) 평가주체의 주관개입 방지
>   4) 부동산시장의 불완전성
>   5) 단일평가방식에 의한 오류의 방지
>   6) 평가의 합리성 측면
>   7) 부동산시장의 개방화·국제화의 시대적 요청
> 4. 단일방식에 의한 평가가 인정되는 사항
>   1) 불가능한 경우
>   (1) 특수목적 부동산
>   (2) 자료의 신뢰성이 없는 경우
>   2) 부적절한 경우
>   (1) 거래관행이 있는 부동산
>   (2) 대상부동산의 성격
>   3) 기타
>   (1) 평가방식의 선택이 법령에 정해져 있는 경우
>   (2) 평가목적 및 평가조건에 따라
> 5. 외국의 규정 및 우리나라의 규정 검토
>   1) 외국의 경우
>   (1) 개설
>   (2) 일본
>   (3) 미국
>   (4) 영국
>   2) 우리나라의 경우
>   (1) 「부동산공시법」 제3조
>   (2) 「토지보상법 시행규칙」 제18조
>   (3) 「감정평가에 관한 규칙」 제12조
>   3) 소결

1. 의의

감정평가는 시장성, 비용성, 수익성에 각각 근거한 비교방식, 원가방식, 수익방식을 통해 부동산의 경제적 가치를 판정하는 활동으로 이러한 방식에 의해 추구되는 가격이 시장가치인 점에서 그 결과 또한 이론적으로 일치되어야 한다고 인식하는 것이 일반적이다. 이를 가치의 3면 등가성이라고 한다. 그러나 현실적으로 부동산 및 부동산시장의 특성, 각 방식의 기본사고 차이와 한계 등으로 인해 불일치되고 있다. 이에 현실적으로 차이가 발생하는 감정평가의 3방식을 함께 적용할 것인가 하는 3방식 병용에 대한 논의가 필요하다.

2. 3방식 병용에 대한 찬반론

1) 찬성하는 입장

(1) 특정 방법만을 사용했을 때 생길 수 있는 편의현상의 회피가 가능하다.

(2) 세 가지 접근법에 의한 결과치를 비교해 봄으로써, 현재 시장이 왜곡되었는지 여부의 추론이 가능하며, 시산가액 간의 상당한 차이를 보이는 경우 대상부동산의 부적절한 평가방법이 있음을 시사한다.

(3) 시장가격이 극도로 왜곡되어 있는 경우 세 가지 접근법을 모두 적용함으로써 왜곡된 평가를 회피하여 공신력 제고의 기능을 수행한다.

(4) 세 가지 접근법을 모두 적용하는 것은 평가기법이 크게 발전하는 계기를 제공한다.

2) 반대하는 입장

(1) 시장이 극도로 왜곡되어 있는 경우에는 모르지만 그렇지 않은 상황에선 의미가 없다.

(2) 단독주택과 같이 아무런 수익을 창출하지 못하는 부동산의 경우에 소득접근법의 적용이 어렵다.

(3) 세 가지 접근법이 근거하고 있는 기본가정이 서로 다르기 때문에 모든 부동산에 세 가지 접근법을 모두 사용할 필요가 없다.

3. 병용의 필요성

1) 각 방식의 상호 관련성

각 방식에서 추구하는 가격목표는 서로 일치할 뿐만 아니라 각 방식은 각기 다른 방식의 사고방식이 채택되어 혼합 적용되고 있다는 점에서 볼 때 상호 밀접하게 관련되어 있다. 따라서 3방식을 모두 적용하게 되면 서로 보완적인 기능을 함으로써 보다 적정한 평가결과가 도출될 수 있다.

2) 각 방식의 특징과 유용성·한계

각 방식은 각 방식마다의 특징과 유용성을 가지고 있지만, 한편으로는 적용범위의 한계를 지니고 있다. 따라서 어느 한 가지 방식에 의하여는 현실적으로 적정가격을 산정한다는 것이 어려운 일이므로 3방식을 모두 적용해야 할 필요성이 생긴다.

3) 평가주체의 주관개입 방지

감정평가 3방식 적용 시 평가주체의 자의적인 판단이 개입될 소지가 있다. 이에 각 방식을 병용함으로써 주관개입의 한계를 어느 정도 극복하고 보다 객관적인 결과를 도출하는 데 기여할 수 있다.

4) 부동산시장의 불완전성

부동산시장은 기본적으로 불완전한 특성을 가지고 있다. 특히 우리나라의 경우에는 부동산가격의 변동이 심하고 투기적인 성향이 강한 불완전한 시장이라고 할 수 있다. 이러한 시장에서는 각 방식을 적용하여 그 결과를 검토함으로써 보다 적정한 가격을 도출할 수 있다.

5) 단일평가방식에 의한 오류의 방지

하나의 평가방식만을 적용하게 될 경우 대상물건의 성격 등과 맞지 않는 평가방식의 적용으로 인해 불합리한 결과가 발생할 수 있다. 또한 자료의 부족 및 부적절성 등의 문제와 적용과정에서 오류발생의 문제 등으로 적절치 못한 결과치가 나올 수 있다.

6) 평가의 합리성 측면

부동산가격은 하나의 점(spot)으로 이해될 수 있으나 현실적으로는 어떤 일정한 범위의 개념이라고 이해하는 것이 보다 타당할 때가 있다. 그런데 단일방식에 의할 경우에는 전자의 개념에 따라 결과치가 하나의 가격으로 도출될 수 밖에 없다. 따라서 현실적인 타당성을 고려한다면 오히려 3방식을 적용하여 어떤 범위를 나타내는 가격으로 도출함으로써 보다 합리적이고 현실에 부합하는 평가결과를 도출할 수 있을 것이다.

7) 부동산시장의 개방화·국제화의 시대적 요청

3방식 병용을 통한 국제적 수준의 평가기준을 정립하여 외국자본 등에 대한 감정평가서비스의 수준을 높이고 제공할 필요가 있다. 물론 국내시장의 수요자에게도 고품질의 평가서비스를 제공하고 감정평가업계의 질적 향상을 도모할 수 있다.

4. 단일방식에 의한 평가가 인정되는 사항* 기출 15회

1) 불가능한 경우

(1) 특수목적 부동산

공공청사, 하천, 기타 국유재산과 같이 3방식 병용에 필요한 자료 자체가 없는 경우가 있다.

(2) 자료의 신뢰성이 없는 경우

사례자료가 있다고 하더라도 아주 오래된 건물의 비용자료처럼 너무 오래되었다거나 시장의 급격한 변화로 신뢰성이 없는 경우가 있다.

2) 부적절한 경우

(1) 거래관행이 있는 부동산

시장에서 부동산거래에 있어 일정한 관행이 형성되어 있는 경우 기타 방식에 의한 평가가 그러한 관행과 어긋나는 경우, 3방식 병용은 부적절할 것이다. 예를 들어 아파트의 경우 토지와 건물이 일체로 거래되기 때문에 비교방식이 아닌 원가방식으로 건물과 대지권을 각각 평가해서는 곤란하다.

(2) 대상부동산의 성격

대상부동산의 성격에 따라 3방식 중 하나의 방식 또는 두 개의 방식만이 유용하고, 다른 방식은 적용이 부적절할 수도 있다. 예를 들어 자가 주거용 부동산의 경우 수익방식의 적용은 사실상 어렵다. 반대로 상업용 부동산의 평가에서 원가방식의 적용은 부적절하다 할 것이다.

3) 기타

(1) 평가방식의 선택이 법령에 정해져 있는 경우

보상평가는 법정평가라고 하여 관련 법률에서 규정하고 있는 방식을 적용해야 하므로, 3방식 병용은 단지 검토하는 차원에서 적정성의 참고에 그칠 것이다.

(2) 평가목적 및 평가조건에 따라

최근의 REITs나 ABS, MBS 등 각종 금융상품의 평가 시, 그 목적상 수익방식(DCF법)의 적용이 타당할 경우 평가목적에 따라 3방식 병용이 부인될 수 있다. 또한, 평가의뢰자가 특정방식의 적용을 평가조건으로 약정한 경우 의뢰자의 의도에 따라 3방식 병용을 하지 않을 수도 있다.

5. 외국의 규정 및 우리나라의 규정 검토

1) 외국의 경우

(1) 개설

국가별로 평가방식은 대동소이하나 각국의 부동산 환경의 차이로 인해 평가방식의 적용에 있어서는 다소 차이를 보이고 있다. 특히 수익환원법의 경우에는 미국이나 유럽 등에서는 활발히 적용되고 있는 반면 우리나라와 일본 등은 관련 논의는 활발하나, 자료의 비공개성 등으로 적용에 소극적인 실정이다.

(2) 일본

원칙적으로 비교방식, 원가방식, 수익방식을 병용하도록 규정하고 있어, 대상부동산의 성격상 병용이 곤란한 경우를 제외하고는 3방식을 모두 적용하여 평가하고 있다. 하나라도 적용하지 않을 경우에는 그 사유를 적도록 하고 있다. 다만, 실제 적용에 있어서는 일본 역시 우리와 마찬가지로 부동산에 대한 인식이 매 기간 소득, 수익보다는 기간 말의 복귀가치를 더 중시하고, 보유기간도 장기이기 때문에 수익방식 적용에 있어서 많은 어려움을 겪고 있다.

(3) 미국

미국은 USPAP(감정평가기준)이라는 단일기준에 의해 3방식을 모두 적용하는 것을 기본원칙으로 할 뿐만 아니라 각종 관련 자료수입이 용이하다는 토대 위에 평가목적, 대상물건의 특성 등에 따라 3방식을 고루 활용하여 가감조정하고 있다.

(4) 영국

영국의 감정평가사들은 '비교방식, 소득방식, 비용방식, 수익성 방식과 잔액방식(잔여법)'의 다섯 가지 평가법을 사용하고, 그중 가장 적합한 방법을 선택한다고 하여 시산가액 조정을 부정한다.

2) 우리나라의 경우

(1) 「부동산공시법」 제3조

표준지공시지가를 조사·평가하는 경우에 참작하여야 할 기준으로 인근 유사토지의 거래가격·임대료 및 해당 토지와 유사한 이용가치를 지닌다고 인정되는 토지의 조성에 필요한 비용추정액 등을 종합적으로 참작하여야 한다고 규정함으로써 3방식 병용을 긍정한다.

(2) 「토지보상법 시행규칙」 제18조

대상물건의 평가는 이 규칙에서 정하는 방법에 의하되, 그 방법으로 구한 가격 또는 사용료를 다른 방법으로 구한 가격 등과 비교하여 그 합리성을 검토하여야 한다.

(3) 「감정평가에 관한 규칙」 제12조

어느 하나의 감정평가방법을 적용하여 산정한 가액을 다른 감정평가방식에 속하는 하나 이상의 감정평가방법으로 산출한 시산가액과 비교하여 합리성을 검토해야 한다. 다만, 대상물건의 특성 등으로 인하여 다른 감정평가방법을 적용하는 것이 곤란하거나 불필요한 경우에는 그렇지 않다.

3) 소결

외국에서는 비교방식, 원가방식, 수익방식이 일반적으로 사용되고 있으며, 이를 위한 각종 자료의 분석과 발표도 활발히 이루어지고 있다. 그렇다고 이것이 무조건적인 3방식 병용을 의미하는 것은 아니다. 예컨대, 미국에서는 신축건물이나 특수건물의 경우를 제외하고는 원가방식을 주된 방식으로 적용하지 않고 있으며, 일본에서는 부동산증권화와 관련된 평가에 있어 DCF법을 우선적으로 적용하도록 하는 등 평가대상별로 주된 평가방식이 있고 이를 검토하고 검증할 수 있는 부수적인 평가방식이 있다.

우리나라는 부동산을 통제의 대상으로 생각하고 있는 기본 인식 아래 평가방식에 있어서도 공시지가기준법이라는 고정적이고 경직적인 방식을 기본적으로 채택하고 있다. 이는 또한 사회·경제적으로 부동산에 대한 인식이 상대적으로 부정적이고 음성적이어서 관련 자료 또한 제대로 가공되거나 공개되지 못하고 있는 현실이 반영된 것이기도 하다.

이처럼 각국의 평가방식은 각자가 처한 시장상황과 관행에 따라 평가에 필요한 자료와 수집가능한 자료의 종류와 범위에 큰 영향을 받고 있다.

그러나 대상물건의 가치를 평가한다는 기본적인 접근논리는 동일하므로 우리나라 또한 기존의 공시지가기준법에만 국한하지 말고 되도록 3방식을 모두 사용하게 함으로써 평가의 객관화와 선진화에 힘써야 할 것이다.

제4절 시산가액 조정에 대한 논의 기출 1회·4회·25회·28회

미리보기

1. 의의
2. 시산가액 조정에 대한 견해
   1) 마샬의 견해
   2) 배브콕의 견해
   3) 허드의 견해
   4) 앳킨슨의 견해
3. 시산가액 조정의 필요성
   1) 3면등가의 한계
   2) 평가방식의 특징 및 유용성과 한계
   3) 상관·조정의 원리
4. 시산가액 조정의 기준 및 조정방법
   1) 조정방법
      (1) 개설
      (2) 가중평균에 의한 방법
      (3) 종합적인 판단에 의한 방법
      (4) 최적정 평가방법에 의한 방법
      (5) 통계적 분석기법
   2) 시산가액 조정의 기준
      (1) 평가목적
      (2) 대상물건의 성격
      (3) 시장상황
   (4) 자료의 신뢰성
      ① 개설
      ② 적절성
      ③ 정확성
      ④ 증거의 양
5. 시산가액 조정 시 유의사항
   1) 일반적 유의사항
   2) 구체적 유의사항
      (1) 자료의 선택 및 활용의 적부
      (2) 부동산가격에 관한 제원칙의 해당 조건에 부응한 활용의 적부
      (3) 일반요인의 분석과 지역, 개별분석의 적부
      (4) 단가와 총액과의 관계 적부
   3) 검토
6. 시산가액 조정의 문제점
   1) 개설
   2) 시산가액의 조정에 관한 문제점
      (1) 부동산시장의 불완전성으로 인한 등가성의 배제
      (2) 부동산이용의 복잡화로 인한 가격형성의 개별화
      (3) 시산가액 조정의 방법상의 한계

1. 의의

앞서 3방식을 모두 적용하게 된다면 각각의 방식 적용으로 도출된 가액을 어떻게 처리해야 하는가 하는 문제, 즉 시산가액의 조정문제가 대두된다. 여기서 시산가액이란 대상물건의 최종적인 감정평가액을 결정하기 위해 각각의 감정평가방식에 따라 산정된 금액을 말하며, 시산가액의 조정이란 각 시산가액을 비교·분석하여 그들 사이에 존재하는 유사점과 차이점을 찾아내어 통일적이고 일관된 가액이 도출될 수 있도록 조화시키는 작업이라 할 수 있다.

이러한 시산가액의 조정을 통해 각 방식의 평가과정의 객관성과 정당성을 확인하고 평가과정을 비판적으로 재검토함으로써 시산가액 간에 차이가 나는 이유를 발견하고 적절한 가액을 도출할 수 있게 된다. 결국 이러한 과정을 통해 최종적인 감정평가결과에 논리성과 합리성을 부여할 수 있게 된다.

2. 시산가액 조정에 대한 견해

1) 마샬(Alfred Marshall)의 견해

완전경쟁이 존재하는 합리적 시장에서는 공급자 한계가격인 적산가액과 수요자의 수익가액이 균형이 되는 점에서 시장가격이 정해지므로 수익가액 = 비준가액 = 적산가액이 된다고 한다.

2) 배브콕(F. M. Babcock)의 견해

신규물건 이외의 부동산에는 등가성이 부인된다고 하면서 특정의 부동산에는 특정의 평가방식이 사용되어야 한다는 기준을 확립하여 시산가액 조정의 필요성을 부인하여 수익의 측정이 가능한 모든 부동산의 평가에는 수익환원법만을 적용해야 한다고 주장하였다.

3) 허드(R. M. Hurd)의 견해

미국의 은행가인 Hurd는 가치를 가장 잘 나타내고 있는 것이 매매거래가격이라고 주장함으로써 거래사례비교법의 우위를 강조하였다.

4) 앳킨슨(H. G. Atkinson)의 견해

시장성, 비용성, 수익성은 상호 관련성이 있으므로 실무적 차원에서 가격형성과정의 유기적 연관성을 근거로 시산가액 조정이 필요하다고 한다.

3. 시산가액 조정의 필요성

1) 3면등가의 한계

A. Marshall에 의하면 완전경쟁시장의 정적 균형하에서는 3면등가가 인정된다. 그러나 현실의 부동산시장은 불완전할 뿐만 아니라 가치형성요인이 항상 변화의 과정에 있는 동적 시장으로서 각 방식에 의한 가격은 일치할 수 없기 때문에 이를 보완하기 위하여 시산가액의 조정이 필요하다.

2) 평가방식의 특징 및 유용성과 한계

각 평가방식은 시장성, 비용성, 수익성이라는 서로 다른 사고를 기초로 하고 있어 각 방식마다의 특징과 유용성을 가지고 있다. 그런데 경우에 따라서는 특정방식의 적용이 곤란한 경우도 있고 그 적용과정상 주관개입이 많이 발생할 우려가 있는 등 일정한 한계도 지니고 있다. 따라서 각 방식의 특징과 유용성을 살리고 한계를 극복함으로써 특정 방식에 의한 가격편의현상을 막고 적정한 가격을 도출하기 위해 시산가액의 조정이 필요하다.

3) 상관·조정의 원리

부동산가격은 효용, 상대적 희소성, 유효수요에 의해 발생한다. 이러한 가격발생요인들은 상호작용과 결합에 의해 유기적인 관련성을 바탕으로 부동산가격에 작용하게 된다. 따라서 각

평가방식에 의한 시산가액 또한 그러한 상관성을 고려하여 조정함으로써 보다 정확하고 객관적인 가액을 도출할 수 있게 된다. 이를 상관·조정의 원리라고 한다.

4. 시산가액 조정의 기준 및 조정방법

1) 조정방법

(1) 개설

최종적으로 감정평가액을 도출하는 방법은 정량적인 방법, 정성적인 방법 등 다양한 방법이 존재하나, 「감정평가 실무기준」에서는 정량적인 방법 중 각 시산가액에 적절한 가중치를 부여하는 방법을 채택하고 있다. 그러나 가중치의 결정은 전문가적인 판단과 경험, 지식 등이 중요하게 작용하므로 정성적인 방법 또한 중요한 고려사항이 된다.

(2) 가중평균에 의한 방법

가중평균에 의한 방법은 각 시산가액에 대하여 가중치를 부여한 후 평균하는 방법이다. 이 방법은 단순한 산술평균이 아니라 대상물건의 특성과 용도, 평가의 목적과 조건, 자료의 신뢰성과 대상물건이 속한 지역적 특성을 전반적으로 참작하여 가중치를 부여하는 것으로, 조정과정에 대한 객관적인 근거를 둘 수 있다는 점에서 장점이 있는 반면, 가중치 결정에 있어서 일정한 기준이 없는 경우 평가자의 주관개입 여지가 있는 것이 단점이다.

(3) 종합적인 판단에 의한 방법

종합적인 판단에 의한 방법은 평가목적, 평가대상물건의 특성, 시장의 상황 등을 고려하여 시산가액의 수치상의 차이점을 수학적 계산방법을 동원하지 않고 종합적인 판단에 의하여 조정하는 방법을 말한다. 이 방법은 시산가액 조정의 근본적인 의의에 부합하는 방법이기는 하지만, 상대적으로 평가자의 주관적 판단의 개입이 클 여지가 있다는 단점을 가지고 있다.

(4) 최적정 평가방법에 의한 방법

최적정 평가방법에 의한 방법은 가장 적절하다고 판단되는 감정평가방식에 의한 시산가액을 중심으로 다른 감정평가방식에 의한 시산가액과의 검토를 통하여 결론을 내리는 방법으로서, 금액적인 조정의 과정이 없이 최종 감정평가금액은 가장 적절한 감정평가방식의 결과로 결정된다. 결과적으로 금액적인 조정이 이루어지지 않기 때문에 시산가액 조정으로 볼 수 없다는 의견도 있지만, 넓은 의미에서의 시산가액 조정에 포함될 수 있을 것이다.

(5) 통계적 분석기법

최근에는 감정평가의 과정이 전산화되면서 통계적 분석기법을 도입하자는 주장도 제기되고 있다. 감정평가액도 부동산가격의 하나이므로 감정평가액이 복수가 된다는 이른바 '감정평가액은 일정범위의 가격'이라는 주장에 근거하는 것으로서, 일정범위 내에 분포할 확률분석기법을 통하여 최종적인 감정평가액을 구하는 방법이다. 이 방법은 컨설팅 분야나 투자분석 등에 활용함으로써 감정평가 영역의 확장을 가능하게 한다는 장점을 지니고 있다.

2) 시산가액 조정의 기준

시산가액을 평가실무에서 어떤 기준에 따라 어떻게 조정할 것인가 하는 보다 현실적인 문제에 봉착하게 된다.

(1) 평가목적

평가목적은 시산가액 조정에 있어 제1차적인 기준이 된다. 부동산의 가치는 가격다원론의 입장에서 평가목적에 따라 다양한 가치의 개념으로 접근할 수 있다. 따라서 평가목적이 무엇인지를 기준으로 시산가액을 조정함으로써 평가의뢰인의 요구에 보다 적절하게 부응할 수 있을 것이다.

(2) 대상물건의 성격

대상물건의 성격 또한 시산가액 조정에 있어 중요한 기준이 된다. 시장성이 있는 물건이라면 비교방식이, 수익성이 있는 물건이라면 수익방식이 보다 타당한 평가방식이 될 것이다. 한편, 이제 막 비용이 투입된 신규물건이라면 원가방식이 유용한 평가방식이 될 것이다.

(3) 시장상황

대상부동산이 속하고 있는 지역 부동산시장의 상태, 지역주민, 혹은 부동산 투자자들이 상대적으로 정확하고 신뢰성이 있다고 판단하는 방법이나 거래관행 등이 해당하게 된다. 수집된 가치형성요인 자료가 시장참가자의 관점에서 중요시되는 요인들을 명확히 반영하고 있는지, 그리고 시장의 추이나 동향을 정확히 파악하는 데에 충분할지도 분석할 필요가 있다. 원가방식은 시장상황이 안정적일 때 상대적으로 신뢰성이 있고, 시장상황이 급변할 때는 비교방식과 수익방식에 상대적으로 더 많은 비중을 두게 된다.

(4) 자료의 신뢰성

① 개설

시산가액 조정에 있어서는 사용된 평가방식이 평가목적이나 사용처에 적절한지 여부를 판단해야 하고, 대상물건의 유형과 시장의 성격 등과도 밀접한 관련성이 있음을 살펴보았다. 네 번째 시산가액 조정의 기준으로 제시되는 것은 자료의 신뢰성으로 다음과 같이 구분해 볼 수 있다.

② 적절성

평가사는 평가방법의 적절성이 평가목적이나 용도에 적절한지를 판단한다. 이러한 평가방법의 적절성은 보통 대상부동산의 유형과 시장의 성격 등과 직접적인 관련이 있다.

적절성의 기준은 적용한 평가자료에도 해당되므로, 각 방법의 적용에 있어 적절한 자료가 수집이 되었는지 또한 그 자료가 적절히 활용이 되었는지가 조정의 기준으로서 사용된다.

③ **정확성**

각 방법의 적용에 있어서 사용된 자료 및 수정의 정확성에 근거하게 된다. 또한 시산가액의 정확성은 계산방법이나 계산과정의 정확성에도 많이 영향을 받는다. 따라서 각 방식에 사용된 자료 중 어느 것이 보다 더 정확성이 있는 자료인지 여부를 판단하여야 한다.

④ **증거의 양**

증거의 양은 질적인 비교기준을 지지해주는 것으로 증거가 부족한 경우 적절성과 정확성은 당연히 신뢰가 떨어지기 마련이다. 따라서 보다 풍부한 자료에 의하여 뒷받침되는 평가방식이 어떤 것인가에도 주목할 필요가 있다.

5. 시산가액 조정 시 유의사항

1) 일반적 유의사항

시산가액의 조정이 각 시산가액을 단순히 기계적으로 산술평균하거나 작위적으로 차이를 없애는 것이 아님에 유의해야 한다. 또한 각각의 가격 차이가 발생한 원인과 근거를 명백히 밝히기 위해 감정평가방식과 채용한 자료가 가진 특성을 파악한 후 이를 바탕으로 감정평가의 각 단계에서 제대로 적용되었는지 객관적, 비판적으로 반복하면서 재검토해야 한다.

2) 구체적 유의사항

(1) 자료의 선택 및 활용의 적부

평가에 있어서 수집·선택된 자료가 적절한가 그리고 그 검토와 평가과정에서의 활용방법은 어떠했는가를 체크하여야 한다. 즉, 어떤 평가방법에 의한 자료가 가장 잘 되었는가에 따라 각 방법의 비중이 달라지는 것이다.

(2) 부동산가격에 관한 제원칙의 해당 조건에 부응한 활용의 적부

부동산 가격제원칙은 부동산가격의 형성과정에 있어서의 기본원칙으로 평가의 과정에 있어 제원칙 활용의 적정성 여부는 평가액의 정확성과 합리성에 크게 영향을 미친다. 따라서 감정평가의 전 과정에 영향을 미치는 부동산가격에 관한 제원칙이 적절하게 활용되었는지를 재검토해야 한다. 특히 최유효이용원칙은 가장 중심적이고 중요한 원칙으로서의 위치를 차지하고 있는 점에 주목해야 한다.

(3) 일반요인의 분석과 지역, 개별분석의 적부

가격수준에 영향을 미치는 일반요인과 지역요인 그리고 개별요인이 어떠한 것이 있으며 그것의 영향관계를 제대로 파악하고 분석하여 적용했는지를 확인해야 한다.

감정평가를 통해 얻고자 하는 가액은 결국 현실의 객관적인 시장에서의 가격형성 메커니즘과 일치해야 하기 때문에 결국 시장분석의 결과를 조정의 지침으로 활용해야 한다. 즉, 시산가액이 현실 시장의 수급동향을 정확하게 반영하고 있는지, 시장참가자의 행동원리를 제대로 반영하고 있는지를 파악해야 한다.

(4) 단가와 총액과의 관계 적부

부동산 규모의 대소(大小)는 시장성과 최유효이용, 가격에 영향을 미친다. 일반적으로 대규모의 부동산은 인근의 일반적이고 표준적인 부동산에 비하여 이용의 활용도가 낮고 이에 따라 시장성 또한 높지 않아 감가요인이 되는 것이 보통이다. 그러나 최근에는 대규모 토지의 부족으로 인한 희소성으로 인하여 광평수의 토지라는 점이 증가요인으로 작용하기도 한다. 따라서 단순히 단가를 기준으로 하여 가액을 산정하고 비교하게 되면 정확한 평가에 이르지 못할 위험성이 있으므로 단가를 기준으로 거래사례, 수익사례를 파악한 경우와 총액을 기준으로 파악한 경우 등을 면밀히 비교·검토하여 최종적인 가액을 결정해야 한다.

3) 검토

각 평가방식의 적용을 통해 도출된 시산가액은 어느 것이 어떤 분야에서 가장 설득력이 있는가 하는 판단이 가려져야 진정한 의미를 가진다. 이는 일시적이고 즉흥적인 방법으로는 결코 이루질 수 없고, 객관적이고 비판적인 관점에서 지속적으로 이루어지는 반복작업을 통한 재검토 과정을 거쳐야 한다. 즉, 평가방식의 각 단계에서 이루어진 평가행위를 다시 점검해보고 오류 없이 적절하게 이루어졌는지 합리성은 갖추고 있는지 등을 객관적, 비판적으로 검증하고, 그 결과를 시산가액에 계속적으로 반영하여 수정하는 작업을 반복함으로써 피드백이 원활하게 이루어지게 해야 한다. 이는 결국 최종적인 평가결과의 정확도와 신뢰도를 향상시키는 것이 된다.

6. 시산가액 조정의 문제점

1) 개설

부동산의 감정평가에 있어서 등가성의 논리는 이론적으로는 부정할 수 없으나 현실적으로 부동산시장의 특수성으로 인해 그 타당성이 인정되는지가 문제이며, 따라서 시산가액의 조정은 방법과 기술상의 한계성을 갖고 있다.

2) 시산가액의 조정에 관한 문제점

(1) 부동산시장의 불완전성으로 인한 등가성의 배제

부동산에는 부동성, 부증성, 개별성 등의 자연적 특성이 있어서 부동산시장을 국지화하고 추상화함으로써 부동산시장에는 완전경쟁과 완전대체가 이루어지지 않기 때문에 합리적인 균형가격은 형성되지 못한다. 따라서 부동산시장의 수급조절의 곤란성, 추상성, 불완전성으로 '수익가격 = 시장가격 = 생산원가'는 성립되지 않는다고 보아야 할 것이다.

(2) 부동산이용의 복잡화로 인한 가격형성의 개별화

토지이용이 조방적이면 경제적인 대체가 용이하여 인근지역에 전체적으로 가격형성이 이루어지거나 집약화되면 개별성이 더욱 강하게 나타나기 때문에 가격형성 역시도 개별성이 심해진다. 따라서 부동산은 그 강한 개별성을 근거로 그 부동산의 특성에 맞는 가격이 개별적으로 형성되며 감정평가 시 이를 무시하지 않는다면 개개의 부동산 특성에 부응하는 평가방식을 적용하는 것이 타당하다고 볼 수 있다.

(3) 시산가액 조정의 방법상의 한계

가중치를 적용하는 방법은 가중치의 설정에 있어서 부동산의 개별성으로 인해 적정한 가중치의 파악이 곤란할 뿐만 아니라 평가주체의 주관성이 개입될 여지가 많다. 반면 타 가격으로 정하는 방법의 경우에 타 가격으로 어떻게 조정할 것인지 그 기준이 마련되어 있지 못하며, 그 기준이 있다 하더라도 각 부동산의 지역, 용도 및 현황에 따라 그 기준이 다르게 적용되어야 하므로 이 방법은 자체적으로 한계성을 가지고 있다.

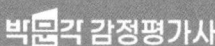

PART 02

기타의 감정평가이론

Chapter 01 정의
Chapter 02 시장가치기준 원칙
Chapter 03 현황기준 원칙
Chapter 04 개별물건기준 원칙
Chapter 05 시산가액 조정
Chapter 06 부동산가격공시제도

Chapter 01 정의

제1절 정의

「감정평가에 관한 규칙」
제2조(정의)
이 규칙에서 사용하는 용어의 뜻은 다음 각 호와 같다.
1. "시장가치"란 감정평가의 대상이 되는 토지 등(이하 "대상물건"이라 한다)이 통상적인 시장에서 충분한 기간 거래를 위하여 공개된 후 그 대상물건의 내용에 정통한 당사자 사이에 신중하고 자발적인 거래가 있을 경우 성립될 가능성이 가장 높다고 인정되는 대상물건의 가액(價額)을 말한다.
2. "기준시점"이란 대상물건의 감정평가액을 결정하는 기준이 되는 날짜를 말한다.
3. "기준가치"란 감정평가의 기준이 되는 가치를 말한다.
4. "가치형성요인"이란 대상물건의 경제적 가치에 영향을 미치는 일반요인, 지역요인 및 개별요인 등을 말한다.
13. "인근지역"이란 감정평가의 대상이 된 부동산(이하 "대상부동산"이라 한다)이 속한 지역으로서 부동산의 이용이 동질적이고 가치형성요인 중 지역요인을 공유하는 지역을 말한다.
14. "유사지역"이란 대상부동산이 속하지 아니하는 지역으로서 인근지역과 유사한 특성을 갖는 지역을 말한다.
15. "동일수급권(同一需給圈)"이란 대상부동산과 대체·경쟁관계가 성립하고 가치 형성에 서로 영향을 미치는 관계에 있는 다른 부동산이 존재하는 권역(圈域)을 말하며, 인근지역과 유사지역을 포함한다.

「감정평가에 관한 규칙」
제12조(감정평가방법의 적용 및 시산가액 조정) 제2항
② 감정평가법인등은 대상물건의 감정평가액을 결정하기 위하여 제1항에 따라 어느 하나의 감정평가방법을 적용하여 산정(算定)한 가액[이하 "시산가액(試算價額)"이라 한다]을 제11조 각 호의 감정평가방식 중 다른 감정평가방식에 속하는 하나 이상의 감정평가방법(이 경우 공시지가기준법과 그 밖의 비교방식에 속한 감정평가방법은 서로 다른 감정평가방식에 속한 것으로 본다)으로 산출한 시산가액과 비교하여 합리성을 검토해야 한다. 다만, 대상물건의 특성 등으로 인하여 다른 감정평가방법을 적용하는 것이 곤란하거나 불필요한 경우에는 그렇지 않다.

「실무기준」
이 기준에서 사용하는 용어의 뜻은 다음 각 호와 같다.
1. "토지 등"이란 다음 각 목의 재산과 이들에 관한 소유권 외의 권리를 말한다.
    가. 토지 및 그 정착물
    나. 동산
    다. 저작권·산업재산권·어업권·광업권 그 밖의 물권에 준하는 권리
    라. 「공장 및 광업재단 저당법」에 따른 공장재단과 광업재단
    마. 「입목에 관한 법률」에 따른 입목
    바. 자동차·건설기계·선박·항공기 등 관계법령에 따라 등기하거나 등록하는 재산
    사. 유가증권

2. "감정평가"란 토지 등의 경제적 가치를 판정하여 그 결과를 가액(價額)으로 표시하는 것을 말한다.
3. "시장가치"란 감정평가의 대상이 되는 「감정평가 및 감정평가사에 관한 법률」 제2조 제1호에 따른 토지 등이 통상적인 시장에서 충분한 기간 동안 거래를 위하여 공개된 후, 그 대상물건의 내용에 정통한 당사자 사이에 신중하고 자발적인 거래가 있을 경우 성립될 가능성이 가장 높다고 인정되는 대상물건의 가액을 말한다.
4. "감정평가법인등"이란 감정평가사사무소 개설신고를 한 감정평가사와 설립인가를 받은 감정평가법인을 말한다.
5. "기준시점"이란 대상물건의 감정평가액을 결정하는 기준이 되는 날짜를 말한다.
6. "기준가치"란 감정평가의 기준이 되는 가치를 말한다.
7. "시산가액"이란 대상물건의 감정평가액을 결정하기 위하여 각각의 감정평가방법을 적용하여 산정한 가액을 말한다.
8. "최유효이용"이란 객관적으로 보아 양식과 통상의 이용능력을 가진 사람이 부동산을 합법적이고 합리적이며 최고·최선의 방법으로 이용하는 것을 말한다.
9. "일시적인 이용"이란 관련 법령에 따라 국가나 지방자치단체의 계획이나 명령 등으로 부동산을 본래의 용도로 이용하는 것이 일시적으로 금지되거나 제한되어 다른 용도로 이용하고 있거나 부동산의 주위 환경 등으로 보아 현재의 이용이 임시적인 것으로 인정되는 이용을 말한다.
10. "가치형성요인"이란 대상물건의 경제적 가치에 영향을 미치는 일반요인, 지역요인, 개별요인 등을 말한다.
11. "인근지역"이란 감정평가의 대상이 된 부동산이 속한 지역으로서 부동산의 이용이 동질적이고 가치형성요인 중 지역요인을 공유하는 지역을 말한다.
12. "유사지역"이란 대상부동산이 속하지 아니하는 지역으로서 인근지역과 유사한 특성을 갖는 지역을 말한다.
13. "동일수급권"이란 일반적으로 대상부동산과 대체·경쟁관계가 성립하고 가치형성에 서로 영향을 미치는 관계에 있는 다른 부동산이 존재하는 권역을 말하며, 인근지역과 유사지역을 포함한다.
14. "제시 외 건물 등이 있는 토지"란 감정평가를 의뢰하는 자가 의뢰하지 않은 건물·구축물 등 지상 정착물이 있는 토지를 말한다.
15. "감정평가 관계법규"란 「감정평가 및 감정평가사에 관한 법률」, 같은 법 시행령 및 시행규칙, 「감정평가에 관한 규칙」 및 감정평가에 관한 사항을 규정하고 있는 다른 법령 등을 말한다.

1. 토지 등(감정평가의 대상)

1) 개념

「감정평가법」 제2조 제1호에서 규정하는 "토지 및 그 정착물, 동산 그 밖에 대통령령이 정하는 재산과 이들에 관한 소유권 외의 권리", 「감정평가법 시행령」 제2조의 "그 밖에 대통령령이 정하는 재산"을 말하며 시행령 제2조의 각 호의 재산은 다음을 말한다.
1. 저작권·산업재산권·어업권·양식업권·광업권 그 밖에 물권에 준하는 권리
2. 「공장 및 광업재단 저당법」에 따른 공장재단과 광업재단
3. 「입목에 관한 법률」에 의한 입목
4. 자동차·건설기계·선박·항공기 등 관계법령에 따라 등기 또는 등록하는 재산
5. 유가증권

2) 「토지보상법」상 토지 등과의 비교

(1) 같은 점

보상평가는 보상을 목적으로 감정평가를 하는 한 분야이므로, 논리상으로 보상평가의 대상은 감정평가의 대상이 된다. 「실무기준」에 구체적으로 나열되지 않은 물의 사용에 관한 권리, 토지에 속한 흙·돌·모래 또는 자갈에 관한 권리 등도 「실무기준」의 "그 밖에 물권에 준하는 권리"에 속한다(실무기준 "토지 등" ⊃ 토지보상법 "토지 등").

(2) 다른 점

저작권, 산업재산권, 지식재산권은 공익사업으로 인한 손실보상의 대상이 되지 않기 때문에 「토지보상법」의 토지 등에는 배제한다.

3) 토지 등 감정평가대상의 개념 확대

최근 경제 및 산업 환경이 복잡해지고 고도화됨에 따라 전통적인 감정평가 대상에 그치지 않고 동산, 유가증권, 권리 등으로 감정평가 대상의 범위가 계속 확대되고 있다. 「동산·채권 등의 담보에 관한 법률」과 「지식재산 기본법」의 시행으로 이러한 흐름은 더욱 가속화할 전망이다.

> **PLUS+개념** 기업가치는 「실무기준」에서 구체적으로 열거된 대상은 아니나, 기업가치를 구성하는 유·무형자산이 '토지 등'에 모두 해당되며, 아울러 기업가치는 소유지분별로 볼 때 주주지분의 가치인 유가증권으로 볼 수 있으므로 감정평가의 대상이 된다.

2. 감정평가

1) 개념

감정평가법 제2조 제2호에 따라 감정평가의 대상은 '토지 등'이고 감정평가를 하여 구하고자 하는 가치는 "경제적 가치"이며, 감정평가는 토지 등의 경제적 가치를 판단하는 행위로서 그 결과를 일정요건에 맞추어 가액으로 표시하는 것에 이르러야 효력이 있는 감정평가라 할 수 있다. 감정평가법인등이 추구해야 하는 궁극적인 목적은 가격이 아닌 가치로서 USPAP에서도 가격과 가치를 명확히 구분한다. 이런 맥락에서 감정평가의 최종 결과는 국제기준과 국내 실무관행을 따라 종래의 가격이라는 표현 대신 가액으로 변경하였다.

2) 가격, 가치 및 가액의 비교

(1) 가격

가격(價格, price)은 교환거래에서 매수자와 매도자가 상호 합의한 거래금액을 말한다. 일단 거래가 종결되면 이 금액은 가격이 되고, 이 용어는 교환이란 절차를 함축적으로 내포하고 있다. 달리 표현하면 가격은 교환의 결과(fact)로 나타난다(대표적으로 실거래가격이 가격의 개념에 해당한다고 볼 수 있다).

(2) 가치

가치(價値, value)는 장래 기대되는 편익을 현재가치로 환원한 값이다. 따라서 가격은 과거의 값이 되지만, 가치는 가치에 대한 접근방법에 따라 기대되는 편익이 달라질 수 있기 때문에 다양한 형태를 갖는다. 감정평가에서 price는 결과적인 의미(거래가격)로서 단독으로 사용되지만, value는 market value, fair value, investment value, insure value, special value, prospective market value 등 그 의미를 명확하게 해주는 용어와 함께 사용되는 것이 일반적이다. 즉, 하나의 물건에 대해서 다양한 형태의 가치로 표현될 수 있다(감정평가의 목적에 따라 다양한 가치를 표현하게 되는 현행 감정평가제도와 가장 부합하는 개념으로 인식이 가능하다).

(3) 가액

가액(價額, estimated amount)이란 정상적인 거래에서 거래 자산에 화폐로 지불될 수 있는 금액을 표시한 것으로 사물이 지니고 있는 가치를 의미하거나 매매의 목적으로 주고받는 대가를 의미한다. 세법에서는 주로 과세표준의 의미로 사용되며, 세법에 따라서 공급가액(부가가치세)·과세가액(상속세 및 증여세)·가격 또는 요금(개별소비세 및 주세)·기재금액(인지세)·취득가액(취득세 및 등록세)·재산의 가액(재산세·도시계획세 및 소방공동시설세) 등으로 다양하게 표현되고 있다.

감정평가는 주어진 거래조건하에 교환거래를 상정할 경우 그 결과로 나타날 수 있는 값(price)을 찾아내는 과정으로 설명할 수 있다. 결국 대상물건의 경제적 가치를 판단하는 행위인 감정평가는 대상물건의 총액을 추정하여 그 결과치를 가액으로 표시하는 과정이다.

3. 시장가치

1) 도입취지(배경)

「실무기준」에서는 감정평가에서 구하는 원칙적인 가치기준(A basis of value)을 「감정평가에 관한 규칙」과 같이 외국의 감정평가기준 및 회계·금융·세무·컨설팅 등 타 분야에서 표준으로 사용하고 있는 "시장가치(Market Value)"로 규정하고 시장가치의 개념 요소를 국제기준에 맞추어 구체화하였다.

2) 시장가치의 개념 요소(조건)

① 통상적인 시장

부동산시장의 속성은 시장참여자별로 정보비용의 차이가 발생하는 점, 모든 시장의 정보가 가격에 바로 반영되는 효율적 시장(efficiency market)으로 보기 어려운 점에 비추어 보면, 현실적으로 불완전경쟁시장의 성격을 가진다고 보아야 할 것이다. 여기서 전제가 되는 통상적 부동산거래시장은 일반재화가 거래된 시장과는 특성이 다르나, '시장가치'의 제반 조건을 만족하는 상정된 시장이지만 현실에 존재하지 아니하는 시장이 아니고 통상적인 부동산거래가 이루어질 수 있는 시장을 지칭한다. AI는 시장의 성격을 공정한 매매(fair sale)가 이루어질 수 있는 경쟁시장(competitive market)으로, 美보상기준은 공개경쟁시장(open competitive market)으로 정하고 있다. 따라서 '공개경쟁시장', '경쟁시장', '합리적 시장'은 상호 유사한 개념으로 판단된다.

일본 기준에서는 정상가격을 설명하면서 현실의 사회경제 정세하에서 합리적이라고 인정되는 시장의 요건을 다음과 같이 설명하고 있다.

가. 시장참가자가 자유의사에 따라 시장의 참여 및 진출입이 자유로운 시장으로 시장참여자는 자기이익을 최대화하기 위해 다음과 같은 요건하에 신중하고 현명하게 예측, 행동한다. ⊙ 특별한 동기(急賣나 急買)를 갖고 있지 않을 것, ⓒ 대상부동산 및 대상부동산이 속하는 시장에서 거래를 성사시키기 위해서 필요한 통상의 지식과 정보를 구해둘 것, ⓒ 거래를 성립시키기 위해서는 통상 필요하다고 인정되는 노력과 비용을 기울일 것, ② 대상부동산의 최유효이용을 전제로 한 가치 판단을 행할 것, ⓜ 매수자가 통상의 자금조달능력을 갖고 있을 것

나. 거래형태, 시장참여자가 거래에 제약을 받거나 急賣나 急買 등을 유인하는 특별한 것이 없을 것

다. 거래 대상부동산이 상당 기간 시장에 방매되어 있을 것(exposure time)

② **충분한 기간 동안 거래를 위하여 공개된 후**

방매가 시작되는 시점과 완성되는 시점 및 기준시점과의 관계에 대해서 미국 감정평가재단(Appraisal Foundation; AF)은 상당 기간 방매(reasonable exposure time)에 대한 정의에서 방매기간(exposure time)은 해당 부동산이 기준시점 이전부터 일정한 기간 시장에 거래를 위해 출품된 기간을 말하고, 마케팅 기간(marketing time)은 대상부동산 인근지역 소재 부동산이 거래에 이르기까지의 평균적인 방매기간을 지칭하는 것으로 하고 있다. 일본 기준도 이를 준용하여 거래 대상부동산이 상당 기간 시장에 방매되어 있을 것을 필요조건으로 하고 있다. 여기서 충분한 기간이란 부동산시장을 구성하는 제반 요건 및 평가시점의 상황, 부동산 유형별로 다양한 기간을 말하나, 일반적인 거래당사자가 대상물건에 충분히 인지할 수 있는 정도의 시간을 말한다고 본다. 국제평가기준위원회(IVSC), 영국왕립평가사협회(RICS), 유럽평가사협회(The European Group of Valuers Associations : TEGoVA) 등은 방매(exposure) 대신에 보다 적극적인 의미인 마케팅이란 용어를 담아 적정한 마케팅 활동(proper marketing)을 거칠 것을 요구하고 있다. 이 기준이 정하는 적정한 마케팅 활동(proper marketing)에 대해서는 출품기간 동안 매도자는 적극적인 거래

활동을 해야 한다고 보는 시각과 통상의 마케팅 활동을 전제로 보아야 한다는 시각이 존재할 수 있으나, 다수의 매수희망자가 관심을 가질 수 있을 정도의 통상의 마케팅 수준을 말한다고 보는 것이 통설이다. 일본의 경우는 "거래를 성립시키기 위해서는 통상 필요하다고 인정되는 노력과 비용을 기울일 것"이라고 정의하고, 거래를 위해 적당하고 일반적인 마케팅 노력을 투여해야 한다는 전제를 두고 있다. 따라서 상기 기준들을 종합해 보면, 기준시점 이전 대상부동산을 시장에 출품하되, 충분하고 합리적인 기간 동안 매도자의 적정 마케팅 활동이 수반되어야 한다는 개념으로 정리할 수 있다.

③ 대상물건의 내용에 정통한 당사자 사이

거래에 참가하는 시장참여자에 대한 조건에 대해서 미국 AI기준은 다수의 매도자와 매수자가 시장통제나 거래를 강제하는 수단이 없고, 수요와 공급이 자유롭게 작동하는 공개시장에 다수의 매수자와 매도자가 존재하고, 매수자나 매도자 쌍방이 시장의 사정에 충분히 정통하고 자기의 이익을 위해 사려 깊게 거래 활동을 한다고 보고 있다.

④ 신중하고 자발적인 거래가 있을 경우

미국 AI기준은 경쟁시장이란 용어를 사용하면서도 시장의 공정한 거래를 하기 위한 필요조건으로, 물건의 내용에 정통한 거래당사자가 '특별한 제약이나 거래동기를 갖지 않고 신중하고 자발적인 의사에 의해 거래가 이루어지는 형태'를 상정하고 있다. IVSC, RICS 등은 '특별한 제약이나 거래동기를 갖지 않는 상태'에서 '거래사례에 정통하고 신중하며 거래의지를 가진 거래당사자 사이에 거래되는 상황'을 전제로 하고 있다. 따라서 자발적인 거래의사를 필요조건으로 함으로써 징발이나 기타 강제적인 수단에 의한 거래에서 발생하는 경우의 가격을 배제하고 있다.

⑤ 성립될 가능성이 가장 높다고 인정되는 평가가격

미국 AI의 most probable price에서 most probable은 거래가능가격의 평균을 의미하는 것이 아니고, 거래가능가격 중에서 가장 일어날 수 있는 빈도수가 높은 거래가능가격을 의미한다고 보면 '가장 성립될 가능성이 높은'이란 문구의 타당성은 있으나, 일본 기준은 '형성될 수 있는'이라고 정의하고 있고, IVS, RICS 등은 이러한 확률 개념을 고려하지 않고 있다. 특히 USPAP은 전술한 바와 같이 평가자의 의견으로 보는 시각을 갖고 있다. 그러나 평가가격은 probable이란 개념을 무시하고 이야기를 전개하는 것이 무리가 있는바 '성립될 가능성이 높다'는 기준을 선택하고 있다.

4. 감정평가법인등

1) 감정평가법인등의 의의

「감정평가법」 제21조에 따라 감정평가법인등이 감정평가사사무소 개설을 한 감정평가사와 제29조에 따라 설립인가를 받은 감정평가법인을 말한다.

2) 감정평가법인등의 업무 범위

① 감정평가법인등은 토지 등의 경제적 가치를 판정하는 감정평가가 주요한 업무이다.
② 우리나라의 「감정평가법」 제10조에서는 감정평가법인등의 업무를 규정하고 있는바 다음 각 호의 업무를 말한다.

1. 「부동산 가격공시에 관한 법률」에 따라 감정평가법인등이 수행하는 업무
2. 「부동산 가격공시에 관한 법률」 제8조 제2호에 따른 목적을 위한 토지 등의 감정평가
3. 「자산재평가법」에 따른 토지 등의 감정평가
4. 법원에 계속 중인 소송 또는 경매를 위한 토지 등의 감정평가
5. 금융기관·보험회사·신탁회사 등 타인의 의뢰에 따른 토지 등의 감정평가
6. 감정평가와 관련된 상담 및 자문
7. 토지 등의 이용 및 개발 등에 대한 조언이나 정보 등의 제공
8. 다른 법령에 따라 감정평가법인등이 할 수 있는 토지 등의 감정평가
9. 제1호부터 제8호까지의 업무에 부수되는 업무

③ 「감정평가법」 제8조에서는 토지 등의 감정평가에 대한 타당성 조사를 규정하고 있는데, 이는 미국의 USPAP에서 감정평가사의 주요한 업무로 다루고 있는 Appraisal Review(평가검토)와 유사한 성격이다. 이에 따라 타당성 조사업무를 포함한 평가검토 분야는 향후 감정평가법인등의 새로운 업무영역으로 이에 대한 수요 증대가 예상된다.

> **PLUS 개념** | 토지개량에 대한 판단 여부도 「감정평가법」 제10조 제6호 및 제7호의 상담 및 자문과 토지 등의 이용 및 개발 등에 대한 조언이나 정보 등의 제공의 하나로 보아 감정평가법인등의 업무 범위에 포함할 수 있을 것이다.

5. 기준시점

1) 개념

기준시점은 대상물건의 감정평가액을 결정하는 기준이 되는 일자를 말한다. 따라서 감정평가액은 '그 결정의 기준이 된 날'에서만 타당한 것이다. 종전 감정평가 관련 규정에서는 "가격시점"이라는 용어를 사용하였으나, 감정평가법인등이 구하는 것은 가치를 판정하여 가액으로 표시하는 업무인 점 등을 고려하여 가격이라는 용어가 삭제되어 감정평가의 기준이 되는 시점을

의미하는 "기준시점"이라는 용어를 새로 도입한 것이다. 한편 「토지보상법」 제2조 제6호에서는 "보상액 산정의 기준이 되는 시점"으로 가격시점을 정의하고 있는바, 「실무기준」의 기준시점과 동일한 의미를 내포하고 있다.

2) 기준시점과 감정평가시점

실무적인 측면에서 감정평가시점이란 감정평가법인등이 감정평가 행위를 실질적으로 마무리하는 감정평가서 작성일로 해석하는 것이 타당할 것이다. 양자의 차이는 감정평가시점은 항상 현재로 표시되지만, 기준시점은 과거나 미래의 어떤 특정일이 될 수도 있다는 것이다.

6. 기준가치

1) 기준가치의 개념

감정평가액의 기준이 되는 가치를 말한다. 기준가치는 IVS와 RED BOOK에 규정된 "a basis of value"라는 용어를 번역한 것으로, 두 원문의 정의에 따르면 기준가치란 "감정평가의 기본 측정가정에 관한 표현"을 의미한다. 우리나라로 도입 시 가치기준이 기준가치로 되었으며 기준가치라는 용어는 가치기준이란 의미로 해석된다.

2) 기준가치의 다양성과 한계

(1) 기준가치의 다양성

기준가치를 시장가치와 시장가치 외의 가치로 구분하고 있으며, 원칙적으로 시장가치를 기준가치로 결정하도록 하고 있다. 다만, 최근 감정평가업무가 다양해지고 전문화되어 감정평가사의 업무분야도 점점 세분화됨에 따라 시장가치 외의 가치 개념의 중요성이 부각되고 있다. 감정평가법인등이 다양한 시장가치 외의 가치 개념을 인식함으로써 의뢰인의 요구를 비교적 정확한 기준하에 담아낼 수 있으므로, 감정평가업무의 정밀도도 높일 수 있을 것이다. 아울러 감정평가업무의 다양성이 높아질수록 새로운 업무 영역 확대 효과도 기대할 수 있다.

(2) 한계

우리나라의 「감정평가에 관한 규칙」에서는 시장가치 외의 가치에 대한 개념 정의나 구분이 없다. 이와 관련하여 외국의 선진 감정평가기준의 다양한 개념을 활용하여 실무에 적용할 수 있을 것이다. 이때 어떠한 종류의 시장가치 외의 가치를 적용했는지, 그리고 그 가치가 의미하는 바가 무엇인지, 또한 어떠한 성격과 특징을 가지고 있는지를 감정평가서에 기재할 필요가 있다.

3) 국제평가기준(IVS)의 시장가치 외의 가치의 종류 및 정의

사용가치 (Value in Use)	(a) 자산의 계속사용 및 내용연수가 종료되었을 때 처분함으로써 발생할 것으로 기대되는 미래현금흐름의 현재가치 (b) 자산 또는 현금창출단위에서 발생할 것으로 기대되는 미래현금흐름의 현재가치
특수가치 (Special Value)	자산의 독특한 특성으로 인해 발생하는 시장가치 이상의 가치로서, 특수구매자에게만 발생하는 것
결합가치 (Synergistic Value / Marriage Value)	두 개 이상의 권리가 결합되어 발생하는 가치가 개개 권리의 가치 합보다 클 경우 그 초과분
투자가치 (Investment Value / Worth)	투자 또는 영업목적으로 보유한 자산이 특정 투자자 또는 투자집단에게 갖는 가치로, 투자가치는 시장가치보다 높거나 낮을 수 있으므로, 투자부동산의 시장가치와 혼동하지 않아야 함.
계속기업가치 (Going Concern Value)	현재 영업 중인 기업이 일괄로 이전되는 경우의 가치
청산가치 (Liquidation Value)	기업 활동에 사용되던 자산들이 각각 매각되는 경우의 가치로 일반적으로 폐업 후에 이루어지며, 강제매각과 달리 청산가치는 충분한 방매기간을 거쳐 일정한 처분계획에 따라 매각하였을 때 실현될 수 있는 가치를 말함.
잔존가치 (Salvage Value)	내용연수가 만료된 자산의 가치로, 이러한 자산도 대체용도 또는 재활용 용도로서의 가치를 가질 수 있음.

4) 일본 부동산감정평가기준의 시장가치 외의 가치의 종류 및 정의

한정가격	시장성을 갖는 부동산에 대해 부동산과 취득할 타 부동산과의 병합 또는 부동산의 일부를 취득할 때, 분할 등으로 인하여 합리적인 시장에서 형성될 수 있는 시장가치와 괴리됨으로써 시장이 상대적으로 한정되는 경우, 취득부분이 해당 시장에 한정되는 데 근거하여 시장가치를 적정하게 표시하는 가격
특정가격	시장성을 갖는 부동산에서 법령 등에 따른 사회적 요청을 배경으로 하는 평가목적하에서 정상가격의 전제가 되는 제 조건을 만족시키지 않는 경우에 부동산의 경제적 가치를 적정히 나타내는 가격
특수가격	문화재 등 일반적으로 시장성이 없는 부동산에 대해 그 이용상황을 전제로 한 부동산의 경제적 가치를 적정히 나타내는 가격

7. 시산가액

시산가액은 「감정평가에 관한 규칙」 제12조 제2항(시산가액 : 대상물건의 감정평가액을 결정하기 위하여 제1항에 따라 어느 하나의 감정평가방법을 적용하여 산정한 가액)에 따라 최종적인 감정평가액을 결정하기 위한 중간 과정으로서 절차적인 정당성을 부여하기 위한 의미를 내포하고 있다.

8. 최유효이용

1) 최유효이용의 의의

미국 USPAP	최유효이용(highest and best use)으로 설명하고 있는데, 입지조건에 무게를 두어 그 정의를 다음과 같이 하고 있다. "합리적이고 합법적인 상황하에서 나지 상정 토지(land as though vacant)의 최유효이용 및 기존 건물의 용도 전환 등 (property as improved)의 변화를 고려한 건물의 최유효이용 상황을 검토하되, 이 판단 기준은 먼저 '물리적 측면' 및 '법적 측면'에서 그 이용이 가능하고 '재무적 측면'에서도 이용・개발이 사업타당성을 가지는 이용 중에서 '최대생산성'을 실현시킬 수 있는 이용 방안을 말한다."
일본 「부동산 감정평가기준」	최유효이용은 입지주체를 기준으로 최유효이용을 판단하는 시각으로 부동산 가치는 그 부동산의 효용을 최고도로 발휘할 수 있는 가능성이 가장 높은 이용을 전제로 해서 파악되는 가치를 표준으로 해서 형성된다. 즉, 최유효이용은 객관적으로 보아 양식과 통상의 능력을 갖고 있는 사람에 의한 최고 최선의(일반적인) 사용 방법을 말한다.

2) 최유효이용의 판정기준

최유효이용의 판정은 현재 대상부동산이 있는 그대로의 상태가 아닌 다양한 용도 중 잠재적인 최유효이용을 도출하는 작업이다. 최유효이용은 대상부동산의 이용과 가치형성에 영향을 미치는 물리적・법적・경제적 내용들을 검토하여 최종적으로 가장 높은 수익을 창출하는 부동산의 유형과 이용방법을 기준으로 판정하여야 한다.

물리적 가능성	대상부동산은 토양의 하중이나 지지력, 지형, 지세 등에 적합한 이용이어야 한다는 기준이다. 상・하수도와 같은 공공편익시설의 유용성도 물리적 가능성을 판단하는 중요한 기준이다. 이와 같은 물리적 조건에 따라 개발비용이 과도하게 소요되는 경우도 있으므로 물리적 가능성은 경제적 효율성과 결부되어 있다. ※법에서 요구하는 조건을 물리적 측면에서 맞춰낼 수 없는 경우 문제된다(특히 도로의 확보).
법적 허용성	대상부동산은 지역지구제뿐만 아니라 여러 가지 환경기준 등 개발에 대한 각종 법적 규제에 적합한 이용이어야 한다는 기준이다. 만약 대상부동산에 사법상의 계약이 설정되어 있다면, 최유효이용에 영향을 미칠 수도 있으므로 소유권 외에 용익물권이나 담보물권 등이 설정되어 있는지 그 계약내용이 최유효이용에 어떤 영향을 미치는지가 반드시 검토되어야 한다.
경제적 타당성	대상부동산은 경제적으로 타당한 이용으로서 해당 용도에 대한 소득이나 가치가 총 개발비용보다는 커야 한다는 기준이다. 최유효이용은 해당 용도에 대한 충분한 수요가 있음을 의미하므로 **토지이용 흡수율 등**을 분석할 필요가 있다.

최대수익성	대상부동산이 앞서 설명한 3가지 조건을 충족하는 잠재적 용도 중에서 최고의 수익을 창출하는 이용이어야 최유효이용에 해당한다는 기준이다. 이는 실제 시장 증거에 의해 뒷받침되어야 한다. 최유효이용은 단순히 최고의 수익을 창출하는 잠재적 용도가 아니라 적어도 그 용도에 대한 부동산의 시장수익률(대체, 경쟁시장의 시장수익률 등도 포함)과 동등 이상의 수준이 되어야 한다.

3) 최유효이용 판단 시 유의사항

① 동태적 관점에서 분석

최유효이용은 기준시점으로만 파악하면 오류를 범하기 쉽다. 부동산은 사회적·경제적·행정적·환경적 조건의 변화에 따라 계속적으로 변화하는 것이므로 동태적 관점에서 분석되어야 한다.

② 수요분석 및 중도적 이용 등에 유의

최유효이용은 해당 용도에 대한 충분한 수요가 있는지 여부를 확인하는 작업이므로 수요분석에 유의해야 한다. 만약 기준시점에 해당 용도에 대한 충분한 수요가 없다면 최유효이용은 잠정적으로 연기되거나 중도적 이용에 할당된다.

③ 소유자에 의한 이용

최유효이용은 단순 이용자가 아닌 소유자에 의한 이용임을 유의하여야 한다. 또한 단독이용 등의 특수한 경우에는 표준적 이용과 유사하지 않지만 최유효이용이 되는 경우도 있음에 유의하여야 한다.

9. 일시적인 이용

감정평가는 원칙적으로 기준시점에서의 대상물건의 이용 상황 등을 기준으로 하나, 일정한 경우 현황기준 원칙의 예외를 두고 있다. 불법적인 이용과 일시적인 이용(주택지대 내의 답)이 그 예외에 해당되며, 이와 같은 예외 규정을 둔 것은 시장에서 실질적인 가치가 결정될 때 불법성과 이용의 일시성이 충분히 인식되고 반영되기 때문이다.

> **PLUS+개념** 실무상 이 경우에는 평가대상물건의 지목이 답이라도 비교표준지 및 거래사례는 대(주거나지 또는 단독주택)를 선택하여 비교하게 된다. 여기서 전제된 시각은 최유효이용(부동산의 가치는 그 부동산의 효용을 최고도로 발휘할 수 있는 가능성이 가장 높은 이용을 전제로 하여 파악되는 가치를 표준으로 해서 형성)의 원칙이다.

10. 가치형성요인

대상물건의 가치에 영향을 미치는 요인을 가치형성요인이라고 하며, 일반요인·지역요인·개별요인 등으로 구분된다는 것을 설명하고 있다. 부동산 가치형성요인은 부동산의 효용, 상대적 희소성 및 부동산에 대한 유효수요 등에 영향을 미치는 요인을 말한다. 이러한 요인은 ① 공간적인 범위에 따라 일반요인·지역요인·개별요인으로 분류할 수 있다. 한편 이 3가지 요인은 가치형성에 영향을 미치는 ② 구체적인 내용에 따라 자연적·사회적·경제적·행정적 제 요인을 포함한다.

> **PLUS+ 개념** 일반 경제재화와는 달리 가치형성요인을 위와 같이 검토하게 된 이유는 부동산의 특성, 시장참가자의 특성 등에서 기인한다.

11. 인근지역

인근지역은 대상부동산이 속하는 용도적 지역으로 더 큰 규모와 내용을 갖는 지역인 도시 혹은 농촌 등의 내부에 존재한다. 이것은 주거 활동, 상업 활동, 공업생산 활동 등 사람이 생활하는 데 어떤 특정의 용도에 제공되는 것을 중심으로 지역적인 통합을 이루고 있는 지역으로 대상부동산의 가치형성에 직접적인 영향을 주는 특성을 지닌다. 따라서 인근지역은 그 지역의 특성을 형성하는 지역요인의 추이, 동향에 따라 변화한다.

인근지역에 따라서는 확실하게 식별되는 자연적 또는 인문적 경계를 갖기도 하지만, 확실하게 식별되는 경계가 없는 경우에는 범위 확정을 신중하게 해야 한다. 즉, 인근지역의 범위는 객관적인 지역구분으로서 독립해서 존재하는 것이 아니라 대상부동산과 그 가치형성요인의 분석에 의해 상대적으로 결정된다. 인근지역의 개념에는 ① 지역의 실제용도에 따른 구분이라는 점, ② 대상부동산이 속한 지역이라는 점, ③ 가격수준이 동일한 지역이라는 점 등이 반영되어야 한다.

12. 유사지역

유사지역은 인근지역의 지역 특성과 유사한 지역 특성을 갖는 지역으로, 지역에 속하는 부동산은 특정의 용도에 이용되는 것을 중심으로 지역적인 특성을 나타내는 지역이다. 이러한 지역적인 범위는 인근지역의 특성과 유사성을 전제로 해서 판단해야 한다.

유사지역은 인근지역의 지역 특성과 유사한 특성을 갖는 지역으로서 대상부동산이 속하지 아니한 지역을 말한다. 따라서 유사지역은 인근지역과의 인접 여부와는 상관없이 지역 특성의 유사성을 기준으로 판단하여야 한다.

13. 동일수급권(同一需給圈)

동일수급권은 일반적으로 대상부동산과 대체관계가 성립하고 그 가치형성 측면에서 상호 영향을 미치는 관계에 있는 다른 부동산이 존재하는 권역이다. 이 권역은 인근지역을 포함한 광역적인 것으로 인근지역과 상호 관계에 있는 유사지역 등이 존재하는 범위이다.

동일수급권은 AI나 USPAP에서 주로 사용하는 '시장지역(market area)'과 유사한 개념이다.

여기서 '시장지역'이란 대상부동산이 속한 지역으로서 특정 부동산 유형의 지리적·입지적으로 구분된 범위를 말하는데, 대상부동산과 유사성이 있어 매수자나 잠재적 이용자들의 관심을 끄는 대체·경쟁관계에 있는 부동산들이 소재하는 하나 이상의 인근지역을 포괄하는 특정 범주의 부동산 시장범위를 일컫는다.

동일수급권은 부동산의 종류, 성격 및 규모에 따른 수요자의 선호도에 따라 지역적 범위를 달리할 수도 있기 때문에 부동산 종별, 성격 및 규모에 따른 수요자의 선호도를 정확히 파악한 후에 적절히 판단하여야 한다.

14. 제시 외 건물 등이 있는 토지

제시 외 건물 등이 있는 토지의 "제시 외"는 의뢰인이 제시한 감정평가 대상 목록 이외라는 것을 의미하며, "건물 등"은 건물·구축물 등 지상 정착물을 의미하는 것으로 동산 등 이동성이 있고 단독으로 사용·수익·처분이 가능한 물건과는 구분된다(여기서 제시 외 건물이란 공적장부(등기사항전부증명서 및 건축물대장)에 있지 않은 건물이나 현황이 존재하는 건물로서 의뢰목록에 제시되지 않은 건물을 의미한다).

제시 외 건물 등이 있는 토지는 그 건물 등의 소재 여부에 따라 토지가치에 영향을 줄 수 있으므로 이에 유의하여야 한다. 토지와 그 지상의 건물 등의 소유권이 달라질 경우 토지는 지상 건물 등이 있음으로 인해 토지 본래의 이용·수익·처분에 제한을 받게 되고, 지상 건물 등도 토지 등을 이용하는 대가를 지불해야 하는 경우가 발생하므로, 토지와 지상 건물 등이 일체로 이용될 경우와 가치가 달라질 수 있기 때문이다.

> 제시 외 건물 등이 있는 토지는 감정평가목적에 따라 처리기준 등이 상이할 수 있다. 특히, 법정지상권의 성립여부가 감정평가 시 중요하다.
>
> • 구체적인 사례
>   ① 대장에는 등재되어 있으나 미등기인 건물
>   ② 건축물대장이 없으며 미등기인 건물(제시 외 건물)

15. 감정평가관계법규

「실무기준」에서 감정평가관계법규는 감정평가와 직접적으로 관련이 있는 법령을 의미하는 것으로 「감정평가 및 감정평가사에 관한 법률」, 같은 법 시행령 및 시행규칙, 「감정평가에 관한 규칙」 및 감정평가에 관한 사항을 규정하고 있는 다른 개별법령 등을 말한다.

Chapter 02 시장가치기준 원칙

제1절 시장가치기준 원칙과 예외

우리나라는 감정평가액의 성격을 「부감법」에서는 적정가격으로, 종전 「감정평가에 관한 규칙」에서는 정상가격으로 규정하여 적정가격과 정상가격이 같은 개념인지에 대한 논란이 있었다. 그러나 금번 개정된 「감정평가에 관한 규칙」 제2조 제1호에서는 정상가격을 시장가치로 바꾸고, 「감정평가에 관한 규칙」 제5조에서는 시장가치기준 원칙을 규정하여 감정평가액의 성격을 시장가치로 명확하게 규정하였다. 이는 가격과 가치를 명확히 구분함으로써 감정평가의 본질에 부합하도록 하고 외국의 감정평가 관련 기준이나 회계·금융·세무·컨설팅 등 타분야에서도 'Market Value'라는 용어를 사용하고 있어 국제 표준에 맞게 개정할 필요성이 생김에 따라 시장가치로 변경한 것이다. 다만, 감정평가액을 결정할 때 시장가치를 원칙으로 하되 시장가치 외의 가치를 기준으로 할 수 있는 경우를 규정함으로써 다양한 감정평가 수요에 대응할 수 있도록 하고 있다.

제2절 시장가치기준 원칙

1. 의의

원칙적으로 감정평가를 통해 기준시점에 도출되는 가액은 시장가치이다. 그러나 경제적 가치를 판정하는 과정에서 시장가치가 판정의 기준으로 적용되었다면 이 또한 넓은 의미에서 시장가치기준 원칙으로 볼 수 있다. 시장가치는 대상물건이 통상적인 시장에서 충분한 기간 동안 공개된 후, 대상물건의 내용에 정통한 당사자 사이에 신중하고 자발적인 거래가 있을 경우 성립될 가능성이 가장 높다고 인정되는 대상물건의 가액을 말한다. 그러나 시장가치 개념이 반드시 기준시점에 실제로 이루어진 거래에 근거하는 것은 아니며, 시장가치 정의를 만족시킨다는 가정하에 기준시점 현재 실현될 수 있는 가치의 추정치이다.

2. 시장가치기준 원칙과 공정가치의 관계

시장가치는 특수가치(또는 결합가치)의 요소를 배제한다는 점에서 공정가치와 다를 수 있다. 예를 들어 특정한 당사자 사이에서만 발생하는 특수한 증분가치는 해당 당사자 간에는 공정한 가치로 인정될 수 있으나, 시장가치에서는 이와 같은 특정 당사자 사이에서 거래되는 가치의 요소를 배제한다.

제3절 시장가치 외의 가치로 평가하는 경우

1. 시장가치 외의 가치 개념

시장가치와는 달리 시장가치 외의 가치에 대한 개념이 규정되어 있지 않으나, 시장가치와 시장가치 외의 가치로 구분하여 규정하고 있는 형식을 볼 때, 시장가치 외의 가치는 시장가치의 요건을 충족하지 못하는 경우의 가치로 해석할 수 있을 것이다. 일반적으로 감정평가 시 시장가치기준으로 평가하는 것이 원칙이다. 그러나 대상물건의 성격, 감정평가조건의 특수성, 감정평가 목적 등으로 시장가치 외의 가치를 기준으로 채택할 수 있다.

2. 실무기준에서의 적용 요건

감정평가관계법규에 규정이 있는 경우, 의뢰인의 요청이 있는 경우 및 감정평가의 목적이나 대상물건의 특성에 비추어 사회통념상 기준가치를 시장가치 외의 가치로 하는 것이 필요하다고 인정되는 경우이다.

> **PLUS⁺ 개념**
> 시장가치의 변경 전 개념인 정상가격과 (구)「공특법」상의 적정가격의 동일성 여부에 대한 건설교통부(현재 국토교통부)의 유권해석에 따르면, 같은 의미로 볼 수 없다고 하고 있는바, 이를 유추하면 현재의 「토지보상법」상의 적정가격 또한 시장가치 외의 가치로 볼 여지가 있는 것으로 판단된다.

제4절 시장가치 외의 가치로 감정평가하는 경우의 검토사항

1. 가치의 성격과 특징

가치의 성격과 특징을 검토해야 한다. 예를 들면, 공정가치는 시장에서 시장성과 교환거래를 전제로 하나, 특수 당사자 간의 한정된 시장에서 형성되는 가치라는 특징을 갖는다. 그리고 투자가치의 경우 시장성은 있으나 통상 교환거래를 전제하지 않는다는 특징, 투자자의 자금조달 규모, 경영능력, 개발능력, 임대차관리 능력 등에 따라 현저히 달라지는 특징이 있으며, 특수가치의 경우 통상 시장성이 없는 것으로 현재의 용도와 이용 상태를 전제로 경제적 가치를 판단하는 특징이 있다.

2. 합리성 검토 등

이와 같이 시장가치 외의 가치를 기준으로 감정평가할 때에는 가치의 성격과 특징뿐만 아니라 사회적으로도 합리성이 충족되어야 하고, 아울러 감정평가관계법규에도 위배되지 않아야 한다.

3. 합리성 및 적법성이 결여된 경우의 감정평가 거부 또는 수임 철회

시장가치 외의 가치를 가치기준으로 채택한 경우, 각각의 가치에 대한 개념과 특성에 부합하되 기본 측정의 가정(상정조건)에 대한 언급이 필요하며, 감정평가법인등은 이러한 가정이 감정평가의 합리성 및 적법성에 위배되어 가치해석에 오해를 가져올 여지가 있다면 의뢰를 거부하거나 수임을 철회할 수 있다.

「감정평가에 관한 규칙」
제5조(시장가치기준 원칙)
① 대상물건에 대한 감정평가액은 시장가치를 기준으로 결정한다.
② 감정평가법인등이 제1항에도 불구하고 다음 각 호의 어느 하나에 해당하는 경우에는 대상물건의 감정평가액을 시장가치 외의 가치를 기준으로 결정할 수 있다.
  1. 법령에 다른 규정이 있는 경우
  2. 감정평가 의뢰인(이하 "의뢰인"이라 한다)이 요청하는 경우
  3. 감정평가의 목적이나 대상물건의 특성에 비추어 사회통념상 필요하다고 인정되는 경우
③ 감정평가법인등이 제2항에 따라 시장가치 외의 가치를 기준으로 감정평가할 때에는 다음 각 호의 사항을 검토해야 한다. 다만, 제2항 제1호의 경우에는 그렇지 않다.
  1. 해당 시장가치 외의 가치의 성격과 특징
  2. 시장가치 외의 가치를 기준으로 하는 감정평가의 합리성 및 적법성
④ 감정평가법인등이 시장가치 외의 가치를 기준으로 하는 감정평가의 합리성 및 적법성이 결여(缺如)되었다고 판단할 때에는 의뢰를 거부하거나 수임(受任)을 철회할 수 있다.

> 「실무기준」
> ① 대상물건에 대한 감정평가액은 시장가치를 기준으로 결정한다.
> ② 제1항에도 불구하고 다음 각 호의 어느 하나에 해당하는 경우에는 대상물건의 감정평가액을 시장가치 외의 가치를 기준으로 결정할 수 있다.
>   1. 감정평가 관계법규에 기준가치를 시장가치 외의 가치로 하는 것에 관한 규정이 있는 경우
>   2. 의뢰인이 기준가치를 시장가치 외의 가치로 할 것을 요청한 경우
>   3. 감정평가의 목적이나 대상물건의 특성에 비추어 사회통념상 기준가치를 시장가치 외의 가치로 하는 것이 필요하다고 인정되는 경우
> ③ 제2항에 따라 감정평가할 때에는 다음 각 호의 사항을 검토하여야 한다. 다만, 제2항 제1호의 경우에는 그러하지 아니하다.
>   1. 해당 시장가치 외의 가치의 성격과 특징
>   2. 시장가치 외의 가치를 기준으로 하는 감정평가의 합리성 및 적법성
> ④ 감정평가법인등이 시장가치 외의 가치를 기준으로 하는 감정평가의 합리성 및 적법성이 결여되었다고 판단될 때에는 의뢰를 거부하거나 수임을 철회할 수 있다.

제5절 시장가치 외의 가치 기준 감정평가와 조건부 감정평가의 구별

감칙은 제5조 제2항에서 법령에 규정이 있는 경우, 의뢰인이 요청하는 경우, 감정평가의 목적이나 대상물건의 특성에 비추어 사회통념상 필요하다고 인정되는 경우에 시장가치 외의 가치를 기준으로 감정평가할 수 있도록 규정하고 있고, 제6조 제2항에서 법령의 규정이 있는 경우, 의뢰인이 요청하는 경우, 감정평가의 목적이나 대상물건의 특성에 비추어 사회통념상 필요하다고 인정되는 경우에 조건부 감정평가를 할 수 있도록 규정함으로써 시장가치 외의 가치 기준 감정평가와 조건부 감정평가의 요건이 동일하다. 이에 따라 감정평가조건이 부가된 경우에는 시장가치 외의 가치 기준 감정평가이고, 시장가치 외의 가치 기준 감정평가를 할 때에는 감정평가조건이 부가되어야 하는 것으로 잘못 이해되는 경우가 있다.

시장가치 외의 가치 기준 감정평가와 조건부 감정평가는 별개의 개념으로 상호 독립적인바 일대일의 대응관계가 성립하지 않는다. 즉, 감정평가조건이 부가되더라도 시장가치가 될 수 있고 감정평가조건의 부가 없이 시장가치 외의 가치가 도출될 수 있다.

Chapter 03 현황기준 원칙

제1절 현황기준 원칙

1. 현황기준 원칙의 취지

현황기준 원칙과 그 예외를 명확히 규정하고, 현황대로 감정평가하지 않은 경우 감정평가서에 관련 사항을 기재하도록 하여 혼란과 분쟁의 소지를 최소화하고자 하고 있다.

2. 기준시점에서 대상물건의 이용상황과 공법상 제한상태 기준 평가

현황기준 원칙은 대상물건의 상태·구조··이용방법, 제한물권의 부착과 환경·점유 등의 현황대로 평가하는 것이다. 감정평가액은 시간의 흐름에 따라 달라질 수 있기 때문에 감정평가를 할 때에는 기준시점을 기재한다.

3. 현황기준 원칙의 예외에 해당하는 경우 감정평가방법

1) 대상물건의 이용상황이 일시적으로 최유효이용에 미달하는 경우

최유효이용을 기준으로 감정평가하되, 최유효이용으로 전환하기 위해 수반되는 비용을 고려하도록 하고 있다. 대상물건이 최유효이용에 미달되는 경우 현재 있는 개량물을 철거하는 비용이 고려되어야 한다. 이는 최유효이용의 판정이 일반적으로 나지를 기준으로 결정되기 때문에 최유효이용에 미달되는 대상물건의 건부지의 가치는 나지의 가치에 비해 낮게 형성되기 때문이다. 예를 들어, 대지로 이용할 수 있는 토지를 방치하여 잡풀이 우거지거나, 쓰레기 등으로 오염이 된 토지를 대지로 이용하기 위해서는 복구비용, 인근토지 대비 저지상태인 토지의 경우 성토 등을 위한 토목공사비용 등이 필요할 것이다.

2) 대상물건이 불법적인 이용인 경우

합법적인 이용상황을 기준으로 감정평가하되, 현재 상태에서 합법적인 이용으로 전환하기 위해 수반되는 비용을 고려하도록 하고 있다. 이는 불법적으로 대상물건을 이용하여 경제적 효용을 누리는 상태대로 감정평가할 경우 합법적인 이용과의 형평에 어긋나며, 불법을 방조하는 결과가 될 수 있기 때문이다. 또한 원상회복 등 행정조치가 있을 경우 추가비용에 대한 고려도 해야 한다. 예를 들어 불법 증개축 건축물은 원상회복을 위한 철거비용을 감안하여야 하고, 불법 형질변경된 전, 답 및 임야의 경우 농지보전부담금, 대체산림자원조성비 및 각종 인허가 비용 등을 고려하여야 할 것이다.

「감정평가에 관한 규칙」
제6조(현황기준 원칙)
① 감정평가는 기준시점에서의 대상물건의 이용상황(불법적이거나 일시적인 이용은 제외한다) 및 공법상 제한을 받는 상태를 기준으로 한다.
② 감정평가법인등이 제1항에도 불구하고 다음 각 호의 어느 하나에 해당하는 경우에는 기준시점의 가치형성요인 등을 실제와 다르게 가정하거나 특수한 경우로 한정하는 조건(이하 "감정평가조건"이라 한다)을 붙여 감정평가할 수 있다.
    1. 법령에 다른 규정이 있는 경우
    2. 의뢰인이 요청하는 경우
    3. 감정평가의 목적이나 대상물건의 특성에 비추어 사회통념상 필요하다고 인정되는 경우
③ 감정평가법인등이 제2항에 따라 감정평가조건을 붙일 때에는 감정평가조건의 합리성·적법성 및 실현가능성을 검토해야 한다. 다만, 제2항 제1호의 경우에는 그렇지 않다.
④ 감정평가법인등이 감정평가조건의 합리성·적법성이 결여되거나 사실상 실현 불가능하다고 판단할 때에는 의뢰를 거부하거나 수임을 철회할 수 있다.

「실무기준」
① 감정평가는 기준시점에서의 대상물건의 이용 상황(불법적이거나 일시적인 이용을 제외한다) 및 공법상 제한 상태를 기준으로 한다.
② 제1항에도 불구하고 [300-5]에 따른 감정평가조건을 붙여 감정평가할 수 있다.
③ 대상물건의 이용 상황이 불법적이거나 일시적인 경우에는 다음 각 호의 방법에 따라 감정평가한다.
    1. 대상물건이 일시적인 이용 등 최유효이용에 미달되는 경우에는 최유효이용을 기준으로 감정평가하되, 최유효이용으로 전환하기 위해 수반되는 비용을 고려한다.
    2. 대상물건이 불법적인 이용인 경우에는 합법적인 이용을 기준으로 감정평가하되, 합법적인 이용으로 전환하기 위해 수반되는 비용을 고려한다.

제2절 감정평가조건의 부가요건 및 검토사항

1. 조건부 감정평가가 가능한 경우

1) 감정평가 관계법규에 감정평가조건의 부가에 관한 규정이 있는 경우

「토지보상법」이나 개별법 등의 규정에 따라 감정평가를 하여야 하는 경우가 이에 해당한다. 따라서 해당 법률에 의해 감정평가를 행하는 경우에는 그 법률에서 정하고 있는 방법으로 감정평가를 해야 한다. 예를 들면, 「토지보상법」 제70조에서 개발이익 배제 등을 목적으로 규정하고 있는 공시지가 선정의 방법에 따라 감정평가를 해야 하는 경우는 개발이익 배제를 조건으로 하는 감정평가이다.

2) 의뢰인이 감정평가조건의 부가를 요청하는 경우

의뢰인이 감정평가조건을 제시하고, 제시된 조건의 실현을 가정하여 감정평가할 것을 요청한 경우가 이에 해당한다. 예를 들어 도시계획의 실시 여부, 택지조성 및 수면매립의 전제, 불법점유의 해제, 환경의 개량, 건물의 증·개축을 상정하는 것과 같은 불확실한 상황에 대한 의뢰인의 요구를 검토하고 합당한 감정평가조건이라면 해당 감정평가조건을 고려한 가치로 감정평가해야 한다.

3) 사회통념상 당연히 감정평가조건이 부가되어야 하는 경우

(1) 감정평가의 목적

국·공유지 처분평가의 경우에는 지목 및 이용상황이 구거 또는 도로부지인 토지를 인접 토지소유자 등에게 매각할 때, 현실적인 이용상황 등이 아닌 용도폐지를 전제로 하여 감정평가하는 경우가 이에 해당된다.

(2) 대상물건의 특성

건축허가를 받아 건축이 진행되어 완공이 임박한 건축물이 소재한 토지의 경우 통상적인 건축주는 사용승인을 득하기 위한 공정을 진행하게 될 것이며, 이는 곧바로 사용승인을 득하여 지목이 대지로 변경될 것을 예정할 수 있으므로 대지를 전제로 한 토지의 감정평가가 가능할 것이다.

2. 감정평가조건의 검토

1) 사회적 타당성과 자료의 수집가능성 등

예외적으로 부가되는 감정평가조건의 경우에도 사회적 타당성이 요청되며, 이들을 검토한 결과 감정평가조건 자체가 타당하다고 인정되어도 현실적인 자료 수집 등이 곤란한 경우 받아들이기 어려운 조건으로 봐야 할 것이다.

2) 합리성과 적법성
감정평가조건은 합리성과 적법성을 갖추어야 하며, 공법·사법을 불문하고 법률상 내용에 위배되지 않고 아울러 사회통념상 합리성을 갖추었는지를 확인해야 한다.

3) 실현가능성
사회적·경제적·물리적 관점에서 실현가능성이 검토되어야 하며, 실제 현실성이 희박한 경우는 감정평가조건으로 부가하기 어려울 것이다.

4) 소결
상기의 합리성·합법성 및 실현가능성을 검토하여 감정평가조건으로서의 상정이 불가능한 경우는 의뢰인에게 이를 설명하고 의뢰를 거부하거나 수임을 철회할 수 있다.

「감정평가에 관한 규칙」
제6조(현황기준 원칙)
② 감정평가법인등이 제1항에도 불구하고 다음 각 호의 어느 하나에 해당하는 경우에는 기준시점의 가치형성요인 등을 실제와 다르게 가정하거나 특수한 경우로 한정하는 조건(이하 "감정평가조건"이라 한다)을 붙여 감정평가할 수 있다.
  1. 법령에 다른 규정이 있는 경우
  2. 의뢰인이 요청하는 경우
  3. 감정평가의 목적이나 대상물건의 특성에 비추어 사회통념상 필요하다고 인정되는 경우
③ 감정평가법인등이 제2항에 따라 감정평가조건을 붙일 때에는 감정평가조건의 합리성·적법성 및 실현가능성을 검토해야 한다. 다만, 제2항 제1호의 경우에는 그렇지 않다.
④ 감정평가법인등이 감정평가조건의 합리성·적법성이 결여되거나 사실상 실현 불가능하다고 판단할 때에는 의뢰를 거부하거나 수임을 철회할 수 있다.

「실무기준」
① 감정평가조건은 다음 각 호의 어느 하나에 해당하는 경우에 한정하여 붙일 수 있다.
  1. 감정평가 관계법규에 감정평가조건의 부가에 관한 규정이 있는 경우
  2. 의뢰인이 감정평가조건의 부가를 요청하는 경우
  3. 감정평가의 목적이나 대상물건의 특성에 비추어 사회통념상 당연히 감정평가조건의 부가가 필요하다고 인정되는 경우
② 제1항에 따라 감정평가조건을 붙일 때에는 감정평가조건의 합리성·적법성 및 실현가능성을 검토하여야 한다. 다만, 제1항 제1호의 경우에는 그러하지 아니하다.

> **PLUS 개념** | 유권해석
>
> [부동산평가과 – 758 (2012.3.6)]
>
> - 질의요지
>   도시관리계획상 제1종 일반주거지역인 토지가 향후 제2종 일반주거지역으로 될 것을 예측하여 조건부 감정평가가 가능한지 여부
>
> - 회신내용
>   「감정평가에 관한 규칙」제5조는 "대상물건에 대한 평가액은 정상가격 또는 정상임대료로 결정함을 원칙으로 한다. 다만, 평가목적·대상물건의 성격상 정상가격 또는 정상임대료로 평가함이 적정하지 아니하거나 평가에 있어서 특수한 조건이 수반되는 경우에는 그 목적·성격이나 조건에 맞는 특정가격 또는 특정임대료로 결정할 수 있다"고 규정하고 있으며, 이 규정에서 특수한 조건이 수반되는 감정평가는 그 조건이 합법성·합리성·실현가능성 등이 있는 경우를 의미하는 것으로 제한적으로 해석하고 있습니다.
>   따라서 도시관리계획상 제1종 일반주거지역인 토지가 향후 제2종 일반주거지역으로 될 것을 예측하여 조건부감정평가를 하는 경우 그 가능성 여부는 그 조건의 합법성·합리성·실현가능성 등을 검토한 후 결정할 수 있을 것으로 보입니다.

제3절 감정평가조건의 표시

1. 조건 표시의 필요성
감정평가조건에 관한 제반사항을 감정평가서에 명시하여 의뢰인에게 알려줌으로써 의사결정에 도움을 주고자 함이며 감정평가에 관한 분쟁 시에 책임소재를 명확히 하기 위함이다.

2. 주요 항목

감정평가조건의 내용	어떠한 감정평가조건에서 감정평가액이 산정된 것인지에 관한 사항
감정평가조건을 부가한 이유	부가할 수 있는 경우를 정하고 있는 제1항 제1호부터 제3호까지 중 어디에 해당하는 것인지에 관한 것
감정평가조건의 합리성·적법성 및 실현가능성의 검토사항	감정평가조건의 적절성 판단에 관한 감정평가법인등의 의견이자 부가 가능한 감정평가조건의 요건
해당 감정평가가 감정평가조건을 전제로 할 때에만 성립될 수 있다는 사실	의뢰인을 비롯하여 제3자에게 감정평가조건에 따라 감정평가액이 달라질 수 있음을 알리고, 해당 감정평가서의 효력도 해당 목적에 활용할 때에만 감정평가법인등에게 책임이 있음을 알려 감정평가법인등의 책임범위를 한정

「감정평가에 관한 규칙」
제13조(감정평가서 작성)
② 감정평가서에는 다음 각 호의 사항이 포함돼야 한다.
　9. 감정평가조건을 붙인 경우에는 그 이유 및 제6조 제3항의 검토사항. 다만, 같은 조 제2항 제1호의 경우에는 해당 법령을 적는 것으로 갈음할 수 있다.
④ 감정평가법인등은 법 제6조에 따라 감정평가서를 발급하는 경우 그 표지에 감정평가서라는 제목을 명확하게 적어야 한다.
⑤ 감정평가법인등은 감정평가서를 작성하는 경우 법 제33조 제1항에 따른 한국감정평가사협회가 정하는 감정평가서 표준 서식을 사용할 수 있다.

「실무기준」
감정평가조건이 부가된 감정평가를 할 때에는 다음 각 호의 사항을 감정평가서에 적어야 한다. 다만, [300-5.2-①-1]의 경우에는 해당 법령을 적는 것으로 갈음할 수 있다.
1. 감정평가조건의 내용
2. 감정평가조건을 부가한 이유
3. 감정평가조건의 합리성·적법성 및 실현가능성의 검토사항
4. 해당 감정평가가 감정평가조건을 전제로 할 때에만 성립될 수 있다는 사실

Chapter 04 개별물건기준 원칙

제1절 개별감정평가 원칙과 예외

대상물건은 개별로 감정평가하는 것을 원칙으로 규정하고 있다. 다만, 개별감정평가하는 것이 불합리하거나 특수한 목적 또는 합리적인 이유가 있는 경우에는 개별감정평가 이외에 일괄감정평가 · 구분감정평가 및 부분감정평가할 수 있도록 명시하고 있다. 이는 「감정평가에 관한 규칙」 제7조의 개별물건기준 원칙 등에 규정된 내용을 명확하게 표현하여 감정평가의 공정성과 객관성을 확보하는 데 그 취지가 있다.

제2절 개별감정평가 원칙의 근거

우리나라는 토지와 건물을 각각의 부동산으로 보는 법과 제도로 인하여 실제 관행상으로는 일체로 거래됨에도 토지와 건물을 별개의 부동산으로 감정평가하는 것을 기본원칙으로 하고 있다. 뿐만 아니라 자동차, 건설기계 등과 같이 의제부동산의 경우에도 별도의 등록 시스템을 가지고 있어 각각 독립된 객체로 볼 수 있다. 감정평가대상은 위치적 · 물리적으로 구분될 뿐만 아니라 소유권도 물건별로 설정이 가능하다. 따라서 수 개의 물건을 감정평가하는 경우에도 감정평가는 물건별로 행하여 가액을 합산하도록 한다.

제3절 개별감정평가 원칙의 예외

1. 개별감정평가 원칙의 예외(취지)

감정평가에서 개별감정평가가 원칙이나, 대상물건의 성격, 감정평가조건, 거래관행 등에 따라 개별로 평가하는 것이 불합리한 경우에는 일괄감정평가, 구분감정평가 또는 부분감정평가를 행할 수 있도록 하고 있다.

2. 일괄감정평가

1) 의의와 예

대상물건이 시장에서 거래관행이나 가치형성이 일체로 되는 경우에는 일체의 가액을 산정하는 것이 부분별 가액의 합산가액보다 정확할 것이다. 따라서 동 기준도 둘 이상의 물건이 일체로 거래되거나 대상물건 상호 간 용도상 불가분의 관계에 있는 경우에는 일괄감정평가하도록 하고 있다. 대표적인 예로는 ㉠ 둘 이상의 획지 또는 필지를 일단지로 평가할 필요가 있는 경우, ㉡ 대지와 지상물이 일체로 거래되는 경우, ㉢ 용도상 불가분의 관계에 있는 아파트, 다세대 연립주택, 아파트형공장, 주거용 오피스텔 등의 평가를 행하는 경우, ㉣ 임지와 입목을 일체로 하는 임야, ㉤ 토지·건물의 복합부동산 등이 있다.

2) 합리적 가액의 구분 및 필요성

이 경우 평가 의뢰인의 필요에 따라 일괄감정평가된 감정평가액을 합리적인 기준에 따라 토지가액 및 건물가액으로 구분하여 표시할 수 있다. 금융기관 또는 법원 등에서 토지 및 건물로 구분하여 감정평가액을 제시하도록 요구하는 경우나 과세목적상 토지, 건물의 구분 가액이 필요한 경우 등이다.

3. 구분감정평가

1) 의의

구분감정평가는 1개의 물건이라도 가치를 달리하여 서로 다르게 가치가 형성되는 경우에는 이를 구분하여 감정평가하는 것을 말한다. 가치를 서로 달리하는 부분을 구별하는 점에서 부분감정평가와 차이가 있고, 가치를 달리 하더라도 면적 등이 과소하여 그 영향이 미미한 경우에는 주된 가치를 기준으로 감정평가해야 한다.

2) 예

한 필지의 토지라도 용도지역, 이용상황 등이 서로 달라 가치를 달리하는 경우에는 구분감정평가를 할 수 있다. 예를 들면 광평수토지의 전면(상업용)과 후면(주거용)부분의 가치차이가 심한 경우, 용도지역이나 도시계획시설에 일부가 저촉되어 저촉부분, 비저촉부분의 가치차이가 발생하는 경우, 기존 건물에 증축된 건물이 소재하여 가치를 달리하는 경우 등에 적용된다.

4. 부분감정평가

1) 의의

부분감정평가는 본래 대상물건의 일부만을 감정평가하는 것을 말한다. 부분감정평가를 하지 않는 것이 원칙이지만, 특수한 목적 또는 합리적인 이유가 있어 부분감정평가의 필요성이 인정되는 경우 대상물건의 일부만을 감정평가할 수 있다.

2) 예

예를 들면, 토지의 보상평가 시 1개 필지의 일부만이 편입되어 그 편입부분만을 평가하는 경우나 토지·건물 일체로 구성된 복합부동산 그 상태에서 토지만의 가액을 구하는 경우, 광대로에 접한 광평수 토지 중 전면부 일부만을 임대하고자 하는 경우의 부분 임대료 평가가 이에 해당한다.

「감정평가에 관한 규칙」
제7조(개별물건기준 원칙 등)
① 감정평가는 대상물건마다 개별로 하여야 한다.
② 둘 이상의 대상물건이 일체로 거래되거나 대상물건 상호 간에 용도상 불가분의 관계가 있는 경우에는 일괄하여 감정평가할 수 있다.
③ 하나의 대상물건이라도 가치를 달리하는 부분은 이를 구분하여 감정평가할 수 있다.
④ 일체로 이용되고 있는 대상물건의 일부분에 대하여 감정평가하여야 할 특수한 목적이나 합리적인 이유가 있는 경우에는 그 부분에 대하여 감정평가할 수 있다.

「실무기준」
감정평가는 대상물건마다 개별로 한다. 다만, 다음 각 호의 경우에는 그에 따른다.
1. 둘 이상의 대상물건이 일체로 거래되거나 대상물건 상호 간에 용도상 불가분의 관계가 있는 경우에는 둘 이상의 대상물건에 대하여 하나의 감정평가액을 산정하는 일괄감정평가를 할 수 있다.
2. 하나의 대상물건이라도 가치를 달리하는 부분이 있는 경우에는 각각의 감정평가액을 별도로 산정하는 구분감정평가를 할 수 있다.
3. 일체로 이용되고 있는 대상물건의 일부분에 대하여 감정평가하여야 할 특수한 목적이나 합리적인 이유가 있는 경우에는 부분감정평가를 할 수 있다.

Chapter 05 시산가액 조정

제1절 시산가액 조정의 이론적 근거

부동산과 자본시장의 통합화, 부동산 금융의 발전 등 감정평가시장의 환경 변화로 인해 종래의 비교방식이나 원가방식만으로 감정평가하는 데 한계가 있으며, 시장수요자의 다양한 요구와 국제평가기준과의 정합성 등을 고려할 때, 단일방식보다는 다양한 감정평가방식의 적용이 필요하다. 또한 감정평가방식의 선진화를 유도하고 감정평가의 전문성을 제고하여 의뢰인에게 보다 합리적인 감정평가액을 제시할 수 있는 방안이 요구된다. 이러한 이유로 「실무기준」에서는 가장 적정한 감정평가방식을 적용하되, 다른 감정평가방식을 통한 시산가액으로 합리성을 검토하도록 함으로써 원칙적으로 대상물건의 감정평가에 다양한 방식의 적용이 가능하다.

제2절 적정한 방법의 적용(특정 평가대상물건에 대한 평가방법의 접근논리)

감정평가방법은 「실무기준」에서 물건별로 감정평가방법을 정하고 있으므로, 기본적으로는 「실무기준」에서 정한 방법을 따르면 될 것이다. 그러나 주된 방법을 적용하는 것이 곤란하거나 부적절한 경우에는 감정평가방식의 특징을 충분히 파악한 후, 대상물건의 성격, 감정평가 목적, 감정평가조건 등을 고려하여 각 물건별로 적용할 감정평가방법이 적절한지, 정확성이 있는지 그리고 자료를 시장에서 구할 수 있는지 등의 현실적 상황을 고려하여 가장 적정한 방법을 적용해야 한다.

제3절 합리성 검토(검토방법 및 기준에 대한 구체적 내용 미흡)

「감정평가에 관한 규칙」 제12조 제2항에서는 제1항에서 구한 시산가액을 다른 감정평가방식에 속하는 하나 이상의 감정평가방법으로 산정한 시산가액과 비교하여 합리성을 검토하도록 하고 있다. 이때 공시지가기준법은 비교방식에 속함에도 불구하고, 다른 감정평가방식에 속하는 것으로 봄으로써 합리성 검토의 범위를 확대시켜 주고 있다. 이 규정은 「토지보상법」에서 규정하고 있는 감정평가 3방식의 적용원리와도 일치한다.

합리성을 검토한 결과 합리성이 인정되는 경우에는 제1항에서 구한 시산가액으로 최종적인 감정평가액을 결정하면 된다. 그러나 대상물건의 특성 등으로 인하여 다른 감정평가방법을 적용하는 것이 곤란하거나 불필요한 경우에는 합리성을 검토하는 절차를 생략할 수 있다. 거래가 활발하게 이루어지고 있는 시장성이 높은 아파트와 같은 구분건물은 대상물건의 특성상 원가법이나 수익환원법의 적용이 불필요한 경우이다. 또한 현실적인 수익, 비용자료가 미비하거나 관련 자료가 정확하지 않을 때는 수익환원법의 적용이 사실상 곤란한 경우가 있을 수 있다.

제4절 시산가액 조정

1. 시산가액 조정의 이유

1) 부동산시장의 불완전성

부동산시장은 본질적으로 불완전한 특성을 지니고 있으며, 시대적 상황은 언제든지 변할 수 있기 때문에 가장 적정한 감정평가방법이라 판단하고 산정한 시산가액이라도 합리성이 없을 수 있다.

2) 각 감정평가방식의 특징과 유용성 등

감정평가방식은 저마다의 특징과 유용성, 한계 등을 지니고 있고, 상관, 조정의 원리에 따라 감정평가방식은 상관성을 가지고 있으므로, 다양한 방법을 적용하여 조정함으로써 보다 정확하고 객관적인 감정평가액을 도출할 수 있다.

2. 시산가액 조정기준과 조정방법

1) 조정기준

시산가액을 조정할 때에는 시산가액의 산술평균으로 단순하게 적용해서는 안 된다. 감정평가 목적, 대상물건의 특성, 수집한 자료의 신뢰성, 시장상황 등을 판단의 기준으로 삼아야 한다. 대상물건의 특성이나 시장상황을 기초로 하여 감정평가 목적에 부합하는 감정평가방법은 어떤 것인지, 수집한 자료 중 어떠한 것이 더 높은 신뢰성이 있는지 등을 검토해야 한다. 감정평가법인등은 시산가액의 조정과정에서 감정평가액의 객관성과 신뢰성을 높이기 위해서 가능한 한 다양한 방법을 적용함으로써 논리적 근거를 제시할 수 있도록 해야 한다.

2) 조정방법

시산가액의 조정의 판단기준에 따라 각 시산가액에 대한 평가과정의 검토가 이루어진 후 최종적인 감정평가액을 도출하는 절차가 필요하다. 최종적으로 감정평가액을 도출하는 방법은 정량적인 방법, 정성적인 방법 등 다양한 방법이 존재하나, 「실무기준」에서는 정량적인 방법 중 각 시산가액에 적절한 〈가중치를 부여하는 방법〉을 채택하고 있다. 그러나 가중치의 결정은 전문가적인 판단과 경험, 지식 등이 중요하게 작용하므로 정성적인 방법 또한 중요한 고려사항이 된다.

3. 시산가액 조정 결과의 표시

1) 점 추정

시산가액의 조정 결과 감정평가액은 일반적으로 점 추정치로서 하나의 값을 가진다. 주로 담보 감정평가액, 보상 감정평가액, 과세가치 감정평가액, 일반거래 감정평가액의 경우가 이에 해당한다.

2) 구간 추정

감정평가업무는 감정평가뿐만 아니라 컨설팅 업무, 평가검토업무 등으로 다원화되어 가고 있으므로, 구간 추정치로서의 일정한 범위로 표시할 수도 있을 것이다. 경우에 따라서는 단 하나의 수치를 산정한다는 것이 별다른 의미를 지니지 못하는 때가 많은데, 넓은 범위의 가치지적은 의미가 없지만, 좁은 범위의 가치지적은 점 추정치보다 오히려 평가의 신뢰성을 높여줄 수도 있다.

3) 관계가치

기준금액의 상하관계로 표시하는 것을 관계가치라고 한다. 즉, 가격은 10억원 이상이라고 하거나 10억원 이하라고 표현하는 것을 관계가치라고 말한다.

PLUS+개념 시산가액의 조정

「감정평가에 관한 규칙」 제11조는 감정평가에 적용할 수 있는 평가방식을 열거하고 있다. 크게 원가방식, 비교방식, 수익방식으로 구분한다. 이들은 각각 비용성과 시장성, 수익성의 원리에 기초한 평가방식이다. 감정평가 최종 결과물이 가격인지 임대료인지에 따라 각 방식의 구체적 평가방법은 다시 세분된다. 원가방식에서는 원가법과 적산법으로, 비교방식에서는 거래사례비교법과 임대사례비교법, 수익방식은 수익환원법과 수익분석법이 그들이다. 「감정평가에 관한 규칙」 제12조 제1항은, 감정평가를 함에 있어 이 규칙에서 대상물건별로 정한 감정평가방법("주된 방법")을 적용하여 감정평가하도록 강제하고 있다. 하나의 물건마다 하나의 주된 평가방법이 대응된다. 그러나 끝이 아니다. 제2항에서 주된 평가방법의 결과물이 정말 합리적인 것인지 다른 방법으로 검토하도록 했기 때문이다. 그 내용은 다음과 같다. '제1항에 따라 어느 하나의 감정평가방법을 적용하여 산정(算定)한 가액["시산가액(試算價額)"]을 제11조 각 호의 감정평가방식 중 다른 감정평가방식에 속하는 하나 이상의 감정평가방법으로 산출한 시산가액과 비교하여 합리성을 검토하여야 한다.' 그래서 이 과정을 시산가액 조정이라 부른다. 물론 복수의 평가방법 적용을 회피할 길은 있다. 대상물건의 특수성 또는 자료 구입의 한계를 내세워, 시산가액 조정이 곤란하다고 핑계댈 수 있다. 예외는 인정하지만 그래도 원칙은 '한 번 더 확인'이다.

시산가액 조정 과정은 감정평가서에 적시될 사항이다. 「감정평가에 관한 규칙」 제13조 제1항은 '감정평가서를 의뢰인과 이해관계자가 이해할 수 있도록 명확하고 일관성 있게 작성'하도록 하고 있다. 물론, 일반인들이 보고서 전체를 보고 납득할 수 있게 쉽게 쓰기는 어렵다. 이때의 일반인은 또 다른 전문가의 조력을 받는 이해관계인으로 봐야 할 것이다. 핵심은 '명확성'과 '일관성'이다. 그런 면에서, 보고서 내에 복수의 방법으로 검토해 내린 결론이 등장하는 것이 최선이다.

시산가액을 조정하는 과정은 '감정평가액의 산출근거 및 결정 의견'에 등장한다. 「감정평가에 관한 규칙」 제13조 제3항은 '적용한 감정평가방법 및 시산가액 조정 등 감정평가액 결정 과정'을 이곳에 반드시 기술하도록 했다. 시산가액 조정을 생략한 경우에는 그 사유를 기재해야 한다.

PLUS+개념 사례연구(시산가액 조정 및 감정평가액의 결정)

본 사례에서 대상부동산은 서울시내에 소재한 숙박시설로 이용되고 있는 수익성 건물이다. 여기서 제시된 예제는 시산가액 조정을 어떻게 실무에 적용하여 최종 감정평가액을 결정하는지를 설명하기 위한 문제이다. 다음 표는 대상부동산 숙박시설(호텔)에 대하여 3방식을 적용하여 평가한 결과 각각의 시산가액은 다음과 같이 산정되었다.

시산가액	단가	평가액
적산가액	8,309,000원	122,800,000,000원
비준가액	8,864,000원	131,000,000,000원
수익가액	8,323,000원	123,000,000,000원

1) 3방식에 의해 산정된 시산가액의 조정

대상부동산의 시산가액은 위에서 제시된 바와 같이 원가법에 의한 적산가액이 122,800,000,000원, 거래사례비교법에 의한 비준가액이 131,000,000,000원, 수익환원법에 의한 수익가액은 123,000,000,000원이 각각 산출되었다. 3방식에 의한 시산가액의 편차는 수익가치를 기준으로 상당히 근사한 0.16~6.5%의 범위로 나타났으며, 비준가액이 가장 높게 산정되었다. 각 방식의 약점과 강점을 분석하여 보면, (1) 적산가액은 일반적으로 비용성의 원리에 기초한 가격으로 투입비용에 중점을 둔 평가기법이므로 시장에서 실제 거래되는 가격과는 다소 괴리가 있다는 약점이 있다. (2) 비준가액은 시장에서 직접 거래된 객관적이고도 합리적인 가액으로서 통상적인 시장에서 검증된 시장성에 기초한 시산가액이다. 그리고 (3) 수익가액은 부동산의 실제 운영수익에 근거하여 수익성에 중점을 둔 시산가액이다. 본건의 경우 대상부동산은 상업용으로 이용 중인 숙박시설인바 비용성에 근거한 적산가액보다는 객관적이고 합리적인 시장임료의 분석을 중심으로 하는 수익환원법에 의한 시산가액에 중점을 두어 최종 감정평가액을 결정하는 것이 타당할 것으로 판단된다.

2) 최종 감정평가액의 결정

시장에서 수집된 거래사례를 기준으로 한 비준가액은 투자자들에게 매우 설득력이 높은 시산가액이다. 그러나 최근 부동산 경기침체로 인하여 부득이 3년 전 거래된 사례를 적용하였으므로 사례 자료의 신뢰도나 객관성에 문제가 있어 최종 평가액 결정시 비중을 낮게 둘 수밖에 없다. 한편 대상부동산은 숙박시설로 이용되고 있는 수익성 물건인 점을 감안할 때 원가법에 의한 적산가액은 적정한 대상부동산의 시장가치를 반영하기 어렵다고 판단되었다. 따라서 본건은 수익성 부동산인 점을 고려할 때 시장 참가자들이 가장 중시하는 수익가액에 중점을 두어 평가되어야 적정할 것이며, 수익자료의 신빙성과 객관성도 높았으므로 최종적인 감정평가액은 수익환원법에 중점을 두어 123,000,000원으로 결정하였다.

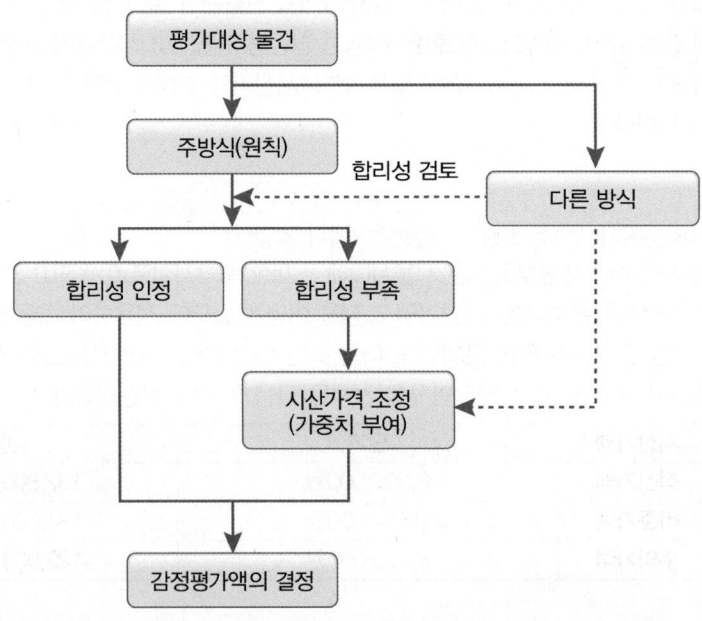

Chapter 06 부동산가격공시제도

제1절 부동산가격공시제도 현황

1. 도입배경

1) 지가공시제도
89년 이전 다원화되어 있던 공적지가체계의 일원화로 지가의 활용성 및 신뢰도 제고를 위해 「지가공시 및 토지 등의 평가에 관한 법률(약칭 지가공시법)」이 제정되었다.

2) 주택가격공시제도
2005년 보유세 강화 및 공평과세실현을 위해 주택을 토지건물 일체로 하여 과표로 활용하는 주택가격공시제도를 도입하였다.

3) 비주거용 부동산가격공시제도
2016년도에 비주거용 부동산가격공시제도의 도입으로 비주거용 표준 및 개별부동산가격을 결정·공시할 수 있는 근거를 마련하였다.

2. 부동산가격공시제도의 종류

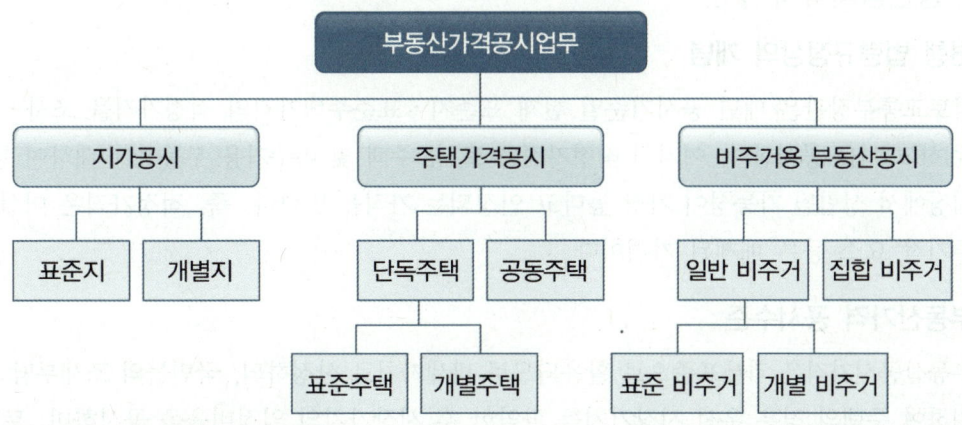

구분	종류	조사대상	조사자	결정공시(공시일자)
토지	표준지공시지가	50만 필지	감정평가사	국토교통부장관(2월)
	개별공시지가	약 3,250만 필지	시·군·구 담당공무원	시장·군수·구청장(5월)
주택	표준주택가격	22만호	한국부동산원	국토교통부장관(1월)
	개별주택가격	약 400만호	시·군·구 담당공무원	시장·군수·구청장(4월)
	공동주택가격	1,290만호	한국부동산원	국토교통부장관(4월)

3. 부동산공시가격 활용

구분	활용	근거
표준지공시지가	공공용지 협의매수 및 수용 시 보상액 산정	토지보상법
	개별지가 산정	부동산 가격공시에 관한 법률
개별공시지가	상속세, 증여세, 종합부동산세, 양도소득세, 취득세, 등록세, 토지분재산세 과표	상속세법, 소득세법, 지방세법 등
	개발부담금, 전용부담금 등	개발이익환수에 관한 법률 등
	국민건강보험료 산정 기준	
주택공시가격	상속세, 증여세, 종합부동산세, 양도소득세, 취득세, 등록세, 주택재산세 과표	상속세법, 소득세법, 지방세법 등
	국민건강보험료 산정 기준	
	재건축부담금	재건축 초과이익 환수에 관한 법률

4. 부동산공시가격 수준

1) 현행 법령규정상의 개념

국토교통부장관은 매년 공시기준일 현재 표준지·표준주택가격의 적정가격을 조사·평가(산정)하고 이를 공시한다. 여기서 적정가격은 토지, 주택 및 비주거용 부동산에 대하여 통상적인 시장에서 성립될 가능성이 가장 높다고 인정되는 가격을 말한다. 즉, 적정가격은 미실현이익, 투기적 요소 등은 배제된 가격이다.

2) 부동산가격 공시수준

부동산공시가격은 과세표준으로 활용되므로 과세가치로 산정하되, 국민들의 조세부담 등을 고려하여 주택의 경우 우선 시장가치를 파악한 후 시장가치의 일정비율을 공시하며, 토지의 경우 낮은 거래빈도, 다양한 개별특성 등으로 인해 시장가치 파악이 용이하지 않은 점을 고려하여 과세가치로 평가하여 그대로 공시하되, 주택가격 공시비율과 균형을 유지한다.

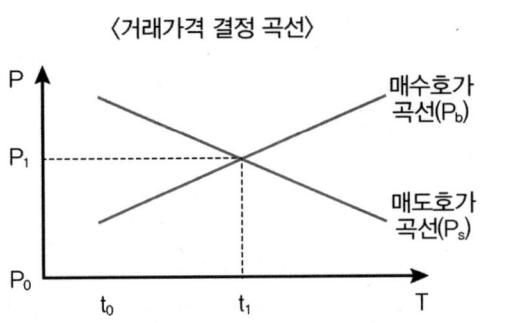
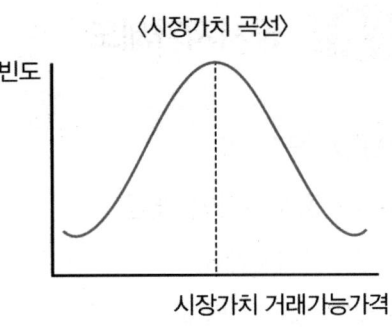

※ 부동산가격 공시수준
- 부동산공시가격은 과세표준으로 활용되므로 과세가치로 산정하되, 국민들의 조세부담 등을 고려하여 주택의 경우 우선 시장가치를 파악한 후 시장가치의 일정비율을 공시하며,
- 토지의 경우 낮은 거래빈도, 다양한 개별특성 등으로 인해 시장가치 파악이 용이하지 않은 점을 고려하여 과세가치로 평가하여 그대로 공시하되 주택가격 공시비율과 균형을 유지

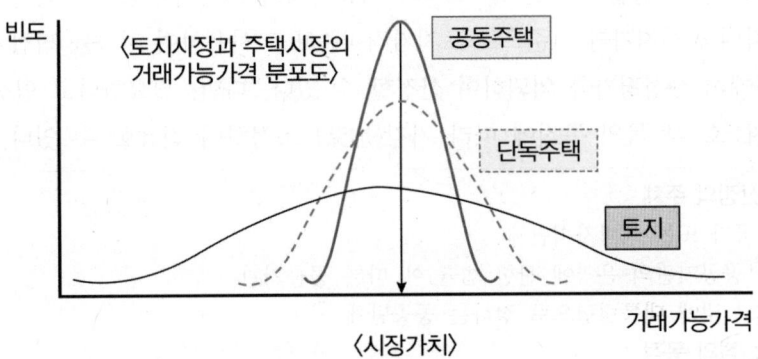

제2절 공시지가제도

1. 표준지공시지가

1) 표준지공시지가의 개념

표준지공시지가란 「부동산 가격공시에 관한 법률」 규정에 따라 국토교통부장관이 토지 이용상황이나 주변 환경, 그 밖의 자연적·사회적 조건이 일반적으로 인정되는 일단의 토지 중에서 선정한 표준지에 대하여 매년 공시기준일 현재의 단위면적당 적정가격을 말한다.

2) 표준지공시지가의 효력

① 토지시장에 지가정보 제공
② 일반적인 토지거래의 지표
③ 국가·지방자치단체 등이 그 업무와 관련하여 지가를 산정하는 경우 그 기준
④ 감정평가법인등이 개별적으로 토지를 감정평가하는 경우 그 기준

3) 표준지공시지가의 적용

「부동산 가격공시에 관한 법률」 제8조 규정에 따라 다음 각 목의 자가 제2호 각 목의 목적을 위하여 지가를 산정할 때에는 그 토지와 이용가치가 비슷하다고 인정되는 하나 또는 둘 이상의 표준지의 공시지가를 기준으로 토지가격비준표를 사용하여 지가를 직접 산정하거나 감정평가법인등에게 감정평가를 의뢰하여 산정할 수 있다. 다만, 필요하다고 인정할 때에는 산정된 지가를 제2호 각 목의 목적에 따라 가감(加減) 조정하여 적용할 수 있다.

> 1. 지가산정의 주체
>   가. 국가 또는 지방자치단체
>   나. 「공공기관의 운영에 관한 법률」에 따른 공공기관
>   다. 그 밖에 대통령령으로 정하는 공공단체
> 2. 지가산정의 목적
>   가. 공공용지의 매수 및 토지의 수용·사용에 대한 보상
>   나. 국유지·공유지의 취득 또는 처분
>   다. 그 밖에 대통령령으로 정하는 지가의 산정

4) 표준지공시지가 조사·평가기준

(1) 적정가격기준 평가

① 표준지의 평가가격은 일반적으로 해당 토지에 대하여 통상적인 시장에서 정상적인 거래가 이루어지는 경우 성립될 가능성이 가장 높다고 인정되는 가격(이를 "적정가격"이

라 한다)으로 결정하되, 시장에서 형성되는 가격자료를 충분히 조사하여 표준지의 객관적인 시장가치를 평가한다.

② 특수토지 등 시장성이 없거나 거래사례 등을 구하기가 곤란한 토지는 해당 토지와 유사한 이용가치를 지닌다고 인정되는 토지의 조성에 필요한 비용추정액 또는 임대료 등을 고려한 가격으로 평가하거나, 해당 토지를 인근지역의 주된 용도의 토지로 보고 제1항에 따라 평가한 가격에 그 용도적 제한이나 거래제한의 상태 등을 고려한 가격으로 평가한다.

(2) 실제용도기준 평가

표준지의 평가는 공부상의 지목에도 불구하고 공시기준일 현재의 이용상황을 기준으로 평가하되, 일시적인 이용상황은 이를 고려하지 아니한다.

(3) 나지상정 평가

표준지의 평가에 있어서 그 토지에 건물이나 그 밖의 정착물이 있거나 지상권 등 토지의 사용·수익을 제한하는 사법상의 권리가 설정되어 있는 경우에는 그 정착물 등이 없는 토지의 나지상태를 상정하여 평가한다.

(4) 공법상 제한상태기준 평가

표준지의 평가에 있어서 공법상 용도지역·지구·구역 등 일반적인 계획제한사항뿐만 아니라 도시계획시설 결정 등 공익사업의 시행을 직접목적으로 하는 개별적인 계획제한사항이 있는 경우에는 그 공법상 제한을 받는 상태를 기준으로 평가한다.

(5) 개발이익 반영 평가

① 표준지의 평가에 있어서 다음 각 호의 개발이익은 이를 반영하여 평가한다. 다만, 그 개발이익이 주위환경 등의 사정으로 보아 공시기준일 현재 현실화·구체화되지 아니하였다고 인정되는 경우에는 그러하지 아니한다.

> 1. 공익사업의 계획 또는 시행이 공고 또는 고시됨으로 인한 지가의 증가분
> 2. 공익사업의 시행에 따른 절차로서 행하여진 토지이용계획의 설정·변경·해제 등으로 인한 지가의 증가분
> 3. 그 밖에 공익사업의 착수에서 준공까지 그 시행으로 인한 지가의 증가분

② 제1항에 따라 개발이익을 반영함에 있어서 공익사업시행지구 안에 있는 토지는 해당 공익사업의 단계별 성숙도 등을 고려하여 평가하되, 인근지역 또는 동일수급권 안의 유사지역에 있는 유사용도 토지의 지가수준과 비교하여 균형이 유지되도록 하여야 한다.

(6) 일단지의 평가

① 용도상 불가분의 관계에 있는 2필지 이상의 일단의 토지(이하 "일단지"라 한다) 중에서 대표성이 있는 1필지가 표준지로 선정된 때에는 그 일단지를 1필지의 토지로 보고 평가한다.

② 제1항에서 "용도상 불가분의 관계"란 일단지로 이용되고 있는 상황이 사회적·경제적·행정적 측면에서 합리적이고 해당 토지의 가치형성 측면에서도 타당하다고 인정되는 관계에 있는 경우를 말한다.

③ 개발사업시행 예정지는 공시기준일 현재 관계 법령에 따른 해당 사업계획의 승인이나 「공익사업을 위한 토지 등의 취득 및 보상에 관한 법률」 제20조에 따른 사업인정(다른 법률에 따라 사업인정으로 보는 경우를 포함한다)이 있기 전에는 이를 일단지로 보지 아니한다.

④ 2필지 이상의 토지에 하나의 건축물(부속건축물을 포함한다)이 건립되어 있거나 건축 중에 있는 토지와 공시기준일 현재 나지상태이나 건축허가 등을 받고 공사를 착수한 때에는 토지소유자가 다른 경우에도 이를 일단지로 본다.

⑤ 2필지 이상의 일단의 토지가 조경수목재배지, 조경자재제조장, 골재야적장, 간이 창고, 간이체육시설용지(테니스장, 골프연습장, 야구연습장 등) 등으로 이용되고 있는 경우로서 주위환경 등의 사정으로 보아 현재의 이용이 일시적인 이용상황으로 인정되는 경우에는 이를 일단지로 보지 아니한다.

⑥ 일단으로 이용되고 있는 토지의 일부가 용도지역 등을 달리하는 등 가치가 명확히 구분되어 둘 이상의 표준지가 선정된 때에는 그 구분된 부분을 각각 일단지로 보고 평가한다.

(7) 평가방식의 적용

① 표준지의 평가는 거래사례비교법, 원가법 또는 수익환원법의 3방식 중에서 해당 표준지의 특성에 가장 적합한 평가방식 하나를 선택하여 행하되, 다른 평가방식에 따라 산정한 가격과 비교하여 그 적정 여부를 검토한 후 평가가격을 결정한다.

② 일반적으로 시장성이 있는 토지는 거래사례비교법으로 평가한다. 다만, 새로이 조성 또는 매립된 토지는 원가법으로 평가할 수 있으며, 상업용지 등 수익성이 있는 토지는 수익환원법으로 평가할 수 있다.

③ 시장성이 없거나 토지의 용도 등이 특수하여 거래사례 등을 구하기가 현저히 곤란한 토지는 원가법에 따라 평가하거나, 해당 토지를 인근지역의 주된 용도의 토지로 보고 거래사례비교법에 따라 평가한 가격에 그 용도적 제한이나 거래제한의 상태 등을 고려한 가격으로 평가한다. 다만, 그 토지가 수익성이 있는 경우에는 수익환원법으로 평가할 수 있다.

④ 표준지의 평가가격을 원가법에 따라 결정할 경우에는 다음과 같이 한다. 다만, 특수한 공법을 사용하여 토지를 조성한 경우 등 해당 토지의 조성공사비가 평가가격 산출 시 적용하기에 적정하지 아니한 경우에는 인근 유사토지의 조성공사비를 참작하여 적용할 수 있다.

> [조성 전 토지의 소지가격+(조성공사비 및 그 부대비용+취득세 등 제세공과금+적정이윤)]
> ÷ 해당 토지의 면적 ≒ 평가가격

⑤ 기본 조사・평가지역 내 표준지의 적정가격을 거래사례비교법에 따라 평가할 경우에는 직전년도 해당 표준지의 적정가격을 평가할 때 활용하였던 가격자료 및 요인 비교치 등의 자료(이하 "기존자료"라 한다)를 활용할 수 있다.

⑥ 기본 조사・평가지역 내 표준지 중 지목, 용도지역, 이용상황 등 토지특성이 변경되거나 해당연도에 새로이 선정되는 표준지의 적정가격을 평가하는 경우 등 기존자료를 활용하는 것이 적정하지 아니한 경우에는 제5항을 적용하지 아니한다.

2. 개별공시지가

1) 개별공시지가의 개념

개별공시지가란 시장・군수・구청장이 개별토지의 특성을 조사하여 표준지공시지가를 기준으로 국토교통부장관이 작성・제공한 표준지와 산정대상 개별 토지의 가격형성요인에 관한 표준적인 비교표(이하 "토지가격비준표"라 한다)를 활용하여 산정한 매년 공시기준일 현재 개별 토지의 단위면적당 가격을 말한다.

2) 개별공시지가의 활용

개별공시지가는 국세・지방세 등 각종 세금의 부과, 그 밖의 다른 법령에서 정하는 목적을 위한 지가산정에 사용하기 위한 목적이 있다.

제3절 주택가격공시제도

1. 주택가격공시제도의 목적과 활용

1) 목적

① 표준주택공시가격의 조사·산정 목적은 주택에 대한 과세기준가격을 평가·공시하여 국가·지방자치단체가 과세목적으로 개별주택가격을 산정하는 경우에 그 기준으로 적용하기 위함이다.

② 기존의 종합토지세(토지)와 재산세(건물)로 구별된 분리과세체제에서는 지역별·주택유형별 과세의 불형평성을 야기시켰다. 이에 따라 주택의 시장가치에 근거한 부동산 보유세 과세의 형평성을 위해 토지·건물을 통합하여 과표로 활용하고자 2005년 제도가 도입되었다.

2) 활용

① 표준주택가격은 국가·지방자치단체 등이 그 업무와 관련하여 개별주택가격을 산정하는 경우 그 기준으로 활용된다.

② 개별주택가격 및 공동주택가격은 주택시장의 가격정보를 제공하고, 국가·지방자치단체 등이 과세 등의 업무와 관련하여 주택의 가격을 산정하는 경우에 그 기준으로 활용된다.

2. 표준주택가격공시제도

1) 개념

표준주택가격이라 함은 「부동산 가격공시에 관한 법률」의 규정에 의한 절차에 따라 국토교통부장관이 조사·산정하여 공시한 표준주택의 적정가격을 말한다. 표준주택가격공시제도는 매년 공시기준일 현재의 표준주택에 대한 적정가격을 공시하여 국가·지방자치단체 등의 기관이 행정목적으로 개별주택가격을 산정하는 경우에 그 기준으로 적용하기 위함이다.

2) 산정방식의 적용

(1) 시장성이 있는 주택

시장성이 있는 표준주택은 거래유형에 따른 인근 유사 단독주택의 거래가격 등을 고려하여 토지와 건물 일체의 가격으로 산정한다.

(2) 시장성이 없거나 주택의 용도 등이 특수하여 거래사례비교법 적용이 곤란한 경우

유사 단독주택의 건설에 필요한 비용추정액 또는 임대료 등을 고려하여 가격을 산정한다. 비용추정액은 공시기준일 현재 해당 표준주택과 유사한 이용가치를 지닌다고 인정되는 단독주택의 건설에 필요한 표준적인 건축비와 일반적인 부대비용 및 부속 토지가격 수준으로 한다.

(3) 용도혼합 표준주택 평가

건물 내부 용도가 주거용 부문과 비주거용 부문으로 혼재된 주택의 가격을 산정할 때에는 건물의 크기, 층별 세부용도, 층별 효용 정도, 건물 내 주거용 부분이 차지하는 비중, 비주거용의 유형 등을 종합적으로 고려하여야 한다.

3. 개별주택가격공시제도

1) 개념

개별주택가격은 국토교통부장관이 매년 공시하는 표준주택가격을 기준으로 시장·군수·구청장이 조사한 개별주택의 특성과 비교표준주택의 특성을 비교하여 국토교통부장관이 작성·공급한 「주택가격비준표」상의 주택특성 차이에 따른 가격배율을 산출하고 이를 표준주택가격에 곱하여 산정한 후 감정평가법인등의 검증을 받아 주택소유자 등의 의견수렴과 시·군·구 부동산가격공시위원회 심의 등의 절차를 거쳐 시장·군수·구청장이 결정·공시하는 개별주택의 가격을 말한다.

2) 개별주택가격 산정 및 결정절차

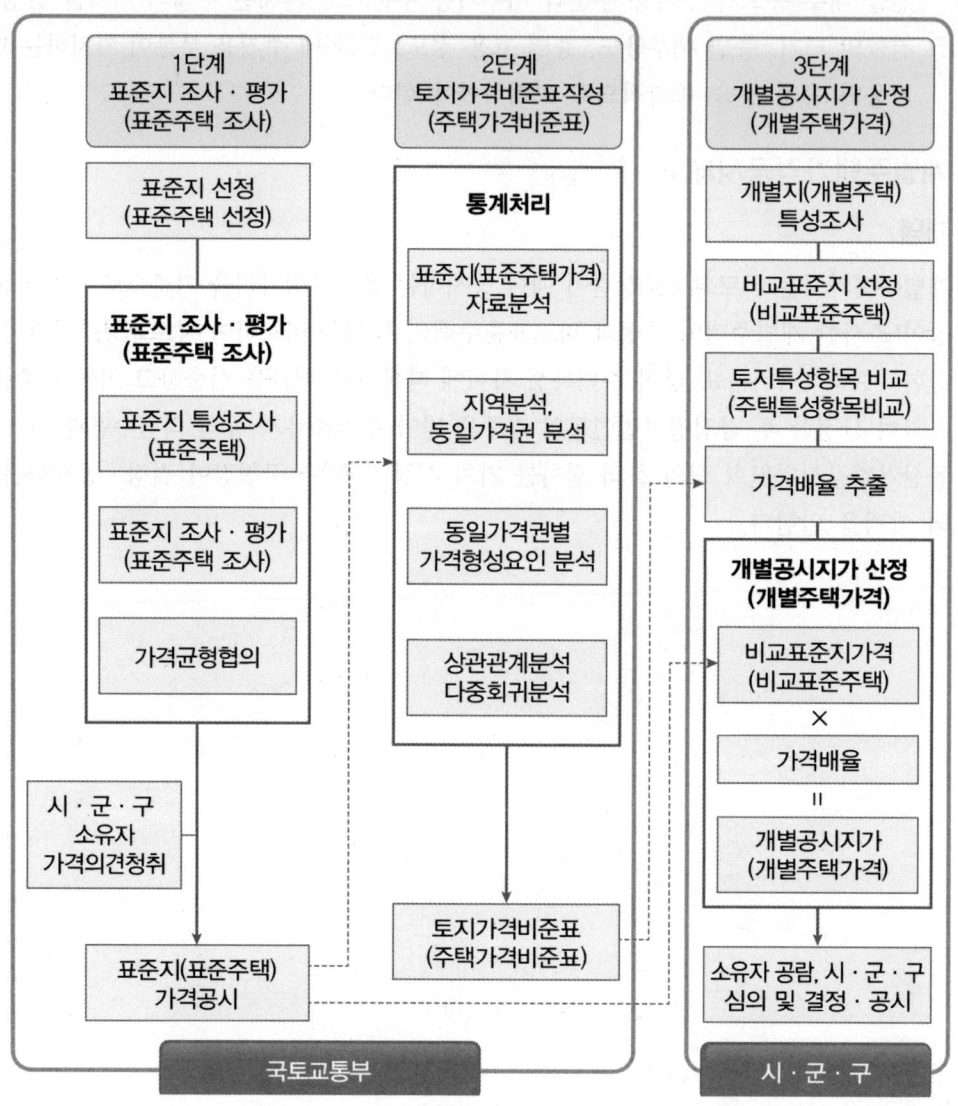

3) 개별주택가격의 활용

① 개별주택가격은 주택시장의 가격정보를 제공
② 국가·지방자치단체 등의 기관이 과세 등의 업무와 관련하여 주택의 가격을 산정하는 경우에 그 기준은 물론 다음과 같이 재산세(주택) 등 각종 조세부과기준 활용

4) 개별주택가격 산정방법

개별주택가격은 비교방식에 의하여 산정한다. 공시된 표준주택가격을 기준으로 인근의 유사한 주택특성을 지닌 개별주택의 가격을 산정하게 되는데, 비교방식에 의한 개별주택가격 산정절차는 산정의 기준이 되는 비교표준주택을 선정하고, 비교표준주택과 산정대상 개별주택의 주택특성을 비교하여 서로 다른 특성을 찾아낸 다음 서로 다른 주택특성에 대한 가격배율을 주택가격비준표에서 추출하여 비교표준주택가격에 가격배율을 곱하여 개별주택가격을 산정한다.

4. 공동주택가격공시제도

1) 개념

① 공동주택가격 공시제도는 부동산공시법의 규정에 의한 절차에 따라 국토교통부장관이 공동주택(아파트·연립·다세대)에 대하여 매년 공시기준일(1월 1일) 현재 적정가격을 조사·산정하여 공시하는 제도를 말한다. 이 제도는 부동산세제 개편 정책의 일환으로 기존 토지·건물 분리과세방식에서 토지와 건물을 일괄 산정하여 적정가격을 공시함으로써 과표현실화, 공평과세 실현, 세부과기준의 단일화 등을 위해 도입되었다.
② 공동주택가격은 공시기준일 현재 해당 공동주택에 대하여 시장에서 정상적인 거래가 이루어지는 경우 성립될 가능성이 가장 높다고 인정되는 적정가격을 조사·산정하며, 매매, 시세자료, 감정평가액, 분양사례 등을 주로 활용하고 호가 위주의 가격이나 특수사정에 의한 이상거래가격은 채택하지 않는다.

2) 공동주택가격의 산정

공동주택가격은 거래사례 등을 참작하여 산정한 때에는 공동주택단지별·공동주택단지 내 동별·호별 공동주택가격의 적정성 및 균형유지에 중점을 두어야 한다.

제4절 비주거용 부동산가격공시제도

1. 비주거용 표준부동산가격공시제도

1) 개념
비주거용 표준부동산가격이란 국토교통부장관이 용도지역, 이용상황, 건물구조 등이 일반적으로 유사하다고 인정되는 일단의 비주거용 일반부동산 중에서 선정한 비주거용 표준부동산에 대하여 매년 공시기준일 현재의 적정가격을 조사·산정하여 공시한 가격을 말한다.

2) 비주거용 표준부동산의 선정
국토교통부장관은 비주거용 표준부동산을 선정할 때에는 일단의 비주거용 일반부동산 중에서 해당 일단의 비주거용 일반부동산을 대표할 수 있는 부동산을 선정하여야 하며, 미리 해당 비주거용 표준부동산이 소재하는 시·도지사 및 시장·군수·구청장의 의견을 들어야 한다.

3) 비주거용 표준부동산가격 조사·산정절차
비주거용 표준부동산가격의 조사·산정을 의뢰받은 자(이하 "비주거용 표준부동산가격 조사·산정기관"이라 한다)는 비주거용 표준부동산가격 및 그 밖에 국토교통부령으로 정하는 사항을 조사·산정한 후 국토교통부령으로 정하는 바에 따라 비주거용 표준부동산가격 조사·산정보고서를 작성하여 국토교통부장관에게 제출하여야 한다. 비주거용 표준부동산가격 조사·산정기관은 조사·산정보고서를 작성하는 경우에는 미리 해당 부동산 소재지를 관할하는 시·도지사 및 시장·군수·구청장의 의견을 들어야 한다. 의견제시 요청을 받은 시·도지사 및 시장·군수·구청장은 요청받은 날부터 20일 이내에 의견을 제시하여야 한다. 이 경우 시장·군수 또는 구청장은 시·군·구 부동산가격공시위원회의 심의를 거쳐 의견을 제시하여야 한다.

4) 비주거용 표준부동산가격 조사·산정기준
국토교통부장관이 비주거용 표준부동산가격을 조사·산정하는 경우 참작하여야 하는 사항의 기준은 다음과 같다.

(1) 인근 유사 비주거용 일반부동산의 거래가격 또는 임대료의 경우
해당 거래 또는 임대차가 당사자의 특수한 사정에 의하여 이루어지거나 비주거용 일반부동산거래 또는 임대차에 대한 지식의 부족으로 인하여 이루어진 경우에는 그러한 사정이 없었을 때에 이루어졌을 거래가격 또는 임대료를 기준으로 할 것

(2) 해당 비주거용 일반부동산과 유사한 이용가치를 지닌다고 인정되는 비주거용 일반부동산의 건설에 필요한 비용추정액의 경우

공시기준일 현재 해당 비주거용 일반부동산을 건설하기 위한 표준적인 건설비와 일반적인 부대비용으로 할 것

(3) 비주거용 일반부동산에 전세권 또는 그 밖에 비주거용 일반부동산의 사용·수익을 제한하는 권리가 설정되어 있을 경우

그 권리가 존재하지 아니하는 것으로 보고 적정가격을 조사·산정하여야 한다.

2. 비주거용 개별부동산가격공시제도

1) 개념

시장·군수 또는 구청장이 시·군·구 부동산가격공시위원회의 심의를 거쳐 매년 비주거용 표준부동산가격의 공시기준일 현재 관할 구역 안의 비주거용 개별부동산의 가격을 결정·공시한 것을 말한다.

2) 비주거용 개별부동산가격 조사·산정절차

국토교통부장관은 비주거용 개별부동산가격 조사·산정의 기준을 정하여 시장·군수 또는 구청장에게 통보하여야 하며, 시장·군수 또는 구청장은 그 기준에 따라 비주거용 개별부동산가격을 조사·산정하여야 한다. 비주거용 개별부동산가격 조사·산정기준에는 다음 각 호의 사항이 포함되어야 한다.

① 비주거용 일반부동산가격의 형성에 영향을 미치는 비주거용 일반부동산 특성조사에 관한 사항
② 비주거용 개별부동산가격의 산정기준이 되는 비주거용 표준부동산(이하 "비주거용 비교표준부동산"이라 한다)의 선정에 관한 사항
③ 비주거용 부동산가격비준표의 사용에 관한 사항
④ 그 밖에 비주거용 개별부동산가격의 조사·산정에 필요한 사항

3) 비주거용 개별부동산가격의 검증

시장·군수 또는 구청장은 비주거용 개별부동산가격에 대한 검증을 의뢰할 때에는 산정한 전체 비주거용 개별부동산가격에 대한 가격현황도면 및 가격조사자료를 제공하여야 한다. 시장·군수 또는 구청장의 검증의뢰에 따라 비주거용 표준부동산가격의 검증을 의뢰받은 자는 다음 각 호의 사항을 검토·확인하고 의견을 제시하여야 한다.

① 비주거용 비교표준부동산 선정의 적정성에 관한 사항
② 비주거용 개별부동산가격 산정의 적정성에 관한 사항
③ 산정한 비주거용 개별부동산가격과 비주거용 표준부동산가격의 균형 유지에 관한 사항

④ 산정한 비주거용 개별부동산가격과 인근 비주거용 일반부동산의 비주거용 개별부동산가격 및 전년도 비주거용 개별부동산가격과의 균형 유지에 관한 사항
⑤ 그 밖에 시장·군수 또는 구청장이 검토를 의뢰한 사항

3. 비주거용 집합부동산가격공시제도

1) 개념

비주거용 집합부동산가격이란 국토교통부장관이 비주거용 집합부동산에 대하여 매년 공시기준일 현재의 적정가격을 조사·산정하여 중앙부동산가격공시위원회의 심의를 거쳐 공시한 가격을 말한다.

2) 비주거용 집합부동산가격의 공시기준일

비주거용 집합부동산가격의 공시기준일은 1월 1일로 한다. 다만, 국토교통부장관은 비주거용 집합부동산가격 조사·산정인력 및 비주거용 집합부동산의 수 등을 고려하여 부득이하다고 인정하는 경우에는 일부 지역을 지정하여 해당 지역에 대한 공시기준일을 따로 정할 수 있다.

3) 비주거용 집합부동산가격의 공시사항

비주거용 집합부동산가격을 공시할 때에는 다음 각 호의 사항을 관보에 공고하고, 비주거용 집합부동산가격을 부동산공시가격시스템에 게시하여야 하며, 비주거용 집합부동산 소유자에게 개별 통지하여야 한다.
① 비주거용 집합부동산의 소재지·명칭·동·호수, 비주거용 집합부동산가격, 비주거용 집합부동산의 면적, 그 밖에 비주거용 집합부동산 가격공시에 필요한 사항의 개요
② 비주거용 집합부동산가격의 열람방법
③ 이의신청의 기간·절차 및 방법

4) 비주거용 집합부동산가격의 조사·산정기준

국토교통부장관은 비주거용 집합부동산가격을 조사·산정할 때 그 비주거용 집합부동산에 전세권 또는 그 밖에 비주거용 집합부동산의 사용·수익을 제한하는 권리가 설정되어 있는 경우에는 그 권리가 존재하지 아니하는 것으로 보고 적정가격을 산정하여야 한다.

PART 03

감정평가이론 종합문제

Chapter 01 부동산에 대한 이해
Chapter 02 가치 및 가격에 대한 이해
Chapter 03 가격제원칙에 대한 이해
Chapter 04 지대이론 및 지가이론에 대한 이해
Chapter 05 부동산시장에 대한 이해
Chapter 06 부동산시장의 분석에 대한 이해
Chapter 07 감정평가에 대한 이해
Chapter 08 감정평가의 절차

Chapter 01 부동산에 대한 이해

제1절 부동산의 개념

1 정착물과 동산의 구별기준에 대하여 설명하시오. 10점

1 목차 구성

Ⅰ. 개설 1점

Ⅱ. 정착물과 동산 3점

   1. 정착물

   2. 동산

Ⅲ. 정착물과 동산의 구별기준 6점

   1. 물건이 부동산에 부착되어 있는 상태
   2. 물건의 성격
   3. 물건을 설치한 사람과 해당 물건을 설치한 당사자의 의도

2 예시 답안

Ⅰ. 개설 1점

감정평가의 대상인 부동산의 법률적 개념은 좁은 의미의 부동산과 넓은 의미의 부동산으로 구분되며 전자는 민법 제99조에 따라 토지 및 그 정착물을 의미한다. 이하 정착물과 동산의 구별기준에 대하여 설명하고자 한다.

Ⅱ. 정착물과 동산 3점

  1. 정착물

    정착물은 건물, 수목, 다리 등과 같이 계속해서 토지에 부착되어 있어야 하고, 사회·경제적인 측면에서도 그 가치가 인정되는 물건을 말한다. 여기서 정착물의 대표적인 예가 바로 건물이다.

2. 동산

동산은 원칙적으로 부동산이 아닌 것을 말한다. 즉, 부동산인 토지 및 그 정착물은 동산으로 볼 수 없다. 다만, 지상물일지라도 토지에 정착되지 않은 것은 동산이며, 전기 기타 관리할 수 있는 자연력은 모두 동산이다.

Ⅲ. 정착물과 동산의 구별기준 6점

1. 물건이 부동산에 부착되어 있는 상태

   부착된 물건이 물리적으로 건물에 아무런 손상을 주지 않고 제거되면 동산이고 그렇지 않다면 정착물이다. 예를 들면 벽에 걸려있는 그림은 동산으로 간주되지만 인터폰이나 수도꼭지는 정착물로 간주된다.

2. 물건의 성격

   부착된 물건이 건물의 특정위치나 용도에 맞게 특별히 고안되었거나 구축되었으면 정착물이다. 예를 들면 특정 건물에 맞도록 특별히 고안된 창문이나 에어컨 세트 등이 이 범주에 속한다.

3. 물건을 설치한 사람과 해당 물건을 설치한 당사자의 의도

   일반적으로 소유자가 설치 시 정착물이고 임차인이 설치 시 동산이다. 예를 들면 임차인이 설치한 선반이나 진열대는 비록 그것이 건물에 부착되어 있더라도 정착물이 아니다. 또한 그 물건을 설치한 사람이 어떤 의도로 물건을 설치했느냐 하는 것도 구별기준이 된다. 예를 들면 임대용 오피스텔의 가스레인지는 소유자가 임대를 원활히 하기 위해 설치한 것이면 정착물이다.

2. 토지의 정착물은 독립된 부동산으로 취급할 수도 있고 그렇지 않은 경우도 있는데 이를 감정평가의 관점에서 설명하시오. 10점

1 목차 구성

Ⅰ. 개설 1점

Ⅱ. 정착물의 종류 3점

   1. 토지상의 정착물
   2. 토지에 정착물

Ⅲ. 감정평가의 관점 6점

   1. 감정평가

2. 토지상의 정착물
3. 토지에 정착물

2 예시 답안

I. 개설 1점

민법 제99조에서 부동산은 토지 및 정착물을 의미한다. 토지와 정착물은 별개의 서로 다른 부동산이며 정착물의 독립성 여부에 따라 감정평가 시에 감정평가 원칙의 적용이 달라진다.

II. 정착물의 종류 3점

1. 토지상의 정착물
특정한 토지 위에 설치된 건물 등 토지와 별개로 독립된 부동산으로 취급되는 경우를 토지상의 정착물이라고 한다.

2. 토지에 정착물
다른 토지로부터 대상토지에 연결되는 보도, 상하수도, 배수로 등 토지와 별개의 부동산으로 취급되지 않는 경우를 토지에 정착물이라고 한다.

III. 감정평가의 관점 6점

1. 감정평가
감정평가란 토지등의 경제적 가치를 판정하여 그 결과를 가액으로 표시하는 것을 말한다. 감정평가절차 중 기본적 사항의 확정 등을 통하여 확인된 정착물의 종류가 무엇인가에 따라 적용되는 감정평가기준이 달라진다.

2. 토지상의 정착물
정착물이 토지와 별개의 독립된 부동산으로 취급되는 경우에는 감정평가에 관한 규칙 제7조 제1항에 따라 개별물건기준 감정평가가 이루어진다. 이러한 정착물은 등기가 되고 거래대상이 될 뿐만 아니라 사용, 수익이 가능하여 별도의 경제적 가치를 갖기 때문이다.

3. 토지에 정착물
토지와 별개의 부동산으로 취급되지 않는 경우에는 감정평가에 관한 규칙 제7조 제2항에 따라 일괄감정평가를 한다. 이러한 정착물은 등기가 되지 않고 거래대상이 되지도 않아 경제적 가치가 토지가치에 화체되기 때문이다.

3 부동산의 복합개념에 대하여 설명하시오. 10점

1 목차 구성

Ⅰ. 개설 1점

Ⅱ. 부동산의 물리적 개념과 경제적 개념 4.5점

1. 부동산의 물리적 개념
2. 부동산의 경제적 개념

Ⅲ. 부동산의 법률적 개념과 사회적 개념 4.5점

1. 부동산의 법률적 개념
2. 부동산의 사회적 개념

2 예시 답안

Ⅰ. 개설 1점

부동산은 토지와 그 정착물로 구분되는데, 정착물은 토지에 대해 종속되는 속성이 있기 때문에 부동산이라고 하면 일반적으로 토지를 일컫는다. 그리고 부동산 또는 토지라는 용어는 사용되는 상황이나 사람의 관점에 따라 그 개념을 달리한다.

Ⅱ. 부동산의 물리적 개념과 경제적 개념 4.5점

1. 부동산의 물리적 개념

   토지는 인간이 받은 천혜의 선물로서 자연물 그 자체이다. 또한 토지는 자연의 한 부분으로 여러 가지 자연적인 상황에 놓이는데 이를 자연환경이라 하고, 사람의 노력이나 힘에 의해 토지의 특성이 바뀔 수도 있는데 이를 인공환경이라 한다. 이 외에도 공간, 위치의 개념이다.

2. 부동산의 경제적 개념

   토지는 노동, 자본과 함께 3대 생산요소 중 하나이다. 토지는 인간생활에 필요한 재화를 생산하는 데 사용되는 생산의 기본요소로서 중요한 기능을 수행하고 있다. 또한 토지는 자본의 일종으로 인식되기도 한다. 즉, 투자자의 입장에서는 토지도 자본재처럼 구매의 대상이 되고 임대해야만 하는 재화이다. 이 외에도 소비재, 상품, 자산, 투자자산의 개념이다.

Ⅲ. 부동산의 법률적 개념과 사회적 개념 4.5점

1. 부동산의 법률적 개념

좁은 의미의 부동산은 민법 제99조에 따라 토지 및 그 정착물을 의미한다. 토지와 정착물은 서로 다른 별개의 부동산으로서 정착물은 건물, 수목, 다리 등과 같이 계속해서 토지에 부착되어 있어야 하고, 사회·경제적인 측면에서도 그 가치가 인정되는 물건을 말한다. 한편 넓은 의미의 부동산은 좁은 의미의 부동산과 준부동산을 합한 개념이다. 여기서 준부동산이란 특정의 동산이나 동산과 일체로 된 부동산 집단을 말한다.

2. 부동산의 사회적 개념

토지는 국가 성립의 기반이다. 또한 부동산은 사회재, 공공재의 성격을 지닌다. 여기서 사회재란 사회구성원 모두가 부동산에 의지하고 살아가기 때문에 공평하게 배분되어야 하는 재화임을 말하고, 공공재라는 것은 인위적으로 재생산이 불가능하기 때문에 전체 이익을 위해 합리적으로 배분되어야 하는 재화를 말한다. 이 외에도 사적재화의 개념이다.

---

4 대지, 부지, 택지에 대하여 약술하시오. 5점

1 목차 구성

Ⅰ. 토지의 개념 0.5점

Ⅱ. 대지, 부지, 택지 4.5점

   1. 대지

   2. 부지

   3. 택지

2 예시 답안

Ⅰ. 토지의 개념 0.5점

감정평가의 대상이 되는 토지란 소유권의 대상이 되는 땅으로서 지하·공중 등 정당한 이익이 있는 범위 내에서 그 상하를 포함한다.

Ⅱ. 대지, 부지, 택지 4.5점

1. 대지
대지란 건축법상의 용어로 건축할 수 있는 토지 또는 건축물이 지어져 있는 토지를 말하며 택지의 개념과 동일하다. 이는 건폐율, 용적률 산정기준이 되어 이를 근거로 토지이용규제를 한다.

2. 부지
일정한 용도로 이용되고 있는 토지로 도로부지, 철도부지, 하천부지 등이 있다. 이는 건축할 수 있는 토지와 건축할 수 없는 토지를 모두 포함하는 개념이다.

3. 택지
택지란 감정평가상의 용어로 건축할 수 있는 토지 또는 건축물이 지어져 있는 토지를 말하며, 주거용지, 상업용지, 공업용지를 포함한다.

제2절 부동산의 분류

1 필지와 획지를 약술하시오. 5점

❶ 목차 구성

Ⅰ. 토지의 개념 0.5점

Ⅱ. 필지와 획지 4.5점

  1. 필지

  2. 획지

  3. 양자의 관계

❷ 예시 답안

Ⅰ. 토지의 개념 0.5점

감정평가의 대상이 되는 토지란 소유권의 대상이 되는 땅으로서 지하·공중 등 정당한 이익이 있는 범위 내에서 그 상하를 포함한다.

Ⅱ. 필지와 획지 4.5점

  1. 필지

  필지란 지적의 등록단위 또는 공간정보관리법상 등기의 등기단위로 법률상의 개념이다. 즉, 필지는 지적도, 임야도, 토지대장, 임야대장에 등록되는 등록단위로서 국가가 등록, 관리하는 하나의 구획을 말한다.

  2. 획지

  획지란 인위적, 자연적, 행정적인 조건에 따라 다른 토지와는 구분되는 가격수준대가 비슷하거나 용도 같은 토지 이용상의 구분 단위로서 경제상의 개념이다. 획지는 필지와 일반적으로 일치하나 반드시 양자가 일치하는 것은 아니다.

  3. 양자의 관계

  필지와 획지는 동일할 수도 있고 상이할 수도 있다. 만약 여러 개의 필지가 하나의 획지로 구성하는 경우에는 일괄평가를 한다. 반면, 하나의 필지가 여러 개의 획지를 구성하는 경우에는 구분평가를 한다.

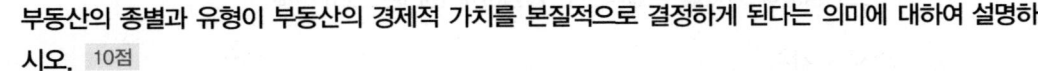

2 부동산의 종별과 유형이 부동산의 경제적 가치를 본질적으로 결정하게 된다는 의미에 대하여 설명하시오. 10점

---

1 목차 구성

Ⅰ. 개설 1점

Ⅱ. 종별과 유형 3점
   1. 종별
   2. 유형

Ⅲ. 부동산의 경제적 가치를 본질적으로 결정하게 된다는 의미 6점
   1. 경제적 가치
   2. 종별과 가격수준
   3. 유형과 개별적·구체적 가격

---

2 예시 답안

Ⅰ. 개설 1점

부동산의 분류는 일반적, 법적 등으로 다양하게 분류가 가능한데 종별과 유형에 따른 분류가 중요하다. 이는 부동산의 종별과 유형에 따라 감정평가의 결과가 달라지기 때문이다.

Ⅱ. 종별과 유형 3점

1. 종별
부동산의 용도적 관점에 따른 부동산의 분류로서 지역종별, 토지종별로 구별된다. 종별은 단순히 도시관리계획상 지정된 용도지역, 공부상 지목에 따라 결정하는 것이 아니라 그 토지가 속하는 용도적 지역의 종별에 따라 판단하여야 한다.

2. 유형
부동산이용의 행태(물리적 나지, 건부지) 및 권리관계의 태양(법률적 지상권설정 유무)에 따라 구분되는 부동산의 분류이다. 부동산의 유형은 택지와 건물 및 그 부지로 구분된다.

Ⅲ. 부동산의 경제적 가치를 본질적으로 결정하게 된다는 의미 6점

1. 경제적 가치

경제적 가치의 본질은 장래 기대되는 편익의 현재가치인데 편익은 부동산의 이용에 따른 효용에서 발생하는 것으로 효용은 근본적으로 부동산의 종별과 유형에 따라 결정된다.

2. 종별과 가격수준

부동산의 종별에 따라서는 가격의 대체적 수준만 결정된다. 즉, 해당 부동산의 용도(주거용, 상업용 등)에 따른 가격수준이 결정되는 것이다.

3. 유형과 개별적·구체적 가격

부동산의 유형에 따라서는 가격이 구체적으로 결정된다. 즉, 해당 부동산의 이용 형태(나지, 건부지 등)와 권리관계의 태양(지상권 유무 등)에 따른 구체적 가격이 결정되는 것이다.

---

3 부동산의 종별과 유형이 감정평가과정에서 어떻게 활용되는지 설명하시오. 20점

1 목차 구성

Ⅰ. 서 2점

Ⅱ. 종별과 유형 4점

   1. 종별

   2. 유형

   3. 분류목적

Ⅲ. 감정평가과정에서 어떻게 활용되는지 12점

   1. 가격제원칙

      1) 종별과 가격제원칙

      2) 유형과 가격제원칙

   2. 지역, 개별분석

      1) 종별과 지역분석

      2) 유형과 개별분석

   3. 감정평가 3방식 적용

   4. 시산가액 조정

Ⅳ. 결 2점

2 예시 답안

I. 서 2점

부동산의 분류로서 부동산의 종별과 유형은 부동산의 경제적 가치를 본질적으로 결정하기 때문에 그 개념을 이해하고 분류목적을 명확히 파악하는 것이 중요하다. 즉, 부동산의 종별과 유형에 따라 감정평가 시 가치형성요인의 분석내용과 유의사항이 달라지고, 최종적으로는 감정평가의 결과가 달라지기 때문이다. 따라서 종별과 유형의 개념을 정확하게 분류, 정리하여야 감정평가의 정확성을 높일 수 있다.

II. 종별과 유형 4점

1. 종별

부동산의 용도적 관점에 따른 부동산의 분류로서 지역종별, 토지종별로 구별된다. 종별은 단순히 도시관리계획상 지정된 용도지역, 공부상 지목에 따라 결정하는 것이 아니라 그 토지가 속하는 용도적 지역의 종별에 따라 판단하여야 한다.

2. 유형

부동산이용의 행태(물리적 나지, 건부지) 및 권리관계의 태양(법률적 지상권설정 유무)에 따라 구분되는 부동산의 분류이다. 부동산의 유형은 택지와 건물 및 그 부지로 구분된다.

3. 분류목적

종별과 유형은 부동산의 경제적 가치의 본질을 결정한다. 왜냐하면, 경제적 가치의 본질은 장래 기대되는 편익의 현재가치인데 편익은 부동산의 이용에 따른 효용에서 발생하는 것으로 효용은 근본적으로 부동산의 종별과 유형에 따라 결정되기 때문이다.

III. 감정평가과정에서 어떻게 활용되는지 12점

1. 가격제원칙

1) 종별과 가격제원칙

종별은 지역적 관점에 따른 분류이므로 외부적 측면의 가격제원칙과 관련되어 활용된다. 따라서 종별은 용도적 측면에서의 판단이므로 부동산의 유용성을 최고로 발휘하기 위해서는 인근지역에 적합해야 한다는 적합의 원칙과 지역 내의 용도적 경쟁과 대체에 따르는 대체·경쟁의 원칙과 관련이 있다.

2) 유형과 가격제원칙

유형은 개별부동산 관점에 따른 분류이므로 내부적 측면의 가격제원칙과 관련되어 활용된다. 따라서 유형은 부동산의 유용성을 최고로 발휘하기 위해서는 구성요소 간의 내부결합에 균형이 있어야 한다는 균형의 원칙, 최유효이용의 원칙과 관련이 있다.

2. 지역, 개별분석

1) 종별과 지역분석

종별은 지역분석 절차에서 인근지역을 구분할 때 활용된다. 즉, 인근지역은 용도적·기능적 측면에서 동질성이 인정되는 지역으로 종별의 구분에 따라 인근지역의 범위가 결정된다. 그리고 이러한 지역의 범위에 따라 그 용도적 지역에 상응하는 표준적인 이용과 가치의 대체적인 수준 및 범위도 파악할 수 있게 된다.

2) 유형과 개별분석

유형은 개별분석 절차에서 활용된다. 즉, 물리적인 측면에서 토지이용행태가 무엇인지, 법률적인 측면에서 부동산활동에 제약을 가하는 요인은 어떤 것이 있는지 파악함으로 최유효이용과 개별적, 구체적 가격을 판단할 수 있다. 그러나 구체적인 가격의 확정은 지역분석과 개별분석을 거친 후 감정평가방법의 적용에 따라 이루어진다.

3. 감정평가 3방식 적용

비교방식의 경우 자료수집의 범위확정, 시점수정 및 지역요인 비교 시 종별이 활용되고 사정보정, 개별요인 비교 시 유형이 활용된다. 원가방식의 경우 간접법에 의한 재조달원가 산정 시 종별이 활용되고 감가수정 시 경제적 감가는 종별, 물리적·기능적 감가는 유형이 활용된다. 수익방식의 경우 순수익 산정과 지역요인 비교 시 종별이 활용되고 개별요인 비교 시 유형이 활용된다. 그리고 환원방법의 선택은 유형이 활용되고, 자본환원율의 적용은 종별이 활용된다.

4. 시산가액 조정

대상과 동일한 종류에 해당하는 사례 자료가 수집되었는가, 종별과 유형에 따른 가치형성요인의 분석은 적정한가, 종별과 유형에 의거하여 적정한 평가방법을 선택하였는가 등에 유의하여 시산가액을 조정한다.

IV. 결 2점

감정평가 시 부동산을 세분화할수록 자료수집과 가치형성요인 분석의 초점이 좁혀지므로 평가의 능률화를 도모할 수 있고 평가결과의 신뢰성이 향상될 수 있다. 그러나 이러한 종별과 유형의 분류는 일본의 분류체계로서 우리나라는 아직 이와 같은 독자적인 분류체계가 없다. 따라서 우리나라도 우리의 부동산시장 현실에 부합하는 분류체계의 확립을 검토할 필요가 있다.

제3절 부동산의 특성

1 부동산의 경제적 특성에 대하여 설명하시오. 10점

1 목차 구성

Ⅰ. 개설 1점

Ⅱ. 희소성과 Improvements의 토지효용가변성 4.5점

  1. 희소성
  2. Improvements의 토지효용가변성

Ⅲ. 투자의 고정성과 위치의 선호성 4.5점

  1. 투자의 고정성
  2. 위치의 선호성

2 예시 답안

Ⅰ. 개설 1점

경제적 특성은 토지의 인문적 특성 중 경제적 측면을 강조할 때 제기되는 특성이다. 이러한 경제적 특성은 토지자원 가용화, 기존 토지의 집약적 이용 등을 통해 고정적이고 경직적인 부동산활동을 보다 완화시킬 수 있다.

Ⅱ. 희소성과 Improvements의 토지효용가변성 4.5점

1. 희소성
   인간의 욕구에 비해 이용 가능한 토지의 양이 부족한 상태를 말한다. 이러한 희소성은 토지의 자연적 특성인 고정성, 부증성 등으로 인한 토지공급의 비탄력성에 기인한다. 희소성의 문제는 공급 측면에서는 가용토지의 신규개발, 기존토지의 집약적 이용으로, 수요 측면에서는 유효수요의 조정, 인구억제 및 분산정책으로 해결할 수 있다.

2. Improvements의 토지효용가변성
   Improvements에 의해 토지의 효용이 변할 수 있다는 특성이다. 여기서 Improvements란 토지에 정착, 부착되어 토지의 효용을 변경시키는 구조물 등을 의미한다. 이러한 Improvements는 토지상의 부가물, 토지에의 부가물로 구분할 수 있다.

Ⅲ. 투자의 고정성과 위치의 선호성 4.5점

1. 투자의 고정성
영속성으로 인해 한번 결정된 토지이용형태는 본래 상태로 전환시키기까지 많은 시간과 비용이 소요되고 투하자본을 회수하는 데도 많은 기간이 필요하다는 특성이다.

2. 위치의 선호성
사람들이 일정한 위치나 장소의 토지를 선호하는 특성이다. 따라서 부동산 매매활동 시 용도를 중심으로 살펴보면 주거지는 쾌적성, 상업지는 수익성, 공업지는 비용성에 중점을 두고 결정된다.

---

2 인접성으로 인한 부동산가격의 특징을 약술하시오. 10점

❶ 목차 구성

Ⅰ. 개설 1점

Ⅱ. 인접성의 의의 3점

    1. 개념

    2. 파생현상

Ⅲ. 인접성으로 인한 부동산가격의 특징 6점

    1. 위치가격

    2. 가격수준

    3. 외부효과

❷ 예시 답안

Ⅰ. 개설 1점
부동산은 민법 제99조 제1항에 의하여 토지 및 그 정착물로서 자연적 특성, 인문적 특성 외에도 기타특성이 있다. 이하 기타특성 중 인접성에 대하여 설명하고자 한다.

Ⅱ. 인접성의 의의 3점

1. 개념
부동산(토지)은 지리적 위치의 고정성으로 인하여 인접 토지와 긴밀한 공간관계에 있다. 따라서 인접성 또는 연결성이란 물리적으로 보는 토지는 반드시 다른 토지와 연결되어 있다는 특성을 말한다.

2. 파생현상
인접성으로 인하여 각각의 부동산은 인접 토지와의 협동적 이용을 필연화시킨다. 또한 소유와 관련하여 경계문제를 불러일으킨다.

Ⅲ. 인접성으로 인한 부동산가격의 특징 6점

1. 위치가격
인접성에 따라 부동산가격은 위치가격이라는 특징을 갖는다. 즉, 부동산가격은 일반재화와 달리 위치에 따라 용도와 가치가 결정되는 위치선호의 성격을 갖으며 이와 밀접한 인접성으로 인하여 위치가격의 성격을 갖는다.

2. 가격수준
인접성에 따라 부동산가격은 가격수준이라는 특징을 갖는다. 즉, 부동산가격은 인접 토지와 하나의 지역을 구성하고 그 관계를 통하여 해당 지역만의 일반적, 평균적인 가격수준을 갖는다.

3. 외부효과
인접성에 따라 부동산가격은 외부효과에 영향을 받는 특징을 갖는다. 즉, 부동산가격은 인접 토지의 개발과 사용에 따른 유리한 영향을 받는 정의 외부효과와 불리한 영향을 받는 부의 외부효과가 나타난다.

---

3 지역성에 대하여 약술하고 감정평가와의 관계에 대하여 설명하시오. 10점

1 목차 구성

Ⅰ. 개설 1점

Ⅱ. 지역성 3점

1. 개념
2. 원인

Ⅲ. 지역성과 감정평가와의 관계 6점

1. 지역분석과의 관계
   1) 지역분석
   2) 지역분석과의 관계

2. 가격제원칙과의 관계
   1) 가격제원칙
   2) 가격제원칙과의 관계

2 예시 답안

Ⅰ. 개설 1점

부동산은 자연적 특성, 인문적 특성 이외에 다른 재화와 구별되는 지역성이라는 특성을 지니고 있다. 이는 지리적 위치의 고정성으로 지역성을 갖고 이로 인해 지역특성이 나타난다.

Ⅱ. 지역성 3점

1. 개념

   부동산은 그 부동산이 속해 있는 지역의 구성분자로서 그 지역과 상호 의존, 보완관계에 있고 그 지역 내 타 부동산과 협동, 대체, 경쟁 등의 상호관계를 통하여 사회적, 경제적, 행정적 위치를 점하게 되는데 이를 부동산의 지역성이라 한다.

2. 원인

   지역성은 토지는 물리적인 측면에서 그 지리적 위치가 고정되어 있다는 고정성과 인접성으로 나타나는 특성이다. 이러한 지역성으로 인하여 다른 지역과 구분되는 지역특성을 형성한다.

Ⅲ. 지역성과 감정평가와의 관계 6점

1. 지역분석과의 관계

   1) 지역분석

      지역분석이란 대상부동산이 속하고 있는 지역의 범위를 확정하고 그 지역 내 부동산의 이용상태 및 가격수준형성에 영향을 미치는 지역요인의 분석을 통하여 표준적 이용과 가격수준을 파악하는 작업을 말한다.

   2) 지역분석과의 관계

      부동산의 지역성으로 인해 지역특성 및 지역요인이 나타나며 이에 따른 지역의 표준적 이용과 가격수준이 형성된다. 따라서 지역성은 지역분석의 근거가 되므로 지역분석과 관계가 있다.

2. 가격제원칙과의 관계

1) 가격제원칙
예측의 원칙이란 부동산의 가치가 과거와 현재의 이용상태에 의해 결정되는 것이 아니라 앞으로 어떻게 이용될 것인가에 대한 예측을 근거로 결정된다는 원칙을 말한다. 변동의 원칙이란 부동산의 가치는 끊임없이 변하는 시장상황에 의해 영향을 받아 변동한다는 원칙을 말한다.

2) 가격제원칙과의 관계
부동산의 지역성은 고정적인 것이 아니라 계속 변화하는 과정에 있다. 이러한 지역성의 변화는 지역 내 부동산가격에 영향을 미친다. 따라서 지역성은 예측, 변동의 원칙과 관계가 있다.

---

4. 부동산의 특성 중 투자의 고정성을 설명하고, 이를 극복할 수 있는 방안들에 대하여 기술하시오. 10점

❶ 목차 구성

I. 개설 1점

II. 투자의 고정성 3점
1. 개념
2. 원인 및 내용

III. 이를 극복할 수 있는 방안들 6점
1. 부동산 증권화
2. 부동산조세의 개편
3. 정보공개의 확대

❷ 예시 답안

I. 개설 1점

부동산의 경제적 특성은 인문적 특성 중 경제적 측면을 강조할 때 제기되는 특성이다. 이러한 경제적 특성은 토지자원 가용화, 기존 토지의 집약적 이용 등을 통해 고정적이고 경직적인 부동산활동을 보다 완화시킬 수 있다. 이하 투자의 고정성에 대하여 설명하고자 한다.

Ⅱ. 투자의 고정성 3점

1. 개념
영속성으로 인해 한번 결정된 토지이용형태는 본래 상태로 전환시키기까지 많은 시간과 비용이 소요되고 투하자본을 회수하는 데도 많은 기간이 필요하다는 특성이다.

2. 원인 및 내용
투자에 대한 제도적 제한 및 투자규모의 대규모성 그리고 부동산 정보의 불투명성 등이 부동산 투자를 고정화시키는 원인이 된다. 한편 투자의 고정성은 투하자본 회수의 장기성과 토지이용규제 등에 대한 능동적인 대처 곤란의 문제를 야기한다.

Ⅲ. 이를 극복할 수 있는 방안들 6점

1. 부동산 증권화
부동산 증권화는 부동산 관련 채권이나 증권을 발행하여 자금을 조달하는 방식으로 부동산시장이 자본시장과 유기적으로 통합하게 된다. 따라서 소액투자가 가능해지고 합리적인 투자 및 지분취득, 처분이 수월하게 되어 투자의 고정성을 완화할 수 있다.

2. 부동산조세의 개편
부동산조세는 보유 시 세금인 재산세는 낮고 거래 시 세금인 등록세, 양도세는 높은 양상을 보이고 있다. 따라서 보유세금을 높이고 거래세금을 낮춤으로써 부동산의 수익성(양도차익)을 높여 투자의 고정성을 완화할 수 있다.

3. 정보공개의 확대
부동산시장의 개방으로 외국의 자본과 기술이 유입되어 건전한 투자 층이 확대되고 실거래가 신고·공개 제도 등이 시행되고 있다. 따라서 정보공개의 객관화가 확대되어 투자의 고정성을 완화할 수 있다.

---

5 부증성의 개념에 대하여 약술하고 이를 완화할 수 있는 방법에 대하여 설명하시오. 10점

1 목차 구성

Ⅰ. 개설 1점

Ⅱ. 부증성 4점

1. 개념

2. 파생현상

Ⅲ. 부증성을 완화할 수 있는 방법 5점

1. 경제적 공급
2. 실질적 공급
3. 상대적 공급

---

2 예시 답안

Ⅰ. 개설 1점

고정적, 경직적인 부동산의 자연적 특성 중 하나인 부증성으로 인하여 토지는 절대적 공급량을 늘릴 수 없다. 그러나 인문적 특성인 용도의 다양성으로 경제적 공급을 가능하게 하여 부증성은 완화될 수 있다.

Ⅱ. 부증성 4점

1. 개념
   토지는 노동이나 자본을 추가적으로 투입하더라도 그 절대량은 늘어나지 않는다는 것이다. 예를 들어, 수면매립이나 택지조성 등을 통해 가용토지의 양을 늘릴 수는 있으나 이는 토지의 물리적 증가가 아닌 토지이용의 전환을 통한 유용성의 증가라는 측면에서 파악해야 한다.

2. 파생현상
   토지희소성의 근원이 되고 부동산시장에서 지가상승의 원인이 된다. 또한 공급제한으로 인해 공급자 경쟁보다는 수요자 경쟁이 일어나게 된다. 부동산 이용활동에서 최유효이용을 강제하는 원인이 된다.

Ⅲ. 부증성을 완화할 수 있는 방법 5점

1. 경제적 공급
   물리적으로 공급되어 있는 토지를 이용 측면에서 효율성을 제고시킴으로써 경제적 측면의 이용도를 증대시키는 인위적인 공급을 말한다. 이러한 경제적 공급의 유형으로는 실질적 공급과 상대적 공급이 있다.

2. 실질적 공급
   실질적 공급은 토지의 이용률을 증대시켜서 수요를 충족시키는 일련의 실제적 수단을 말한다. 예를 들어 미개간지 등을 택지, 농지, 임지로 조성하거나 공유수면을 매립하는 개발, 빌딩, 아파트 등의 고층화를 통한 집약화, 공법상 규제완화 등이 있다.

3. 상대적 공급
   상대적 공급은 수요 감소를 통한 공급을 말한다. 예를 들어 인구 감소, 수출 감소, 농산물 소비 억제, 소득수준 저하 등의 수요 감소로 상대적 공급이 증가하는 경우이다.

Chapter 02 가치 및 가격에 대한 이해

제1절 가치 및 가격의 개념

1 가치와 가격을 구별하는 견해에 따라 부동산의 가치와 가격과의 차이점을 설명하시오. 10점

1 목차 구성

Ⅰ. 개설 1점

Ⅱ. 가치와 가격의 개념 3점

  1. 가치

  2. 가격

Ⅲ. 가치와 가격의 차이점 6점

  1. 과거의 값과 현재의 값

  2. 가치다원론

  3. 가치 = 가격 ± 오차

2 예시 답안

Ⅰ. 개설 1점

부동산과 같은 내구재는 현재시장에서 가격이 장래 기대되는 편익의 가치를 정확히 반영하고 있다고 보기 어렵다. 이하 가격과 가치의 차이점에 대하여 설명하고자 한다.

Ⅱ. 가치와 가격의 개념 3점

  1. 가치

  어빙 피셔(Irving Fisher)는 "가치란 장래 기대되는 편익을 현재가치로 환원한 값"으로 정의했다. 이 정의는 아담 스미스의 정의보다는 비교적 새로운 것으로, 특히 부동산과 같은 내구재에 대한 가치의 정의로 적합하다.

2. 가격

가격은 교환거래에서 매수자와 매도자가 상호 합의한 거래금액(판매가격, 교환가격)을 의미한다. 여기서 가격은 교환을 전제로 하여 성립된 개념으로서 매수자와 매도자 사이에 거래가 종결되면 그 금액이 바로 가격이 된다는 것을 알 수 있다.

Ⅲ. 가치와 가격의 차이점 6점

1. 과거의 값과 현재의 값

가격은 시장에서 실제 지불된 금액으로 과거의 값이지만 가치는 현재의 입장에서 장래 기대되는 편익까지 고려한 현재의 값이다. 따라서 가격은 과거의 값이기 때문에 쉽게 알 수 있는 반면, 가치는 장래 편익을 예측하고 산정해야 하기 때문에 전문가가 아니면 판단하기 어렵다.

2. 가치다원론

주어진 시점에서 해당 부동산의 가격은 하나밖에 없지만 가치는 무수히 많다. 가격은 실제 지불된 과거의 값이기 때문에 특정 시점에서 하나밖에 없지만 가치는 현재의 값으로 보는 관점에 따라 무수하게 많이 있을 수 있다.

3. 가치 = 가격 ± 오차

가치란 가격±오차란 것이다. 부동산시장은 일반재화시장과는 달리 여러 가지 불완전한 요소로 인하여 가격이 부동산의 가치를 정확히 반영한다고 보기는 어렵다. 그리고 거래에 있어 시장참가자들의 비정상적인 측면이 개입될 여지가 많아 가격은 가치와 괴리될 가능성이 크다.

---

2 부동산가격의 본질에 대하여 설명하시오. 5점

1 목차 구성

Ⅰ. 가치와 가격의 개념 1점

Ⅱ. 부동산가격의 본질 4점

1. 장래 기대되는 편익의 현재가치
2. 소유권에 기반한 가치

2 예시 답안

Ⅰ. 가치와 가격의 개념 1점

어빙 피셔(Irving Fisher)는 "가치란 장래 기대되는 편익을 현재가치로 환원한 값"으로 정의했다. 반면, 가격은 교환거래에서 매수자와 매도자가 상호 합의한 거래금액(판매가격, 교환가격)을 의미한다.

Ⅱ. 부동산가격의 본질 4점

1. 장래 기대되는 편익의 현재가치

   부동산가격은 가치가 본질이라고 할 수 있다. 즉, 내구재의 성질을 가지는 부동산과 관련한 가격의 본질은 피셔의 가치정의에 따라 장래 기대되는 편익의 현재가치로 판단할 수 있다.

2. 소유권에 기반한 가치

   부동산은 법, 제도적인 보호 아래 소유권을 갖게 되고 일정기간 배타적으로 이용할 수 있기 때문에 가치가 생기는 것이며 그것을 이용함으로써 얻게 되는 편익이 바로 가치의 원천이 되는 것이다.

---

3 수요자가격과 합필가격에 대하여 약술하시오. 5점

1 목차 구성

Ⅰ. 수요자가격 2.5점

1. 개념 및 원인
2. 내용

Ⅱ. 합필가격 2.5점

1. 개념 및 원인
2. 내용

2 예시 답안

Ⅰ. 수요자가격 2.5점

1. 개념 및 원인

수요자가격은 공급이 단기적으로 제한된 경우 단기 부동산시장에서 나타나는 부동산가격의 특징을 말한다. 즉, 부동산가격은 부동산의 자연적 특성 중 부증성으로 인하여 단기에 공급제한이 있으므로 수요자가격이라는 특징이 있다.

2. 내용

부동산시장은 단기에는 새로운 물리적 공급이 불가능하다고 보아 공급곡선이 비탄력적이다. 따라서 부동산가격은 수요의 변화에 따라 결정하게 된다.

Ⅱ. 합필가격 2.5점

1. 개념 및 원인

합필가격은 여러 개의 필지를 하나의 필지로 합필했을 경우 가치가 상승하는 부동산가격의 특징을 말한다. 즉, 부동산가격은 부동산의 인문적 특성 중 병합, 분할의 가능성으로 인하여 병합이 가능하기 때문에 합필가격이라는 특징이 있다.

2. 내용

물리적으로 면적이 과소하거나 모양이 불규칙한 경우, 용도적으로 더 넓은 토지를 이용하고자 할 경우 병합을 진행한다. 그리고 병합과정에서 가치 증가가 나타날 수 있다.

제2절 부동산가치의 특징 및 기능

1 부동산가치의 특징에 대하여 설명하시오. 10점

❶ 목차 구성

Ⅰ. 개설 1점

Ⅱ. 부동산가치의 개념 1점

Ⅲ. 부동산가치의 특징 8점

   1. 교환의 대가인 가격과 용익의 대가인 임대료로 표시

   2. 소유권·기타 권리·이익의 가격

   3. 장기적 고려하에 형성된 가격

   4. (단기적으로) 수요요인에 의한 가격 형성

❷ 예시 답안

Ⅰ. 개설 1점

부동산가치의 특징이란 일반재화의 가격과 구분되는 부동산가치의 특징을 말하는 것으로 이러한 특징은 부동산의 자연적·인문적 특성에서 유발된다.

Ⅱ. 부동산가치의 개념 1점

어빙 피셔(Irving Fisher)는 "가치란 장래 기대되는 편익을 현재가치로 환원한 값"으로 정의했다. 이 정의는 아담 스미스의 정의보다는 비교적 새로운 것으로, 특히 부동산과 같은 내구재에 대한 가치의 정의로 적합하다.

Ⅲ. 부동산가치의 특징 8점

1. 교환의 대가인 가격과 용익의 대가인 임대료로 표시

일반재화는 일반적으로 비내구재로 존속기간이 단기이므로 임대차 대상이 되지 않지만, 부동산은 내구재로 영속성, 고가성, 병합·분할의 가능성으로 인해 시간적, 금액적 차원에서 분할하여 임대차의 대상이 될 수 있다. 따라서 부동산은 교환의 대가인 가격과 용익의 대가인 임대료로 구분되며 둘은 원본과 과실의 관계에 있다.

2. 소유권·기타 권리·이익의 가격

일반재화는 그 자체가 거래됨으로써 순환하는 데 반해 부동산은 지리적 위치의 고정성으로 인해 그 자체가 순환하지 못하고 권리의 형태로 순환한다. 따라서 부동산가격은 부동산에 기반한 소유권·기타 권리·이익의 가격이며, 두 개 이상의 권리·이익이 동일부동산에 존재하는 경우에는 병합·분할의 가능성에 따라 각각의 권리·이익마다 가격이 형성될 수 있다.

3. 장기적 고려하에 형성된 가격

일반재화는 비내구재로 존속기간이 단기이므로 가격 또한 단기적인 측면에서 형성되지만, 부동산은 영속성과 사회적·경제적·행정적 위치의 가변성 때문에 가격이 과거, 현재, 미래라는 시계열적 측면의 장기적인 고려하에 형성된다.

4. (단기적으로) 수요요인에 의한 가격 형성

일반재화는 필요에 따라 공급이 가능하므로 시장에서 수요·공급의 상호작용에 따라 가격이 결정되나, 부동산은 고정성, 부증성, 개별성으로 인해 공급에 한계와 제약이 많으므로 단기적으로는 주로 수요요인에 의해 가격이 결정된다.

---

2 부동산가치의 기능에 대하여 설명하시오. 10점

1 목차 구성

Ⅰ. 개설 1점

Ⅱ. 부동산가치의 개념 1점

Ⅲ. 부동산가치의 기능 8점

    1. 가격의 정보제공기능

    2. 파라미터(parameter)적 기능

    3. 부동산 자원 및 다른 자원배분기능

    4. 잠재가격(shadow price)으로의 기능

2 예시 답안

Ⅰ. 개설 1점

일반재화의 경우 시장에서의 수요와 공급에 의해 균형가격이 성립하고 생산과 소비활동의 지표로서 기능을 수행한다. 부동산시장 또한 부동산의 제반 특성으로 인하여 불완전하고 비효율적이긴 하지만 일반재화시장과 같은 기본적인 시장기능을 수행한다.

Ⅱ. 부동산가치의 개념 1점

어빙 피셔(Irving Fisher)는 "가치란 장래 기대되는 편익을 현재가치로 환원한 값"으로 정의했다. 이 정의는 아담 스미스의 정의보다는 비교적 새로운 것으로, 특히 부동산과 같은 내구재에 대한 가치의 정의로 적합하다.

Ⅲ. 부동산가치의 기능 8점

1. 가격의 정보제공기능

   일반재화의 가격과 마찬가지로 부동산가치는 다양한 부동산활동 주체(매수자, 매도자 등)에게 정보를 제공하는 기능을 수행하게 된다.

2. 파라미터(parameter)적 기능

   수요자와 공급자의 행동을 결정하는 데 중요한 지표, 즉 매개변수가 되어 수요와 공급이 서로 같아지도록 유도하는 기능을 수행하게 된다.

3. 부동산 자원 및 다른 자원배분기능

   부동산가치는 부동산 자원 자체를 배분하게 만들고 건물의 건축, 유지, 수선 등과 관련하여 다른 자원의 부동산에 대한 배분도 촉진시키는 기능을 수행하게 된다.

4. 잠재가격(shadow price)으로의 기능

   잠재가격이란 그 재화의 기회비용을 올바르게 반영하는 가격을 말하는바, 일반적으로 부동산의 매수, 매도가격은 현실적인 제약으로 인해 부동산의 기회비용을 제대로 반영하기 어렵다. 반면, 전문가에 의하여 평가된 감정평가액은 기회비용을 반영한 잠재가격으로서의 기능을 수행하게 된다.

제3절 가치다원론

1 가치의 다원적 개념을 적용할 수 있는 근거에 대하여 설명하시오. 10점

❶ 목차 구성

Ⅰ. 개설 1점

Ⅱ. 가치의 다원적 개념 1점

Ⅲ. 가치의 다원적 개념을 적용할 수 있는 근거 8점

1. 이론적 근거
   1) 의뢰인의 의뢰목적에 부응
   2) 가치형성요인의 다양성
   3) 감정평가의 정확성과 안정성
2. 법적 근거

❷ 예시 답안

Ⅰ. 개설 1점

부동산가치란 장래 기대되는 편익을 현재가치로 환원한 값이다. 자본주의 시장경제체제하에서는 부동산가치와 관련하여 부동산의 사용목적에 따라 유용한 평가가치가 존재하기 때문에 가치다원론이 제기되고 있다.

Ⅱ. 가치의 다원적 개념 1점

가치에 대한 개념은 그것이 어떤 상황에서 어떠한 용도로 사용되느냐 그리고 어떤 관점으로 바라보느냐에 따라 달라진다. 이처럼 가치가 사용되는 상황이나 용도, 바라보는 관점에 따라 개념이 다양하다고 보는 것을 가치의 다원적 개념 또는 가치다원론이라고 한다.

Ⅲ. 가치의 다원적 개념을 적용할 수 있는 근거 8점

1. 이론적 근거

1) 의뢰인의 의뢰목적에 부응
평가의뢰인의 의뢰목적에 부응하여 그에 맞는 적절한 정보를 제공함으로써 의뢰인의 욕구를 충족시킬 수 있다. 더 나아가 그러한 유용한 정보는 제대로 된 의사결정에 기여하므로 궁극적으로 사회발전에 이바지하게 된다.

2) 가치형성요인의 다양성
부동산은 가치형성요인이 복잡하고 다양하여 한 가지 가치만 형성되는 것이 아니다. 정상적인 시장가치가 형성되다가도 개발의 기대감이 과도하게 반영되면 투기가격이 형성되고 개별적인 상황에 따라 한정가격이 성립되기도 한다. 이에 부동산가치는 정형화된 하나의 가치만으로는 설명하기 어려운 부분이 많다.

3) 감정평가의 정확성과 안정성
부동산가치의 다원성을 이해함으로 평가의 정확성을 기하고, 평가목적에 따른 가치 개념을 정립하고 유형화함으로 평가의 안정성을 제고할 수 있다. 다시 말하면, 한 가지 정형화된 가치만으로 평가할 경우보다 다양한 개념 접근을 통해 개별적이고 구체적인 상황을 반영함으로써 보다 타당성이 높고, 정확한 평가가 가능하게 되고 이는 결국 평가의 안정성을 높이게 되는 것이다.

2. 법적 근거
「감정평가에 관한 규칙」제5조에서는 '시장가치기준 원칙'을 규정하면서 일정한 요건을 충족한 경우 '시장가치 외의 가치'라는 개념을 규정하여 가치다원론을 인정한다. 최근 평가업무가 다양해지고 전문화되어 감정평가사의 업무분야도 점점 세분화됨에 따라 시장가치 외의 가치 개념의 중요성이 부각되고 있다.

---

2 투자가치와 시장가치를 비교하여 설명하시오. 10점

❶ 목차 구성

Ⅰ. 개설 1점

Ⅱ. 투자가치와 시장가치의 개념 3점

   1. 투자가치

   2. 시장가치(감정평가에 관한 규칙 제2조 제1호)

Ⅲ. 투자가치와 시장가치의 비교 6점

　　1. 가치의 성격과 가정 측면

　　2. 금융조건과 세금조건 측면

　　3. 추계방법과 활용 측면

2 예시 답안

Ⅰ. 개설 1점

부동산의 가치다원론 측면에서 부동산평가는 대부분 시장가치를 추계하지만 부동산투자를 위한 의사결정과정에서는 투자가치를 추계하기도 한다.

Ⅱ. 투자가치와 시장가치의 개념 3점

1. **투자가치**

   투자가치란 특정한 투자자가 특정 투자목적에 대하여 부여하는 조건에 따라 대상물건이 발휘하게 되는 가치를 말한다. 투자자는 이러한 투자가치와 시장가치를 비교하여 투자의 의사결정을 하게 된다.

2. **시장가치(「감정평가에 관한 규칙」 제2조 제1호)**

   시장가치란 토지 등이 통상적인 시장에서 충분한 기간 거래를 위하여 공개된 후 그 대상물건의 내용에 정통한 당사자 사이에 신중하고 자발적인 거래가 있을 경우 성립될 가능성이 가장 높다고 인정되는 대상물건의 가액이라 한다.

Ⅲ. 투자가치와 시장가치의 비교 6점

1. **가치의 성격과 가정 측면**

   시장가치가 대상부동산에 대해 시장이 부여하는 객관적 가치라면, 투자가치는 투자자가 대상물건에 대하여 갖게 되는 주관적 가치이다. 시장가치는 최유효이용을 전제로 파악되어야 하며, 투자가치는 특정 투자자가 요구하는 이용을 우선적인 전제로 파악되어야 한다.

2. **금융조건과 세금조건 측면**

   시장가치는 특정한 금융조건이 결부되지 않은 전형적인 저당대부와 세율을 고려하지만, 투자가치는 특정 투자자의 세금신분, 요구수익률, 대상부동산의 저당대부 등을 고려한다.

3. **추계방법과 활용 측면**

   시장가치는 전통적인 감정평가 3방식에 의해 추계되지만 투자가치는 주로 직접환원법과 할인현금흐름분석법을 적용한다. 또한 시장가치는 일반거래활동 등을 포함한 모든 부동산활동의 기준이 되며 과세가치, 보험가치 등의 추계를 위한 기초가 된다. 반면, 투자가치는 일반적으로 투자안의 경제성 분석에 주로 이용된다.

3 감정평가과정에서 산출되는 시장가치와 실거래가격과의 피드백 관계를 논하시오. 10점

1 목차 구성

Ⅰ. 개설 1점

Ⅱ. 시장가치와 실거래가격 3점

   1. 시장가치(「감정평가에 관한 규칙」 제2조 제1호)

   2. 실거래가격

Ⅲ. 시장가치와 실거래가격의 피드백 관계 6점

   1. 시장가치가 실거래가격에 미치는 관계

   2. 실거래가격이 시장가치에 미치는 관계

   3. 소결

2 예시 답안

Ⅰ. 개설 1점

부동산은 일반재화와는 다른 자연적, 인문적 특성으로 인하여 부동산시장은 불완전시장이 된다. 따라서 부동산시장에서 균형가격이 성립되기 어렵기 때문에 감정평가가 필요하다. 이하 시장가치와 실거래가격의 피드백 관계에 대하여 논하고자 한다.

Ⅱ. 시장가치와 실거래가격 3점

1. 시장가치(「감정평가에 관한 규칙」 제2조 제1호)

   시장가치란 토지 등이 통상적인 시장에서 충분한 기간 거래를 위하여 공개된 후 그 대상물건의 내용에 정통한 당사자 사이에 신중하고 자발적인 거래가 있을 경우 성립될 가능성이 가장 높다고 인정되는 대상물건의 가액이라 한다.

2. 실거래가격

   실거래가격은 교환거래에서 매수자와 매도자가 상호 합의한 거래금액(판매가격, 교환가격)을 의미한다. 이러한 실거래가격은 법으로 정해진 기간 내에 신고되어야 하고 정보가 공개되고 있다.

Ⅲ. 시장가치와 실거래가격의 피드백 관계   6점

1. 시장가치가 실거래가격에 미치는 관계
감정평가에 의한 시장가치는 부동산시장에서 매수자와 매도자 간의 거래를 통하여 성립하는 실거래가격의 기준이 되는 관계에 있다. 또한 부동산시장에서 합리적인 거래질서가 확립되도록 한다.

2. 실거래가격이 시장가치에 미치는 관계
실거래가격은 감정평가방식 중 비교방식인 거래사례비교법을 적용할 때 사례자료로 수집되고 채택되는 데 활용되는 관계에 있다. 또한 감정평가사에 의한 시장가치의 적정성을 확인할 때 참고자료로 활용될 수 있다.

3. 소결
감정평가과정에서 도출되는 시장가치와 부동산시장에서 결정되는 실거래가격은 상호 영향을 미치는 관계에 있다. 이러한 관계를 고려할 때 감정평가의 기능이 중요하다고 생각된다.

제4절 시장가치

1. 시장가치의 개념요소에 대하여 설명하시오. 10점

▌목차 구성

Ⅰ. 개설 1점

Ⅱ. 시장가치의 개념 1점

Ⅲ. 시장가치의 주요 개념요소 8점

   1. 통상적인 시장

   2. 충분한 기간 동안 거래를 위하여 공개된 후

   3. 대상물건의 내용에 정통한 당사자 사이

   4. 신중하고 자발적인 거래가 있을 경우

   5. 성립될 가능성이 가장 높다고 인정되는

▌예시 답안

Ⅰ. 개설 1점

현행 감정평가에 관한 규칙 제5조에서는 감정평가 시 기준가치로서 시장가치기준 원칙을 규정하고 있다. 시장가치는 평가이론에서 가장 중요한 개념 중의 하나라고 할 수 있다.

Ⅱ. 시장가치의 개념 1점

대상물건이 통상적인 시장에서 충분한 기간 동안 거래를 위하여 공개된 후 그 대상물건의 내용에 정통한 당사자 사이에 신중하고 자발적인 거래가 있을 경우 성립될 가능성이 가장 높다고 인정되는 대상물건의 가액이다.

Ⅲ. 시장가치의 주요 개념요소 8점

   1. 통상적인 시장

      통상적 부동산거래시장은 일반재화가 거래된 시장과는 특성이 다르나, '시장가치'의 제반 조건을 만족하는 상정된 시장이지만 현실에 존재하지 아니하는 시장이 아니고 통상적인 부동산거래가 이루어질 수 있는 시장을 지칭한다.

2. 충분한 기간 동안 거래를 위하여 공개된 후

기준시점 이전 대상부동산을 시장에 출품하되, 충분하고 합리적인 기간 동안 매도자의 적정 마케팅 활동이 수반되어야 한다는 개념으로 정리할 수 있다.

3. 대상물건의 내용에 정통한 당사자 사이

거래에 참가하는 시장참여자에 대한 조건에 대해서 미국 AI기준은 다수의 매도자와 매수자가 시장통제나 거래를 강제하는 수단이 없고, 수요와 공급이 자유롭게 작동하는 공개시장에 다수의 매수자와 매도자가 존재하고, 매수자나 매도자 쌍방이 시장의 사정에 충분히 정통하고 자기의 이익을 위해 사려 깊게 거래 활동을 한다고 보고 있다.

4. 신중하고 자발적인 거래가 있을 경우

자발적인 거래의사를 필요조건으로 함으로써 징발이나 기타 강제적인 수단에 의한 거래에서 발생하는 경우의 가격을 배제하고 있다.

5. 성립될 가능성이 가장 높다고 인정되는

미국 AI의 most probable price에서 most probable은 거래가능가격의 평균을 의미하는 것이 아니고, 거래가능가격 중에서 가장 일어날 수 있는 빈도수가 높은 거래가능가격을 의미한다고 보면 '성립될 가능성이 가장 높은'이란 문구의 타당성은 있다.

---

2 시장가치에 대한 논쟁에 대하여 논하시오. 10점

1 목차 구성

Ⅰ. 개설 1점

Ⅱ. 시장가치의 개념 1점

Ⅲ. 시장가치에 대한 논쟁 8점

　1. 측정기준의 문제
　2. 평가대상의 문제
　3. 균형가치와 존재가치의 문제
　4. 시장가치 정의 자체에 관한 문제

2 예시 답안

Ⅰ. 개설 1점

부동산평가의 대부분은 시장가치의 추계로부터 시작된다. 이러한 시장가치의 개념은 과거로부터 학자들 간에 많은 논란이 되어 왔다.

Ⅱ. 시장가치의 개념 1점

시장가치란 토지 등이 통상적인 시장에서 충분한 기간 거래를 위하여 공개된 후 그 대상물건의 내용에 정통한 당사자 사이에 신중하고 자발적인 거래가 있을 경우 성립될 가능성이 가장 높다고 인정되는 대상물건의 가액이라 한다.

Ⅲ. 시장가치에 대한 논쟁 8점

1. 측정기준의 문제

시장가치는 무엇을 기준으로 측정해야 하는가 하는 문제이다. 이는 100% 현금가치를 기준으로 해야 하는가 또는 다른 어떤 것을 측정기준으로 인정하느냐 하는 문제이다. 결론은 현금등가분석으로 처리해야 한다는 것이 현재의 정설이다.

2. 평가대상의 문제

시장가치는 부동산의 무엇에 관한 평가를 기준으로 하는가의 문제이다. 이는 물리적 실체 그 자체를 평가대상으로 삼아야 하는가, 결부된 부동산권익을 대상으로 삼아야 하는가 하는 문제이다. 결론은 부동산의 물리적 실체에 기반하고 있는 특정 권익의 양면을 모두 고려해야 한다는 것이다.

3. 균형가치와 존재가치의 문제

만약 현재의 시장이 균형에서 벗어나고 있다면 부동산평가는 시장이 균형을 회복했을 때 성립될 것으로 생각되는 균형가치를 기준으로 해야 하느냐, 또는 현재의 시장에서 객관적으로 확인될 수 있는 존재가치를 기준으로 해야 하느냐 하는 문제이다. 결론은 현실적인 상황에서 성립될 수 있는 존재가치를 추계해야 한다는 것이다.

4. 시장가치 정의 자체에 관한 문제

시장가치란 대상부동산에 대해 성립될 가능성이 있는 가격인가 또는 최고가격인가 그렇지 않으면 성립될 가능성이 가장 많은 가격인가 하는 문제이다. 결론은 시장가치를 객관화시킨다는 장점이 있는 성립될 가능성이 가장 많은 가격으로 정의하고 있다.

3. 「감정평가에 관한 규칙」상 시장가치와 「부동산공시법」상 적정가격의 동일성 여부에 대하여 논하시오. 10점

1 목차 구성

I. 개설 1점

II. 시장가치와 적정가격 3점

   1. 시장가치(「감정평가에 관한 규칙」 제2조)

   2. 적정가격(「부동산공시법」 제2조)

III. 시장가치와 적정가격의 동일성 여부 6점

   1. 같다는 견해

   2. 다르다는 견해

   3. 소결

2 예시 답안

I. 개설 1점

현행 「감정평가에 관한 규칙」에서는 감정평가 시 기준가치로서 시장가치기준 원칙을 규정하고 있다. 그러나 「부동산공시법」에서는 적정가격을 규정하고 있어 용어의 동일성 여부에 대한 논란이 있다.

II. 시장가치와 적정가격 3점

1. 시장가치(「감정평가에 관한 규칙」 제2조)
   토지 등이 통상적 시장에서 충분한 기간 거래를 위하여 공개된 후 그 대상물건의 내용에 정통한 당사자 사이에 신중하고 자발적인 거래가 있을 경우 성립될 가능성이 가장 높다고 인정되는 대상물건의 가액을 말한다.

2. 적정가격(「부동산공시법」 제2조)
   토지, 주택 및 비주거용 부동산에 대하여 통상적인 시장에서 정상적인 거래가 이루어지는 경우 성립될 가능성이 가장 높다고 인정되는 가격을 말한다.

Ⅲ. 시장가치와 적정가격의 동일성 여부 6점

1. 같다는 견해
   ① 적정가격은 시장가치의 조건과 비교해볼 때 몇 가지 요소가 결여되고 있거나 유사하다.
   ② '성립될 가능성이 가장 높은'이라는 개념요소 측면에서 동일한 가치전제, 즉 시장가치를 기초로 하고 있음이 명백하다.

2. 다르다는 견해
   ① 적정가격은 시장가치 조건인 당사자의 정통성이 충족되지 못하며, 법률 목적상의 가격인 반면 시장가치는 시장성을 중시한다.
   ② 시장가치는 거래사례를 중심으로 시장에서 행동하는 주체의 행태에 초점이 있는 반면 적정가격은 시장에서 거래가 없더라도 정상적인 거래를 상정한다는 뜻이 포함되어 있다.

3. 소결
   기존의 적정가격 개념에 성립될 가능성이 가장 높다고 인정되는 가격의 개념이 추가됨으로 인하여 시장성을 지향하는 것은 맞으나 현실적으로 해당 제도의 취지 등을 감안할 경우 당위적, 정책적 성격이 강하다. 따라서 양자는 다르다고 보아야 한다.

---

4 실거래가격과 시장가치의 일치 여부, 실거래가격과 적정가격의 일치 여부에 대하여 논하시오. 10점

---

1 목차 구성

Ⅰ. 개설 1점

Ⅱ. 실거래가격과 시장가치의 일치 여부 4.5점

  1. 실거래가격
  2. 시장가치
  3. 실거래가격과 시장가치의 일치 여부

Ⅲ. 실거래가격과 적정가격의 일치 여부 4.5점

  1. 적정가격
  2. 실거래가격과 적정가격의 일치 여부

2 예시 답안

I. 개설 1점

2006년부터 실거래가신고제도가 시행되어 축적됨으로써 부동산시장의 투명화와 안정화에 기여하고 있다. 다만, 이러한 실거래가격과 감정평가법인등에 의하여 판정되는 시장가치, 적정가격의 일치 여부에 대한 논의가 있다.

II. 실거래가격과 시장가치의 일치 여부 4.5점

1. 실거래가격
실거래가격이란 교환거래에서 매수자와 매도자가 상호 합의한 가격을 말한다. 이는 「부동산 거래신고 등에 관한 법률」에 따라 신고된 실제 거래가격이라고 볼 수 있다.

2. 시장가치
토지 등이 통상적 시장에서 충분한 기간 거래를 위하여 공개된 후 그 대상물건의 내용에 정통한 당사자 사이에 신중하고 자발적인 거래가 있을 경우 성립될 가능성이 가장 높다고 인정되는 대상물건의 가액을 말한다.

3. 실거래가격과 시장가치의 일치 여부
시장가치는 가치 개념으로서 통상적인 시장, 출품기간의 합리성, 거래의 자연성 등을 개념요소로 하며 감정평가법인등에 의하여 판정된다. 반면, 실거래가격은 가격 개념으로서 비정상적인 요소가 포함되어 있으며 시장가치의 개념요소를 고려하지 않으며 부동산시장에서 결정되므로 양자는 일치하지 않는다.

III. 실거래가격과 적정가격의 일치 여부 4.5점

1. 적정가격
토지, 주택 및 비주거용 부동산에 대하여 통상적인 시장에서 정상적인 거래가 이루어지는 경우 성립될 가능성이 가장 높다고 인정되는 가격을 말한다.

2. 실거래가격과 적정가격의 일치 여부
실거래가격은 가격 개념으로서 비정상적인 요소가 포함되어 있으며 현실 시장을 잘 반영한다. 반면, 적정가격은 가치 개념으로서 통상적인 시장, 정상적인 거래 등을 개념요소로 하며 부동산공시법의 목적을 고려할 경우 당위가격의 성격을 가지므로 양자는 일치하지 않는다.

제5절 시장가치 외의 가치

1. 특정가격, 한정가격, 특수가격에 대하여 약술하시오. 10점

1 목차 구성

Ⅰ. 개설 1점

Ⅱ. 시장가치와 시장가치 외의 가치의 개념 3점

1. 시장가치
2. 시장가치 외의 가치

Ⅲ. 특정가격, 한정가격, 특수가격 6점

1. 특정가격
2. 한정가격
3. 특수가격

2 예시 답안

Ⅰ. 개설 1점

현행 「감정평가에 관한 규칙」 제5조에서는 감정평가액을 결정할 때 시장가치를 원칙으로 하되 시장가치 외의 가치를 기준으로 할 수 있는 경우를 규정함으로써 다양한 감정평가 수요에 대응할 수 있도록 하고 있다.

Ⅱ. 시장가치와 시장가치 외의 가치의 개념 3점

1. 시장가치

대상물건이 통상적인 시장에서 충분한 기간 동안 거래를 위하여 공개된 후 그 대상물건의 내용에 정통한 당사자 사이에 신중하고 자발적인 거래가 있을 경우 성립될 가능성이 가장 높다고 인정되는 대상물건의 가액이다.

2. 시장가치 외의 가치

시장가치와는 달리 시장가치 외의 가치에 대한 개념이 규정되어 있지 않으나, 시장가치와 시장가치 외의 가치로 구분하여 규정하고 있는 형식을 볼 때, 시장가치 외의 가치는 시장가치의 요건을 충족하지 못하는 경우의 가치로 해석할 수 있을 것이다.

Ⅲ. 특정가격, 한정가격, 특수가격 6점

1. 특정가격
시장성을 갖는 부동산에서 법령 등에 따른 사회적 요청을 배경으로 하는 평가목적하에서 정상가격의 전제가 되는 제 조건을 만족시키지 않는 경우에 부동산의 경제적 가치를 적정히 나타내는 가격을 말한다.

2. 한정가격
시장성을 갖는 부동산에 대해 부동산과 취득할 타 부동산과의 병합 또는 부동산의 일부를 취득할 때, 분할 등으로 인하여 합리적인 시장에서 형성될 수 있는 시장가치와 괴리됨으로써 시장이 상대적으로 한정되는 경우, 취득부분이 당해 시장에 한정되는 데 근거하여 시장가치를 적정하게 표시하는 가격을 말한다.

3. 특수가격
문화재 등 일반적으로 시장성이 없는 부동산에 대해 그 이용상황을 전제로 한 부동산의 경제적 가치를 적정히 나타내는 가격을 말한다.

제6절 가치이론과 가치추계이론

1 마샬의 가치이론을 논하고 감정평가 3방식과의 관련성을 설명하시오. 10점

1 목차 구성

Ⅰ. 개설 1점

Ⅱ. Marshall의 가치이론 4.5점

   1. 단기와 장기의 시간 개념

   2. 단기에서의 시장가격

   3. 장기에서의 시장가격

Ⅲ. 감정평가 3방식과의 관련성 4.5점

   1. 원가방식과의 관련성

   2. 수익방식과의 관련성

   3. 비교방식과의 관련성

2 예시 답안

Ⅰ. 개설 1점

   고전학파와 한계효용학파의 결합에 크게 기여한 사람이 바로 Marshall이다. 그는 수요와 공급이 가위의 양날과 같아서 어느 것도 가치 결정에서 도외시될 수 없다고 생각했다.

Ⅱ. Marshall의 가치이론 4.5점

   1. 단기와 장기의 시간 개념

      단기란 기존의 생산시설이 확장되지 않을 정도의 짧은 시간을 의미하며, 장기란 기존의 생산시설 외에 새로운 시설이 추가되고 새로운 공급자가 시장에 진입할 정도의 긴 시간을 의미한다.

   2. 단기에서의 시장가격

      단기경쟁시장에서 대상 부동산의 매매가격은 매수자들이 기꺼이 지불하려고 하는 가격에 의해 좌우되는 경향이 강하다. 단기에는 공급이 상대적으로 고정되어 있으므로 수요가 가격을 결정하는 주요요인으로 작용한다. 따라서 단기에서 시장가치가 수요에 의해 결정된다는 것은 중요한 평가 원리를 제공한다.

3. 장기에서의 시장가격

장기에서는 비용과 가치가 일치되는 경향이 있는바 재화의 가치는 단기적으로는 수요의 함수이지만 장기적으로는 공급의 함수가 된다. 먼저 부동산의 시장가격이 생산비에도 미치지 못하면 장기적으로는 공급이 감소하게 된다. 그리고 공급이 감소하면 시장가격이 상승하고 시장가격이 상승하면 공급은 다시 증가한다. 따라서 공급의 증가는 시장가격과 생산비가 일치하는 선까지 이루어진다.

Ⅲ. 감정평가 3방식과의 관련성 4.5점

1. 원가방식과의 관련성

장기에서 고전학파의 가치이론은 감정평가 3방식 중 비용성의 사고인 원가방식의 근거가 되었다. 이 방식은 생산비가 많이 투입된 재화일수록 그만큼 시장에서 더 많은 가치와 교환할 수 있다는 것을 전제로 한다.

2. 수익방식과의 관련성

단기에서 한계효용학파의 가치이론은 감정평가 3방식 중 시장성의 사고인 비교방식과 수익성의 사고인 수익방식의 근거가 되었다. 다만, 비교방식은 시장인이 시장에서 지불하고자 하는 의사, 즉 수요로 가치를 측정하는 방법인 반면, 수익방식은 장래 기대편익의 현재가치의 합으로 가치를 측정하는 방법인 점에 차이가 있다.

3. 비교방식과의 관련성

신고전학파의 가치이론은 감정평가 3방식 중 시장성의 사고인 비교방식의 근거가 되었다. 또한 3면 등가성을 주장하여 감정평가 3방식 이론 정립에도 영향을 주었다.

제7절 가격발생요인

1 부동산가격발생요인에 대하여 설명하시오. 10점

❶ 목차 구성

Ⅰ. 개설 1점

Ⅱ. 부동산가격발생요인 8점

   1. 효용

   2. 상대적 희소성

   3. 유효수요

   4. 이전성

Ⅲ. 부동산가격발생요인 간의 상호관련성 1점

❷ 예시 답안

Ⅰ. 개설 1점

   시장참가자들이 어떤 물건에 대하여 기꺼이 대가를 지불하고 거기에 합당한 가치가 생기기 위해서는 효용, 상대적 희소성, 유효수요가 필요하며 이를 부동산가격발생의 3요인이라고 한다.

Ⅱ. 부동산가격발생요인 8점

   1. 효용

      인간의 욕구나 필요를 만족시킬 수 있는 재화의 능력으로 수요 측면에 영향을 미치는 가격발생요인이다. 부동산의 효용은 용도의 차이에 따라 주거지는 쾌적성, 편리성, 즉 도심으로의 통근가능성 등으로, 공업지는 비용절감과 입지선정에서 오는 생산성으로, 상업지와 농업지는 수익성 등으로 표현된다.

   2. 상대적 희소성

      희소성이란 인간의 욕구에 비해 그 수나 양이 부족한 상태를 말하는 것으로 '상대적'이라는 의미는 부동산의 물리적 측면이 아닌 상대적 측면(지역적, 용도적 측면 등)에서 부족하다는 의미와 수요에 비하여 공급이 상대적으로 부족하다는 의미로 해석할 수 있다.

3. 유효수요

유효수요는 실질적인 구매능력을 의미하는 것으로 구매 의사(willing to buy)와 지불능력(ability to pay)을 갖춘 수요를 말한다. 유효수요는 부동산가치에 큰 영향을 미치고 영향의 정도는 시기와 지역, 부동산가격의 절대적인 수준 등에 따라 변화한다.

4. 이전성

부동산이 가치를 가지기 위해서는 부동산의 소유권을 비롯한 제반 권리가 수요자에게 자유롭게 이전될 수 있어야 한다는 것을 말한다. 효용, 상대적 희소성, 유효수요를 경제적 측면의 가격발생요인이라고 한다면, 이전성은 법률적 측면의 가격발생요인이다.

Ⅲ. 부동산가격발생요인 간의 상호관련성 1점

시장의 수요와 공급이 상호 영향을 주듯이 이 요인들도 주어진 상황에서 상호 영향을 미치고 있다. 예를 들어 희소성이라는 가격발생요인은 재화의 수요와 공급에 둘 다 영향을 미치고 있다. 재화가 희소하기 때문에 무한정으로 공급될 수 없으며, 또한 희소하기 때문에 기꺼이 대가를 지불하려는 수요가 생기는 것이다.

---

2 부동산가격의 발생 원인을 일반재화와 비교하여 설명하시오. 10점

---

1 목차 구성

Ⅰ. 개설 1점

Ⅱ. 부동산가격의 발생 원인 3점

1. 효용과 유효수요
2. 상대적 희소성

Ⅲ. 일반재화와 비교 6점

1. 효용
2. 상대적 희소성
3. 유효수요

2 예시 답안

Ⅰ. 개설 1점

시장참가자들이 어떤 물건에 대하여 기꺼이 대가를 지불하고 거기에 합당한 가치가 생기기 위해서는 효용, 상대적 희소성, 유효수요가 필요하며 이를 부동산가격발생의 3요인이라고 한다.

Ⅱ. 부동산가격의 발생 원인 3점

1. 효용과 유효수요

효용이란 인간의 욕구나 필요를 만족시킬 수 있는 재화의 능력이다. 유효수요란 실질적인 구매능력을 의미하는 것으로 구매 의사(Willing to Buy)와 지불능력(Ability to Pay)을 갖추고 있는 수요이다.

2. 상대적 희소성

희소성이란 인간의 욕구나 필요에 비하여 그 수나 양이 부족한 상태를 말하는 것으로 상대적이라는 의미에 대해서는 부동산의 물리적 측면이 아닌 지역적, 용도적 측면에서 상대적으로 부족하기 때문이라는 의미와 수요에 비하여 공급이 상대적으로 부족하기 때문이라는 의미로 해석할 수 있다.

Ⅲ. 일반재화와 비교 6점

1. 효용

부동산은 영속성과 용도의 다양성이라는 특성이 있어 부동산의 효용은 영속적, 다용도적 효용의 특징을 가지게 된다. 반면, 일반재화는 비내구재로서 하나의 용도로만 제작되기 때문에 소멸적, 단일적 효용의 특징을 가지게 된다.

2. 상대적 희소성

부동산은 공급 측면에서 볼 때, 지역적, 용도적 측면에서의 상대적 희소성이 문제가 된다. 반면, 일반재화는 이동이 가능하고 필요한 경우 물리적인 생산이 가능하므로 절대적인 양 측면에서의 절대적 희소성이 문제가 된다.

3. 유효수요

일반재화에 비해 부동산에 있어 유효수요가 특별하게 더 강조되는 이유는 부동산의 고가성에 기인한다. 즉, 부동산은 고가의 상품으로서 수요자가 충분한 지불능력을 가지고 있지 않으면 시장에서 수요가 이루어지지 않는다. 따라서 시장참여자의 수가 제한되고 부동산금융이 큰 역할을 수행하게 된다.

3. 부동산 감정평가에 있어 상대적 희소성에 관하여 다음 물음에 답하시오. 10점

물음 1) 상대적 희소성의 개념과 원인
물음 2) 부동산가격발생요인과 상대적 희소성

---

1 목차 구성

Ⅰ. 상대적 희소성의 개념과 원인 5점

1. 개념
2. 원인

Ⅱ. 부동산가격발생요인과 상대적 희소성 5점

1. 부동산가격발생요인
2. 상대적 희소성

---

2 예시 답안

Ⅰ. 상대적 희소성의 개념과 원인 5점

1. **개념**
   희소성이란 인간의 욕구에 비해 그 수나 양이 부족한 상태를 말하는 것으로 '상대적'이라는 의미는 부동산의 물리적 측면이 아닌 상대적 측면에서 부족하다는 의미와 수요에 비하여 공급이 상대적으로 부족하다는 의미로 해석할 수 있다.

2. **원인**
   토지의 경우 자연적 특성인 부증성으로 인해 물리적으로 절대총량은 한정되어 있고, 고정성 및 개별성 등으로 인하여 토지공급은 비탄력적이다. 이에 반해 산업화, 도시화, 핵가족화, 인구 증가, 소득수준 향상 등으로 수요는 일반적으로 증가하는 경향이 있기에 희소성이 발생하고 심화된다. 또한 용도지역, 용적률 규제와 같은 행정적 요인 등으로 공급이 줄어드는 효과가 발생함으로 희소성이 높아진다.

Ⅱ. 부동산가격발생요인과 상대적 희소성 5점

1. **부동산가격발생요인**
   부동산의 가격발생요인으로는 효용, 상대적 희소성, 유효수요가 있다. 효용은 인간의 욕구나 필요를 만족시킬 수 있는 재화의 능력을, 유효수요는 실질적인 구매능력을 의미하는 것으로 구매 의사와 지불능력을 갖춘 수요를 말한다.

2. 상대적 희소성

부동산가격발생요인으로서 효용과 유효수요가 수요 측면이라면, 상대적 희소성은 공급 측면이다. 시장의 수요와 공급이 상호 영향을 주듯이 이 세 가지 요인들도 주어진 상황에서 상호 영향을 미치고 있다. 예를 들어 재화가 희소하기 때문에 무한정으로 공급될 수 없으며, 또한 희소하기 때문에 기꺼이 대가를 지불하려는 수요가 생기는 것이다.

제8절 가치형성요인

1. 부동산의 가치형성요인을 공간적 측면과 내용적 측면으로 구분하여 설명하시오. 10점

1 목차 구성

Ⅰ. 개설 1점

Ⅱ. 공간적 측면 4점

   1. 일반적 요인

   2. 지역적 요인

   3. 개별적 요인

Ⅲ. 내용적 측면 5점

   1. 자연적 요인

   2. 사회적 요인

   3. 경제적 요인

   4. 행정적 요인

2 예시 답안

Ⅰ. 개설 1점

대상물건의 경제적 가치에 영향을 미치는 일반요인, 지역요인, 개별요인 등을 말한다(「감정평가에 관한 규칙」 제2조 제4호). 지리적 범위에 따라 일반적 요인, 지역적 요인, 개별적 요인으로 구분할 수 있고, 내용적 측면에 따라 자연적, 사회적, 경제적, 행정적 요인으로 구분이 가능하다.

Ⅱ. 공간적 측면 4점

   1. 일반적 요인

      대상물건이 속한 전체 사회에서 대상물건의 이용과 가격수준 형성에 전반적으로 영향을 미치는 일반적 요인이다.

2. 지역적 요인

대상물건이 속한 지역의 가격수준 형성에 영향을 미치는 자연적, 사회적, 경제적, 행정적 요인이다(「감정평가 실무기준」). 이는 일반적 요인의 상호 결합에 의해 가치형성요인이 지역적 차원으로 축소된 상태를 말한다.

3. 개별적 요인

대상물건의 구체적 가격에 영향을 미치는 대상물건의 고유한 개별적 요인이다(「감정평가 실무기준」). 이는 개별성으로 인해 개별부동산 차원의 최유효이용과 구체적 가격이 형성되게 하는 요인이다.

Ⅲ. 내용적 측면 5점

1. 자연적 요인

부동산의 상태 및 가격수준 형성에 영향을 미치는 제반 자연적 특성과 환경이다. 자연적 특성은 자연적 자질과 자연자원으로 구분할 수 있는데, 자연적 자질은 물리적 지표 및 형태, 지세, 지질, 일조, 강수, 바람, 기후 등이고 자연자원은 광물자원, 에너지자원 등이다.

2. 사회적 요인

부동산의 상태 및 가격수준 형성에 영향을 미치는 일련의 사회적 환경 및 현상이다. 인구상태, 가족의 구성, 가구분리의 상태, 교육수준, 사회보장수준, 정보화수준, 건축양식, 생활양식 등이 있다. 이러한 사회적 요인 중 가장 중요한 요인은 해당 지역의 인구적 특성이다.

3. 경제적 요인

부동산의 상태 및 가격수준에 영향을 미치는 일련의 경제적 상황이다. 저축, 투자, 소비수준, 고용상태, 물가와 임대료, 기술수준 및 산업구조, 세부담 정도, 재정 및 금융상태, 국제화 정도, 국제수지 등의 상태가 있다.

4. 행정적 요인

부동산의 상태 및 가격수준 형성에 영향을 미치는 공법적 규제 및 기타의 행정적 조치이다. 토지제도, 토지이용계획 및 규제, 건축물에 대한 규제, 토지정책, 부동산세제 등이 있다. 정부정책, 법적 규제는 다른 어떤 요인보다도 부동산의 가치에 큰 영향을 미치고 있다.

2

한국은행 기준금리가 지속적으로 인하되었다. 금리인하가 부동산시장에 미치는 영향에 관해 설명하시오. 10점

1 목차 구성

Ⅰ. 개설 1점

Ⅱ. 금리인하가 부동산시장에 미치는 영향 9점

1. 개요

2. 4사분면 모형을 통한 검토

   1) 4사분면 모형의 개념

   2) 부동산시장의 개념

   3) 자산시장에 미치는 영향

   4) 공간시장에 미치는 영향

2 예시 답안

Ⅰ. 개설 1점

가격발생요인에 의해 발생한 부동산가격은 가치형성요인의 영향을 받아 부단히 변동한다. 금리는 가치형성요인 중 경제적 요인으로서 이의 변화는 부동산시장의 수요·공급 등에 변화를 야기하는바 이에 대한 분석이 중요하다.

Ⅱ. 금리인하가 부동산시장에 미치는 영향 9점

1. 개요

   합리적인 투자자는 부동산시장과 자본시장 간의 상호관련 속에서 대상부동산의 경쟁적 위치를 확인하고 수익률 비교를 통하여 투자결정을 한다. 이러한 시장 간에 가장 중요한 매개변수의 역할을 수행하는 것이 금리이다.

2. 4사분면 모형을 통한 검토

   1) 4사분면 모형의 개념

   4사분면 모형은 부동산시장을 자산시장과 공간시장으로 구분하고 이를 다시 단기시장과 장기시장으로 나누어 전체 부동산시장의 작동을 설명하는 모형이다. 이 모형은 임대료, 자산가격, 신규건설, 공간재고 등의 4개 변수가 내생적으로 어떻게 결정되는지를 보여주는데 기하학적으로 4사분면 그래프를 통해 쉽게 설명할 수 있다.

   2) 부동산시장의 개념

   부동산시장은 부동산의 교환 및 가격 결정이 이루어지는 공간을 말한다. 이러한 부동산시장은 토지 및 건물 등과 같이 공간사용을 목적으로 하는 공간시장과 하나의 자산으로서 현금흐름의 가치를 추구하는 자산시장으로도 구분할 수 있다.

   3) 자산시장에 미치는 영향

   금리하락은 자본환원율의 하락을 가져오는데 이는 2사분면의 그래프에서 기울기가 시계 반대방향으로 회전하는 것으로 나타난다. 이 경우 주어진 임대료에서 자산가격은 높아진다. 이렇게 자산가격이 상승하면 신규 공급량이 증가하게 된다.

4) 공간시장에 미치는 영향

신규 공급량이 증가하면 균형 공간 재고가 증가하면서 임대료는 하락하게 된다. 따라서 새로운 균형을 최초 균형과 비교해보면 임대료는 낮아지고 자산가격, 신규공급량, 공간재고는 모두 높은 수준으로 결정됨을 알 수 있다.

---

3 부동산가치형성요인의 성질인 유동성의 특성과 관련성의 특성을 설명하시오. 5점

1 목차 구성

Ⅰ. 부동산가치형성요인의 개념 1점

Ⅱ. 유동성의 특성과 관련성의 특성 4점

1. 유동성의 특성
2. 관련성의 특성

2 예시 답안

Ⅰ. 부동산가치형성요인의 개념 1점

대상물건의 경제적 가치에 영향을 미치는 일반요인, 지역요인, 개별요인 등을 말한다(「감정평가에 관한 규칙」 제2조 제4호). 지리적 범위에 따라 일반적 요인, 지역적 요인, 개별적 요인으로 구분할 수 있고, 내용적 측면에 따라 자연적, 사회적, 경제적, 행정적 요인으로 구분이 가능하다.

Ⅱ. 유동성의 특성과 관련성의 특성 4점

1. 유동성의 특성

유동성은 사전적 의미로 움직이는 성질을 의미한다. 즉, 가치형성요인의 유동성은 가치형성요인이 고정적인 것이 아니라 사회변화, 경기상태의 변화 등에 의해 항상 변동하는 특징을 가지고 있다는 것이다. 따라서 시계열적인 측면에서 동태적으로 파악하고 분석할 필요가 있다.

2. 관련성의 특성

관련성은 서로 관련되는 성질을 의미한다. 즉, 가치형성요인의 유동성은 가치형성요인이 독립하여 개별적으로 작용하는 것이 아니라 각 요인들 간의 유기적인 관련성하에서 부동산의 가치에 영향을 미치게 된다는 것이다. 따라서 상호 관련성을 고려하여 분석할 필요가 있다.

4 일반적 요인의 지역지향성을 약술하시오. 5점

1 목차 구성

I. 일반적 요인의 개념 1점

II. 일반적 요인의 지역지향성 4점

   1. 지역지향성의 개념

   2. 일반적 요인이 지역지향성을 갖는 이유

   3. 감정평가 시 고려사항

2 예시 답안

I. 일반적 요인의 개념 1점

대상물건이 속한 전체 사회에서 대상물건의 이용과 가격수준 형성에 전반적으로 영향을 미치는 일반적 요인이다(「감정평가 실무기준」). 이는 부동산이 입지하고 있는 한 나라 전체에 걸쳐 작용하는 요인으로 크게 자연적 요인, 사회적 요인, 경제적 요인, 행정적 요인으로 구분할 수 있다.

II. 일반적 요인의 지역지향성 4점

1. 지역지향성의 개념

    일반적 요인은 전국적으로 동일한 영향을 미치는 것이 아니라 용도적 지역에 따른 지역의 구분에 따라 동일지역에는 동질적인 영향을 주고, 다른 지역에는 다른 영향을 미치는데, 이처럼 구분된 지역에 따라 지역마다 각각의 영향력의 정도가 상이하게 나타나는 것을 지역지향성이라고 한다.

2. 일반적 요인이 지역지향성을 갖는 이유

    일반적 요인이 지역지향성을 갖게 되는 이유는 부동산의 지역성이라는 특성하에 지역마다 차별화된 지역특성을 나타내기 때문이다. 여기서 지역성이란 부동산은 그 부동산이 속해 있는 지역의 구성분자로서 그 지역과 상호 의존, 보완관계에 있고 그 지역 내 타 부동산과 협동, 대체, 경쟁 등의 상호관계를 통하여 사회적, 경제적, 행정적 위치를 점하게 되는데 이를 부동산의 지역성이라 한다.

3. 감정평가 시 고려사항

    감정평가에서는 감정평가 3방식 적용 이전에, 표준적 이용과 가격수준을 파악하기 위하여 가치형성요인 분석으로 지역분석을 수행한다. 이때 가치형성요인으로서 일반적 요인 외에도 지역적 요인을 분석해야 비로소 지역의 가격수준 판단이 가능하다.

제9절 가격형성과정

1 부동산가격수준 및 개별적, 구체적 가격 형성과정에 대하여 설명하시오. 10점

1 목차 구성

Ⅰ. 개설 1점

Ⅱ. 가격수준의 형성 4.5점
   1. 가격수준의 개념
   2. 가격수준의 형성
      1) 부동산의 지역성
      2) 가격수준의 형성

Ⅲ. 개별적·구체적 가격의 형성 4.5점
   1. 개별적·구체적 가격의 개념
   2. 개별적·구체적 가격의 형성
      1) 부동산의 개별성
      2) 개별적·구체적 가격의 형성

2 예시 답안

Ⅰ. 개설 1점

부동산가격은 효용, 상대적 희소성, 유효수요에 의해 발생되고, 일반적 요인, 지역적 요인, 개별적 요인의 영향을 받아 형성된다. 그리고 그 과정 속에서 부동산의 지역성에 따라 가격수준이 형성되고, 개별성에 따라 구체적인 가격으로 형성되는 것을 가격형성과정이라 한다.

Ⅱ. 가격수준의 형성 4.5점

1. 가격수준의 개념

가격수준이란 지역의 표준적 이용에 따른 지역의 표준적, 평균적 가격의 범위를 말한다. 즉, 지역 내 부동산의 평균적 가격이라고 할 수 있다.

2. 가격수준의 형성

1) 부동산의 지역성
지역성이란 부동산은 자연적, 인문적 특성을 공유하는 다른 부동산과 함께 하나의 지역을 구성하고 그 지역 및 지역 내 타부동산과 의존, 보완, 협동, 대체, 경쟁의 관계를 통하여 사회적, 경제적, 행정적 위치가 결정된다는 특성을 말한다.

2) 가격수준의 형성
부동산의 지역성에 의한 일반요인의 지역지향성으로 인하여 일반요인이 지역적 차원으로 축소되어 파악하게 되는 지역요인의 영향을 받아 해당 지역은 그 지역의 특성을 지니게 되고 그 결과 해당 지역의 표준적 이용과 가격수준이 형성되게 된다.

Ⅲ. 개별적·구체적 가격의 형성 4.5점

1. 개별적·구체적 가격의 개념
개별적·구체적 가격이란 가격수준의 제약하에서 개별 부동산의 가격이 개별 물건마다 상이하게 형성된 가격을 말한다. 즉, 개별 부동산의 가격이라고 할 수 있다.

2. 개별적·구체적 가격의 형성

1) 부동산의 개별성
부동산의 개별성이란 이 세상에 동일한 특성을 가진 복수의 부동산은 없다는 특성으로 이러한 개별성은 부동산의 가치형성요인을 개별화시키고 부동산의 수익과 가격도 개별화시킨다.

2) 개별적·구체적 가격의 형성
부동산은 해당 부동산이 속해 있는 지역의 표준적 이용과 가격수준의 제약하에서 개개 부동산의 개별요인에 따라 최유효이용과 개별적·구체적인 가격이 형성된다.

---

2 가격의 이중성에 대하여 약술하시오. 5점

1 목차 구성

Ⅰ. 개설 1점

Ⅱ. 가격의 이중성 4점

1. 일반재화 가격의 이중성
2. 부동산가격의 이중성
3. 양자가 차이 나는 이유

2 예시 답안

I. 개설 1점

부동산가격은 효용, 상대적 희소성, 유효수요에 의해 발생되고, 일반적 요인, 지역적 요인, 개별적 요인의 영향을 받아 형성된다. 그리고 부동산시장에서 수요와 공급에 의하여 가격이 결정된다.

II. 가격의 이중성 4점

1. 일반재화 가격의 이중성

    일반재화는 시장에서 수요와 공급에 의하여 가격이 결정되고 결정된 가격이 다시 수요와 공급에 영향을 준다. 이를 일반재화 가격의 이중성이라고 한다.

2. 부동산가격의 이중성

    부동산은 가치형성요인의 영향을 받아 시장에서 수요와 공급에 의하여 가격이 결정되고 결정된 가격이 다시 가치형성요인과 수요·공급에 영향을 준다. 이를 부동산가격의 이중성이라고 한다.

3. 양자가 차이 나는 이유

    부동산은 일반적 요인, 지역적 요인, 개별적 요인이라는 가치형성요인이 있기 때문에 일반재화 가격의 이중성과 차이가 난다.

제10절 가격형성과정에서의 법칙성

1. 입지잉여와 피드백원리에 대하여 약술하시오. 5점

1 목차 구성

Ⅰ. 입지잉여 2점

Ⅱ. 피드백원리 2점

Ⅲ. 입지잉여와 피드백원리의 관계 1점

2 예시 답안

Ⅰ. 입지잉여 2점

입지잉여는 부동산의 입지조건이 양호한 경우에 발생하는 특별한 이익이다. 이러한 부동산은 이용주체 간 대체·경쟁과정에서 최유효이용으로 이용할 수 있는 자에게 할당되고 그 결과로 부동산가격은 높게 형성된다.

Ⅱ. 피드백원리 2점

토지이용도와 부동산가격 간에 상호 영향을 주고받게 되는 원리이다. 예를 들어, 지가수준이 높은 곳에서는 토지이용이 집약화되고, 집약적인 토지이용은 지가를 상승시키기도 한다.

Ⅲ. 입지잉여와 피드백원리의 관계 1점

입지잉여가 높을수록 지가는 높게 형성되며, 토지의 이용은 집약적으로 이루어진다. 즉, 지가수준이 높은 토지는 집약적으로 이용할 수 있는 이용주체에게 최종적으로 할당되게 된다.

Chapter 03 가격제원칙에 대한 이해

제1절 가격제원칙 일반론

1. 가격제원칙의 분류에 대하여 설명하시오. 10점

1 목차 구성

Ⅰ. 개설 1점

Ⅱ. 가격제원칙의 개념 1점

Ⅲ. 가격제원칙의 분류 8점

1. 최유효이용의 원칙
2. 토대가 되는 원칙
3. 내부 측면의 원칙
4. 외부 측면의 원칙

2 예시 답안

Ⅰ. 개설 1점

가격제원칙은 최유효이용의 원칙을 비롯해 총 13가지가 있는데, 이들은 상호 유기적인 관련성을 가지고 하나의 체계를 이룬다. 이러한 체계의 중심에는 최유효이용의 원칙이 있고 다른 원칙들은 최유효이용의 원칙을 지원하는 형식으로 구성되어 있다.

Ⅱ. 가격제원칙의 개념 1점

가격제원칙이란 부동산의 가격이 어떻게 형성되고 유지되는가에 관한 법칙성을 추출하여 부동산 평가활동의 지침으로 삼으려는 하나의 행위기준이다.

Ⅲ. 가격제원칙의 분류 8점

1. 최유효이용의 원칙
   최유효이용의 원칙이란 부동산의 가격은 최유효이용을 전제로 하여 형성된다는 원칙으로 감정평가에 있어 가장 기본적이고 핵심적인 가격원칙이라고 할 수 있다.

2. 토대가 되는 원칙
   부동산의 영속성과 사회적・경제적・행정적 위치의 가변성으로 인해 부동산의 가격은 장기적인 배려하에 형성되고, 항상 변화의 과정을 거친다. 따라서 예측과 변동의 원칙을 최유효이용원칙의 토대가 되는 원칙이라고 하는 것이다.

3. 내부 측면의 원칙
   부동산의 최유효이용 여부 및 그에 따른 부동산가격에 대한 내부적인 판단기준이 되는 원칙이다. 기여, 수익배분, 균형, 수익체증, 체감의 원칙으로 구성되어 있다.

4. 외부 측면의 원칙
   부동산의 최유효이용 여부 및 그에 따른 부동산가격에 대한 외부적인 판단기준이 되는 원칙이다. 적합의 원칙, 외부성의 원칙, 수요・공급의 원칙, 경쟁의 원칙, 대체의 원칙, 기회비용의 원칙으로 구성되어 있다.

2 가격제원칙의 특징에 대하여 설명하시오. 10점

1 목차 구성

Ⅰ. 개설 1점

Ⅱ. 가격제원칙의 개념 1점

Ⅲ. 가격제원칙의 특징 8점

1. 부동산의 특성 반영
2. 상호 유기적 관련성
3. 최유효이용의 원칙을 기준

2 예시 답안

I. 개설 `1점`
부동산가격은 효용, 상대적 희소성, 유효수요에 의하여 발생하고 이에 영향을 주는 부동산 가치형성요인의 상호작용으로 형성된다. 이러한 형성과정을 고찰할 때 일정한 법칙성이 존재하게 된다.

II. 가격제원칙의 개념 `1점`
가격제원칙이란 부동산의 가격이 어떻게 형성되고 유지되는가에 관한 법칙성을 추출하여 부동산 평가활동의 지침으로 삼으려는 하나의 행위기준이다.

III. 가격제원칙의 특징 `8점`

1. 부동산의 특성 반영
부동산의 자연적, 인문적 특성으로 인해 부동산의 가격형성과정은 일반재화와 다르고 이러한 가격형성과정상의 법칙성을 추출한 것이 가격제원칙이므로 가격제원칙은 부동산의 자연적, 인문적 특성을 반영하고 있다.

2. 상호 유기적 관련성
부동산가치형성요인 간에 상호 유기적인 관련성이 존재하므로, 이를 반영한 가격제원칙 사이에도 상호 유기적으로 밀접한 관련이 있다.

3. 최유효이용의 원칙을 기준
부동산가격은 최유효이용을 전제로 형성되는 최유효이용의 원칙을 기준으로 나머지는 최유효이용의 원칙을 지원하는 형태로 구성되어 하나의 체계를 형성하고 있다.

제2절 가격제원칙의 내용

1 부동산가격의 특징을 가격제원칙과 관련하여 설명하시오. 10점

❶ 목차 구성

I. 개설 1점

II. 부동산가격의 특징과 가격제원칙 3점

  1. 부동산가격의 특징

  2. 가격제원칙의 개념 및 종류

III. 부동산가격의 특징(가격제원칙과 관련) 6점

  1. 교환의 대가인 가격과 용익의 대가인 임대료 측면

  2. 소유권 기타 권리·이익의 가격 측면

  3. 장기적 고려하에서 형성 측면

❷ 예시 답안

I. 개설 1점

부동산의 자연적, 인문적 특성으로 인해 부동산가격의 특징이 나타나고 가격형성과정도 일반재화와 다르다. 그리고 이러한 가격형성과정상의 법칙성을 추출한 것이 가격제원칙이다.

II. 부동산가격의 특징과 가격제원칙 3점

1. 부동산가격의 특징

    부동산가격은 장래 기대되는 편익의 현재가치를 의미한다. 그리고 부동산가격의 특징이란 일반재화의 가격과 구분되는 부동산가격의 특징을 말하는 것으로 이러한 특징은 부동산의 자연적, 인문적 특성에서 나타난다.

2. 가격제원칙의 개념 및 종류

    부동산 가격제원칙이란 부동산의 가격이 어떻게 형성되고 유지되는가에 관한 법칙성을 추출하여 부동산평가활동의 지침으로 삼으려는 하나의 행위기준이다. 이러한 가격제원칙들은 상호 유기적인 관련성을 가지고 하나의 체계를 이룬다. 즉, 최유효이용원칙을 기준으로 토대가 되는 원칙, 내부 측면의 원칙, 외부 측면의 원칙으로 구분할 수 있다.

Ⅲ. 부동산가격의 특징(가격제원칙과 관련) 6점

1. 교환의 대가인 가격과 용익의 대가인 임대료 측면

교환의 대가인 가격과 용익의 대가인 임대료는 기본적으로 부동산시장에서 수요와 공급에 의해서 결정된다. 따라서 이러한 부동산가격의 특징은 수요·공급의 원칙과 관련된다.

2. 소유권 기타 권리·이익의 가격 측면

부동산의 권리는 전체 가치에 기여하는 정도에 따라 평가되기 때문에 기여의 원칙과 관련된다. 또한 부동산의 수익은 소유권 및 각 권리에 배분되므로 수익배분의 원칙과 관련된다.

3. 장기적 고려하에서 형성 측면

부동산가격은 장기적 고려하에 형성되기 때문에 미래상황의 변동을 예측하는 것이 필요하다. 따라서 이러한 부동산가격의 특징은 예측·변동의 원칙과 관련된다.

---

2 과대개량된 부동산이 투하된 비용만큼 가치가 상승하지 않는 이유를 부동산평가원리와 결부하여 설명하시오. 10점

1 목차 구성

Ⅰ. 개설 1점

Ⅱ. 과대개량된 부동산이 투하된 비용만큼 가치가 상승하지 않는 이유 8점

1. 최유효이용의 원리
2. 대체의 원리
3. 적합의 원리
4. 균형의 원리

Ⅲ. 결 1점

2 예시 답안

Ⅰ. 개설 1점

부동산평가원리란 부동산가격이 어떻게 형성되고 유지되는가에 관한 법칙성을 추출하여 부동산평가활동의 지침으로 삼으려는 하나의 행위기준이다. 부동산이 과대개량된 경우 비용만큼 가치가 상승하지 못하는바, 이를 부동산평가원리를 통해 설명한다.

Ⅱ. 과대개량된 부동산이 투하된 비용만큼 가치가 상승하지 않는 이유 8점

1. 최유효이용의 원리
최유효이용의 원리란 부동산의 가치는 최유효이용을 전제로 하여 평가해야 한다는 원리를 말하며, 여러 가지 평가원리 중 가장 상위의 개념에 있는 평가원리라 할 수 있다. 과대개량된 부동산은 최고・최선의 이용에 부합하지 못하고 개량규모 또는 개량비가 과다한 부동산을 말하므로, 최고・최선의 이용을 전제로 형성되는 부동산 가치의 속성에 비추어 투하된 비용만큼 가치가 상승하지 않게 된다.

2. 대체의 원리
대체의 원리란 부동산의 가치는 그것과 대체관계에 있는 유사부동산의 영향을 받아서 결정된다는 원리를 말한다. 즉, 부동산의 가치는 유사한 효용을 갖는 인근지역의 다른 부동산과 유사한 수준에서 결정된다. 과대개량 부동산의 과대개량된 부분은 적정한 부분에 비해 효용을 제대로 발휘하기가 어렵고, 따라서 적정하게 개량된 인근지역의 유사부동산과 유사한 가치 또는 투하된 비용만큼 가치가 상승하지 않게 된다.

3. 적합의 원리
적합의 원리란 부동산이 가지는 제 특성은 그것이 시장수요와 일치하거나 주변의 토지이용과 어울릴 수 있을 때 높은 가치를 창출할 수 있다는 원리이다. 즉, 부동산의 가치는 지역사회에서 선호되는 어떤 기준에 적합할 때 최고가 될 수 있다는 의미에서 과대개량 부동산은 투하된 비용에 따른 최고의 가치를 창출하지 못하고 투하된 비용만큼 가치가 상승하지 않게 된다.

4. 균형의 원리
균형의 원리란 부동산이 최대의 가치를 구현하기 위해서는 투입되는 생산요소의 결합비율이 적절한 균형을 이루고 있어야 한다는 원리이다. 즉, 토지와 건물의 결합비율이 최적일 때 투하된 비용이 완전히 반영된다는 의미에서 과대개량 부동산은 투하된 비용만큼 가치가 상승하지 않게 된다.

Ⅲ. 결 1점
과대개량된 부동산은 내부적, 외부적 측면에서 볼 때 최유효이용 상태에 있지 못하다. 즉, 시장가치가 개발비용에 미치지 못하므로 원가법 적용 시 신축건물이라 할지라도 기능적, 경제적 감가를 행하여 가치하락분을 반영하여야 할 것이다.

3. 예측의 원칙이 감정평가에서 중요한 이유에 대하여 약술하시오. 10점

1 목차 구성

I. 개설 1점

II. 예측의 원칙과 감정평가 3점
  1. 예측의 원칙
  2. 감정평가

III. 예측의 원칙이 감정평가에서 중요한 이유 6점
  1. 부동산가치 측면
  2. 가치형성요인 분석 측면
  3. 감정평가방법 측면

2 예시 답안

I. 개설 1점

부동산 가격제원칙이란 부동산가격이 어떻게 형성되고 유지되는가에 관한 법칙성을 추출하여 부동산평가활동의 지침으로 삼으려는 하나의 행위기준이다. 이하 예측의 원칙이 감정평가에서 중요한 이유에 대하여 설명하고자 한다.

II. 예측의 원칙과 감정평가 3점

1. 예측의 원칙

   예측의 원칙이란 부동산가격이 과거와 현재의 이용상태에 의해 결정되는 것이 아니라 앞으로 어떻게 이용될 것인가에 대한 예측을 근거로 결정된다는 원칙을 말한다. 이러한 예측의 원칙은 부동산의 영속성, 사회적·경제적·행정적 위치의 가변성으로 인하여 성립한다.

2. 감정평가

   감정평가란 토지 등의 경제적 가치를 판정하여 그 결과를 가액으로 표시하는 것을 말한다. 이러한 감정평가는 「감정평가에 관한 규칙」 제8조의 절차에 따라 이루어진다.

Ⅲ. 예측의 원칙이 감정평가에서 중요한 이유 6점

1. 부동산가치 측면
부동산가치는 피셔의 정의에 따르면 장래 기대되는 편익의 현재가치이다. 따라서 이러한 가치의 정의에 따라 감정평가에서 부동산가치를 판정하는 전체적인 과정에서 예측의 원칙이 중요하다.

2. 가치형성요인 분석 측면
부동산은 지역성과 개별성이 있으며 이러한 특성에 따라 나타나는 지역요인과 개별요인은 영속성, 사회적, 경제적, 행정적 위치의 가변성에 따라 지속적으로 변화한다. 따라서 지역분석과 개별분석 과정에서 예측의 원칙이 중요하다.

3. 감정평가방법 측면
감정평가방법 중 수익환원법으로 수익가액을 구하고자 할 경우 순수익은 과거나 현재의 순수익이 아니라 미래의 순수익이어야 한다. 따라서 수익환원법을 적용하는 과정에서 예측의 원칙이 중요하다.

제3절 최유효이용

1 최유효이용의 판정기준을 설명하시오. 10점

❶ 목차 구성

Ⅰ. 개설 1점

Ⅱ. 최유효이용의 개념 1점

Ⅲ. 최유효이용의 판정기준 8점

    1. 물리적 이용가능성

    2. 합법적 이용가능성

    3. 합리적 이용가능성

    4. 객관적 자료에 의해 뒷받침되는 최고의 수익성

❷ 예시 답안

Ⅰ. 개설 1점

감정평가에 있어 근본을 이루는 가장 중요한 개념인 최유효이용에 대하여 파악하여야 한다. 왜냐하면 부동산의 가치란 최유효이용을 전제로 형성되기 때문이다.

Ⅱ. 최유효이용의 개념 1점

객관적으로 보아 양식과 통상의 이용능력을 가진 사람이 부동산을 합법적이고 합리적이며 최고이자 최선의 방법으로 이용하는 것이다.

Ⅲ. 최유효이용의 판정기준 8점

1. 물리적 이용가능성

    최유효이용이 되려면 먼저 그 용도로 이용하는 것이 물리적으로 가능한 것이어야 한다. 구체적으로 지반, 지형, 형상 등 개별적 특성과 공공편익시설의 유용성과 같은 인공환경이 검토된다.

2. 합법적 이용가능성

    대상부동산을 특정 용도로 이용하는 것이 용도지역제, 건축법규, 환경기준이나 생태기준과 같은 각종 규제요건에 충족되는 이용이어야 한다. 특히 현재의 규제뿐만 아니라 규제의 변경가능성도 검토된다.

3. 합리적 이용가능성

최유효이용이 되려면 합리적으로 가능한 이용이면서 경제적으로도 타당성이 있어야 한다는 것이다. 따라서 대상부동산은 당해 용도에 대한 소득이나 가치가 총 개발비용보다는 커야 한다.

4. 객관적 자료에 의해 뒷받침되는 최고의 수익성

물리적으로 이용가능하고 합법적이며 합리적인 여러 가지 대안적 이용 중에서 그 이용이 최고의 수익을 올릴 수 있는 이용이어야 한다. 특히 객관적 자료에 의해 증명될 수 있어야 한다.

---

2 최유효이용의 유의사항 및 장애요인을 설명하시오. 10점

1 목차 구성

I. 개설 1점

II. 최유효이용의 유의사항 5점

1. 동태적 관점
2. 수요분석에 유의
3. 소유자에 의한 이용 및 특수상황의 최유효이용

III. 최유효이용의 장애요인 4점

1. 부동산시장의 불완전성
2. 정부의 행정적 규제

2 예시 답안

I. 개설 1점

부동산의 가치란 최유효이용을 전제로 형성되기 때문에 최유효이용이 중요하다. 여기서 최유효이용이란 객관적으로 보아 양식과 통상의 이용능력을 가진 사람이 부동산을 합법적이고 합리적이며 최고이자 최선의 방법으로 이용하는 것이다.

II. 최유효이용의 유의사항 5점

1. 동태적 관점

최유효이용은 평가시점을 기준으로만 파악하면 오류를 범하기 쉽다. 부동산은 사회적, 경제적, 행정적, 환경적 조건의 변화에 따라 계속적으로 변화하는 것이므로 동태적 관점에서 분석되어야 한다.

2. 수요분석에 유의

최유효이용은 당해 용도에 대한 충분한 수요가 있는지 여부를 확인하는 작업인바, 특히 수요분석에 유의해야 한다. 만약 현재시점에 당해 용도에 대한 충분한 수요가 없다면 최유효이용은 잠정적으로 연기되거나 중도적 이용에 할당된다.

3. 소유자에 의한 이용 및 특수상황의 최유효이용

최유효이용은 단순사용자가 아닌 소유자에 의한 이용임에 유의하여야 한다. 또한 단독이용 등의 특수한 경우에는 표준적 사용과 유사하지 않지만 최유효이용이 되는 경우도 있음에 유의해야 한다.

Ⅲ. 최유효이용의 장애요인 4점

1. 부동산시장의 불완전성

부동산의 자연적 특성인 지리적 위치의 고정성으로 인한 지역적 이동의 어려움과 고가성으로 인한 시장참여자의 제한, 개별성으로 인한 정보의 불완전성 등으로 완전경쟁이 제약되는바 최유효이용을 방해하는 장애요인으로 작용한다.

2. 정부의 행정적 규제

정부는 토지자원의 최적할당 및 공공복리 증진을 위하여 지역지구제나 건축 인허가권한을 행사하여 사유지의 최대수익 창출을 위한 최유효이용으로의 진입을 막거나 임대료 통제 등의 법적 규제를 통해 최유효이용으로의 진입을 지연시키는 경우가 있다.

---

3 최유효이용과 감정평가와의 관련성을 설명하시오. 15점

---

1 목차 구성

Ⅰ. 서 1.5점

Ⅱ. 최유효이용과 감정평가의 개념 3점

1. 최유효이용

2. 감정평가

Ⅲ. 최유효이용과 감정평가와의 관련성 9점

1. 가치형성요인과의 관련성

2. 감정평가 3방식과의 관련성

　　1) 원가방식과의 관련성

　　　　(1) 재조달원가 산정 시

　　　　(2) 감가수정 시

　　2) 비교방식과의 관련성

　　　　(1) 개별요인 비교 시

　　　　(2) 배분법 적용 시

　　3) 수익방식과의 관련성

　　　　(1) 순수익 산정 시

　　　　(2) 토지잔여법 적용 시

Ⅳ. 결 1.5점

---

2 예시 답안

Ⅰ. 서 1.5점

부동산의 가치는 최유효이용을 전제로 형성되기에 감정평가의 근본을 이루는 중요한 개념이다. 또한 감정평가사의 업무가 단순한 가치평가업무를 넘어 토지이용분석, 비용편익분석 등 컨설팅 업무까지 확장되고 있기에 그 중요성은 더욱 강조된다.

Ⅱ. 최유효이용과 감정평가의 개념 3점

1. 최유효이용

객관적으로 보아 양식과 통상의 이용능력을 가진 사람이 부동산을 합법적이고 합리적이며 최고이자 최선의 방법으로 이용하는 것이다.

2. 감정평가

토지 등의 경제적 가치를 판정하여 그 결과를 가액으로 표시하는 것을 말한다.

Ⅲ. 최유효이용과 감정평가와의 관련성 9점

1. 가치형성요인과의 관련성

당해 지역의 일반적, 표준적 이용 상태를 나타내는 지역요인은 그 지역 안에 있는 대상부동산의 최유효이용의 판정기준이 되고 있다. 따라서 대상부동산의 이용 상태가 그 부동산이 속한 당해 지역의 지역특성에 적합하면 최유효이용일 가능성이 높다.

2. 감정평가 3방식과의 관련성

  1) 원가방식과의 관련성

    (1) 재조달원가 산정 시

      재조달원가는 최유효이용 상태를 기준으로 산정한다. 또한 재조달원가를 간접법으로 구할 때 개별요인의 비교는 최유효이용 상태를 기준으로 한다.

    (2) 감가수정 시

      감가수정은 최유효이용 상태에서 미달 시 감가수정, 즉 최유효이용에 미달하는 여러 요인이 결국 감가요인으로 작용한다.

  2) 비교방식과의 관련성

    (1) 개별요인 비교 시

      거래사례와 대상부동산과의 개별요인 비교는 획지의 이용 상태에 대하여 사례와 대상부동산 간에 품등비교하여 분석하므로, 최유효이용은 거래사례비교법에 있어서 개별분석의 판단기준이 된다.

    (2) 배분법 적용 시

      배분법에 의한 토지의 사례가격을 구하기 위한 토지·건물의 사례는 부지가 최유효이용의 상태에 있는 것을 채용하여야 한다.

  3) 수익방식과의 관련성

    (1) 순수익 산정 시

      경제주체가 대상부동산을 통하여 일정기간 획득할 순수익은 최유효이용을 전제로 구해진다. 즉, 합리적·합법적 방법에 의한 최고·최선의 사용방법을 기준으로 한 표준적인 이익이어야 한다.

    (2) 토지잔여법 적용 시

      복합부동산에 있어서 토지만의 가격을 구하는 토지잔여법에 있어서도 대지의 순이익을 구하기 위한 건물 및 부지의 수익사례는 부지가 최유효이용 상태에 있는 것을 채용하여야 한다.

Ⅳ. 결 1.5점

감정평가의 궁극적 목적이 최유효이용 판단에 따른 개별적, 구체적 가격 판단이라는 면에서 감정평가사는 최유효이용 분석 능력이 요구되는바, 이에 대한 기법의 연구, 개발이 요구된다. 이러한 최유효이용 분석은 가치추계뿐만 아니라 컨설팅 영역에서도 활용가능성이 높은바, 업무영역 확대차원에서도 중요하다.

4 비적법적 이용에 대하여 설명하시오. 10점

1 목차 구성

Ⅰ. 개설 1점

Ⅱ. 최유효이용 1점

Ⅲ. 비적법적 이용 8점

    1. 의의

    2. 불법적 이용(illegal use)과의 차이

    3. 비적법적 이용의 유형

    4. 프리미엄의 원천 및 처리방법

2 예시 답안

Ⅰ. 개설 1점

최유효이용은 물리적, 합법적, 경제적 측면의 분석을 통해 파악되는데, 일반적으로 인근지역 내 표준적인 이용과 일치되는 경우가 대부분이다. 그러나 아래와 같은 특수한 상황에서는 최유효이용의 판정에 있어 사안마다 특별한 주의가 요구되므로 유의하여야 한다.

Ⅱ. 최유효이용 1점

객관적으로 보아 양식과 통상의 이용능력을 가진 사람이 부동산을 합법적이고 합리적이며 최고이자 최선의 방법으로 이용하는 것이다.

Ⅲ. 비적법적 이용 8점

1. 의의

한때는 적법하게 건축되고 유지되던 이용이었으나 현재는 더 이상 각종 규정에 부합하지 않는 이용이다. 주로 용도지역제, 세부적인 개발기준 등(건폐율, 건축선)이 변경됨으로 발생한다. 개발제한구역(G/B) 내의 건물이 대표적인 사례라고 할 수 있다. 새로 개발제한구역으로 지정되더라도 기득권을 보호해준다는 차원에서 기존의 이용은 계속 허용된다.

2. 불법적 이용(illegal use)과의 차이

불법적 이용은 현재 법 규정에 부합하지도 않고 이용상태도 지속될 수 없는 이용으로 현재의 법 규정에는 부합하지 않지만 이 상태를 계속 유지할 수 있는 비적법적 이용과 구별된다.

3. 비적법적 이용의 유형

비적법적 이용은 부동산의 과대개량 또는 과소개량을 야기시킨다. 먼저 과대개량은 오래전에 지정된 주거지역이 관리지역으로 재지정되는 경우처럼 용도지역 변경이나 건축선, 건폐율 등 개발기준이 강화되어 변경되는 경우에 발생한다. 과대개량된 부동산의 경우에는 그렇지 않은 다른 부동산에 비하여 일반적으로 가치가 높게 형성된다. 한편 과소개량은 주거지역이 상업지역으로 용도지역이 완화되어 지정되는 경우 등 개발기준이 완화되어 변경되는 일이 발생한다.

4. 프리미엄의 원천 및 처리방법

과대개량된 부동산의 경우에는 현재의 용도지역 등의 규정에 부합되는 부동산보다 오히려 높은 가치를 가진다. 이때 비적법적 이용이 적법적 이용보다 높은 가치를 지니게 되는 원천은 건물에 의한 것이지 토지에 의한 것이 아니다. 따라서 토지가치는 나지상태를 상정하여 현재 법적으로 허용되는 용도를 기준으로 평가하고, 건물가치는 복합부동산의 전체가치에서 토지가치를 제외한 나머지 값이 된다. 결국 건물가치는 순수한 의미의 건물가치에서 비적법적 이용에 따른 프리미엄을 더한 값이 되는 것이다.

Chapter 04 지대이론 및 지가이론에 대한 이해

제1절 지대이론

1 지대논쟁과 관련하여 고전학파와 신고전학파를 비교·설명하시오. 10점

1 목차 구성

Ⅰ. 개설 1점

Ⅱ. 양자의 비교 9점

    1. 이론적 배경

    2. 지대에 대한 관념

    3. 지대의 기능에 대한 입장

    4. 토지정책과의 관계

2 예시 답안

Ⅰ. 개설 1점

지대란 토지이용의 대가로서 개량물에 대한 공사비를 제외하고 순수하게 토지에 귀속되는 또는 토지에 귀속되어야 할 소득을 의미한다. 이러한 지대에 관한 논쟁의 핵심과 실익은 지대의 생산비용 여부와 토지정책과의 관련성에 있다.

Ⅱ. 양자의 비교 9점

1. 이론적 배경

고전학파는 생산비가치설에 근거하여 다른 자원과 구별되는 토지의 특성을 인식하여 토지를 중요한 별개의 자원으로 보았으며, 소득분배를 중요한 경제문제로 취급하여 사회전체의 입장에서 경제현상을 파악하였다. 반면, 신고전학파는 주관적 가치설에 근거하여 토지는 생산요소 중의 하나이고, 한정된 자원으로써 그 효율적 이용에 중점을 두었고 개별 경제주체의 입장에서 경제현상을 파악하려 하였다.

2. 지대에 대한 관념

토지는 고정성, 부증성의 특징을 갖는 특수한 자원이므로 지대는 생산요소의 3분법에 근거하여 총생산 중 무지대 토지에 의해 결정되는 다른 생산요소에 대한 대가를 지불하고 남은 잔여로 보았다. 반면, 신고전학파는 토지의 양적 측면에서 대체성을 고려한 경제적 공급을 중시하고, 토지는 다른 생산요소와 구분할 필요가 없다고 보았다. 즉, 토지의 특수성을 인정하지 않았으며, 토지지대는 토지의 한계생산가치에 의해 결정되는 생산요소로서의 대가로 보았다.

3. 지대의 기능에 대한 입장

고전학파는 지대가 잉여, 즉 가격에 의해 결정된 소득이지 가격을 결정하는 비용은 아니라고 인식하면서, 불로소득으로 간주하는 경향이 지배적이었다. 반면, 신고전학파는 모든 생산요소에 대한 대가는 기회비용을 반영하므로, 지대도 기회비용을 반영하고 각각의 토지는 가장 높은 지대를 지불하는 용도로 이용된다.

4. 토지정책과의 관계

고전학파는 지가에 직접 영향을 주는 토지정책은 토지생산물에는 영향을 주지 않아 토지 이용 양태에 아무런 변동이 없다고 보아 토지세가 가장 이상적인 조세라고 하였으며, 이는 헨리조지의 토지 단일세 이론의 주축이 되었다. 반면, 신고전학파는 지가에 영향을 주는 토지정책은 물가상승, 생산위축의 부정적 측면을 갖는 반면, 토지이용을 사회적으로 바람직한 방향으로 교정하는 수단이 될 수 있는 긍정적인 측면도 갖는다고 본다.

제2절 지가이론

1. 가격조정이론을 약술하시오. 5점

1 목차 구성

Ⅰ. 개설 1점

Ⅱ. 로스(Ross)의 가격조정이론 4점

  1. 의의

  2. 유용성과 한계

2 예시 답안

Ⅰ. 개설 1점

지대이론은 농경사회에서 산업사회로 옮겨가는 과정에서 나타나는 다양한 가격의 형성과 패턴을 제대로 설명하는 데 한계를 보이게 되었다. 이에 많은 학자들이 도시토지지가의 형성과 그 원인이 무엇인지에 대한 연구를 진행하게 되었는데 이것이 지가이론이다.

Ⅱ. 로스(Ross)의 가격조정이론 4점

  1. 의의
  로스의 이론으로 매도인, 매수인이 부동산에 부여하는 주관적 가격은 불완전경쟁의 요인 때문에 공개시장의 가격과는 차이가 있을 수 있다고 보았다. 따라서 부동산가격은 매도인의 요구가와 매수인의 제안가의 상호과정에서 조정된다는 이론이다.

  2. 유용성과 한계
  이 이론은 지가결정을 설명하는 구체적인 방법으로서 의미가 있다. 그러나 실제로는 매도자와 매수자 간의 가격구간의 추정이 곤란하다는 점과 부동산시장의 상황에 따라 매도자 중심시장, 매수자 중심시장 등으로 당사자 간의 협상력에 차이가 발생하여 어느 한쪽의 힘이 더 많이 작용하여 가격이 결정되는 경향이 있다는 현실을 제대로 반영하지 못한다는 점에서 한계가 있다.

제3절 도시성장구조이론

1 도시성장구조이론에 대하여 설명하고 감정평가와의 관계를 약술하시오. 10점

❶ 목차 구성

Ⅰ. 개설 1점

Ⅱ. 도시성장구조이론 6점

  1. 동심원이론

  2. 선형이론

  3. 다핵심이론

Ⅲ. 도시성장구조이론과 감정평가와의 관계 3점

  1. 지역분석

  2. 감정평가 3방식

❷ 예시 답안

Ⅰ. 개설 1점

도시성장구조이론은 도시의 성장과정 및 앞으로의 성장방향 예측에 도움을 주고 도시구조 파악에 도움을 주므로 감정평가 시 장래 예측 기능과 인근지역 분석 등에 도움을 주는 이론이라 할 수 있다.

Ⅱ. 도시성장구조이론 6점

  1. 동심원이론

    도시는 중심지에서 동심원상으로 확대되어 성장하는 경향이 있다는 이론으로 버제스(Burgess) 등이 전개한 이론이다. 이 이론은 튀넨의 농촌의 토지이용구조를 도시의 토지이용구조에 적용시킨 것으로 토양의 균일성, 균질적인 지형, 수송비 조건의 동일성이 전제된다.

  2. 선형이론

    선형이론이란 도시가 교통망의 축에 따라서 확대·성장되는 현상을 중시하며, 호이트(Hoyt)가 전개한 이론이다. 이 이론은 동질적인 도심에서 시작되어 점차 교통망을 따라 확대, 성장하며 원을 변형한 부채꼴 모양으로 도시가 성장한다는 것이다.

3. 다핵심이론

다핵심이론이란 도시에 있어서 그 이용형태는 어떤 지역 내에서 여러 개의 핵을 형성하면서 지역공간을 구성해 간다는 이론으로 해리스(Harris)와 울만(Ullman)에 의해 전개되었다.

Ⅲ. 도시성장구조이론과 감정평가와의 관계 3점

1. 지역분석

다양한 인근지역 형태는 도시성장과정을 동심원, 선형, 다핵심 등으로 다양하게 연구함으로써 인근지역의 형태를 설정하는 기초가 된다. 또한 지역의 변화는 도시성장에 따른 변화를 지적함으로써 지역의 변동 관계를 반영하고 예측의 방향을 알 수 있게 한다는 점에서 지역분석과 관련성이 있다.

2. 감정평가 3방식

비교방식의 거래사례 그리고 원가방식의 재조달원가, 수익방식의 순수익을 간접법으로 구할 경우 사례선택 범위의 기준이 도시성장구조이론과 관련성이 있다. 특히 비교방식에서 지역요인, 개별요인 비교 시 용도적 지역 파악에도 관련성이 있다.

Chapter 05 부동산시장에 대한 이해

제1절 부동산시장의 의의 등

1. 부동산시장의 특징과 기능에 대하여 설명하시오. 10점

1 목차 구성

Ⅰ. 개설 1점

Ⅱ. 부동산시장의 특징 4.5점

    1. 시장의 국지성

    2. 수급조절의 어려움

    3. 거래의 비공개성

Ⅲ. 부동산시장의 기능 4.5점

    1. 정보의 창출 및 제공기능

    2. 공간의 배분 및 자원배분기능

    3. 교환기능

2 예시 답안

Ⅰ. 개설 1점

부동산시장은 부동산의 고정성이라는 자연적 특징을 가지고 있기에 일반재화시장과는 달리 지리적 공간을 수반한다. 따라서 부동산시장은 질, 양, 위치 등 여러 가지 측면에서 유사한 부동산에 대해 가치가 균등해지는 경향이 있는 지리적 구역이라고 정의될 수 있다.

Ⅱ. 부동산시장의 특징 4.5점

1. 시장의 국지성
부동산시장은 부동산의 지리적 위치의 고정성으로 인해 고도로 국지화된다. 이때 지역성에 의해 지역에 따라 여러 부분시장으로 나눠질 수 있다. 또한 같은 지역이라 할지라도 부동산의 위치, 용도, 규모 등에 따라 다시 여러 개의 부분시장으로 세분된다.

2. 수급조절의 어려움
부동산시장은 고정성, 부증성, 영속성, 개별성 등으로 시장상황이 변한다고 하더라도 수요·공급의 조절이 쉽지 않고 설사 조절이 된다고 하더라도 많은 시간이 소요된다. 특히 공급 측면에서 그 현상이 두드러지는데 이에 따라 단기적으로 '가격의 왜곡'이 발생할 가능성이 높다.

3. 거래의 비공개성
부동산의 개별성과 부동산에 대한 사회적 통제, 부정적 인식, 관행 등으로 인해 부동산거래는 고도의 사적인 경향을 띤다. 이런 거래의 비공개성으로 부동산시장은 불완전경쟁시장이 되기 쉽고 정보의 수집이 어려우며 정보탐색비용 또한 많이 든다. 이런 부작용을 해소하기 위해 공인중개사제도, 실거래가신고제도 등의 정책이 운영되고 있으나 아직도 미비한 점이 많기에 개선이 요구된다.

Ⅲ. 부동산시장의 기능 4.5점

1. 정보의 창출 및 제공기능
부동산시장은 가격 및 거래량 등 거래정보를 창출하고 필요한 사람들에게 제공하는 기능을 한다. 이런 거래정보는 감정평가사, 공인중개사 등 활동주체들에게 매우 유용한 정보가 될 수 있다.

2. 공간의 배분 및 자원배분기능
부동산시장은 화폐를 원하는 매도자와 공간을 원하는 매수자의 선호도에 따라 부동산을 소유하고 이전하고 공간을 배분하는 기능을 한다. 또한 건물의 건축, 유지, 수선 등과 관련해 다른 자원의 부동산에 대한 배분도 촉진시킬 수 있다.

3. 교환기능
부동산시장은 자금능력을 가진 수요자의 기호에 따라 '부동산과 현금', '부동산과 부동산' 등의 형태로 교환을 가능하게 한다. 일반재화와 달리 부동산과 부동산을 물물교환형태로 교환하는 점이 특별한 기능이라 할 수 있다.

제2절 부동산시장의 구성요소(수요와 공급)

1. 부동산수요와 공급의 특징에 대하여 설명하시오. 10점

❶ 목차 구성

Ⅰ. 개설 1점

Ⅱ. 부동산수요의 특징 4.5점

   1. 수요의 개념

   2. 수요의 특징

     1) 국지적인 수요

     2) 일회성 아닌 지속적인 수요

Ⅲ. 부동산공급의 특징 4.5점

   1. 공급의 개념

   2. 공급의 특징

     1) 공간, 위치의 공급과 비탄력적, 독점적인 공급

     2) 경제적 공급의 가능

❷ 예시 답안

Ⅰ. 개설 1점

   부동산시장은 부동산의 고정성이라는 자연적 특징을 가지고 있기에 일반재화시장과는 달리 지리적 공간을 수반한다. 따라서 부동산시장은 질, 양, 위치 등 여러 가지 측면에서 유사한 부동산에 대해 가치가 균등해지는 경향이 있는 지리적 구역이라고 정의될 수 있다.

Ⅱ. 부동산수요의 특징 4.5점

   1. 수요의 개념

     일반재화에서 수요는 재화나 용역에 대한 구매욕구를 의미한다. 그러나 부동산의 경우는 고가성으로 인해 단순한 구매욕구뿐만 아니라 구매력, 즉 실제 구입할 수 있는 능력을 갖춘 유효수요를 의미한다.

2. 수요의 특징

1) 국지적인 수요
부동산은 지리적 위치의 고정성 및 지역성이라는 특성이 있기 때문에 그 수요 또한 지역적 차원의 국지적인 양상을 띠게 된다.

2) 일회성 아닌 지속적인 수요
부동산은 영속성과 내구재의 특성을 가지고 있다. 따라서 부동산에 대한 수요는 한 번 사용으로 효용이 없어지지 않고 장기간에 걸쳐 지속된다. 이는 부동산 구매 시 할부구매가 수요자의 합리적인 소비행위에 더욱 적합하다는 것을 의미한다. 즉, 수요자는 내구재인 부동산을 사용한 결과 얻게 되는 효용만큼의 대가를 매월 또는 정기적으로 일정한 금액만 지불함으로써 효용과 대가가 동시에 교환될 수 있는 것이다.

Ⅲ. 부동산공급의 특징 4.5점

1. 공급의 개념
일반적으로 공급이란 공급주체가 일정기간 상품을 판매하고자 하는 욕구이다. 부동산의 경우는 각 임대료수준에서 공급자가 기꺼이 공급할 의사와 능력을 가지고 있는 유효한 것이어야 한다. 부동산의 공급자에는 개발업자나 건설업자와 같은 생산자뿐만 아니라 기존 건물, 주택 소유자도 포함된다.

2. 공급의 특징

1) 공간, 위치의 공급과 비탄력적, 독점적인 공급
부동산의 공간성과 위치성으로 인하여 부동산의 공급은 공간의 공급임과 동시에 위치의 공급이다. 또한 부동산의 부증성과 개별성으로 인하여 부동산의 공급은 비탄력적이고 독점적인 성격을 지닌다.

2) 경제적 공급의 가능
토지의 부증성으로 물리적 절대량을 증가시킬 수는 없지만 부동산개발, 이용의 집약화 등에 의한 효율성의 증대, 용도전환 및 공법상 규제의 완화 등을 통해 경제적 공급이 가능하다.

제3절 부동산시장의 효율성

1 부동산시장의 효율성 세 가지에 대하여 설명하시오. 10점

1 목차 구성

Ⅰ. 개설 1점

Ⅱ. 부동산시장의 개념 1점

Ⅲ. 부동산시장의 효율성 세 가지 8점

   1. 정보의 효율성
   2. 배분의 효율성
   3. 운영의 효율성

2 예시 답안

Ⅰ. 개설 1점

부동산의 가치결정과정에서 가치형성기능이 제대로 발휘되기 위해서는 부동산시장의 효율성이 유지되는 것이 필요하다. 일반적으로 정보의 효율성, 배분의 효율성, 운영의 효율성으로 구분된다.

Ⅱ. 부동산시장의 개념 1점

부동산시장은 부동산의 고정성이라는 자연적 특징을 가지고 있기에 일반재화시장과는 달리 지리적 공간을 수반한다. 따라서 부동산시장은 질, 양, 위치 등 여러 가지 측면에서 유사한 부동산에 대해 가치가 균등해지는 경향이 있는 지리적 구역이라고 정의될 수 있다.

Ⅲ. 부동산시장의 효율성 세 가지 8점

1. 정보의 효율성

   부동산의 가치는 장래 기대되는 편익을 현재가치로 환원한 값으로 장래 수익의 변동이 예견된 경우 이것은 즉각적으로 현재의 부동산가치를 변화시킨다. 이처럼 부동산시장의 정보가 얼마나 많이 그리고 얼마나 빨리 가치에 반영되는가 하는 것을 정보의 효율성이라 한다.

2. 배분의 효율성

모든 자산의 가격이 모든 수요자와 공급자의 한계수익률을 일치시키도록 균형가격이 성립되고 이 가격이 경제 전체적으로 자원의 효율적 배분을 가능하게 하는 것이다. 즉, 부동산투자를 비롯한 다른 투자대안에 따르는 위험을 감안했을 때 부동산 투자수익률과 다른 투자수익률이 같도록 자금이 배분된 상태이다.

3. 운영의 효율성

부동산시장이 제도적 운영 면에서 마찰을 가급적 줄여 거래 또는 자원의 이전이 원활하게 이루어지도록 하는 것이 내부효율성이다. 무엇보다도 부동산시장이 운영 면에서 거래비용이 최소화되어야 하고 원하는 시점에 적정가격에 신속히 사고팔 수 있는 유동성이 높을 때 운영의 효율성이 제대로 발휘된다고 할 수 있다.

Chapter 06 부동산시장의 분석에 대한 이해

제1절 부동산경기변동

1. 부동산경기 순환국면 중 회복국면 및 안정국면의 특징에 대하여 설명하시오. 10점

1 목차 구성

Ⅰ. 개설 1점

Ⅱ. 부동산경기 순환국면 1점

Ⅲ. 회복국면 및 안정국면의 특징 8점

    1. 회복국면
        1) 가격, 거래량
        2) 매도자 우위 등
    2. 안정국면
        1) 가격 안정
        2) 고유국면

2 예시 답안

Ⅰ. 개설 1점

    부동산경기는 부동산거래의 수급은 물론 가격에도 큰 영향을 미치기 때문에, 평가에 있어서 수집한 사례자료의 활용이 부동산경기의 국면에 따라 다르게 적용되는 점에 유의하여야 한다.

Ⅱ. 부동산경기 순환국면 1점

    부동산경기 순환국면은 확장국면, 후퇴국면, 수축국면, 회복국면의 4개 국면으로 구분할 수 있다. 이외에 부동산경기 순환국면에는 고유의 국면인 안정국면이 있다.

Ⅲ. 회복국면 및 안정국면의 특징 8점

1. 회복국면

1) 가격, 거래량

경기 저점을 지나 상승하는 단계이나 아직도 불황의 단계이다. 일정시점에서 가격의 하락이 중단되고 반전되어 가격이 점차 상승하는 국면이다. 부동산거래가 활기를 띠며 부동산의 투자 또는 투기가 시작된다.

2) 매도자 우위 등

매수자 우위시장에서 점차 매도자 우위시장으로 바뀌게 된다. 부동산의 지역성, 개별성으로 인해 일반적으로 경기회복 역시 지역적, 개별적으로 이루어진다. 한편 회복국면은 장기에 걸쳐 서서히 나타나는 것이 특징이다.

2. 안정국면

1) 가격 안정

부동산가격이 안정되어 있거나 물가상승률 정도의 약한 상승만 나타난다. 도심의 택지 등 위치 좋은 곳의 불황에 강한 부동산에 주로 나타난다.

2) 고유국면

안정시장은 경기순환 국면에 따라 분류한 것이 아니라 경기상태의 지속성에 초점을 두고 있기에 4가지 국면 어디에나 나타날 수 있다.

---

2 3방식에 따른 감정평가를 할 때 부동산 경기변동에 따른 유의사항에 대해 설명하시오. 15점

1 목차 구성

Ⅰ. 서 1.5점

Ⅱ. 3방식과 부동산 경기변동 3점

1. 3방식

2. 부동산 경기변동

Ⅲ. 3방식 적용 시 유의사항 9점

1. 비교방식 적용 시 유의사항

1) 사례선택

2) 사정보정

2. 원가방식 적용 시 유의사항

   　　1) 재조달원가

   　　2) 감가수정

   3. 수익방식 적용 시 유의사항

   　　1) 순수익

   　　2) 자본환원율

Ⅳ. 결(시산가액 조정 시 유의사항) 1.5점

---

2 예시 답안

Ⅰ. 서 1.5점

부동산가격은 고정된 것이 아니라 경제의 흐름에 따라 등락을 반복한다. 그리고 부동산 경기변동의 각 국면에 따라 3방식 적용 시 유의점이 달라지는바 정확한 가치 판정을 위해 경기변동의 국면별 특징을 고려하여야 한다. 이하 3방식 적용 시 유의점에 관하여 설명하고자 한다.

Ⅱ. 3방식과 부동산 경기변동 3점

1. 3방식

시장성에 착안하여 가격을 구하는 비교방식, 비용성에 착안하여 가격을 구하는 원가방식, 그리고 수익성에 착안하여 가격을 구하는 수익방식이 전통적으로 감정평가의 방식으로 정립되어 왔다. 이 세 가지 방식을 감정평가의 3방식이라고 한다(「감정평가에 관한 규칙」 제11조).

2. 부동산 경기변동

부동산 경기변동이란 부동산도 경제재의 하나로서 일반경기변동과 마찬가지로 일정기간을 주기로 하여 호황과 불황을 반복하면서 변화하는 것을 말한다.

Ⅲ. 3방식 적용 시 유의사항 9점

1. 비교방식 적용 시 유의사항

　1) 사례선택

　　사례자료는 경기변동 국면에 따라 의미가 다르므로 기준시점에서 가장 최근의 사례를 수집해야 한다. 그리고 이러한 거래사례는 거래가 한산한 하향시장, 후퇴시장에서는 사례수집이 어렵다는 점에 유의하여야 한다. 반면 회복시장이나 상향시장에서는 비교적 풍부하다는 점에 선택 시 유의하여야 한다.

　2) 사정보정

　　현실의 거래사례에는 특수한 사정과 개별적인 동기가 개입되는 경우가 많은데, 특히 경기변동의 각 국면마다 어떠한 사정과 동기가 개입될 수 있는지를 파악해야 한다. 특히 회복시장에서는 투기적 성향이 있기에 투기가격 배제에 유의하여야 한다.

2. 원가방식 적용 시 유의사항

   1) 재조달원가

   재조달원가 산정 시 경기국면에 따라 많이 영향받으므로 각 국면에 따라 건축비지수 변동 등을 참고하여 원가를 보정해야 한다. 또한 기준시점 현재의 최신 신축원가를 구하여야 한다는 점에 유의하여야 한다.

   2) 감가수정

   각 국면에 따라 기능적, 경제적 감가를 적절히 파악해야 한다. 또한 감가수정방법에 있어서도 일률적인 내용연수를 적용하는 방법 외에도 관찰감가법 등을 병용하여야 한다는 점에 유의하여야 한다.

3. 수익방식 적용 시 유의사항

   1) 순수익

   경기순환의 각 국면이 현재 어떤 국면이고 장래에 어떻게 변동될 것인가를 예측하여 순수익을 예측하여야 한다. 특히 상향시장과 하향시장에서 정점과 저점의 도래시기를 예측하여 이에 따른 순수익 변화 여부에 유의하여야 한다.

   2) 자본환원율

   자본환원율과 지가등락은 역상관관계에 있으므로 경기순환국면에 따라 적절히 조정해야 한다. 즉, 하향시장이나 후퇴시장에서는 자본환원율이 상향 조정되고, 회복시장과 상향시장에서는 하향 조정된다. 특히 자본환원율은 금리와 밀접한 관련이 있으므로 경기변동의 각 국면에서 금리동향을 면밀히 파악하여 이를 자본환원율의 결정에 반영하여야 한다는 점에 유의하여야 한다.

Ⅳ. 결(시산가액 조정 시 유의사항) 1.5점

3방식의 적용에 있어 각 방식의 장단점, 사례자료의 선택에 있어 신뢰성과 객관성, 요인 비교의 적절성 등을 충분히 고려하여 합리적, 객관적인 시장자료가 뒷받침되는 시산가액에 높은 비중을 두고 평가액을 결정하는 것이 중요하다. 또한 극단적인 호황, 불황 시에는 사례가 불안정하므로 비준가액보다 적산가액, 수익가액에 비중을 두어야 한다는 점에 유의하여야 한다.

제2절 일반분석, 지역분석, 개별분석

1 지역분석의 인근지역 경계설정에 대하여 설명하시오. 10점

1 목차 구성

Ⅰ. 개설 1점

Ⅱ. 지역분석과 인근지역 3점

   1. 지역분석

   2. 인근지역

Ⅲ. 인근지역의 경계설정 6점

   1. 의의

   2. 중요성

   3. 설정기준

   4. 유의사항

2 예시 답안

Ⅰ. 개설 1점

부동산가격은 지역성으로 인해 지역적 차원의 가격수준이 형성되며, 이의 제약하에 개별부동산마다 개별적·구체적 가격이 형성된다. 이러한 부동산가격형성과정에서 가격수준 및 표준적 이용을 파악하기 위한 지역분석이 중요하다.

Ⅱ. 지역분석과 인근지역 3점

   1. 지역분석

   지역분석이란 대상부동산이 속하고 있는 지역의 범위를 확정하고 그 지역 내 부동산의 이용상태 및 가격수준형성에 영향을 미치는 지역요인의 분석을 통하여 지역의 특성과 장래동향, 대상부동산이 속한 인근지역의 지역 내 상대적 위치를 파악함으로써 궁극적으로 표준적 이용과 가격수준을 파악하는 작업을 말한다.

   2. 인근지역

   대상부동산이 속한 지역으로서 부동산의 이용이 동질적이고 가치형성요인 중 지역요인을 공유하는 지역을 말한다.

Ⅲ. 인근지역의 경계설정 6점

1. 의의
부동산은 개별성으로 인해 물리적 대체성이 인정되지 않으나 용도의 다양성으로 용도적, 기능적 측면의 동질성이 인정된다. 따라서 이러한 동질성이 인정되는 지역을 인근지역이라고 하고 이러한 동질성이 인정되는 지역의 범위를 정하는 것을 인근지역의 '경계설정'이라고 한다.

2. 중요성
인근지역은 지역분석의 1차적인 대상지역으로 중요한 의미를 가지고, 대상의 가격형성에 직접 영향을 미치며, 개별부동산의 최유효이용의 판정 방향을 제시하는 표준적 이용의 파악을 위한 공간적 범위이다. 따라서 이러한 인근지역의 경계를 제대로 설정하는 것은 평가의 정확도를 높이기 위해 중요하다.

3. 설정기준
일반적으로는 부동산의 종별과 용도적 동질성을 기준으로 토지의 이용행태, 연속성의 차단, 토지이용의 편리성, 교통체계 등을 기준으로 한다. 구체적으로는 지반, 지세, 지질 등 자연적 기준과 도로, 철도, 공원, 언어, 종교, 소득수준, 용도지역지구제 등 인문적 기준을 종합적으로 고려한다.

4. 유의사항
인근지역의 범위가 너무 넓으면 가격수준의 파악이 어렵고, 너무 좁으면 사례자료의 수집에 어려움이 있으므로 부동산의 종류에 따라 적정한 범위를 설정해야 한다. 또한 인근지역의 경계는 지역특성을 형성하는 지역요인의 영향을 받아서 설정되는데 이러한 지역요인은 항상 변화의 과정에 있으므로 동태적으로 분석하여 경계설정기준을 정해야 한다.

---

2 지역분석과 개별분석의 관계에 대하여 설명하시오. 10점

1 목차 구성

Ⅰ. 개설 1점

Ⅱ. 지역분석과 개별분석의 의의 3점

   1. 지역분석의 의의

   2. 개별분석의 의의

Ⅲ. 지역분석과 개별분석의 관계 6점

1. 분석범위와 분석순서 측면

2. 부동산의 종별과 유형 측면

3. 분석목적과 가격제원칙 측면

---

2 예시 답안

Ⅰ. 개설 1점

부동산가격은 효용, 상대적 희소성, 유효수요에 의하여 발생하고 가치형성요인에 의하여 형성된다. 따라서 부동산가치형성요인에 대한 분석이 필요하다.

Ⅱ. 지역분석과 개별분석의 의의 3점

1. 지역분석의 의의

   지역분석이란 대상부동산이 속하고 있는 지역의 범위를 확정하고 그 지역 내 부동산의 이용상태 및 가격수준형성에 영향을 미치는 지역요인의 분석을 통하여 지역의 특성과 장래동향, 대상부동산이 속한 인근지역의 지역 내 상대적 위치를 파악함으로써 궁극적으로 표준적 이용과 가격수준을 파악하는 작업을 말한다.

2. 개별분석의 의의

   지역분석에 의해 파악된 지역의 표준적 이용과 가격수준을 기준으로 부동산의 개별성에 근거하여 가격형성의 개별적 제 요인을 분석하여 최유효이용을 판정하고 구체적 가격에 영향을 미치는 정도를 분석하는 작업이다.

Ⅲ. 지역분석과 개별분석의 관계 6점

1. 분석범위와 분석순서 측면

   지역분석은 대상지역에 대한 전체적·광역적·거시적 분석인 반면, 개별분석은 대상부동산에 대한 부분적·국지적·구체적·미시적 분석이다. 개별분석은 고립적인 분석이 아니며, 작업의 선후관계로는 지역분석이 선행되고 그 결과에 따라 개별분석이 행해진다.

2. 부동산의 종별과 유형 측면

   부동산의 종류는 용도에 따른 종별과 유형적 이용 및 권리관계의 태양에 따른 유형이 있다. 지역분석이 부동산의 종별에 의한 지역의 표준적 이용·가격수준의 관점이라면, 개별분석은 부동산의 유형에 의한 대상부동산의 최유효이용을 판정하여 가격을 개별화·구체화하는 작업이다.

3. 분석목적과 가격제원칙 측면

   지역분석은 표준적 이용과 가격수준을 파악하고, 개별분석은 대상부동산의 개별요인을 분석하여 최유효이용과 구체화·개별화된 가격을 산정하는 것이다. 지역분석은 외부 측면의 원칙과 관계가 있고, 개별분석은 내부 측면의 원칙과 관계가 있다.

제3절 시장분석

1 부동산분석의 체계에 대하여 설명하시오. `10점`

❶ 목차 구성

Ⅰ. 개설 `1점`

Ⅱ. 부동산분석의 체계 `9점`

    1. 개설

    2. 지역경제분석

    3. 시장분석

    4. 시장성분석

    5. 타당성분석

    6. 투자분석

❷ 예시 답안

Ⅰ. 개설 `1점`

부동산분석이란 부동산에 관련된 제 문제를 분석하는 것이다. 여기에는 지역경제분석, 시장분석, 시장성분석, 타당성분석, 투자분석 등이 있다.

Ⅱ. 부동산분석의 체계 `9점`

1. 개설

가장 상위계층의 분석인 투자분석이 하위계층의 분석들을 포함한다. 한편 지역경제분석, 시장분석, 시장성분석은 특정 개발사업의 시장에 초점을 두는 연구이고, 타당성분석, 투자분석은 개발업자의 결정에 초점을 두는 연구이다.

2. 지역경제분석

지역경제분석에서는 특정 지역이나 도시의 모든 부동산에 대한 기본적인 수요요인을 분석한다. 인구, 가구, 고용, 소득, 교통망 등은 지역경제분석의 필수적 요인이다. 개발업자는 특정한 지리적 구역을 중심으로 이 같은 수요결정요인의 과거 추세를 분석하고, 이를 바탕으로 미래추계치를 예측한다.

3. 시장분석

시장분석은 특정 부동산에 대한 시장의 수요와 공급 상황을 분석하는 것을 말하는데 이를 위해서 먼저 부동산의 종류와 용도를 결정하고 시장지역을 획정해야 한다.

4. 시장성분석

시장성분석은 개발된 부동산이 현재나 미래의 시장상황에서 매매되거나 임대될 수 있는가 하는 가능성 또는 능력을 조사하는 것이다. 시장성분석을 위해서는 먼저 개발사업의 부지 자체와 그것의 입지적 특성에 대한 분석이 선행되어야 한다.

5. 타당성분석

타당성분석이란 대상 개발사업이 성공적으로 수행될 수 있는지를 분석하는 것을 말한다. 여기서 성공적이란 말은 대상 개발사업이 투자자의 자금을 유인할 수 있을 만한 충분한 수익성을 제공한다는 것을 의미한다.

6. 투자분석

투자분석에서는 전형적인 보유기간을 기준으로 매 기간의 세후현금흐름과 기간 말의 세후지분복귀액을 추계한다. 그리고 위험과 수익의 상쇄관계에서 이를 평가하고 받아들일 수 있는 위험수준에서 최고의 수익을 창출하는 대안을 선택한다.

Chapter 07 감정평가에 대한 이해

제1절 감정평가의 개념 등

1 부동산 감정평가가 전문가에 의하여 행하여져야 할 이유를 설명하시오. 10점

1 목차 구성

Ⅰ. 개설 1점

Ⅱ. 부동산 감정평가의 개념 1점

Ⅲ. 전문가에 의하여 행하여져야 할 이유 8점

    1. 합리적 시장의 결여

    2. 부동산 가격형성의 복잡성 및 변동성

    3. 부동산의 사회성, 공공성

    4. 가격형성의 기초

2 예시 답안

Ⅰ. 개설 1점

감정평가는 공정하고 객관적인 재산의 가치평가를 통하여 원활하고 능률적인 경제활동이 이루어질 수 있도록 하기 위하여 운영되고 있는 제도이다. 이러한 감정평가는 일반인들은 아무나 할 수 없고 일정한 자격을 가진 감정평가사들이 해야 하는 이유가 있다.

Ⅱ. 부동산 감정평가의 개념 1점

부동산 감정평가란 토지 등의 경제적 가치를 판정하여 그 결과를 가액으로 표시하는 것을 말한다(「감정평가법」 제2조). 이는 각 경제주체들의 재산권에 직접 영향을 미치고 이해당사자 간의 상호 이익의 조정에 직접 관여하기에 여러 부동산활동 중에서 가장 핵심적이고 중요한 활동이다.

Ⅲ. 전문가에 의하여 행하여져야 할 이유 8점

1. 합리적 시장의 결여
일반재화는 시장에서 수요와 공급이라는 상호작용에 의하여 가격이 결정된다. 그러나 부동산은 일반재화와는 다른 여러 가지 특성으로 인하여 보편적이고 합리적인 시장이 결여되어 가격형성 메커니즘이 제대로 작동하기 어려운 특성을 가지고 있다. 이에 전문가인 감정평가사에게 합리적인 시장을 바탕으로 한 적정가격의 판단을 하게 함으로써 시장기능을 보완할 수 있도록 제도화하고 있는 것이다.

2. 부동산 가격형성의 복잡성 및 변동성
부동산은 고정성을 갖고 있기 때문에 환경적인 요인에 의하여 많은 영향을 받게 된다. 이에 따라 부동산가격은 자연적 요인, 사회적 요인, 경제적 요인, 행정적 요인 등이 복잡하고 다양한 가치형성요인에 의해 가격이 형성된다. 또한 그러한 요인들이 시시각각 변해감에 따라 부동산가격 또한 항상 변동의 과정에 있게 된다. 따라서 일반인들은 파악하기 힘든 복잡하고 변화무쌍한 가격형성의 과정을 전문가인 감정평가사가 파악하게 되는 것이다.

3. 부동산의 사회성, 공공성
부동산은 그 자체로 국가 성립의 기반이고, 사회형성기초로 공익에 기여하는 바가 크고, 일반재화에 비해 경제적 비중이 매우 크다. 이는 일반국민에게 직・간접적으로 큰 영향을 미치는 바, 사회성과 공공성이 특히 강조된다. 이에 따라 일반재화와 달리 전문성과 윤리성이 높게 요구되는 전문가에 의해 적정가격 도출의 필요성이 제기된다.

4. 가격형성의 기초
부동산가격은 본질적으로 시장에서의 수요와 공급의 논리에 의해 형성되는 적정가격의 성립이 어렵게 되고 이는 곧 가격의 본질적인 기능인 시장참가자의 행동지표로서의 기능을 수행할 수 없게 만든다. 따라서 시장참가자의 행동지표로서의 기능이 제대로 발휘될 수 있도록 하고 새로운 수요와 공급에 의한 가격형성의 기초가 될 수 있도록 하기 위해서는 전문가에 의한 적정가격의 평가업무가 필요하게 된다.

---

2 부동산 감정평가의 기능에 대하여 설명하시오. 10점

1 목차 구성

Ⅰ. 개설 1점

Ⅱ. 감정평가의 정책적 기능 4.5점

   1. 부동산의 효율적 이용과 관리

    2. 적정한 가격형성 유도

Ⅲ. 감정평가의 일반·경제적 기능 4.5점

    1. 부동산자원의 효율적 배분

    2. 부동산 의사결정의 판단기준 제시

---

2 예시 답안

Ⅰ. 개설 1점

감정평가는 토지 등의 경제적 가치를 판정하여 그 결과를 가액으로 표시하는 것을 말한다. 이러한 감정평가가 어떠한 역할을 수행할 수 있는지에 대한 논의로, 정책적 기능과 일반·경제적인 기능으로 크게 구분할 수 있다.

Ⅱ. 감정평가의 정책적 기능 4.5점

1. 부동산의 효율적 이용과 관리

    부동산을 감정평가하는 과정에서 최유효이용을 파악하게 되는데 이는 부동산의 효율적인 이용과 관리를 지원한다. 또한 감정평가 결과는 공적 주체가 사업을 진행하는 과정에서 지역분석을 하는 데 참고가 되고 사업성 판단 등에 활용되므로 부동산의 이용과 관리에 실질적인 도움을 준다.

2. 적정한 가격형성 유도

    감정평가사에 의해 평가된 가격은 비정상적인 가격형성을 억제하고 적정한 가격형성을 유도한다. 경우에 따라서는 해당 지역의 과도한 지가상승과 하락을 억제하는 기능도 수행한다(표준지공시지가의 공시). 매년 1월 1일을 기준으로 하여 평가된 표준지공시지가는 이러한 기능을 수행하고 있는 대표적인 공적인 가격지표라고 할 수 있다.

Ⅲ. 감정평가의 일반·경제적 기능 4.5점

1. 부동산자원의 효율적 배분

    부동산시장은 일반재화시장과는 달리 불완전한 특성을 지니고 있어 가격파악이 어렵다. 이에 감정평가를 통해 합리적인 시장을 상정한 균형가격을 파악하여 적정한 가격을 제시함으로 부동산자원의 효율적인 배분이 이루어질 수 있도록 지원하는 기능을 한다.

2. 부동산 의사결정의 판단기준 제시

    감정평가의 결과는 개발사업의 타당성분석의 기준으로 유용하게 활용되고, 부동산의 거래나 투자결정 등 다양한 의사결정에 있어서 판단기준으로서의 역할을 수행한다.

3. 감정평가의 사회성과 공공성을 기술하고 이와 관련하여 감정평가법인등의 직업윤리에 대하여 설명하시오. 20점

1 목차 구성

Ⅰ. 서 2점

Ⅱ. 감정평가의 사회성과 공공성 8점

    1. 감정평가의 사회성과 공공성

    2. 사회성과 공공성이 중요한 이유

        1) 부동산의 사회성, 공공성

        2) 감정평가의 필요성

        3) 감정평가의 기능

Ⅲ. 감정평가법인등의 직업윤리 8점

    1. 직업윤리

    2. 감정평가법인등의 직업윤리

        1) 공인으로서의 윤리적 준수사항

        2) 전문직업인으로서의 직무적 준수사항

        3) 제도적 준수사항

            (1) 「감정평가법」 제25조 등

            (2) 「감정평가에 관한 규칙」 제3조

Ⅳ. 결 2점

2 예시 답안

Ⅰ. 서 2점

    감정평가는 토지 등의 경제적 가치를 판정하는 업무로서 감정평가 결과는 개인과 국가의 재산과 직접적으로 관련이 되며, 나아가 개인의 행복과 사회복지에 영향을 미친다. 따라서 감정평가법인 등은 가치판정의 전문인으로서 자신의 행위결과가 사회적·경제적으로 미치는 영향을 인식하고 그에 따라 양심적으로 업무를 수행하여야 하므로 감정평가법인등에게는 높은 윤리성이 요구된다.

Ⅱ. 감정평가의 사회성과 공공성 8점

1. 감정평가의 사회성과 공공성
이는 감정평가가 사회적, 공공적으로 불가결하다는 뜻으로 부동산의 특성상 일반재화보다 훨씬 더 높은 사회성과 공공성을 가짐을 의미한다.

2. 사회성과 공공성이 중요한 이유

1) 부동산의 사회성, 공공성
부동산은 인간생활에 필수적인 기반으로 개인의 행복과 사회성장 발전의 근간을 이루는 중요한 자산이다. 따라서 소유자뿐만 아니라 일반인에게도 직·간접적으로 큰 영향을 미치므로 어떤 재화보다도 높은 사회성과 공공성이 요구된다.

2) 감정평가의 필요성
부동산은 일반재화와는 다른 여러 가지 특성으로 인하여 가격형성과정의 복잡성 및 합리적인 시장의 저해 등으로 인하여 일반인에 의한 가격의 평가가 어렵다. 또한 부동산은 중요한 자산으로서 일반인에게 거래의 지표로서의 기능을 수행할 수 있는 적정가격 지표가 필요하게 된다. 이러한 감정평가의 필요성은 곧 감정평가의 사회성과 공공성으로 직결된다.

3) 감정평가의 기능
감정평가는 토지 등의 경제적 가치를 판정함으로써 효율적인 부동산정책의 수립과 집행을 가능하게 하고, 국민의 재산권을 보호하고 보장하는 정책적 기능과 불완전한 부동산시장의 결함을 보완함으로써 부동산의 효율적 배분과 거래질서의 확립에 기여하게 되는 일반·경제적 기능을 수행하게 된다. 이러한 감정평가의 기능은 사회·경제적 측면에서 매우 중요한 의미를 지니게 되는바, 사회성과 공공성이 특히 강조된다.

Ⅲ. 감정평가법인등의 직업윤리 8점

1. 직업윤리
직업윤리란 감정평가법인등이 그 직무를 수행함에 있어 관계법규에 의한 제 규정은 물론 그 외에도 자율적으로 준수해야 할 전문직업인으로서의 행위규범이다.

2. 감정평가법인등의 직업윤리

1) 공인으로서의 윤리적 준수사항
내면적으로 요구되는 자질로서 감정평가법인등은 기여성, 성실성, 공정성, 신뢰성, 비밀엄수, 감정제한의 윤리관을 가지고 평가에 임해야 한다.

2) 전문직업인으로서의 직무적 준수사항
감정평가법인등은 전문직업인으로서 전문지식의 보유 및 향상과 자료를 수집하고 조직적으로 정리하는 능력, 수집된 자료를 비교, 분석하기 위한 정확한 판단력, 풍부한 경험 및 상식의 함양 등에 힘써 공정, 타당한 평가가 이루어지도록 해야 할 것이다.

3) 제도적 준수사항

(1) 「감정평가법」 제25조 등

동법 제25조 성실의무 등에서는 감정평가사의 의무와 관련해서 품위유지, 불공정한 평가금지, 겸업금지, 보수제한, 중복소속금지 등을 규정하고 있다. 또한 전항의 의무를 강제하기 위한 여러 규정을 두고 있는데, 동법 제26조의 비밀엄수, 제27조의 명의대여 등의 금지, 제28조의 손해배상책임(민사상 책임) 등이 규정되어 있다.

(2) 「감정평가에 관한 규칙」 제3조

감정평가법인등은 자신의 능력으로 업무수행이 불가능하거나 매우 곤란한 경우와 이해관계 등의 이유로 자기가 감정평가하는 것이 타당하지 않다고 인정되는 경우에는 감정평가를 해서는 안 된다.

Ⅳ. 결 2점

감정평가법인등은 국가와 국민의 재산을 평가하는 업무를 수행하는 전문인으로서 해당 업무는 높은 사회성 및 공공성을 가진다. 따라서 감정평가법인등의 업무는 사회적 역할이 막중함을 인식해야 하며, 사회에 대한 책임완수를 위하여 행동을 스스로 엄격히 규율하여야 한다.

제2절 감정평가의 업무영역 등

1 평가검토의 목적과 개념을 설명하시오. 10점

❶ 목차 구성

Ⅰ. 개설 1점

Ⅱ. 평가검토의 개념 1점

Ⅲ. 평가검토의 목적 8점

    1. 정확성과 일관성 제고

    2. 의사결정의 근거로서 기능 수행

    3. 다양한 수요자의 요구 충족

    4. 감정평가의 질적 발전 도모

❷ 예시 답안

Ⅰ. 개설 1점

감정평가법인등은 고객의 의뢰에 의하여 일정한 보수를 받고 토지 등의 경제적 가치를 산정하는 것을 주된 업무로 하고 있다. 하지만 사회, 경제적 변화에 따른 다양한 수요의 발생으로 업무영역은 날로 다양해지고 방대해지고 있다.

Ⅱ. 평가검토의 개념 1점

이미 작성된 감정평가서를 형식적인 측면과 내용적인 측면에서 정밀하게 확인하고 그 적정성을 검토하는 업무이다. 이는 다른 평가사가 작성한 보고서를 비판적으로 검증하는 행위 또는 과정으로서 평가보고서가 법률규정이나 의뢰인의 요구사항에 부합되는지, 정확성과 논리적 합리성은 갖추고 있는지를 확인하는 절차이다.

Ⅲ. 평가검토의 목적 8점

  1. 정확성과 일관성 제고

    평가검토의 1차적인 목적은 평가보고서의 형식적 측면의 정확성과 내용적 측면의 논리적 일관성 제고에 있다. 관련 법률이나 의뢰인이 요구하는 형식을 갖추고 있는지, 그리고 내용에 있어 평가기법들이 해당 과제에 적정하게 사용되었는지, 합리적이고 일관성 있게 전개되고 있는지를 확인함으로써 평가보고서의 완성도를 높이고자 하는 것이다.

2. 의사결정의 근거로서 기능 수행

의뢰인은 단순히 평가금액뿐만 아니라 그 결과가 도출되기까지의 보고서 전체 내용을 검토함으로써 최종적인 의사결정을 한다. 따라서 평가검토는 의뢰인이 보다 더 합리적이고 타당한 의사결정을 할 수 있는 근거를 평가보고서가 제시하고 있는지 확인하는 역할을 수행한다.

3. 다양한 수요자의 요구 충족

평가검토는 기본적으로 의뢰인의 욕구 충족을 위한 목적으로 수행되나, 경우에 따라서는 제3자의 개인 또는 기관이 요청에 따라 행해지기도 한다. 예를 들어 소송과 관련해서 당사자 중 반대편의 요구, 법원으로부터의 다른 평가사의 평가검토를 요청받기도 한다.

4. 감정평가의 질적 발전 도모

평가사들로 하여금 질적으로 우수하고 통일된 체계를 갖춘 평가보고서를 작성하게 함으로써 평가사 자질을 향상시키고 전문성을 제고함으로 감정평가업계의 발전을 도모하는 데 기여한다.

---

2 컨설팅 업무의 주요 내용을 설명하시오. 10점

1 목차 구성

Ⅰ. 개설 1점

Ⅱ. 컨설팅의 개념 1점

Ⅲ. 컨설팅의 주요 내용 8점

   1. 경제기반분석(economic base analysis)
   2. 토지이용분석(land utilization analysis)
   3. 비용편익분석(cost benefit analysis)
   4. 타당성분석(feasibility analysis)
   5. 현금흐름분석(cash flow analysis)

2 예시 답안

Ⅰ. 개설 1점

감정평가법인등은 고객의 의뢰에 의하여 일정한 보수를 받고 토지 등의 경제적 가치를 산정하는 것을 주된 업무로 하고 있다. 하지만 사회, 경제적 변화에 따른 다양한 수요의 발생으로 업무영역은 날로 다양해지고 방대해지고 있다.

Ⅱ. 컨설팅의 개념 1점

부동산과 관련한 제반문제를 해결하기 위해 자료를 분석하고 합리적인 대안이나 결론을 제안하는 행위 또는 과정으로 정의된다. 사회가 나날이 새로워지고 복잡해짐에 따라 부동산 관련 문제도 다양해지고 이에 따라 컨설팅 업무의 수요도 꾸준히 증가하는 추세이다.

Ⅲ. 컨설팅의 주요 내용 8점

1. 경제기반분석(economic base analysis)
경제기반분석이란 지역의 경제기반이 현재의 고용, 인구, 부동산가치에 어떤 영향을 미치고 있으며, 앞으로 어떻게 될 것인지 분석하는 것이다. 여기서 경제기반이란 지역주민의 생계를 유지시켜주는 경제활동이며, 그 지역의 수출활동으로서 다른 지역으로부터 자금을 끌어들이는 산업이다.

2. 토지이용분석(land utilization analysis)
토지이용분석은 토지에 대한 여러 가지 대안적 이용을 분석하여 어떤 용도가 최유효이용에 해당되는지를 판단하는 것이다. 토지이용에 대한 분석은 토지를 대상으로 하여 물리적, 법률적, 경제적 측면에서의 이용가능성과 그에 따른 수익과 비용을 비교분석함으로 이루어진다.

3. 비용편익분석(cost benefit analysis)
비용편익분석은 여러 경제, 정책적 투자대안 가운데 목표달성에 가장 효과적인 대안을 찾기 위해 각 투자대안에 대해서 투입되는 비용과 산출되는 편익을 비교분석하는 것이다. 비용과 편익은 여러 가지 형태로 측정될 수 있지만 화폐적 척도에 의한 것이 가장 일반적이다.

4. 타당성분석(feasibility analysis)
타당성분석은 계획하고 있는 개발사업이 투하자본에 대한 투자자의 요구수익률을 확보할 수 있는지 여부를 분석하는 것이다. 여기서 요구수익률은 투자자가 다른 대안에 투자하더라도 얻을 수 있는 최소한의 수익률로서 투자자본에 대한 기회비용이다.

5. 현금흐름분석(cash flow analysis)
현금흐름분석은 현금유입과 유출을 비교분석하는 것으로 주로 세후현금흐름의 수익률 산정에 주로 활용된다. 현금흐름분석을 수행할 때에는 동일한 사업이라 하더라도 투자자에 따라 적용되는 대출조건, 감가상각방법, 한계세율 등이 달라지므로 ATCF 등이 차이가 날 수 있음을 인식해야 한다.

3. 조건부 감정평가가 가능한 경우에 대하여 설명하고 검토사항에 대하여 설명하시오. 10점

1 목차 구성

I. 개설 1점

II. 조건부 감정평가가 가능한 경우 6점
   1. 감정평가관계법규에 감정평가조건의 부가에 관한 규정이 있는 경우
   2. 의뢰인이 감정평가조건의 부가를 요청하는 경우
   3. 사회통념상 당연히 감정평가조건이 부가되어야 하는 경우

III. 검토사항 3점
   1. 사회적 타당성과 자료 수집 등의 가능성
   2. 합리성, 적법성 및 실현가능성

2 예시 답안

I. 개설 1점

「감정평가에 관한 규칙」 제6조 제1항에 따라 현황기준 평가가 원칙이다. 다만, 현실 수요에 대응하고, 감정평가의 업무영역을 확대하기 위하여 조건부 평가를 예외로 인정하고 있다.

II. 조건부 감정평가가 가능한 경우 6점

1. 감정평가관계법규에 감정평가조건의 부가에 관한 규정이 있는 경우
「토지보상법」이나 개별법 등의 규정에 따라 감정평가하여야 하는 경우가 이에 해당한다. 따라서 해당 법률에 의해 감정평가를 행하는 경우에는 그 법률에서 정하고 있는 방법으로 감정평가해야 한다. 예를 들면, 「토지보상법」 제70조에서 개발이익배제 등을 목적으로 규정하고 있는 공시지가 선정의 방법에 따라 감정평가해야 하는 경우는 개발 이익 배제를 조건으로 하는 감정평가인 것이다.

2. 의뢰인이 감정평가조건의 부가를 요청하는 경우
의뢰인이 감정평가조건을 제시하고, 제시된 조건의 실현을 가정하여 감정평가할 것을 요청한 경우가 이에 해당한다. 예를 들어 도시계획의 실시여부, 택지조성 및 수면매립의 전제, 건물의 증·개축을 상정하는 것과 같은 불확실한 상황에 대한 의뢰인의 요구를 검토하고, 합당한 감정평가조건이라면 해당 감정평가조건을 고려한 가치로 감정평가해야 한다.

3. 사회통념상 당연히 감정평가조건이 부가되어야 하는 경우

감정평가의 목적이나 대상물건의 특성에 따라 당연히 감정평가조건이 부가되는 경우를 말한다. 예를 들면, 감정평가목적과 관련하여 국·공유지 처분 평가의 경우에는 지목 및 이용상황이 구거 또는 도로부지인 토지를 인접 토지소유자 등에게 매각할 때, 현실적인 이용상황 등이 아닌 용도폐지를 전제로 하여 감정평가하는 경우가 이에 해당된다.

Ⅲ. 검토사항 3점

1. 사회적 타당성과 자료 수집 등의 가능성

예외적으로 부가되는 감정평가조건의 경우에도 사회적 타당성이 요청되며, 이들을 검토한 결과 감정평가조건 자체가 타당하다고 인정되어도 현실적인 자료 수집 등이 곤란한 경우 받아들이기 어려운 조건으로 봐야 할 것이다.

2. 합리성, 적법성 및 실현가능성

감정평가조건은 합리성과 적법성을 갖추어야 하며, 공법, 사법을 불문하고 법률상 내용에 위배되지 않고 아울러 사회통념상 합리성을 갖추었는지를 확인하여야 한다. 또한 사회적·경제적·물리적 관점에서 실현가능성이 검토되어야 하며, 실제 현실성이 희박한 경우는 감정평가조건으로 부가하기 어려울 것이다.

---

4 개별평가와 일괄평가에 관한 다음의 물음에 답하시오. 20점

물음 1) 토지, 건물의 개별평가와 일괄평가에 관한 이론적 근거를 설명하시오. 10점

물음 2) 개별평가와 일괄평가의 장·단점을 설명하시오. 10점

---

1 목차 구성

Ⅰ. 서 2점

Ⅱ. 개별평가와 일괄평가의 이론적 근거 8점

  1. 개별평가의 이론적 근거

    1) 개별평가의 개념

    2) 개별평가의 이론적 근거

      (1) 제도적 측면

      (2) 토지와 건물의 속성 측면

2. 일괄평가의 이론적 근거

　1) 일괄평가의 개념

　2) 일괄평가의 이론적 근거

　　(1) 효용의 일체성 측면

　　(2) 거래 관행 측면

Ⅲ. 개별평가와 일괄평가의 장·단점 8점

1. 개별평가의 장·단점

　1) 개별평가의 장점

　2) 개별평가의 단점

2. 일괄평가의 장·단점

　1) 일괄평가의 장점

　2) 일괄평가의 단점

Ⅳ. 결 2점

---

2 예시 답안

Ⅰ. 서 2점

토지, 건물의 복합부동산 평가에 있어서 일체 거래 관행 또는 일체 효용 창출 측면에서 일괄평가의 필요성은 인정되나 현행「감정평가에 관한 규칙」제7조 제1항은 개별평가를 원칙적으로 규정하고 있다. 특히 각 평가의 이론적 근거와 장·단점이 상이하므로 이에 대한 숙지가 필요하다. 이하 개별평가와 일괄평가에 관한 물음에 답하고자 한다.

Ⅱ. 개별평가와 일괄평가의 이론적 근거 8점

1. 개별평가의 이론적 근거

　1) 개별평가의 개념

　　감정평가는 대상물건 개별로 해야 한다는 것이다. 부동산이 토지, 건물로 이원화되어 있는 우리나라 법률 및 행정체계에서 토지와 건물을 각각 독립된 개별물건으로 취급하고 개별평가를 원칙으로 삼고 있는 것이다.

　2) 개별평가의 이론적 근거

　　(1) 제도적 측면

　　　우리나라「민법」제99조 제1항에서는 토지와 정착물을 부동산이라고 하여 토지와 건물을 독립된 부동산으로 보고 있으며 각각 등기하도록 규정하고 있다. 따라서 제도적으로 토지와 건물을 분리하고 있으므로 개별평가한다.

(2) 토지와 건물의 속성 측면

토지는 영속성, 부증성이 있으며 토지 자체만으로 효용을 발생시킨다. 반면, 건물은 인위적인 자본으로 형성되고 비영속성으로 감가의 대상이 된다. 따라서 토지와 건물의 속성이 다르므로 개별평가한다.

2. 일괄평가의 이론적 근거

1) 일괄평가의 개념

둘 이상의 대상물건이 일체로 거래되거나 대상물건 상호 간에 용도상 불가분의 관계에 있는 경우에 일괄하여 평가하는 것이다.

2) 일괄평가의 이론적 근거

(1) 효용의 일체성 측면

부동산에서 발생하는 효용은 토지와 건물의 일체적 이용에서 발생하는 것이지 이를 개별적으로 이용하여 발생하는 효용이 아니다.

(2) 거래 관행 측면

부동산의 거래 관행상 부동산은 토지와 건물이 결합하여 하나의 재화로서 일체로 거래되므로 이를 인위적으로 분리하는 것은 맞지 않다.

Ⅲ. 개별평가와 일괄평가의 장·단점 8점

1. 개별평가의 장·단점

1) 개별평가의 장점

토지와 건물을 분리하고 있는 법률적, 제도적 측면에 부합하고 대상부동산의 효용을 개별적으로 반영할 수 있다. 또한 현행 과세 제도가 토지와 건물을 분리하여 과세하고 있다는 측면에서 과세하기가 용이하다.

2) 개별평가의 단점

토지와 건물이 시장에서 일괄로 거래되는 관행에 부합하지 않고 일체로 거래되는 가격과 개별평가액 간에 괴리가 발생할 수 있다. 또한 부동산의 속성인 위치의 이점이 대부분 토지에 귀속되어 토지가 상대적으로 과대평가될 수 있다.

2. 일괄평가의 장·단점

1) 일괄평가의 장점

부동산에서 창출되는 효용을 잘 반영하고 개별평가보다 적정한 가치를 반영할 수 있다. 또한 현실의 거래 관행에 부합하고 건물가치를 비교적 잘 반영할 수 있다.

2) 일괄평가의 단점

부동산의 효용을 개별적으로 반영하기 어려우며 토지에 귀속되는 위치이점을 반영하기 어렵다. 또한 평가선례가 상대적으로 풍부하지 못하다.

Ⅳ. 결 2점

개별평가와 일괄평가는 모두 그 이론적 근거를 바탕으로 하여 장·단점을 갖고 있다. 최근의 다양한 시장환경 및 제도의 변경으로 인하여 일괄평가의 중요성이 강조되고 있다. 따라서 향후 이러한 일괄평가의 중요성 증가에 따라 합리적 배분기준에 대한 논의도 매우 중요하다.

---

5 감정평가는 평가목적, 대상물건의 성격, 조건 등에 따라 다양하게 분류할 수 있다. 이하 일괄평가, 구분평가, 부분평가에 대하여 설명하시오. 10점

1 목차 구성

Ⅰ. 개설 1점

Ⅱ. 일괄평가, 구분평가, 부분평가 9점

    1. 일괄평가
       1) 개념
       2) 사례

    2. 구분평가
       1) 개념
       2) 사례

    3. 부분평가
       1) 개념
       2) 사례

2 예시 답안

Ⅰ. 개설 1점

감정평가를 다양하게 분류하는 이유는 감정평가활동의 목표를 명백하게 하고 감정평가방법의 체계화를 이룰 수 있으며 대상부동산의 확정이 용이해지기 때문이다. 이하 「감정평가에 관한 규칙」 제7조 개별물건기준 평가 원칙의 예외인 일괄평가, 구분평가, 부분평가에 대하여 설명하고자 한다.

Ⅱ. 일괄평가, 구분평가, 부분평가 9점

1. 일괄평가

1) 개념

둘 이상의 대상물건이 일체로 거래되거나 대상물건 상호 간에 용도상 불가분의 관계에 있는 경우에 일괄하여 평가하는 것이다.

2) 사례

예를 들어 2필지 이상이 일단지로 이용되는 경우, 구분소유건물에 있어 대지, 건물을 일괄하여 평가하는 경우, 임지와 입목이 일체로 거래되는 경우, 토지와 건물을 일괄로 평가하는 경우 등에 적용된다.

2. 구분평가

1) 개념

하나의 대상물건이라도 가치를 달리하는 부분은 구분하여 감정평가하는 것이다.

2) 사례

예를 들어 광평수토지의 전면(상업용)과 후면(주거용)부분의 가치차이가 심한 경우, 용도지역이나 도시계획시설에 일부가 저촉되어 저촉부분, 비저촉부분의 가치차이가 발생하는 경우, 기존 건물에 증축된 건물이 소재하여 가치를 달리하는 경우 등에 적용된다.

3. 부분평가

1) 개념

일체로 이용되고 있는 대상물건의 일부분에 대하여 평가해야 할 특수한 목적이나 합리적인 이유가 있는 경우에 그 부분에 대하여 평가하는 것이다.

2) 사례

예를 들어 보상평가에 있어 토지와 건물로 이루어진 복합부동산 중에서 토지의 일부분만이 공익사업에 편입되어 평가하는 경우 등에 적용된다.

Chapter 08 감정평가의 절차

1. 감정평가의 절차에 대하여 설명하시오. 20점

❶ 목차 구성

Ⅰ. 서 2점

Ⅱ. 감정평가의 절차 16점

    1. 기본적 사항의 확정

    2. 처리계획의 수립

    3. 대상물건의 확인

    4. 자료수집 및 정리

    5. 자료검토 및 가치형성요인의 분석

       1) 자료검토

       2) 가치형성요인의 분석

    6. 감정평가방법의 선정 및 적용

    7. 감정평가액의 결정 및 표시

       1) 감정평가액의 결정

       2) 감정평가액의 표시

Ⅲ. 결 2점

❷ 예시 답안

Ⅰ. 서 2점

    감정평가를 하기 위해서는 합리적이고도 현실적인 인식과 판단에 기초한 질서 있는 절차가 필요하다. 감정평가실무에서는 정형화된 절차나 형식에 따라 감정평가하는 것이 하나의 관행으로 되어 있는데, 이러한 감정평가의 토대가 되는 정형화된 절차나 형식을 감정평가 절차(Appraisal Process)라 한다.

Ⅱ. 감정평가의 절차 16점

1. 기본적 사항의 확정
기본적 사항의 확정은 감정평가의 기초가 되는 제반 사항을 결정하는 것으로서 확실한 자료 및 실지조사 결과에 기초하며, 의뢰인의 합법적이고 객관적인 요구에 따라 이행하여야 한다. 또한 대상물건에 대한 자료와 의뢰인이 제시한 감정평가의 내용에 관련된 사항이므로 구체적이고 명확하게 확인해야 한다.

2. 처리계획의 수립
감정평가법인등은 수임계약이 성립되고 기본적 사항이 확정되면 대상물건의 확인부터 감정평가액의 결정 및 표시에 이르기까지 일련의 감정평가 작업 과정에 대한 처리계획을 수립하여야 한다.

3. 대상물건의 확인
기본적 사항의 확정에서 정해진 대상물건을 조사하여 그 존재여부, 동일성 여부, 물건의 상태 및 권리관계 등을 조사하는 과정으로, 물적사항의 확인과 권리관계의 확인 두 가지로 분류할 수 있다.

4. 자료수집 및 정리
감정평가에 필요한 자료를 수집하고 체계적으로 정리하는 단계이다. 감정평가 결과의 근거가 되는 자료를 수집하는 과정이므로 신뢰성 있는 자료를 수집하고, 체계적으로 분류하는 과정은 중요하다.

5. 자료검토 및 가치형성요인의 분석

1) 자료검토
자료검토는 수집된 각종 자료가 대상물건의 감정평가 과정에서 필요·충분한 자료인가 또는 감정평가목적이나 감정평가조건에 충족되는 자료인가를 판단하는 과정이다.

2) 가치형성요인의 분석
수집된 자료를 검토·검증·분석하여 감정평가 근거로 활용할 것인지를 결정하고, 대상물건의 일반요인, 지역요인, 개별요인을 분석하여 대상물건의 경제적 위치를 파악하는 단계이므로 실질적인 가치판단 과정이라 할 수 있다.

6. 감정평가방법의 선정 및 적용
감정평가방법의 선정 및 적용은 감정평가 3방식(원가방식, 비교방식, 수익방식) 중 하나 이상의 감정평가방법을 선정하고 대상물건의 시산가액을 도출하는 과정이다. 이때 특정한 감정평가방법을 적용한 이유와 다른 감정평가방법의 검토 여부를 감정평가서에 기재한다.

7. 감정평가액의 결정 및 표시

1) 감정평가액의 결정
감정평가 3방식으로 도출된 시산가액을 조정하고 감정평가액을 결정하는 과정이다. 시산가액의 조정은 단순히 감정평가 3방식에 의한 시산가액의 산술적 평균을 의미하는 것이 아니므로, 감정평가 시 감정평가목적, 대상물건의 특성, 수집한 자료의 신뢰성 및 시장상황 등을 종합적으로 고려하여 각각의 시산가액에 대해 적절한 가중치를 두어 조정한다.

2) 감정평가액의 표시

시산가액 조정 과정에서 도출된 감정평가액을 감정평가서에 표시하는 과정이다. 감정평가액의 표시는 반드시 하나의 수치가 대상물건의 가액을 정확하게 반영한다고 볼 수는 없기 때문에 업무의 성격 또는 의뢰인의 요구 등 합리적이라고 인정되는 경우에는 구간추정치를 감정평가액으로 표시할 수 있다.

Ⅲ. 결 2점

감정평가의 절차는 대상물건의 가치에 대한 의뢰인의 질문에 해답을 제시하기 위하여 감정평가법인등이 수행하는 일련의 체계적인 절차로서, 감정평가 업무의 능률성과 신뢰도를 높이기 위한 단계적인 처리방법이다. 그러나 감정평가의 절차 규정은 경직적인 것이 아니며, 실무적인 필요에 따라 예비적인 작업을 사전에 수행하기도 하고, 선행 작업의 결과를 중도에 재검토하여 융통성 있게 변경할 수도 있다.

---

2. 감정평가에 필요한 자료의 종류에 대하여 설명하고 자료의 정리 시 유의할 사항에 대하여 약술하시오. 10점

1 목차 구성

Ⅰ. 개설 1점

Ⅱ. 자료의 종류 6점

1. 확인자료
2. 요인자료
3. 사례자료

Ⅲ. 자료의 정리 시 유의할 사항 3점

---

2 예시 답안

Ⅰ. 개설 1점

감정평가에 필요한 자료를 수집하고 체계적으로 정리하는 단계이다. 감정평가 결과의 근거가 되는 자료를 수집하는 과정이므로 신뢰성 있는 자료를 수집하고, 체계적으로 분류하는 과정은 중요하다.

Ⅱ. 자료의 종류 6점

1. 확인자료
확인자료는 대상물건의 확인 및 권리관계의 확인에 필요한 자료로서 토지대장, 지적도, 건축물관리대장, 설계도면 및 등기사항전부증명서 등이 있다.

2. 요인자료
요인자료는 대상물건의 가치형성에 영향을 주는 자연적·사회적·경제적·행정적 제 요인의 분석에 필요한 일반자료와 대상물건이 속해 있는 지역의 분석에 필요한 지역자료 및 대상물건의 개별요인 분석에 필요한 개별자료로 구분된다.

3. 사례자료
사례자료는 매매사례, 임대차사례, 건설사례, 수익사례 등과 같이 감정평가 3방식의 적용에 필요한 자료이다.

Ⅲ. 자료의 정리 시 유의할 사항 3점

자료정리는 확인자료의 경우 물적인 것과 법적인 것으로 나누어 정리한다. 그리고 요인자료의 경우 일반자료, 지역자료 및 개별자료별로 체계적으로 정리하고, 사례자료는 감정평가방법에 적절하게 활용될 수 있도록 구분하여 정리한다.

---

3 물적 불일치의 처리방법에 대하여 설명하시오. 10점

1 목차 구성

Ⅰ. 물적 불일치의 개념 1점

Ⅱ. 물적 불일치의 처리방법 9점

   1. 위치 및 경계확인

   2. 지목

   3. 소재지 및 지번

   4. 건물 및 정착물의 위치 등

2 예시 답안

I. 물적 불일치의 개념 1점

실지조사를 통해 확인한 결과와 평가의뢰 시 제시된 사항 및 공부와 차이가 나는 경우를 '물적 불일치'라고 한다. 대표적인 예와 그 처리방법은 다음과 같다. 다만, 어느 경우에도 처리방법은 사회통념상 인정된 범위와 법원의 판례를 기준하여야 한다.

II. 물적 불일치의 처리방법 9점

1. 위치 및 경계확인

   위치 및 경계확인이 곤란하거나 일치하지 않는 경우 의뢰인으로부터 측량도면을 제시받아 처리한다. 다만, 의뢰인과 협의하여 직접 외부용역으로 처리할 수 있다.

2. 지목

   지목이 일치하지 않는 경우 현황의 지목을 기준으로 평가한다. 다만, 불법으로 변경된 경우에는 개별적 사안에 따라 처리를 달리해야 한다.

3. 소재지 및 지번

   소재지 및 지번이 일치하지 않는 경우, 행정구역의 개편 등 동일성이 인정되는 경우에는 정상평가할 수 있으나, 그렇지 않은 경우 사유를 보다 세밀하게 확인하여야 한다.

4. 건물 및 정착물의 위치 등

   건물 및 정착물의 위치, 면적, 구조 등이 일치하지 않는 경우 등기변경의 가능성, 거래상의 제약 정도 등을 파악하여 사회통념상 동일성을 인정할 수 있는지 판단하여야 한다. 내용연수의 불일치는 관찰감가법 등을 적용하여 연장 또는 단축할 수 있을 것이나, 구건물이 멸실된 경우에는 평가가 원칙적으로 불가능하다고 볼 수 있다.

부록

감정평가에 관한 규칙

감정평가에 관한 규칙

[시행 2023.9.14.] [국토교통부령 제1253호, 2023.9.14, 일부개정]

제1조(목적)

이 규칙은 「감정평가 및 감정평가사에 관한 법률」 제3조 제3항에 따라 감정평가법인등이 감정평가를 할 때 준수해야 할 원칙과 기준을 규정함을 목적으로 한다. 〈개정 2022.1.21.〉

제2조(정의)

이 규칙에서 사용하는 용어의 뜻은 다음 각 호와 같다. 〈개정 2022.1.21.〉

1. "시장가치"란 감정평가의 대상이 되는 토지등(이하 "대상물건"이라 한다)이 통상적인 시장에서 충분한 기간 동안 거래를 위하여 공개된 후 그 대상물건의 내용에 정통한 당사자 사이에 신중하고 자발적인 거래가 있을 경우 성립될 가능성이 가장 높다고 인정되는 대상물건의 가액(價額)을 말한다.
2. "기준시점"이란 대상물건의 감정평가액을 결정하는 기준이 되는 날짜를 말한다.
3. "기준가치"란 감정평가의 기준이 되는 가치를 말한다.
4. "가치형성요인"이란 대상물건의 경제적 가치에 영향을 미치는 일반요인, 지역요인 및 개별요인 등을 말한다.
5. "원가법"이란 대상물건의 재조달원가에 감가수정(減價修正)을 하여 대상물건의 가액을 산정하는 감정평가방법을 말한다.
6. "적산법(積算法)"이란 대상물건의 기초가액에 기대이율을 곱하여 산정된 기대수익에 대상물건을 계속하여 임대하는 데에 필요한 경비를 더하여 대상물건의 임대료[(賃貸料), 사용료를 포함한다. 이하 같다]를 산정하는 감정평가방법을 말한다.
7. "거래사례비교법"이란 대상물건과 가치형성요인이 같거나 비슷한 물건의 거래사례와 비교하여 대상물건의 현황에 맞게 사정보정(事情補正), 시점수정, 가치형성요인 비교 등의 과정을 거쳐 대상물건의 가액을 산정하는 감정평가방법을 말한다.
8. "임대사례비교법"이란 대상물건과 가치형성요인이 같거나 비슷한 물건의 임대사례와 비교하여 대상물건의 현황에 맞게 사정보정, 시점수정, 가치형성요인 비교 등의 과정을 거쳐 대상물건의 임대료를 산정하는 감정평가방법을 말한다.
9. "공시지가기준법"이란 「감정평가 및 감정평가사에 관한 법률」(이하 "법"이라 한다) 제3조 제1항 본문에 따라 감정평가의 대상이 된 토지(이하 "대상토지"라 한다)와 가치형성요인이 같거나 비슷하여 유사한 이용가치를 지닌다고 인정되는 표준지(이하 "비교표준지"라 한다)의 공시지가를 기준으로 대상토지의 현황에 맞게 시점수정, 지역요인 및 개별요인 비교, 그 밖의 요인의 보정(補正)을 거쳐 대상토지의 가액을 산정하는 감정평가방법을 말한다.
10. "수익환원법(收益還元法)"이란 대상물건이 장래 산출할 것으로 기대되는 순수익이나 미래의 현금흐름을 환원하거나 할인하여 대상물건의 가액을 산정하는 감정평가방법을 말한다.

11. "수익분석법"이란 일반기업 경영에 의하여 산출된 총수익을 분석하여 대상물건이 일정한 기간에 산출할 것으로 기대되는 순수익에 대상물건을 계속하여 임대하는 데에 필요한 경비를 더하여 대상물건의 임대료를 산정하는 감정평가방법을 말한다.
12. "감가수정"이란 대상물건에 대한 재조달원가를 감액하여야 할 요인이 있는 경우에 물리적 감가, 기능적 감가 또는 경제적 감가 등을 고려하여 그에 해당하는 금액을 재조달원가에서 공제하여 기준시점에 있어서의 대상물건의 가액을 적정화하는 작업을 말한다.
12의2. "적정한 실거래가"란 「부동산 거래신고 등에 관한 법률」에 따라 신고된 실제 거래가격(이하 "거래가격"이라 한다)으로서 거래 시점이 도시지역(「국토의 계획 및 이용에 관한 법률」 제36조 제1항 제1호에 따른 도시지역을 말한다)은 3년 이내, 그 밖의 지역은 5년 이내인 거래가격 중에서 감정평가법인등이 인근지역의 지가수준 등을 고려하여 감정평가의 기준으로 적용하기에 적정하다고 판단하는 거래가격을 말한다.
13. "인근지역"이란 감정평가의 대상이 된 부동산(이하 "대상부동산"이라 한다)이 속한 지역으로서 부동산의 이용이 동질적이고 가치형성요인 중 지역요인을 공유하는 지역을 말한다.
14. "유사지역"이란 대상부동산이 속하지 아니하는 지역으로서 인근지역과 유사한 특성을 갖는 지역을 말한다.
15. "동일수급권(同一需給圈)"이란 대상부동산과 대체·경쟁 관계가 성립하고 가치 형성에 서로 영향을 미치는 관계에 있는 다른 부동산이 존재하는 권역(圈域)을 말하며, 인근지역과 유사지역을 포함한다.

제3조(감정평가법인등의 의무)
감정평가법인등은 다음 각 호의 어느 하나에 해당하는 경우에는 감정평가를 해서는 안 된다. 〈개정 2022.1.21.〉
1. 자신의 능력으로 업무수행이 불가능하거나 매우 곤란한 경우
2. 이해관계 등의 이유로 자기가 감정평가하는 것이 타당하지 않다고 인정되는 경우
[제목개정 2022.1.21.]

제4조(적용범위)
감정평가법인등은 다른 법령에 특별한 규정이 있는 경우를 제외하고는 이 규칙으로 정하는 바에 따라 감정평가해야 한다. 〈개정 2022.1.21.〉

제5조(시장가치기준 원칙)
① 대상물건에 대한 감정평가액은 시장가치를 기준으로 결정한다.
② 감정평가법인등은 제1항에도 불구하고 다음 각 호의 어느 하나에 해당하는 경우에는 대상물건의 감정평가액을 시장가치 외의 가치를 기준으로 결정할 수 있다. 〈개정 2022.1.21.〉
   1. 법령에 다른 규정이 있는 경우
   2. 감정평가 의뢰인(이하 "의뢰인"이라 한다)이 요청하는 경우
   3. 감정평가의 목적이나 대상물건의 특성에 비추어 사회통념상 필요하다고 인정되는 경우

③ 감정평가법인등은 제2항에 따라 시장가치 외의 가치를 기준으로 감정평가할 때에는 다음 각 호의 사항을 검토해야 한다. 다만, 제2항 제1호의 경우에는 그렇지 않다. 〈개정 2022.1.21.〉
  1. 해당 시장가치 외의 가치의 성격과 특징
  2. 시장가치 외의 가치를 기준으로 하는 감정평가의 합리성 및 적법성
④ 감정평가법인등은 시장가치 외의 가치를 기준으로 하는 감정평가의 합리성 및 적법성이 결여(缺如)되었다고 판단할 때에는 의뢰를 거부하거나 수임(受任)을 철회할 수 있다. 〈개정 2022.1.21.〉

제6조(현황기준 원칙)

① 감정평가는 기준시점에서의 대상물건의 이용상황(불법적이거나 일시적인 이용은 제외한다) 및 공법상 제한을 받는 상태를 기준으로 한다.
② 감정평가법인등은 제1항에도 불구하고 다음 각 호의 어느 하나에 해당하는 경우에는 기준시점의 가치형성요인 등을 실제와 다르게 가정하거나 특수한 경우로 한정하는 조건(이하 "감정평가조건"이라 한다)을 붙여 감정평가할 수 있다. 〈개정 2022.1.21.〉
  1. 법령에 다른 규정이 있는 경우
  2. 의뢰인이 요청하는 경우
  3. 감정평가의 목적이나 대상물건의 특성에 비추어 사회통념상 필요하다고 인정되는 경우
③ 감정평가법인등은 제2항에 따라 감정평가조건을 붙일 때에는 감정평가조건의 합리성, 적법성 및 실현가능성을 검토해야 한다. 다만, 제2항 제1호의 경우에는 그렇지 않다. 〈개정 2022.1.21.〉
④ 감정평가법인등은 감정평가조건의 합리성, 적법성이 결여되거나 사실상 실현 불가능하다고 판단할 때에는 의뢰를 거부하거나 수임을 철회할 수 있다. 〈개정 2022.1.21.〉

제7조(개별물건기준 원칙 등)

① 감정평가는 대상물건마다 개별로 하여야 한다.
② 둘 이상의 대상물건이 일체로 거래되거나 대상물건 상호 간에 용도상 불가분의 관계가 있는 경우에는 일괄하여 감정평가할 수 있다.
③ 하나의 대상물건이라도 가치를 달리하는 부분은 이를 구분하여 감정평가할 수 있다.
④ 일체로 이용되고 있는 대상물건의 일부분에 대하여 감정평가하여야 할 특수한 목적이나 합리적인 이유가 있는 경우에는 그 부분에 대하여 감정평가할 수 있다.

제8조(감정평가의 절차)

감정평가법인등은 다음 각 호의 순서에 따라 감정평가를 해야 한다. 다만, 합리적이고 능률적인 감정평가를 위하여 필요할 때에는 순서를 조정할 수 있다. 〈개정 2022.1.21.〉
1. 기본적 사항의 확정
2. 처리계획 수립
3. 대상물건 확인
4. 자료수집 및 정리

5. 자료검토 및 가치형성요인의 분석
6. 감정평가방법의 선정 및 적용
7. 감정평가액의 결정 및 표시

제9조(기본적 사항의 확정)

① 감정평가법인등은 감정평가를 의뢰받았을 때에는 의뢰인과 협의하여 다음 각 호의 사항을 확정해야 한다. 〈개정 2022.1.21.〉
  1. 의뢰인
  2. 대상물건
  3. 감정평가 목적
  4. 기준시점
  5. 감정평가조건
  6. 기준가치
  7. 관련 전문가에 대한 자문 또는 용역(이하 "자문등"이라 한다)에 관한 사항
  8. 수수료 및 실비에 관한 사항
② 기준시점은 대상물건의 가격조사를 완료한 날짜로 한다. 다만, 기준시점을 미리 정하였을 때에는 그 날짜에 가격조사가 가능한 경우에만 기준시점으로 할 수 있다.
③ 감정평가법인등은 필요한 경우 관련 전문가에 대한 자문등을 거쳐 감정평가할 수 있다. 〈개정 2022.1.21.〉

제10조(대상물건의 확인)

① 감정평가법인등이 감정평가를 할 때에는 실지조사를 하여 대상물건을 확인해야 한다. 〈개정 2022.1.21.〉
② 감정평가법인등은 제1항에도 불구하고 다음 각 호의 어느 하나에 해당하는 경우로서 실지조사를 하지 않고도 객관적이고 신뢰할 수 있는 자료를 충분히 확보할 수 있는 경우에는 실지조사를 하지 않을 수 있다. 〈개정 2022.1.21.〉
  1. 천재지변, 전시·사변, 법령에 따른 제한 및 물리적인 접근 곤란 등으로 실지조사가 불가능하거나 매우 곤란한 경우
  2. 유가증권 등 대상물건의 특성상 실지조사가 불가능하거나 불필요한 경우

제11조(감정평가방식)

감정평가법인등은 다음 각 호의 감정평가방식에 따라 감정평가를 한다. 〈개정 2022.1.21.〉
1. 원가방식 : 원가법 및 적산법 등 비용성의 원리에 기초한 감정평가방식
2. 비교방식 : 거래사례비교법, 임대사례비교법 등 시장성의 원리에 기초한 감정평가방식 및 공시지가기준법
3. 수익방식 : 수익환원법 및 수익분석법 등 수익성의 원리에 기초한 감정평가방식

》 제12조(감정평가방법의 적용 및 시산가액 조정)
① 감정평가법인등은 제14조부터 제26조까지의 규정에서 대상물건별로 정한 감정평가방법(이하 "주된 방법"이라 한다)을 적용하여 감정평가해야 한다. 다만, 주된 방법을 적용하는 것이 곤란하거나 부적절한 경우에는 다른 감정평가방법을 적용할 수 있다. 〈개정 2022.1.21.〉
② 감정평가법인등은 대상물건의 감정평가액을 결정하기 위하여 제1항에 따라 어느 하나의 감정평가방법을 적용하여 산정(算定)한 가액[이하 "시산가액(試算價額)"이라 한다]을 제11조 각 호의 감정평가방식 중 다른 감정평가방식에 속하는 하나 이상의 감정평가방법(이 경우 공시지가기준법과 그 밖의 비교방식에 속한 감정평가방법은 서로 다른 감정평가방식에 속한 것으로 본다)으로 산출한 시산가액과 비교하여 합리성을 검토해야 한다. 다만, 대상물건의 특성 등으로 인하여 다른 감정평가방법을 적용하는 것이 곤란하거나 불필요한 경우에는 그렇지 않다. 〈개정 2022.1.21.〉
③ 감정평가법인등은 제2항에 따른 검토 결과 제1항에 따라 산출한 시산가액의 합리성이 없다고 판단되는 경우에는 주된 방법 및 다른 감정평가방법으로 산출한 시산가액을 조정하여 감정평가액을 결정할 수 있다. 〈개정 2022.1.21.〉

》 제13조(감정평가서 작성)
① 감정평가법인등은 법 제6조에 따른 감정평가서(「전자문서 및 전자거래기본법」에 따른 전자문서로 된 감정평가서를 포함한다. 이하 같다)를 의뢰인과 이해관계자가 이해할 수 있도록 명확하고 일관성 있게 작성해야 한다. 〈개정 2022.1.21.〉
② 감정평가서에는 다음 각 호의 사항이 포함돼야 한다. 〈개정 2022.1.21.〉
  1. 감정평가법인등의 명칭
  2. 의뢰인의 성명 또는 명칭
  3. 대상물건(소재지, 종류, 수량, 그 밖에 필요한 사항)
  4. 대상물건 목록의 표시근거
  5. 감정평가 목적
  6. 기준시점, 조사기간 및 감정평가서 작성일
  7. 실지조사를 하지 않은 경우에는 그 이유
  8. 시장가치 외의 가치를 기준으로 감정평가한 경우에는 제5조 제3항 각 호의 사항. 다만, 같은 조 제2항 제1호의 경우에는 해당 법령을 적는 것으로 갈음할 수 있다.
  9. 감정평가조건을 붙인 경우에는 그 이유 및 제6조 제3항의 검토사항. 다만, 같은 조 제2항 제1호의 경우에는 해당 법령을 적는 것으로 갈음할 수 있다.
  10. 감정평가액
  11. 감정평가액의 산출근거 및 결정 의견
  12. 전문가의 자문등을 거쳐 감정평가한 경우 그 자문등의 내용
  13. 그 밖에 이 규칙이나 다른 법령에 따른 기재사항

③ 제2항 제11호의 내용에는 다음 각 호의 사항을 포함해야 한다. 다만, 부득이한 경우에는 그 이유를 적고 일부를 포함하지 아니할 수 있다. 〈개정 2023.9.14.〉
1. 적용한 감정평가방법 및 시산가액 조정 등 감정평가액 결정 과정(제12조 제1항 단서 또는 제2항 단서에 해당하는 경우 그 이유를 포함한다)
1의2. 거래사례비교법으로 감정평가한 경우 비교 거래사례의 선정 내용, 사정보정한 경우 그 내용 및 가치형성요인을 비교한 경우 그 내용
2. 공시지가기준법으로 토지를 감정평가한 경우 비교표준지의 선정 내용, 비교표준지와 대상토지를 비교한 내용 및 제14조 제2항 제5호에 따라 그 밖의 요인을 보정한 경우 그 내용
3. 재조달원가 산정 및 감가수정 등의 내용
4. 적산법이나 수익환원법으로 감정평가한 경우 기대이율 또는 환원율(할인율)의 산출근거
5. 제7조 제2항부터 제4항까지의 규정에 따라 일괄감정평가, 구분감정평가 또는 부분감정평가를 한 경우 그 이유
6. 감정평가액 결정에 참고한 자료가 있는 경우 그 자료의 명칭, 출처와 내용
7. 대상물건 중 일부를 감정평가에서 제외한 경우 그 이유
④ 감정평가법인등은 법 제6조에 따라 감정평가서를 발급하는 경우 그 표지에 감정평가서라는 제목을 명확하게 적어야 한다. 〈개정 2022.1.21.〉
⑤ 감정평가법인등은 감정평가서를 작성하는 경우 법 제33조 제1항에 따른 한국감정평가사협회가 정하는 감정평가서 표준 서식을 사용할 수 있다. 〈개정 2022.1.21.〉

제13조의2(전자문서로 된 감정평가서의 발급 등)
① 감정평가법인등이 법 제6조 제1항에 따라 전자문서로 된 감정평가서를 발급하는 경우 같은 조 제2항에 따른 감정평가사의 서명과 날인은 「전자서명법」에 따른 전자서명의 방법으로 해야 한다.
② 감정평가법인등은 전자문서로 된 감정평가서의 위조·변조·훼손 등을 방지하기 위하여 감정평가 정보에 대한 접근 권한자 지정, 방화벽의 설치·운영 등의 조치를 해야 한다.
③ 감정평가법인등은 의뢰인이나 이해관계자가 전자문서로 된 감정평가서의 진본성(眞本性)에 대한 확인을 요청한 경우에는 이를 확인해 줘야 한다.
④ 제2항 및 제3항에 따른 전자문서로 된 감정평가서의 위조·변조·훼손 등의 방지조치와 진본성 확인에 필요한 세부사항은 국토교통부장관이 정하여 고시한다.
[본조신설 2022.1.21.]

제14조(토지의 감정평가)
① 감정평가법인등은 법 제3조 제1항 본문에 따라 토지를 감정평가할 때에는 공시지가기준법을 적용해야 한다. 〈개정 2022.1.21.〉
② 감정평가법인등은 공시지가기준법에 따라 토지를 감정평가할 때에 다음 각 호의 순서에 따라야 한다. 〈개정 2023.9.14.〉
1. 비교표준지 선정 : 인근지역에 있는 표준지 중에서 대상토지와 용도지역·이용상황·주변환경 등이 같거나 비슷한 표준지를 선정할 것. 다만, 인근지역에 적절한 표준지가 없는

경우에는 인근지역과 유사한 지역적 특성을 갖는 동일수급권 안의 유사지역에 있는 표준지를 선정할 수 있다.

2. 시점수정 : 「부동산 거래신고 등에 관한 법률」 제19조에 따라 국토교통부장관이 조사·발표하는 비교표준지가 있는 시·군·구의 같은 용도지역 지가변동률을 적용할 것. 다만, 다음 각 목의 경우에는 그러하지 아니하다.

   가. 같은 용도지역의 지가변동률을 적용하는 것이 불가능하거나 적절하지 아니하다고 판단되는 경우에는 공법상 제한이 같거나 비슷한 용도지역의 지가변동률, 이용상황별 지가변동률 또는 해당 시·군·구의 평균지가변동률을 적용할 것

   나. 지가변동률을 적용하는 것이 불가능하거나 적절하지 아니한 경우에는 「한국은행법」 제86조에 따라 한국은행이 조사·발표하는 생산자물가지수에 따라 산정된 생산자물가상승률을 적용할 것

3. 지역요인 비교
4. 개별요인 비교
5. 그 밖의 요인 보정 : 대상토지의 인근지역 또는 동일수급권내 유사지역의 가치형성요인이 유사한 정상적인 거래사례 또는 평가사례 등을 고려할 것

③ 감정평가법인등은 법 제3조 제1항 단서에 따라 적정한 실거래가를 기준으로 토지를 감정평가할 때에는 거래사례비교법을 적용해야 한다. 〈개정 2022.1.21.〉

④ 감정평가법인등은 법 제3조 제2항에 따라 토지를 감정평가할 때에는 제1항부터 제3항까지의 규정을 적용하되, 해당 토지의 임대료, 조성비용 등을 고려하여 감정평가할 수 있다. 〈개정 2022.1.21.〉

》 제15조(건물의 감정평가)

① 감정평가법인등은 건물을 감정평가할 때에 원가법을 적용해야 한다. 〈개정 2022.1.21.〉
② 삭제 〈2016.8.31.〉

》 제16조(토지와 건물의 일괄감정평가)

감정평가법인등은 「집합건물의 소유 및 관리에 관한 법률」에 따른 구분소유권의 대상이 되는 건물부분과 그 대지사용권을 일괄하여 감정평가하는 경우 등 제7조 제2항에 따라 토지와 건물을 일괄하여 감정평가할 때에는 거래사례비교법을 적용해야 한다. 이 경우 감정평가액은 합리적인 기준에 따라 토지가액과 건물가액으로 구분하여 표시할 수 있다. 〈개정 2022.1.21.〉

》 제17조(산림의 감정평가)

① 감정평가법인등은 산림을 감정평가할 때에 산지와 입목(立木)을 구분하여 감정평가해야 한다. 이 경우 입목은 거래사례비교법을 적용하되, 소경목림(小徑木林 : 지름이 작은 나무·숲)인 경우에는 원가법을 적용할 수 있다. 〈개정 2022.1.21.〉

② 감정평가법인등은 제7조 제2항에 따라 산지와 입목을 일괄하여 감정평가할 때에 거래사례비교법을 적용해야 한다. 〈개정 2022.1.21.〉

» 제18조(과수원의 감정평가)
감정평가법인등은 과수원을 감정평가할 때에 거래사례비교법을 적용해야 한다. 〈개정 2022.1.21.〉

» 제19조(공장재단 및 광업재단의 감정평가)
① 감정평가법인등은 공장재단을 감정평가할 때에 공장재단을 구성하는 개별 물건의 감정평가액을 합산하여 감정평가해야 한다. 다만, 계속적인 수익이 예상되는 경우 등 제7조 제2항에 따라 일괄하여 감정평가하는 경우에는 수익환원법을 적용할 수 있다. 〈개정 2022.1.21.〉
② 감정평가법인등은 광업재단을 감정평가할 때에 수익환원법을 적용해야 한다. 〈개정 2022.1.21.〉

» 제20조(자동차 등의 감정평가)
① 감정평가법인등은 자동차를 감정평가할 때에 거래사례비교법을 적용해야 한다. 〈개정 2022.1.21.〉
② 감정평가법인등은 건설기계를 감정평가할 때에 원가법을 적용해야 한다. 〈개정 2022.1.21.〉
③ 감정평가법인등은 선박을 감정평가할 때에 선체·기관·의장(艤裝)별로 구분하여 감정평가하되, 각각 원가법을 적용해야 한다. 〈개정 2022.1.21.〉
④ 감정평가법인등은 항공기를 감정평가할 때에 원가법을 적용해야 한다. 〈개정 2022.1.21.〉
⑤ 감정평가법인등은 제1항부터 제4항까지에도 불구하고 본래 용도의 효용가치가 없는 물건은 해체처분가액으로 감정평가할 수 있다. 〈개정 2022.1.21.〉

» 제21조(동산의 감정평가)
① 감정평가법인등은 동산을 감정평가할 때에는 거래사례비교법을 적용해야 한다. 다만, 본래 용도의 효용가치가 없는 물건은 해체처분가액으로 감정평가할 수 있다. 〈개정 2023.9.14.〉
② 제1항 본문에도 불구하고 기계·기구류를 감정평가할 때에는 원가법을 적용해야 한다. 〈신설 2023.9.14.〉

» 제22조(임대료의 감정평가)
감정평가법인등은 임대료를 감정평가할 때에 임대사례비교법을 적용해야 한다. 〈개정 2022.1.21.〉

» 제23조(무형자산의 감정평가)
① 감정평가법인등은 광업권을 감정평가할 때에 제19조 제2항에 따른 광업재단의 감정평가액에서 해당 광산의 현존시설 가액을 빼고 감정평가해야 한다. 이 경우 광산의 현존시설 가액은 적정 생산규모와 가행조건(稼行條件) 등을 고려하여 산정하되 과잉유휴시설을 포함하여 산정하지 않는다. 〈개정 2022.1.21.〉
② 감정평가법인등은 어업권을 감정평가할 때에 어장 전체를 수익환원법에 따라 감정평가한 가액에서 해당 어장의 현존시설 가액을 빼고 감정평가해야 한다. 이 경우 어장의 현존시설 가액은 적정 생산규모와 어업권 존속기간 등을 고려하여 산정하되 과잉유휴시설을 포함하여 산정하지 않는다. 〈개정 2022.1.21.〉

③ 감정평가법인등은 영업권, 특허권, 실용신안권, 디자인권, 상표권, 저작권, 전용측선이용권(專用側線利用權), 그 밖의 무형자산을 감정평가할 때에 수익환원법을 적용해야 한다. 〈개정 2022.1.21.〉

제24조(유가증권 등의 감정평가)

① 감정평가법인등은 주식을 감정평가할 때에 다음 각 호의 구분에 따라야 한다. 〈개정 2022.1.21.〉
  1. 상장주식[「자본시장과 금융투자업에 관한 법률」제373조의2에 따라 허가를 받은 거래소(이하 "거래소"라 한다)에서 거래가 이루어지는 등 시세가 형성된 주식으로 한정한다]: 거래사례비교법을 적용할 것
  2. 비상장주식(상장주식으로서 거래소에서 거래가 이루어지지 아니하는 등 형성된 시세가 없는 주식을 포함한다): 해당 회사의 자산·부채 및 자본 항목을 평가하여 수정재무상태표를 작성한 후 기업체의 유·무형의 자산가치(이하 "기업가치"라 한다)에서 부채의 가치를 빼고 산정한 자기자본의 가치를 발행주식 수로 나눌 것
② 감정평가법인등은 채권을 감정평가할 때에 다음 각 호의 구분에 따라야 한다. 〈개정 2022.1.21.〉
  1. 상장채권(거래소에서 거래가 이루어지는 등 시세가 형성된 채권을 말한다) : 거래사례비교법을 적용할 것
  2. 비상장채권(거래소에서 거래가 이루어지지 아니하는 등 형성된 시세가 없는 채권을 말한다) : 수익환원법을 적용할 것
③ 감정평가법인등은 기업가치를 감정평가할 때에 수익환원법을 적용해야 한다. 〈개정 2022.1.21.〉

제25조(소음 등으로 인한 대상물건의 가치하락분에 대한 감정평가)

감정평가법인등은 소음·진동·일조침해 또는 환경오염 등(이하 "소음 등"이라 한다)으로 대상물건에 직접적 또는 간접적인 피해가 발생하여 대상물건의 가치가 하락한 경우 그 가치하락분을 감정평가할 때에 소음 등이 발생하기 전의 대상물건의 가액 및 원상회복비용 등을 고려해야 한다. 〈개정 2022.1.21.〉

제26조(그 밖의 물건의 감정평가)

감정평가법인등은 제14조부터 제25조까지에서 규정되지 아니한 대상물건을 감정평가할 때에 이와 비슷한 물건이나 권리 등의 경우에 준하여 감정평가해야 한다. 〈개정 2022.1.21.〉

제27조(조언·정보 등의 제공)

감정평가법인등이 법 제10조 제7호에 따른 토지등의 이용 및 개발 등에 대한 조언이나 정보 등의 제공에 관한 업무를 수행할 때에 이와 관련한 모든 분석은 합리적이어야 하며 객관적인 자료에 근거해야 한다. 〈개정 2022.1.21.〉

제28조(그 밖의 감정평가 기준)

이 규칙에서 규정하는 사항 외에 감정평가법인등이 감정평가를 할 때 지켜야 할 세부적인 기준은 국토교통부장관이 정하여 고시한다. 〈개정 2022.1.21.〉

제29조(규제의 재검토)

국토교통부장관은 제13조에 따른 감정평가서의 작성에 대하여 2024년 1월 1일을 기준으로 3년마다(매 3년이 되는 해의 기준일과 같은 날 전까지를 말한다) 그 타당성을 검토하여 개선 등의 조치를 해야 한다.
[본조신설 2023.9.14.]

부칙 〈국토교통부령 제882호, 2021.8.27.〉 (어려운 법령용어 정비를 위한 80개 국토교통부령 일부개정령)

이 규칙은 공포한 날부터 시행한다.
〈단서 생략〉

부칙 〈제1100호, 2022.1.21.〉

이 규칙은 2022년 1월 21일부터 시행한다.

부칙 〈국토교통부령 제1253호, 2023.9.14.〉

제1조(시행일)
이 규칙은 공포한 날부터 시행한다.

제2조(감정평가서의 작성에 관한 적용례)
제13조 제3항 제1호의2의 개정규정은 이 규칙 시행 이후 감정평가를 의뢰받은 경우부터 적용한다.

≫ 참고문헌

- 부동산학총론, 장희순·방경식
- 부동산학개론, 이창석
- 일본 부동산감정평가기준해설
- 국토교통부 감정평가실무기준
- 부동산평가이론, 안정근
- 감정평가론, 경응수
- 부동산감정평가, 한국부동산원
- 기본강의 감정평가, 이창석
- 감정평가학 입문, 서광채
- S+감정평가실무, 유도은
- 감정평가개론, 이용훈
- S+감정평가이론, 이충길
- 한국감정평가사협회 감정평가실무기준해설

박문각 감정평가사

지오 감정평가이론 ①
2차 | 기본서

제7판 인쇄 2025. 4. 25. | **제7판 발행** 2025. 4. 30. | **편저자** 지오
발행인 박 용 | **발행처** (주)박문각출판 | **등록** 2015년 4월 29일 제2019-0000137호
주소 06654 서울시 서초구 효령로 283 서경 B/D 4층 | **팩스** (02)584-2927
전화 교재 문의 (02)6466-7202

이 책의 무단 전재 또는 복제 행위를 금합니다.

정가 35,000원
ISBN 979-11-7262-655-6

저자와의
협의하에
인지생략

MEMO